Volumen 2 Temas 9 a 16

Autores

Randall I. Charles
Professor Emeritus
Department of Mathematics
San Jose State University
San Jose, California

Jennifer Bay-Williams
Professor of Mathematics
Education
College of Education and Human
Development
University of Louisville
Louisville, Kentucky

Robert Q. Berry, III
Associate Professor of
Mathematics Education
Department of Curriculum,
Instruction and Special Education
University of Virginia
Charlottesville, Virginia

Janet H. Caldwell
Professor of Mathematics
Rowan University
Glassboro, New Jersey

Zachary Champagne
Assistant in Research
Florida Center for Research in
Science, Technology, Engineering,
and Mathematics (FCR-STEM)
Jacksonville, Florida

Juanita Copley
Professor Emerita, College of
Education
University of Houston
Houston, Texas

Warren Crown
Professor Emeritus of Mathematics
Education
Graduate School of Education
Rutgers University
New Brunswick, New Jersey

Francis (Skip) Fennell
L. Stanley Bowlsbey Professor
of Education and Graduate and
Professional Studies
McDaniel College
Westminster, Maryland

Karen Karp
Professor of Mathematics
Education
Department of Early Childhood
and Elementary Education
University of Louisville
Louisville, Kentucky

Stuart J. Murphy
Visual Learning Specialist
Boston, Massachusetts

Jane F. Schielack
Professor of Mathematics
Associate Dean for Assessment
and Pre K-12 Education,
College of Science
Texas A&M University
College Station, Texas

Jennifer M. Suh
Associate Professor for
Mathematics Education
George Mason University
Fairfax, Virginia

Jonathan A. Wray
Mathematics Instructional
Facilitator
Howard County Public Schools
Ellicott City, Maryland

PEARSON

Glenview, Illinois   Boston, Massachusetts   Chandler, Arizona   Hoboken, Nueva Jersey

Matemáticos

Roger Howe
Professor of Mathematics
Yale University
New Haven, Connecticut

Gary Lippman
Professor of Mathematics and
Computer Science
California State University
East Bay
Hayward, California

Revisoras de los estándares de *Common Core*

Debbie Crisco
Math Coach
Beebe Public Schools
Beebe, Arkansas

Kathleen A. Cuff
Teacher
Kings Park Central School District
Kings Park, New York

Erika Doyle
Math and Science Coordinator
Richland School District
Richland, Washington

Susan Jarvis
Math and Science Curriculum
Coordinator
Ocean Springs Schools
Ocean Springs, Mississippi

Velvet M. Simington
K-12 Mathematics Director
Winston-Salem/Forsyth County
Schools
Winston-Salem, North Carolina

Copyright © 2016 by Pearson Education, Inc., or its affiliates. All Rights Reserved. Printed in the United States of America. This publication is protected by copyright, and permission should be obtained from the publisher prior to any prohibited reproduction, storage in a retrieval system, or transmission in any form or by any means, electronic, mechanical, photocopying, recording, or otherwise. For information regarding permissions, request forms from the appropriate contacts within the Pearson Education Global Rights & Permissions Department. Please visit www.pearsoned.com/permissions/.

PEARSON, ALWAYS LEARNING, SCOTT FORESMAN, PEARSON SCOTT FORESMAN and **enVision**math are exclusive trademarks owned by Pearson Education Inc. or its affiliates in the U.S. and/or other countries.

Unless otherwise indicated herein, any third-party trademarks that may appear in this work are the property of their respective owners and any references to third-party trademarks, logos or other trade dress are for demonstrative or descriptive purposes only. Such references are not intended to imply any sponsorship, endorsement, authorization, or promotion of Pearson's products by the owners of such marks, or any relationship between the owner and Pearson Education, Inc. or its affiliates, authors, licensees or distributors.

Common Core State Standards: Copyright © 2010. National Governors Association Center for Best Practices and Council of Chief State School Officers. All rights reserved.

ISBN-13: 978-0-328-84200-1
ISBN-10: 0-328-84200-1

1 2 3 4 5 6 7 8 9 10 V003 19 18 17 16 15

Recursos digitales

Visita PearsonRealize.com

PM
Animaciones de Prácticas matemáticas que se pueden ver en cualquier momento

Resuelve
Resuélvelo y coméntalo, problemas y herramientas matemáticas

Aprende
Más aprendizaje visual animado con animaciones, interacción y herramientas matemáticas

Glosario
Glosario animado en español e inglés

Amigo de práctica
Práctica personalizada en línea para cada lección

Herramientas
Herramientas matemáticas que te ayudan a entender mejor

Evaluación
Comprobación rápida para cada lección

Ayuda
Video de tareas ¡Revisemos!, como apoyo adicional

Juegos
Juegos de Matemáticas que te ayudan a aprender mejor

eText
Libro del estudiante en línea

ACTIVe-book
Libro del estudiante en línea, para mostrar tu trabajo

PEARSON realize™ Todo lo que necesitas para Matemáticas, en cualquier momento y en cualquier lugar.

¡Hola! Estamos aquí para ayudarte. ¡Que tengamos un buen año escolar!
Me llamo Jackson.
Me llamo Alex.
Me llamo Carlos.
Me llamo Zeke.
Me llamo Emily.
Me llamo Marta.
Me llamo Daniel.
Me llamo Jada.

CLAVE

- Estándares relacionados principales
- Estándares relacionados de apoyo
- Estándares relacionados adicionales

El contenido está organizado enfocándose en los estándares relacionados de *Common Core*.

Hay una lista de los estándares relacionados en las páginas F15 a F18.

Recursos digitales en PearsonRealize.com

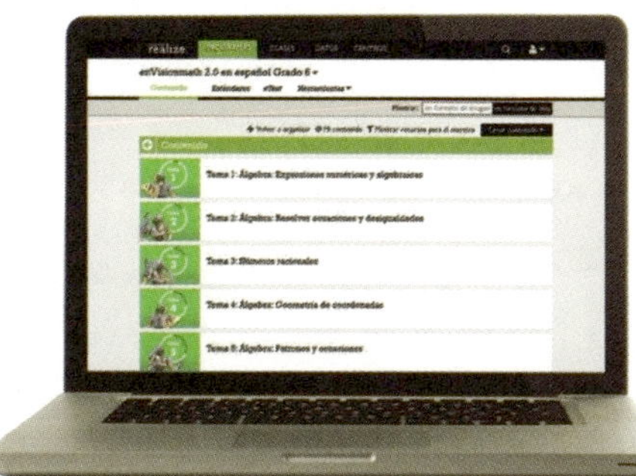

Contenido

TEMAS

TEMA 9 Nociones sobre razones y razonamiento

© Pearson Education, Inc. 6

Distancia (km)	Tiempo (min)
5	$1\frac{1}{2}$
10	3
15	$4\frac{1}{2}$
20	6
25	$7\frac{1}{2}$

TEMA 10 Nociones sobre razones: Tasas

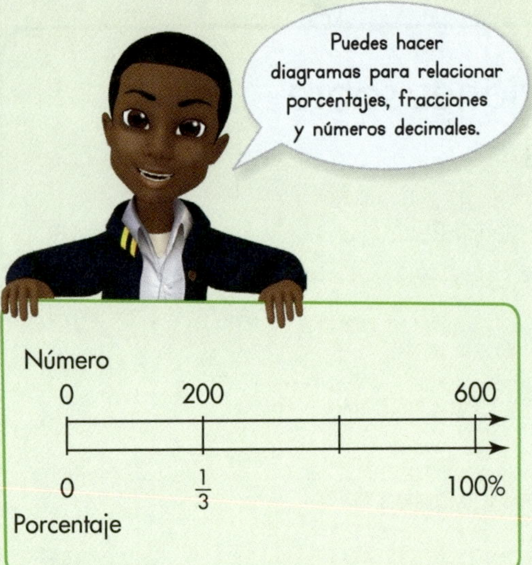

TEMA 11 Nociones sobre razones: Porcentajes

© Pearson Education, Inc. 6

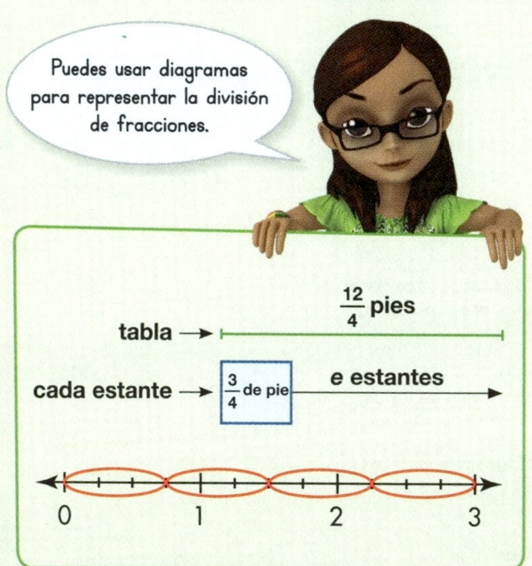

TEMA 12 Dividir fracciones por fracciones

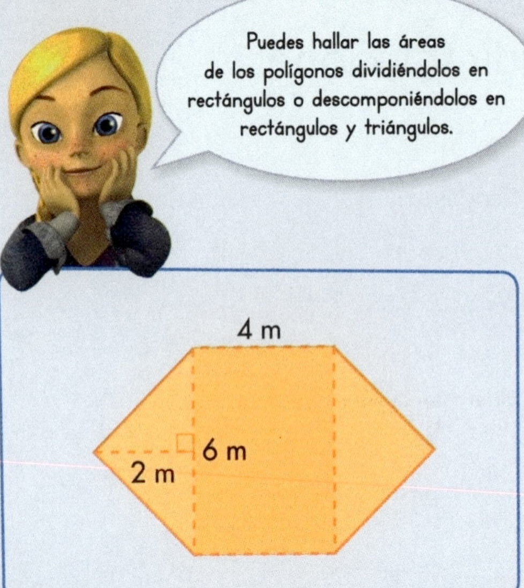

TEMA 13 Resolver problemas de área

© Pearson Education, Inc. 6

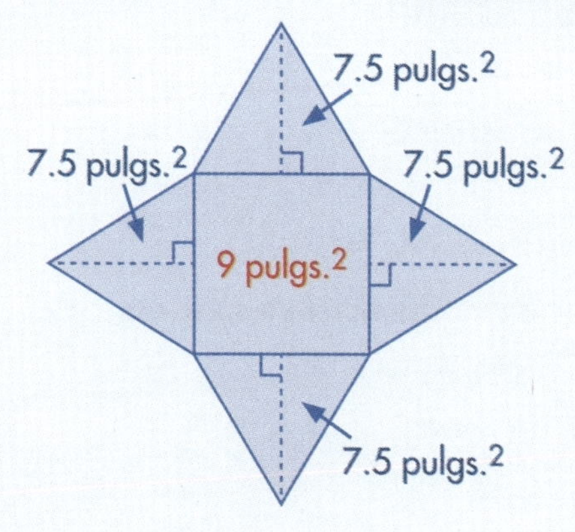

TEMA 14 Resolver problemas de área total y volumen

	9	**10**	PUNTAJE FINAL
	86 $\boxed{7}$ 2	95 $\boxed{6}$ 3 –	95
	80 $\boxed{4}$ 2	87 $\boxed{7}$ 0 –	87
	77 $\boxed{5}$ 1	84 $\boxed{4}$ 3 –	84
	74 $\boxed{2}$ 4	81 $\boxed{5}$ 2 –	81
	75 $\boxed{3}$ 3	83 $\boxed{6}$ 2 –	83

$$\begin{array}{r} ^2\,95 \\ 87 \\ 84 \\ 81 \\ +\ 83 \\ \hline 430 \end{array}$$

Media $\rightarrow$ $430 \div 5 = 86$

TEMA 15 Medidas de tendencia central y de variabilidad

© Pearson Education, Inc. 6

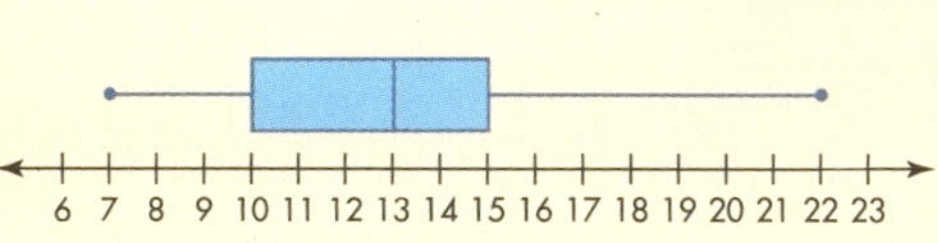

TEMA 16 Mostrar y resumir datos

UN PASO ADELANTE HACIA EL GRADO 7

Manual de Prácticas matemáticas y resolución de problemas

Prácticas matemáticas

PM.1 Entender problemas y perseverar en resolverlos.

PM.2 Razonar de manera abstracta y cuantitativa.

PM.3 Construir argumentos viables y evaluar el razonamiento de otros.

PM.4 Representar con modelos matemáticos.

PM.5 Usar herramientas apropiadas de manera estratégica.

PM.6 Prestar atención a la precisión.

PM.7 Buscar y usar la estructura.

PM.8 Buscar y expresar uniformidad en los razonamientos repetidos.

PM.1 Entender problemas y perseverar en resolverlos.

Jon gana $15.50 a la semana por ayudar a su papá a repartir periódicos. Ha estado ayudando a su papá durante 3 semanas. Jon usa parte de sus ingresos para comprar un nuevo videojuego que cuesta $42.39, impuestos incluidos. ¿Cuánto dinero le queda de sus ingresos?

Lo que sé:
- Jon gana $15.50 a la semana.
- Jon ha trabajado durante 3 semanas.
- Jon compra un videojuego que cuesta $42.39.

Lo que necesito hallar:
- La cantidad de dinero que le queda a Jon de sus ingresos.

Hábitos de razonamiento

¡Razona correctamente! Estas preguntas te pueden ayudar.

- ¿Qué necesito hallar?
- ¿Qué sé?
- ¿Cuál es mi plan para resolver el problema?
- ¿Qué más puedo intentar si no puedo seguir adelante?
- ¿Cómo puedo comprobar si mi solución tiene sentido?

Razonar de manera abstracta y cuantitativa.

Jacie compró un paquete de 6 cajas de jugo a $4.50. ¿Cuánto cuesta cada caja de jugo que hay en el paquete?

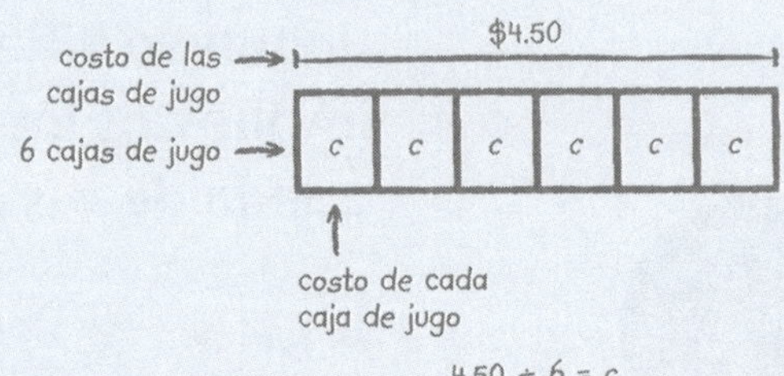

Hábitos de razonamiento

¡Razona correctamente! Estas preguntas te pueden ayudar.

- ¿Qué significan los números y los signos o símbolos del problema?

- ¿Cómo están relacionados los números o las cantidades?

- ¿Cómo puedo representar un problema verbal usando dibujos, números o ecuaciones?

Manual de Prácticas matemáticas y resolución de problemas

© Pearson Education, Inc. 6

PM.3 Construir argumentos viables y evaluar el razonamiento de otros.

Ana dijo que cuando se multiplica un número entero distinto de cero por una fracción menor que 1, el producto es siempre menor que el número entero. ¿Estás de acuerdo? Explícalo.

La multiplicación por una fracción menor que uno se puede pensar como la manera en que se halla una parte de un entero. Por tanto, el producto de un número entero distinto de cero y una fracción menor que uno es siempre menor que el número entero. Por ejemplo:

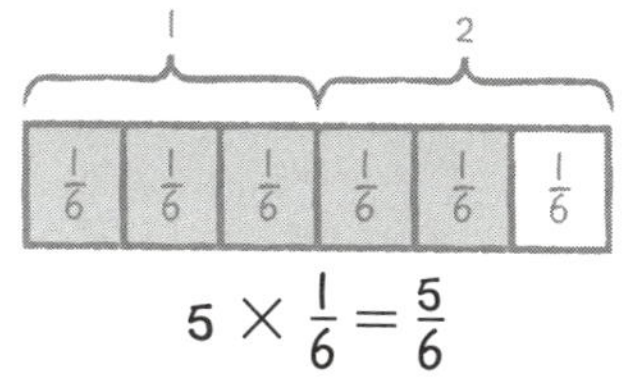

$$5 \times \frac{1}{6} = \frac{5}{6}$$

Hábitos de razonamiento

¡Razona correctamente! Estas preguntas te pueden ayudar.

- ¿Cómo puedo usar números, objetos, dibujos o acciones para justificar mi argumento?

- ¿Estoy usando los números y los signos o símbolos correctamente?

- ¿Es mi explicación clara y completa?

- ¿Qué preguntas puedo hacer para entender el razonamiento de otros?

- ¿Hay errores en el razonamiento de otros?

- ¿Puedo mejorar el razonamiento de otros?

- ¿Puedo usar contraejemplos en mi argumento?

PM.4 Representar con modelos matemáticos.

El papá de Sally está construyendo estantes en su garaje. En una pared de 32.5 pies de longitud, coloca 6 estantes idénticos. ¿Cuál es el ancho de cada estante?

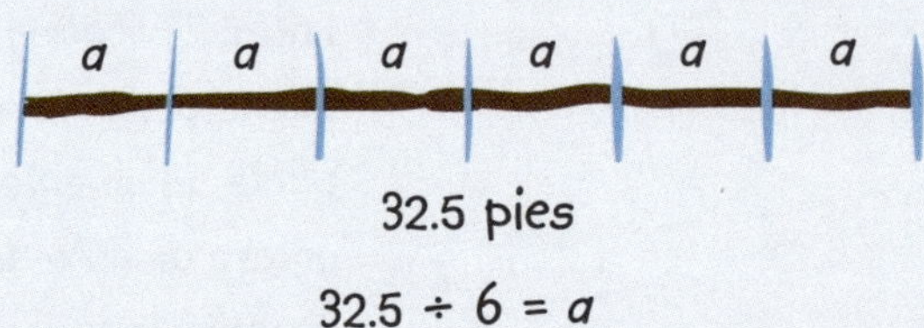

$$32.5 \div 6 = a$$

Hábitos de razonamiento

¡Razona correctamente! Estas preguntas te pueden ayudar.

- ¿Cómo puedo usar lo que sé de matemáticas para resolver este problema?

- ¿Cómo puedo usar dibujos, objetos y ecuaciones para representar el problema?

- ¿Cómo puedo usar números, palabras y símbolos para resolver este problema?

© Pearson Education, Inc. 6

PM.5 Usar herramientas apropiadas de manera estratégica.

Alex tiene una caja de lápices que mide 9 pulgadas de longitud, 6 pulgadas de ancho y 3 pulgadas de altura. ¿Cuál es el volumen de su caja de lápices?

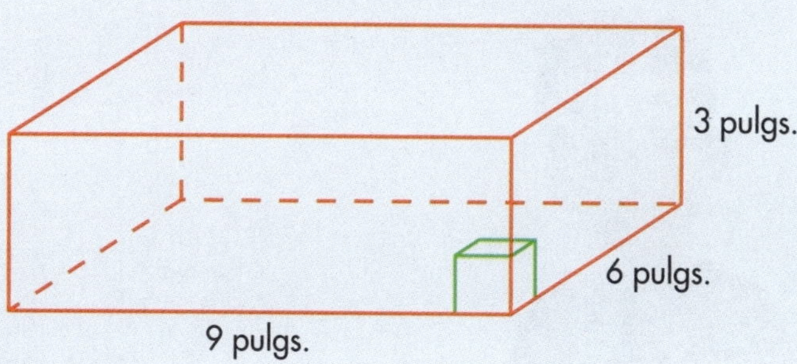

Hábitos de razonamiento

¡Razona correctamente! Estas preguntas te pueden ayudar.

- ¿Qué herramientas puedo usar?

- ¿Por qué debo usar esta herramienta como ayuda para resolver el problema?

- ¿Hay alguna otra herramienta que podría usar?

- ¿Estoy usando la herramienta correctamente?

PM.6 — Prestar atención a la precisión.

Un organizador de fiestas dice que, para una reunión, se deben preparar $\frac{2}{3}$ de libra de pollo por persona. En una cena, habrá 8 personas. ¿Qué cantidad de pollo se debe preparar para esa reunión?

$$8 \times \frac{2}{3}$$
$$= 8 \times 2 \times \frac{1}{3}$$
$$= 16 \times \frac{1}{3}$$
$$= \frac{16}{3}$$
$$= 5\frac{1}{3}$$

Se deben preparar $5\frac{1}{3}$ libras de pollo para esa reunión.

Hábitos de razonamiento

¡Razona correctamente! Estas preguntas te pueden ayudar.

- ¿Estoy usando los números, las unidades y los signos o símbolos correctamente?
- ¿Estoy usando las definiciones correctas?
- ¿Estoy haciendo los cálculos con precisión?
- ¿Es clara mi respuesta?

© Pearson Education, Inc. 6

PM.7 | Buscar y usar la estructura.

Un jardinero está plantando una fila de espinacas, para lo cual coloca semillas cada 0.25 metros. ¿Cuántos centímetros hay entre cada semilla?

1 m = 100 cm

0.25×10^2
$= 0.25 \times 100$
$= 25$

Entre cada semilla hay 25 centímetros.

Hábitos de razonamiento

¡Razona correctamente! Estas preguntas te pueden ayudar.

- ¿Qué patrones puedo ver y describir?
- ¿Cómo puedo usar los patrones para resolver el problema?
- ¿Puedo ver las expresiones y los objetos de una manera diferente?
- ¿Qué expresiones equivalentes puedo usar?

PM.8 Buscar y expresar uniformidad en los razonamientos repetidos.

Usa $<$, $>$ o $=$ para comparar las expresiones sin hacer el cálculo.

$$534 \div 10 \bigcirc 534 \times 10$$

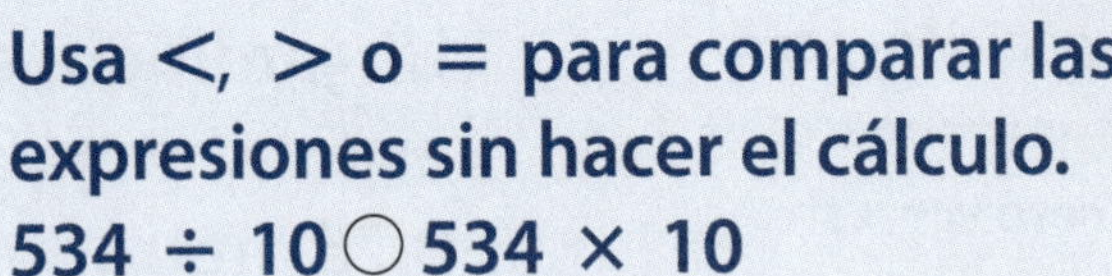

$534 \div 10 < 534 \times 10$

porque el resultado de dividir un número por 10 es menor que el resultado de multiplicar el mismo número por 10.

Hábitos de razonamiento

¡Razona correctamente! Estas preguntas te pueden ayudar.

- ¿Se repiten algunos cálculos?

- ¿Puedo hacer generalizaciones a partir de los ejemplos?

- ¿Qué métodos cortos puedo ver en el problema?

© Pearson Education, Inc. 6

Guía para la resolución de problemas

Entender el problema

Razonar de manera abstracta y cuantitativa

- ¿Qué necesito hallar?
- ¿Qué información conocida puedo usar?
- ¿Cuál es la relación entre las cantidades?

Pensar en problemas similares

- ¿He resuelto antes problemas como este?

Perseverar en resolver el problema

Representar con modelos matemáticos

- ¿Cómo puedo usar lo que sé de matemáticas?
- ¿Cómo puedo representar el problema?
- ¿Hay un patrón o estructura que pueda usar?

Usar herramientas apropiadas de manera estratégica

- ¿Qué herramientas matemáticas puedo usar?
- ¿Cómo puedo usar esas herramientas de manera estratégica?

Comprobar la respuesta

Entender la respuesta

- ¿Es razonable mi respuesta?

Verificar la precisión

- ¿Revisé mi trabajo?
- ¿Es clara mi respuesta?
- ¿Construí un argumento viable?
- ¿Hice generalizaciones correctamente?

Algunas maneras de representar problemas

- Hacer un dibujo
- Hacer un diagrama de barras
- Hacer una tabla o gráfica
- Escribir una ecuación

Algunas herramientas matemáticas

- Objetos
- Papel cuadriculado
- Reglas
- Tecnología
- Papel y lápiz

Resolución de problemas: Hoja de anotaciones

Nombre Carlos

Elemento didáctico
1

Resolución de problemas: Hoja de anotaciones

Problema

Una de las comidas favoritas del diablillo espinoso son las hormigas. Puede comer hasta 45 hormigas por minuto. ¿Cuánto tiempo le llevará comer 1,080 hormigas? Expresa tu respuesta en segundos.

ENTIENDE EL PROBLEMA

Necesito hallar	**Puesto que...**
Cuánto tiempo le lleva al diablillo espinoso comer 1,080 hormigas.	El diablillo espinoso puede comer 45 hormigas por minuto.

PERSEVERA EN RESOLVER EL PROBLEMA

Algunas maneras de representar problemas

- ☐ Hacer un dibujo
- ☑ Hacer un diagrama de barras
- ☐ Hacer una tabla o una gráfica
- ☑ Escribir una ecuación

Algunas herramientas matemáticas

- ☐ Objetos
- ☐ Papel cuadriculado
- ☐ Reglas
- ☐ Tecnología
- ☑ Papel y lápiz

Solución y respuesta

$1{,}080 \div 45$

Al diablillo espinoso le lleva 24 minutos comer 1,080 hormigas. En un minuto, hay 60 segundos.
$24 \times 60 = 1{,}440$

Al diablillo espinoso le llevaría 1,440 segundos comer 1,080 hormigas.

COMPRUEBA LA RESPUESTA

Comprueba
$1{,}440 \div 60 = 24$ minutos   Mi respuesta es correcta.
$24 \times 45 = 1{,}080$

Resolución de problemas: Hoja de anotaciones  ED1

Copyright © Pearson Education, Inc., or its affiliates. All Rights Reserved. 6

© Pearson Education, Inc. 6

Manual de Prácticas matemáticas y resolución de problemas

Diagramas de barras

Puedes dibujar un **diagrama de barras** para mostrar cómo se relacionan las cantidades de un problema. Luego, puedes escribir una ecuación para resolver el problema.

Sumar

Dibuja este **diagrama de barras** para situaciones en las que se necesita *sumar* algo a una cantidad.

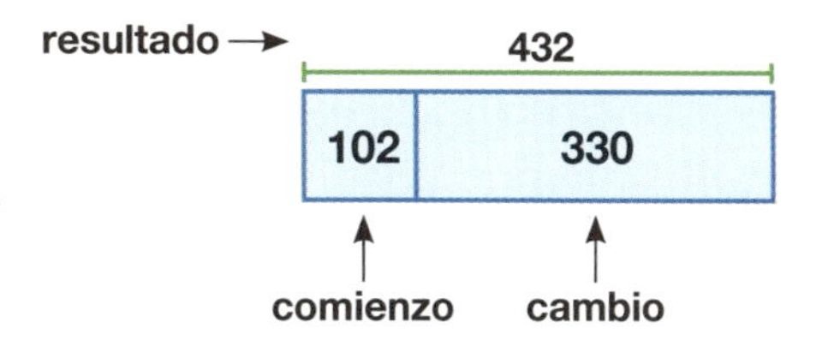

Resultado desconocido

Terence compró una bolsa de manzanas y un frasco de mantequilla de maní. ¿Cuánto dinero gastó Terence en total?

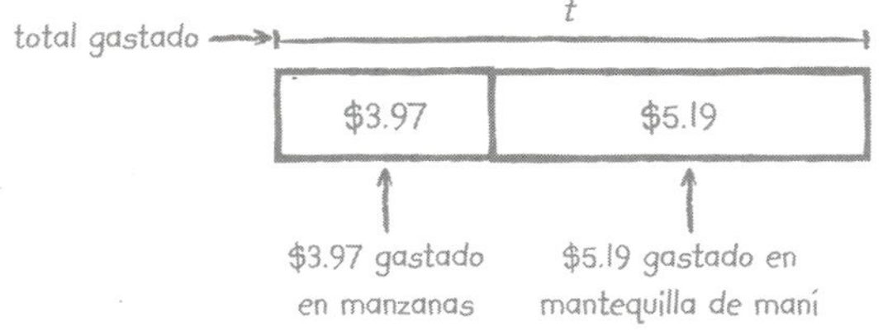

$$\$3.97 + \$5.19 = t$$

Terence gastó $9.16 en total.

Comienzo desconocido

Kari caminó cierta distancia en uno de los caminos del parque. Luego, corrió $1\frac{3}{8}$ millas hasta el final del camino. ¿Cuántas millas caminó Kari?

$$c + 1\frac{3}{8} = 3\frac{7}{8}$$

Kari caminó $2\frac{1}{2}$ millas.

Manual de Prácticas matemáticas y resolución de problemas

Diagramas de barras

Restar

Dibuja este **diagrama de barras** para situaciones en las cuales se necesita *restar* de una cantidad.

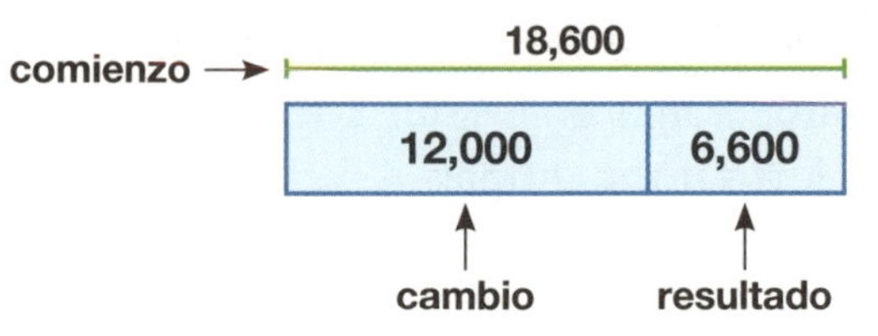

Resultado desconocido

Bristol tenía $15\frac{1}{4}$ tazas de harina. Usó un poco de esa harina para preparar una tarta. ¿Cuántas tazas de harina quedan?

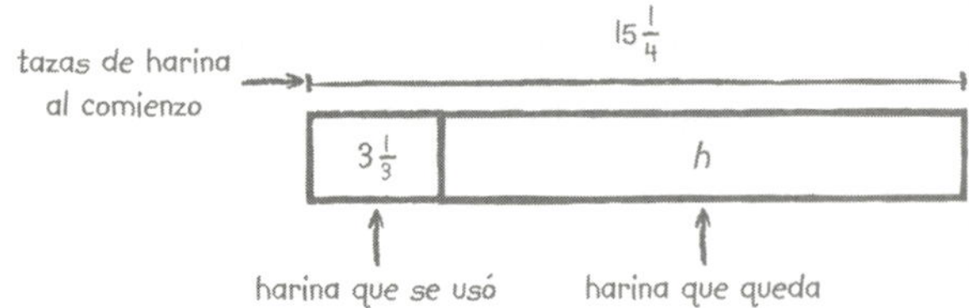

$$15\frac{1}{4} - 3\frac{1}{3} = h$$

Quedan $11\frac{11}{12}$ tazas de harina.

Comienzo desconocido

El Sr. Adkins usó 2.4 galones de gasolina para hacer mandados el sábado. Incluyendo la gasolina que le queda, ¿cuánta gasolina tenía al comienzo?

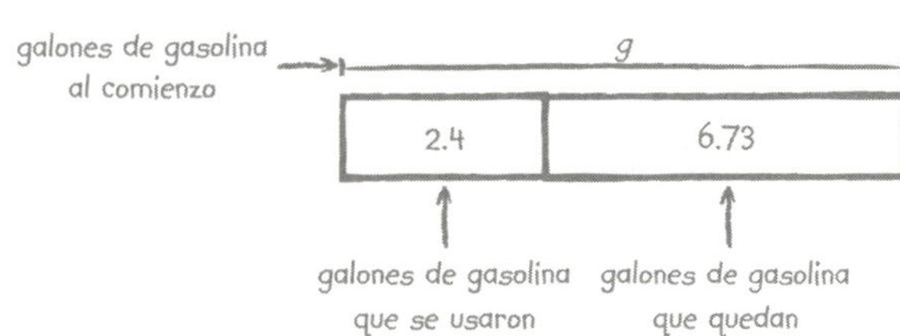

$$g - 2.4 = 6.73$$

El Sr. Adkins tenía 9.13 galones de gasolina al comienzo.

© Pearson Education, Inc. 6

Los **diagramas de barras** de esta página te pueden ayudar a entender mejor otras situaciones de suma y resta.

Unir/Separar

Dibuja este **diagrama de barras** para situaciones en las que haya que *unir* o *separar* cantidades.

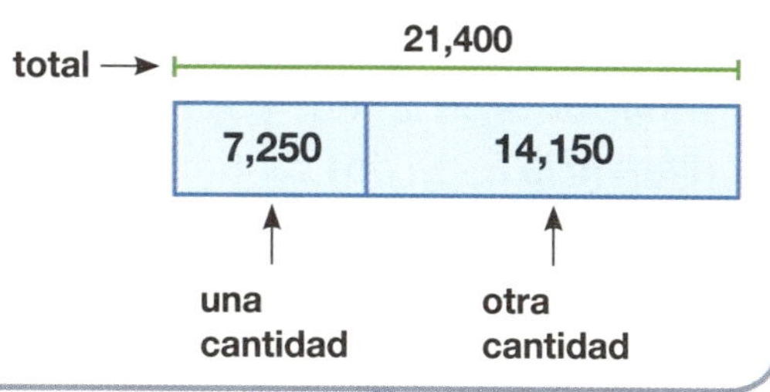

Todo desconocido

Joseph plantó soja y maíz en diferentes secciones de su granja. ¿Cuántos acres plantó Joseph?

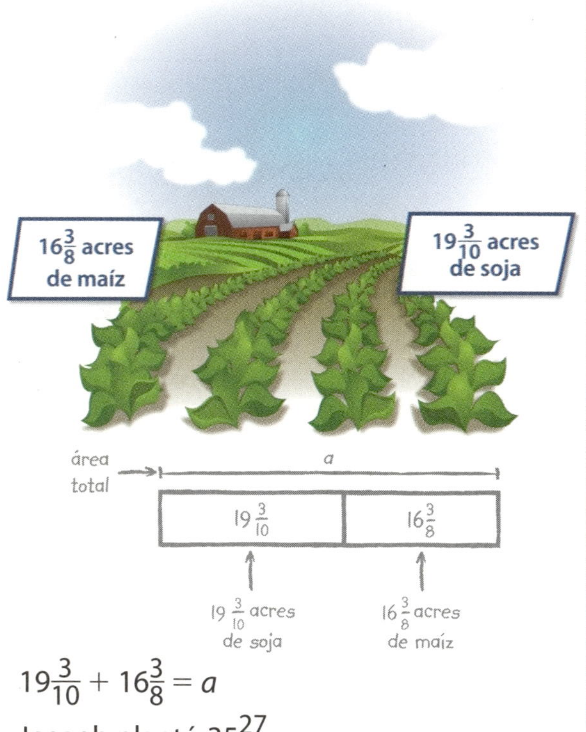

$$19\frac{3}{10} + 16\frac{3}{8} = a$$

Joseph plantó $35\frac{27}{40}$ acres.

Parte desconocida

Las dos colmenas de Karyn produjeron 64.9 libras de miel. ¿Qué cantidad de miel produjo la segunda colmena?

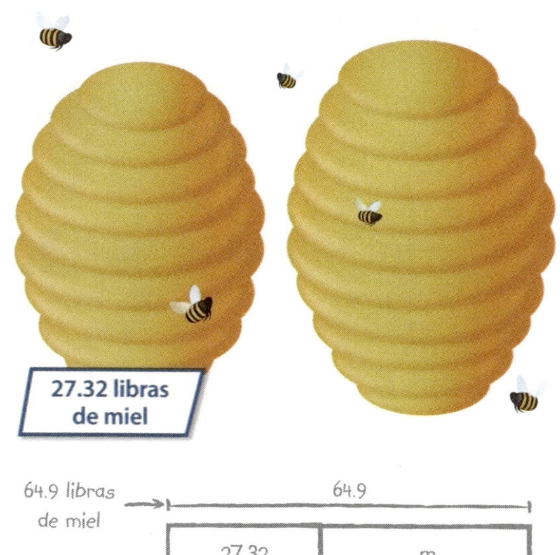
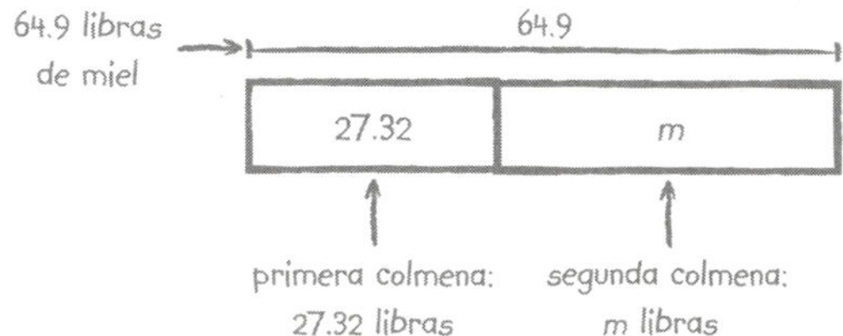

$$27.32 + m = 64.9 \text{ o } 64.9 - 27.32 = m$$

La segunda colmena produjo 37.58 libras de miel.

Manual de Prácticas matemáticas y resolución de problemas

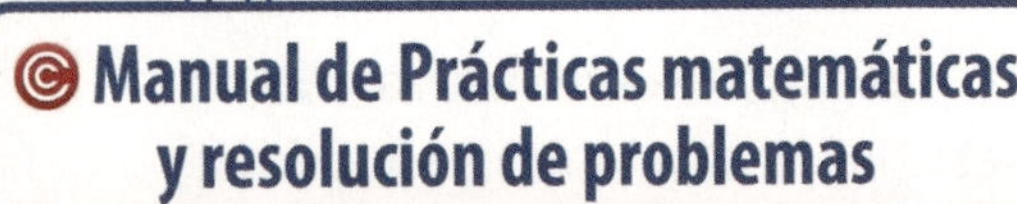

Diagramas de barras

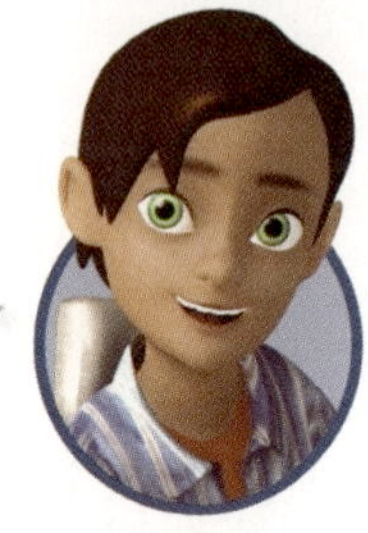

Comparar: Suma y resta

Dibuja este **diagrama de barras** para situaciones en las que haya que *comparar* la diferencia entre dos cantidades (cuántos más o cuántos menos hay).

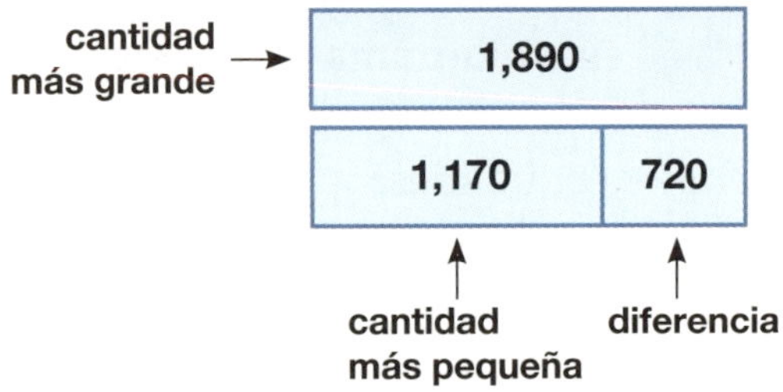

Diferencia desconocida

Sandi tiene una computadora portátil y una computadora de escritorio. ¿Cuántas pulgadas cuadradas más de pantalla tiene su computadora de escritorio que su computadora portátil?

118.75 pulgadas cuadradas

211.68 pulgadas cuadradas

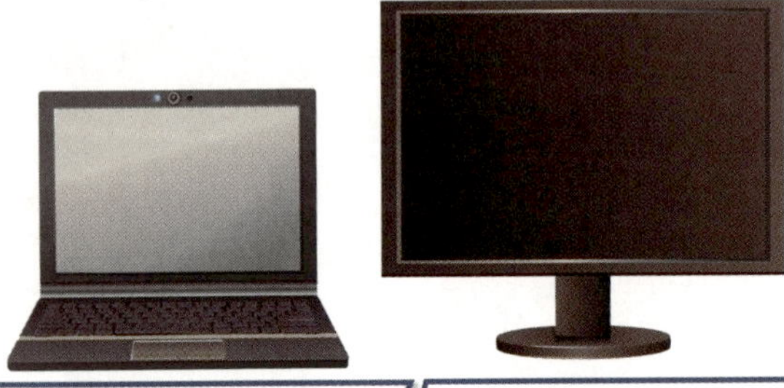

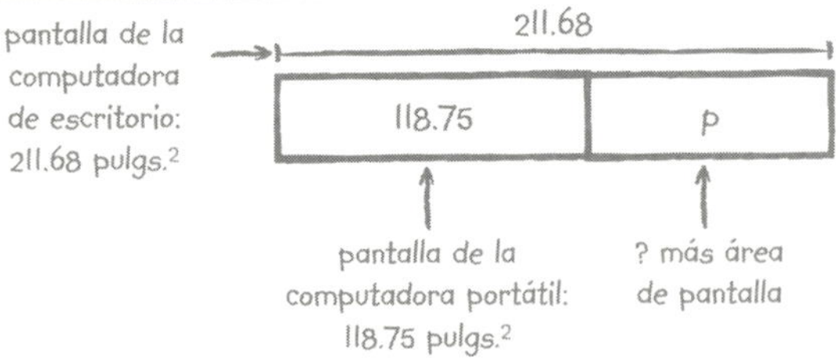

$118.75 + p = 211.68$ o

$211.68 - 118.75 = p$

La computadora de escritorio tiene 92.93 pulgs.^{2} más de pantalla que la computadora portátil.

Parte más grande desconocida

Jared tiene dos iguanas verdes: un macho y una hembra. La hembra pesa $4\frac{1}{10}$ libras menos que el macho. ¿Cuántas libras pesa la iguana hembra?

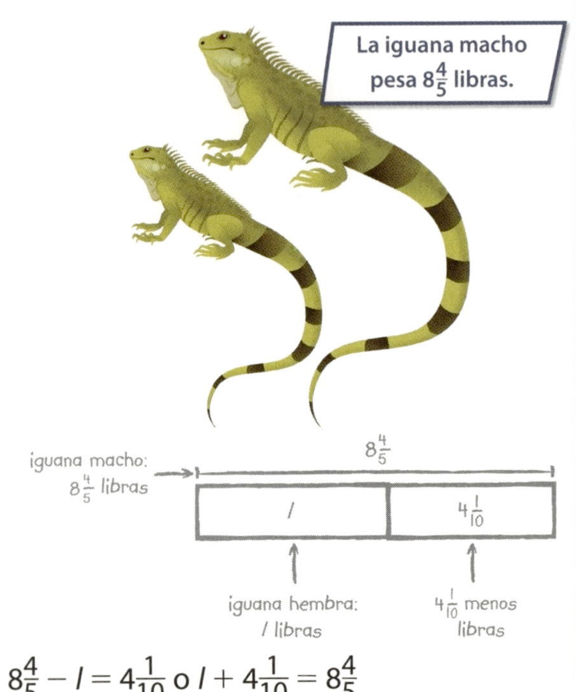

$8\frac{4}{5} - l = 4\frac{1}{10}$ o $l + 4\frac{1}{10} = 8\frac{4}{5}$

La iguana hembra pesa $4\frac{7}{10}$ libras.

© Pearson Education, Inc. 6

Los **diagramas de barras** de esta página te pueden ayudar a resolver problemas de multiplicación y división.

Grupos iguales: Multiplicación y división

Dibuja este **diagrama de barras** para situaciones en las que haya *grupos iguales*.

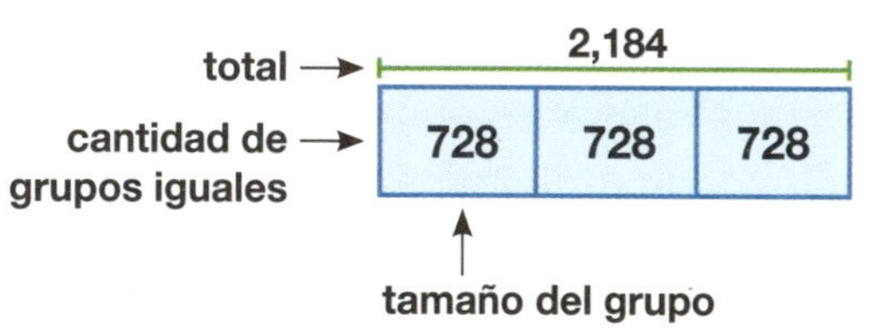

Cantidad de grupos desconocida

Los padres de Silvia gastaron $390 en abonos para el parque de diversiones. ¿Cuántos abonos compraron los padres de Silvia?

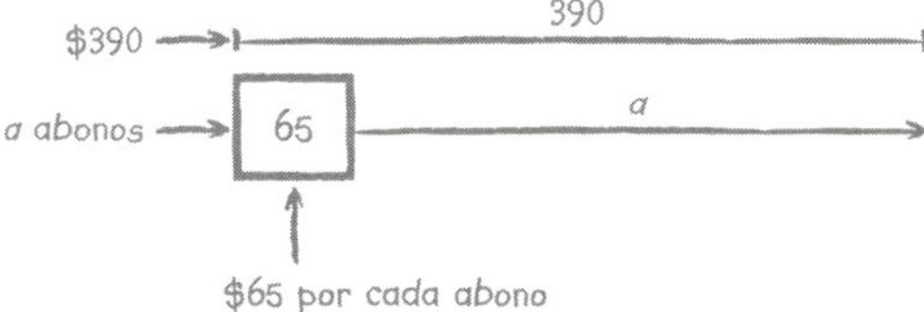

$a \times 65 = 390$ o $390 \div 65 = a$

Los padres de Silvia compraron 6 abonos para el parque de diversiones.

Tamaño de grupo desconocido

Con el dinero que ahorró, Ben planea asistir a 3 partidos de beisbol de las ligas mayores este verano. Si gasta la misma cantidad en cada partido, ¿cuánto dinero puede gastar en cada partido?

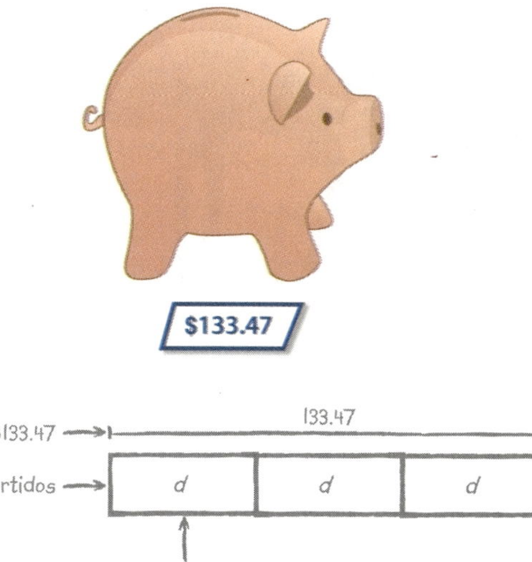

$3 \times d = 133.47$ o $133.47 \div 3 = d$

Ben puede gastar $44.49 en cada partido.

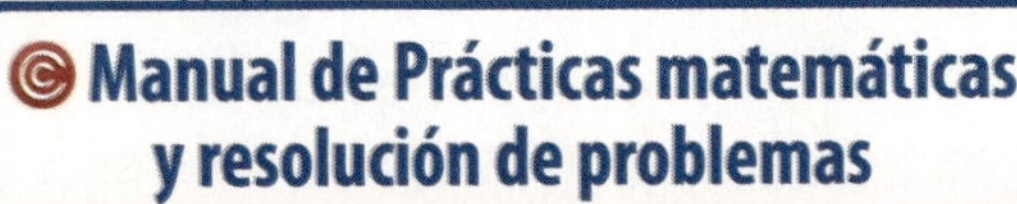

Diagramas de barras

Comparar: Multiplicación y división

Dibuja este **diagrama de barras** para situaciones en las que haya que *comparar* cuántas veces una cantidad es otra cantidad.

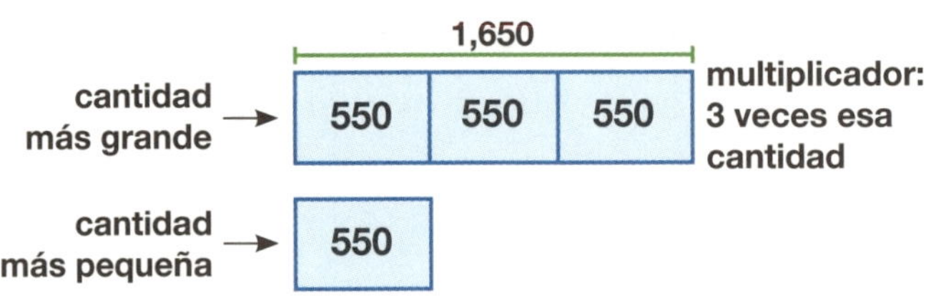

Cantidad más grande desconocida

El caballo de Marci come $2\frac{1}{4}$ pacas de heno en una semana. ¿Cuántas pacas de heno comen los caballos de Craig, que se muestran abajo, en una semana?

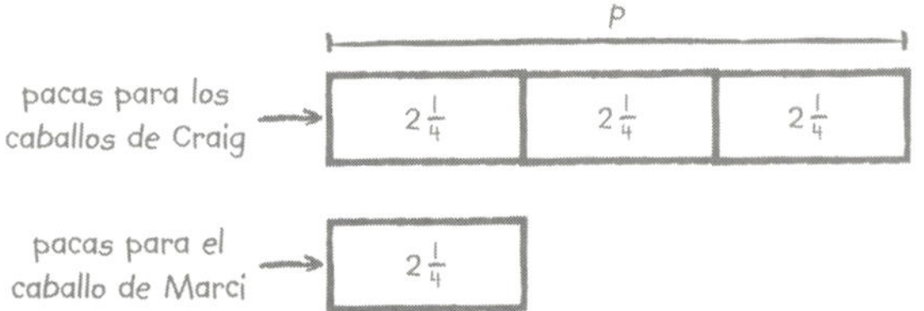

$$2\frac{1}{4} \times 3 = p \text{ o } p \div 2\frac{1}{4} = 3$$

Los caballos de Craig comen $6\frac{3}{4}$ pacas de heno en una semana.

Multiplicador desconocido

Trini compró un libro nuevo. Gloria compró el mismo libro en una tienda de libros usados. ¿Cuántas veces la cantidad de dinero que pagó Gloria pagó Trini?

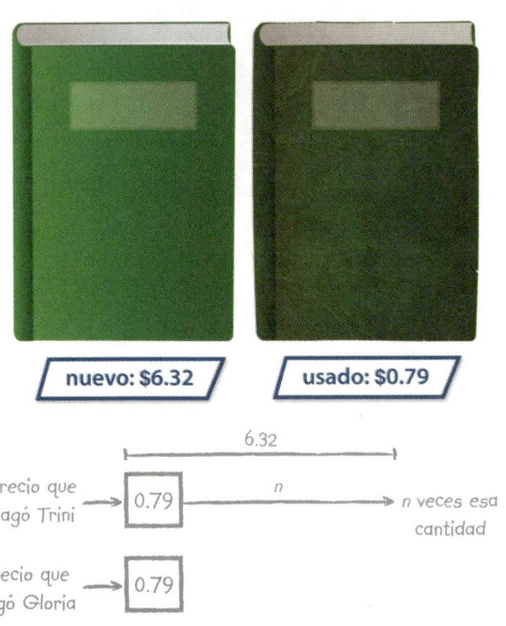

$$0.79 \times n = 6.32 \text{ o } 6.32 \div 0.79 = n$$

Trini pagó por el libro 8 veces la cantidad de dinero que pagó Gloria.

© Pearson Education, Inc. 6

Nociones sobre razones y razonamiento

Preguntas esenciales: ¿Qué es una razón? ¿Cómo se usan las razones para describir cantidades?

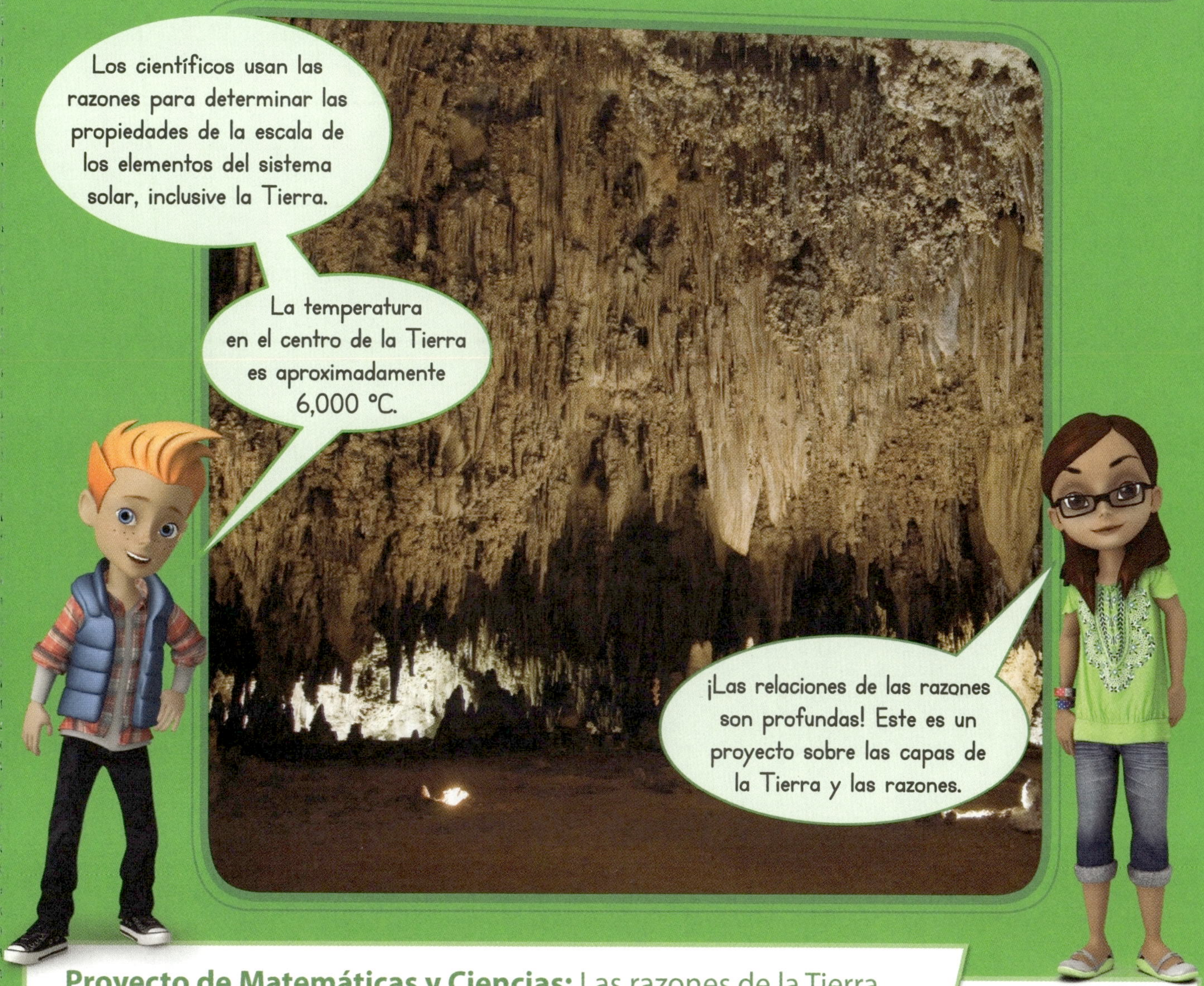

Proyecto de Matemáticas y Ciencias: Las razones de la Tierra

Investigar Usa la Internet u otras fuentes para aprender sobre el grosor de cada capa dentro de la Tierra.

Diario: Escribir un informe Incluye lo que averiguaste. En tu informe, también:

- calcula la razón del grosor de cada capa al grosor promedio de la corteza de la tierra.

- usa las razones para dibujar un modelo a escala de las capas de la Tierra. Describe cómo se compara el grosor de las capas.

Repasa lo que sabes

A-Z Vocabulario

Escoge el mejor término del recuadro. Escríbelo en el espacio en blanco.

- factor común
- fracción
- fracciones equivalentes
- múltiplo común

1. Las fracciones que nombran la misma cantidad se llaman _______________.

2. El número 3 es un _______________ del 9 y del 12.

3. Un número que se puede usar para describir una parte de un grupo o una parte de un entero es una _______________.

Fracciones equivalentes

Escribe dos fracciones equivalentes a la fracción dada.

4. $\frac{3}{4}$

5. $\frac{7}{8}$

6. $\frac{12}{5}$

7. $\frac{1}{2}$

8. $\frac{8}{9}$

9. $\frac{2}{3}$

Ecuación

Escribe una ecuación que represente el patrón en cada tabla.

10.

x	2	3	4	5	6
y	16	24	32	40	48

11.

x	2	4	6	8	10
y	5	7	9	11	13

Plano de coordenadas

12. Describe cómo ubicar y marcar el punto (4, 6) en el plano de coordenadas.

© Pearson Education, Inc. 6

Mis tarjetas de palabras

Usa los ejemplos de las palabras de las tarjetas para ayudarte a completar las definiciones que están al reverso.

A-Z Glosario

razón

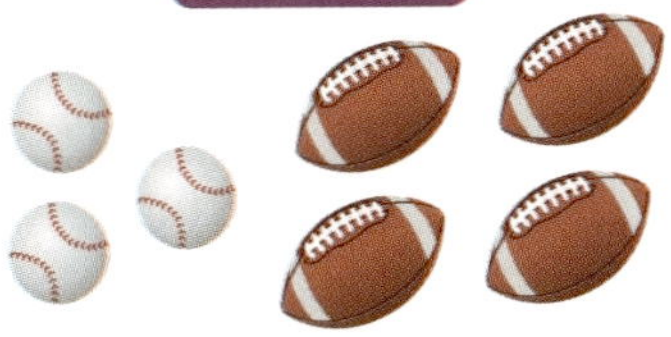

pelotas de beisbol a pelotas de futbol americano

3 a 4, **3:4** o $\frac{3}{4}$

término

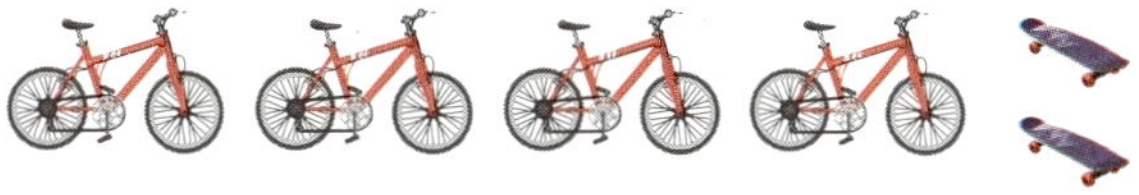

bicicletas a patinetas

4:2

términos

Mis tarjetas de palabras

Completa la definición. Para ampliar lo que aprendiste, escribe tus propias definiciones.

Cada cantidad de una razón se denomina

__________________________.

Una comparación de dos números o de la cantidad de elementos en dos grupos es una

__________________________.

© Pearson Education, Inc. 6

Lección 9-1
Razones

Resuélvelo y coméntalo

En un artículo de un periódico, cada 58 palabras hay 6 oraciones. De distintas maneras, muestra la relación entre la cantidad de palabras y la cantidad de oraciones.

Puedo...
usar una razón para describir la relación entre dos cantidades.

Estándar de contenido 6.RP.A.1
Prácticas matemáticas PM.2, PM.6, PM.7

En un artículo de periódico observé:

Cantidad de palabras	
Cantidad de oraciones	
Cantidad de palabras a oraciones	
Cantidad de oraciones a palabras	

¡Vuelve atrás! **PM.6 Hacerlo con precisión** Si se agrega al artículo otra oración con 10 palabras, ¿cómo puedes escribir la comparación de palabras a oraciones?

Pregunta esencial ¿De qué manera matemática se pueden comparar cantidades?

A

El servicio de mascotas de Tom cuida gatos y perros. Actualmente, hay más perros que gatos. Compara la cantidad de gatos con la cantidad de perros. Luego, compara la cantidad de gatos con la cantidad total de mascotas en el servicio de mascotas de Tom.

B Una razón es una relación en donde por cada *x* unidades de una cantidad hay *y* unidades de otra cantidad.

Una razón se puede escribir de tres maneras.

$$x \text{ a } y$$

$$x : y$$

$$\frac{x}{y}$$

Las cantidades *x* y *y* en una razón se llaman términos.

C Usa una razón para comparar la cantidad de gatos con la cantidad perros.

$$14 \text{ a } 17$$

$$14:17$$

$$\frac{14}{17}$$

D Usa una razón para comparar la cantidad de gatos con la cantidad total de mascotas.

$$14 \text{ a } 31$$

$$14:31$$

$$\frac{14}{31}$$

¡Convénceme! **© PM.6 Hacerlo con precisión** ¿De qué tres maneras se puede escribir la razón de la cantidad de perros a la cantidad total de mascotas?

☆ Práctica guiada *

¿Lo entiendes?

1. © **PM.2 Razonar** Una razón se puede usar para hacer dos tipos de comparaciones, ¿cuáles son? ¿En qué se diferencia esto de una fracción?

2. Una clase de ciencias tiene 5 tortugas y 7 ranas. ¿Cuál es la razón de ranas al total de animales?

¿Cómo hacerlo?

Usa tres maneras distintas de escribir una razón para cada una de las comparaciones en los Ejercicios **3** a **5.**

Un equipo de básquetbol del sexto grado tiene 3 centros, 5 delanteros y 6 aleros.

3. Delanteros a aleros

4. Centros al total de jugadores

5. Aleros a centros

☆ Práctica independiente

Usa los datos para escribir una razón para las comparaciones de tres maneras distintas en los Ejercicios **6** a **15.**

El tipo de sangre de una persona se designa con las letras A, B y O, y los símbolos $+$ y $-$. El tipo de sangre A+ se lee como *A positivo*. El tipo de sangre B− se lee como *B negativo*.

Donantes de sangre	
Tipo	**Donantes**
A+	45
B+	20
AB+	6
O+	90
A−	21
B−	0
AB−	4
O−	9
Total	195

DATOS

6. Donantes de O+ a donantes de A+

7. Donantes de AB− a donantes de AB+

8. Donantes de B+ al total de donantes

9. Donantes de O− a donantes de A−

10. Donantes de B− a donantes de B+

11. Donantes de O− al total de donantes

12. Donantes de A+ y B+ a donantes de AB+

13. Donantes de A− y B− a donantes de AB−

14. ¿Qué comparación representa la razón $\frac{90}{9}$?

15. ¿Qué comparación representa la razón 20:21?

Prácticas matemáticas y resolución de problemas

16. © **PM.7 Buscar relaciones** Completa el patrón de la tabla.

Cantidad de estudiantes con mascotas	1	3	9		81
Cantidad total de estudiantes	3	9		81	

17. **Sentido numérico** ¿Cuál es la suma de $2\frac{3}{10} + 6\frac{1}{6}$?

18. La colcha de retazos de Martín tiene 6 cuadrados morados y 18 cuadrados verdes. Escribe una razón que compare la cantidad de cuadrados verdes con la cantidad total de cuadrados de la colcha de retazos.

19. Una clase de matemáticas encuestó a estudiantes sobre sus gustos musicales y anotó los resultados en la tabla. Usa los datos para escribir una razón para cada comparación de tres maneras distintas.

a. Los estudiantes que prefieren la música clásica a los que prefieren el tecno

b. Los estudiantes que prefieren el hip hop al total de estudiantes encuestados

DATOS

Música favorita

Tipo de música	Cantidad de estudiantes
Rock	10
Clásica	4
Tecno	12
Hip-Hop	15
Country	8
Alternativa	4

20. **Razonamiento de orden superior** Una receta lleva 2 tazas de harina por cada $\frac{1}{4}$ de taza de pasas. Si se usan $1\frac{1}{2}$ tazas de pasas, ¿cuántas tazas de harina se agregarán?

21. © **PM.2 Razonar** En la clase de Rita hay 14 niñas y 16 niños. La razón 14:30, ¿de qué manera describe a la clase de Rita?

© Evaluación de *Common Core*

22. Hay 12 fresas, 18 tajadas de piña y otros 48 pedazos de fruta en una canasta de fruta. ¿Qué razón compara la cantidad de tajadas de piña con la cantidad total de pedazos de fruta?

Ⓐ 12 a 30

Ⓑ 18 a 48

Ⓒ 18 a 78

Ⓓ 30 a 78

© Pearson Education, Inc. 6

**Tarea y práctica
9-1**

Razones

¡Revisemos!

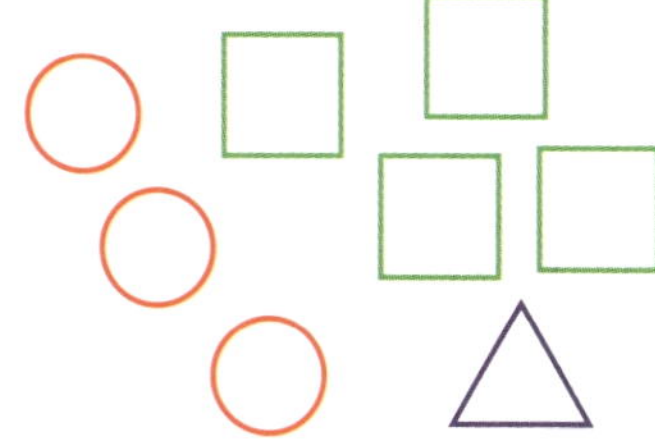

Escribe la razón de cuadrados a círculos de tres maneras.

Cuenta para hallar la razón de cuadrados a círculos.

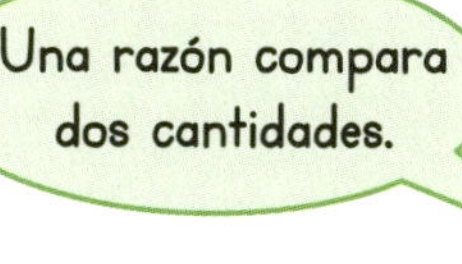

4   a   3

La razón 4 a 3 también se puede escribir como 4:3 o $\frac{4}{3}$.

Escribe una razón para cada comparación de tres maneras distintas en los Ejercicios **1** a **6.**

1. La cantidad de triángulos a la cantidad total de figuras

2. La cantidad de cuadrados a la cantidad de triángulos

3. La cantidad de triángulos a la cantidad de cuadrados

4. La cantidad de triángulos a la cantidad de círculos

5. La cantidad de círculos a la cantidad total de figuras

6. La cantidad total de figuras a la cantidad de cuadrados

7. En la clase del maestro Allen hay 14 niños y 16 niñas. ¿Cuál es la razón de niñas al total de estudiantes en la clase? Escribe la razón de 3 maneras.

8. **© PM.7 Buscar relaciones** Completa el patrón de la tabla.

Animales					
Ardillas	2	4	5		15
Pájaros	8		20	40	

---

9. Gary tiene 24 monedas de 25¢, 16 monedas de 10¢ y 32 monedas de 1¢. Escribe una razón que compare la cantidad combinada de monedas de 10¢ y de monedas de 1¢ con la cantidad de monedas de 25¢.

10. **© PM.2 Razonar** Hay 12 estudiantes que tocan el clarinete y 16 estudiantes que tocan la viola. ¿Qué describe la razón 16:12?

---

11. **© PM.6 Hacerlo con precisión** En un huerto de árboles frutales hay 12 filas de árboles de manzanas *Granny Smith,* 10 filas de árboles de manzanas *Fuji,* 15 filas de árboles de manzanas *Gala,* 2 filas de árboles de manzanas *Golden* y 2 filas de árboles de manzanas *Jonathan.* Escribe las razones de tres maneras distintas.

  a. Filas de árboles de manzanas *Gala* a árboles de manzanas *Granny Smith*

  b. Filas de árboles de manzanas *Fuji* al total de filas de árboles

---

12. **Razonamiento de orden superior** Lori tiene 6 años. En tres años, su primo Philip tendrá el doble de la edad que tendrá Lori. Escribe la razón de la edad actual de Philip y de la edad actual de Lori.

13. **Álgebra** José tiene $128 en su cuenta de ahorros. Ahorra *n* dólares cada semana. Escribe una expresión para la cantidad de dinero que habrá en su cuenta en 10 semanas. Usa la expresión para hallar cuánto ahorrará si $n = 25$.

© Evaluación de *Common Core*

14. Hay 4 tiendas de deportes, 9 tiendas de ropa y 6 joyerías en un centro comercial. ¿Qué razón compara la cantidad de tiendas de deportes con la cantidad total de tiendas?

  Ⓐ 9:10

  Ⓑ 4:19

  Ⓒ 4:15

  Ⓓ 15:4

© Pearson Education, Inc. 6

Puedo...
dibujar diagramas como ayuda para resolver problemas de razones.

Estándar de contenido 6.RP.A.3
Prácticas matemáticas PM.1, PM.2, PM.3, PM.4, PM.7

Resuélvelo y coméntalo

Una banda acaba de sacar un álbum nuevo. Por cada 3 canciones de pop, el álbum tiene 2 canciones de R&B. Si el álbum tiene 12 canciones de pop, ¿cuántas canciones de R&B tiene? Explica cómo lo sabes.

Canciones de pop

Canciones de R&B

¡Vuelve atrás! **PM.2 Razonar** En otro álbum, la razón de canciones de pop a canciones de R&B es 5 a 2. ¿Cómo se compararía un diagrama de barras para este álbum con el que se muestra arriba?

¿Cómo se puede usar un diagrama para resolver un problema de razones?

A

La razón de pelotas de futbol americano a pelotas de futbol en una tienda de deportes es de 5 a 3. Si la tienda tiene 100 pelotas de futbol americano en existencia, ¿cuántas pelotas de futbol tienen?

En un diagrama de barras, cada recuadro representa el mismo número.

B Dibuja un diagrama. Muestra la razón 5:3 con un dibujo de 5 recuadros para las pelotas de futbol americano y 3 recuadros para las pelotas de futbol.

Pelotas de futbol americano

5 | 1 | 1 | 1 | 1 | 1 |

3 | 1 | 1 | 1 |

Pelotas de futbol

C Usa el diagrama para representar 100 pelotas de futbol americano. $100 \div 5 = 20$. Escribe 20 en cada recuadro rojo.

Pelotas de futbol americano

100 | 20 | 20 | 20 | 20 | 20 |

? | | | |

Pelotas de futbol

D Ahora usa el diagrama para hallar la cantidad de pelotas de futbol por cada 100 pelotas de futbol americano. Escribe 20 en cada recuadro verde. Multiplica 3 por 20.

$3 \times 20 = 60$

Pelotas de futbol americano

100 | 20 | 20 | 20 | 20 | 20 |

60 | 20 | 20 | 20 |

Pelotas de futbol

La tienda de deportes tiene 60 pelotas de futbol en existencia.

¡Convénceme! © **PM.7 Usar la estructura** Supón que la tienda tiene 30 pelotas de futbol americano en existencia y la razón de pelotas de futbol americano a pelotas de futbol sigue siendo 5 a 3. ¿En qué se parecería el diagrama de esta situación al anterior? ¿En qué se diferenciaría? Dibuja un diagrama para esta situación nueva.

© Pearson Education, Inc. 6

Otro ejemplo

Puedes usar un diagrama de doble recta numérica para resolver problemas relativos a razones.

Un grupo de trabajo puede cortar 2 millas de césped del costado de la carretera en 45 minutos. A este ritmo, ¿cuánto llevará cortar 10 millas de césped?

Dibuja un diagrama de doble recta numérica. Usa espacios iguales. Cuenta de 2 en 2 hasta que llegues a 10 millas. Cuenta de 45 en 45 la misma cantidad de espacios.

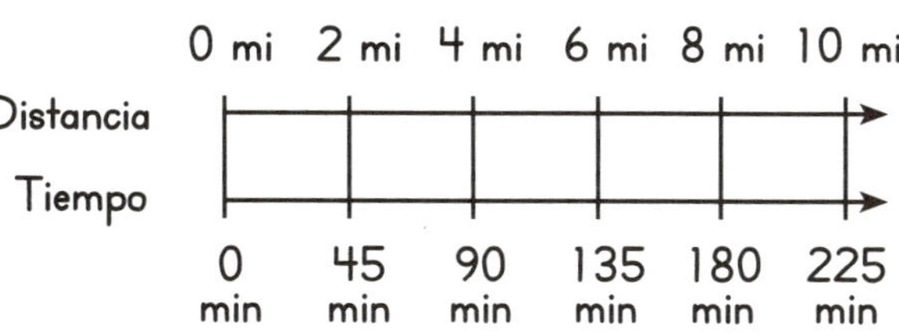

Llevará 225 minutos cortar 10 millas.

☆ Práctica guiada *

¿Lo entiendes?

Dibuja un diagrama para resolver los problemas en los Ejercicios **1** y **2**.

1. Tye está preparando una mezcla de nueces y frutas secas con 3 tazas de nueces por cada 4 tazas de granola. Si Tye tiene 6 tazas de nueces, ¿cuántas tazas de granola tendrá que usar?

2. Ángela puede pintar 3 secciones en 25 minutos. ¿Cuántos minutos le tomará a Ángela pintar 12 secciones?

¿Cómo hacerlo?

3. © **PM.4 Representar con modelos matemáticos** La razón de tarjetas azules a tarjetas verdes es 2 a 5. Hay 8 tarjetas azules. Completa el diagrama y explica cómo puedes hallar la cantidad de tarjetas verdes.

☆ Práctica independiente ☆

Dibuja un diagrama para resolver el problema en los Ejercicios **4** y **5**.

4. Jeremy acertó 4 tiros libres de 5. Si Jeremy intentó 35 tiros libres, ¿cuántos tiros libres acertó?

5. La familia de Anne recorrió 165 millas en 3 horas. A ese ritmo, ¿cuánto tardarán en recorrer 825 millas?

Puedes encontrar otro ejemplo en el Grupo A, página 465.

6. © **PM.3 Construir argumentos** Justin usó bloques para representar la siguiente situación: Un vendedor de carros vende 7 carros cada 4 minivanes.

¿Cómo puede Justin usar el modelo para hallar la cantidad de minivanes que el vendedor vende si vende 35 carros?

7. © **PM.1 Entender y perseverar** El lunes, la razón de perros adultos a cachorros en un parque fue 3:2. Ese día, hubo 12 cachorros. El martes, había 15 perros adultos en el parque. ¿Cuál es la diferencia entre la cantidad de perros adultos en el parque entre el lunes y el martes?

8. Catorce primos compraron una mesa para el patio para su abuela por $374 y una sombrilla por $118. El impuesto sobre la venta fue de $40. Si comparten el costo de manera igual, ¿cuánto paga cada primo?

9. **Álgebra** Si $c = 8$, ¿qué expresión tiene el valor mayor, $5c^3 + 982$ o $2c^4 - 7c$?

10. **Razonamiento de orden superior** A las 9:30 *a. m.*, Juan comenzó a llenar una piscina de 4,500 galones. A las 11:30 *a. m.*, había 1,800 galones. ¿A qué hora estará llena la piscina?

© **Evaluación de** *Common Core*

11. De los estudiantes que toman una clase de idioma extranjero, 8 estudiantes escogen español por cada 5 estudiantes que estudian francés. Esto se representa en el siguiente diagrama.

Español

Francés

Explica cómo puedes usar el diagrama para hallar la cantidad de estudiantes que toman clases de francés si hay 72 estudiantes que concurren a clases de español.

© Pearson Education, Inc. 6

Tarea y práctica 9-2

Representar razones

¡Revisemos!

Dibujar un diagrama de barras.

Muestra una razón de 3 a 15.

Millas

Minutos

Dado que 18 millas están representadas por 3 recuadros, cada recuadro representa 6 millas.

Multiplica la cantidad de recuadros que representan los minutos por 6: $15 \times 6 = 90$.

A Chen le llevará 90 minutos recorrer 18 millas.

Dibujar un diagrama de doble recta numérica.

Muestra 15 minutos por cada 3 millas. Usa espacios iguales.

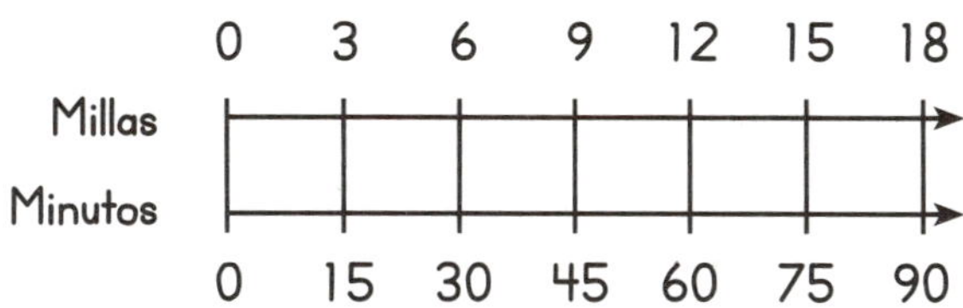

Cuenta de 3 en 3 a lo largo de la recta numérica de arriba hasta llegar a 18 millas.

En la recta numérica de abajo, cuenta de 15 en 15 usando la misma cantidad de espacios que arriba. El diagrama muestra que Chen puede recorrer 18 millas en 90 minutos.

Dibuja un diagrama para resolver el problema en los Ejercicios **1** a **4**.

1. Una empresa de limpieza puede limpiar 5 oficinas en 6 horas. ¿Cuántas oficinas puede limpiar en 12 horas?

2. Joseph está plantando un huerto. Coloca 2 plantas de tomate cada 5 plantas de pimientos. Si Joseph coloca 14 plantas de tomate, ¿cuántas plantas de pimientos coloca?

3. Hay 4 chaperones cada 15 estudiantes que concurren a una excursión de la escuela. Si van 135 estudiantes, ¿cuántos chaperones irán a la excursión?

4. La maestra Dawson gastó $28 en 8 cuadernos. Si cada cuaderno cuesta lo mismo, ¿cuánto gastará en 48 cuadernos?

5. Una tienda de mascotas mantiene a 4 peces pequeños en 10 galones de agua. ¿Cuántos galones de agua se necesitarán para 36 peces?

6. Razonamiento de orden superior En una empresa, la razón de computadoras de escritorio a computadoras portátiles es 2 a 9. Si hay 108 computadoras portátiles, ¿cuántas computadoras habrá en total en la empresa?

7. © PM.1 Entender y perseverar Los 52 miembros de un coro van a acampar. El costo de concurrir al campamento para todo el coro es $12,736. Si la asociación de apoyo a la música paga $4,000, ¿cuánto deberá pagar cada miembro del coro?

8. A-Z Vocabulario Evalúa la expresión para cada valor de d.

d	8	12	15	22
$7(d - 4)$				

9. © PM.3 Construir argumentos Harriet trabaja 35 horas por semana y gana $560. Jenny trabaja 40 horas por semana y gana $600. ¿Quién gana más por hora? Explica cómo lo sabes.

10. Matemáticas y Ciencias La tasa de tu respiración mide la cantidad de exhalaciones que realizas por minuto. Reggie contó 48 exhalaciones en 3 minutos. Si continúa exhalando a ese mismo ritmo, ¿cuántas respiraciones realizará en 10 minutos?

© Evaluación de *Common Core*

11. Una empresa confecciona uniformes para un restaurante de comida rápida. Cada 8 yardas de tela azul, usan 13 yardas de tela blanca. Esto se representa en el siguiente diagrama.

Yardas de tela azul

0   8   16   24   32   40   48

0   13   26   39   52   65   78

Yardas de tela blanca

Explica cómo usarías el diagrama para hallar la cantidad de yardas de tela blanca que se usarían si se usan 64 yardas de tela azul.

© Pearson Education, Inc. 6

Nombre _______________

Resuelve

Resuélvelo y coméntalo

Sally usó toda la pintura que se muestra debajo para lograr una pintura anaranjada. ¿Cuántas pintas de pintura roja se deben mezclar con 24 pintas de pintura amarilla para hacer la misma pintura anaranjada? *Resuelve este problema de la manera que prefieras.*

Lección 9-3
Razones equivalentes

Puedo...
hallar razones equivalentes.

© **Estándar de contenido** 6.RP.A.3a
Prácticas matemáticas PM.2, PM.3, PM.5, PM.6, PM.7

¡Vuelve atrás! © **PM.2 Razonar** Si se usa la misma razón de pintura amarilla a pintura roja, ¿cuántas pintas de pintura amarilla se deberán mezclar con 16 pintas de pintura roja?

Pregunta esencial **¿Cómo se pueden hallar razones equivalentes?**

A

En las escuelas del condado Crystal, por cada 16 jugadores de básquetbol hay 48 jugadores de beisbol. Si hay 64 jugadores de básquetbol, ¿cuántos jugadores de beisbol hay?

Deportes de equipo

B **Una manera**

Haz una tabla con razones equivalentes.

$\times 4$

$\times 3$

$\times 2$

Cantidad de jugadores de básquetbol	16	32	48	64
Cantidad de jugadores de beisbol	48	96	144	192

Cuando hay 192 jugadores de beisbol, hay 64 jugadores de básquetbol.

C **Otra manera**

Usa la multiplicación. Multiplica los dos términos por el mismo número distinto de cero.

$$\frac{16 \times 4}{48 \times 4} = \frac{64}{192}$$

$\frac{16}{48}$ y $\frac{64}{192}$ son razones equivalentes.

Cuando hay 192 jugadores de beisbol, hay 64 jugadores de básquetbol.

¡Convénceme! © **PM.7 Buscar relaciones** Si amplías la tabla de arriba, ¿cómo hallarías la siguiente razón de jugadores de básquetbol a jugadores de beisbol?

© Pearson Education, Inc. 6

Otro ejemplo

Sarah hizo 18 tiros en un partido de básquetbol y realizó 12 canastas.
¿Cuántas canastas probablemente hará en los próximos 6 tiros?

Una manera

Haz una tabla con razones equivalentes.

$\div 3$

$\div 2$

Cantidad de tiros hechos	6	9	18
Cantidad de canastas realizadas	4	6	12

Sarah probablemente hará 4 canastas en los próximos 6 tiros.

Otra manera

Usa la división. Divide los dos términos por el mismo número distinto de cero.

$$\frac{18 \div 3}{12 \div 3} = \frac{6}{4}$$

$\frac{18}{12}$ y $\frac{6}{4}$ son razones equivalentes.

Sarah probablemente hará 4 canastas en los próximos 6 tiros.

☆ Práctica guiada ☆ *

¿Lo entiendes?

1. ¿De qué dos maneras puedes hallar una razón equivalente a $\frac{12}{16}$?

¿Cómo hacerlo?

Escribe una razón equivalente para las razones dadas en los Ejercicios **2** a **4**.

2. $\frac{12}{21}$ 3. 1:3   4. 6 a 8

☆ Práctica independiente ☆

Escribe tres razones que sean equivalentes a la razón dada en los Ejercicios **5** a **8**.

5. $\frac{6}{7}$ 6. $\frac{9}{5}$ 7. 8:14   8. 7:9

Prácticas matemáticas y resolución de problemas

9. **© PM.5 Usar herramientas apropiadas** Se pueden hallar razones equivalentes si se amplían las filas o las columnas en una tabla de multiplicar. Escribe tres razones equivalentes a $\frac{2}{5}$ usando la tabla de multiplicar.

X	0	1	2	3	4	5	6
0	0	0	0	0	0	0	0
1	0	1	2	3	4	5	6
2	0	2	4	6	8	10	12
3	0	3	6	9	12	15	18
4	0	4	8	12	16	20	24
5	0	5	10	15	20	25	30
6	0	6	12	18	24	30	36

10. **© PM.2 Razonar** La razón de la velocidad máxima del Carro A a la velocidad máxima del Carro B es 2:3. Explica si el Carro A o el Carro B es el más rápido.

11. **© PM.3 Evaluar el razonamiento** Shawn dice que las razones 5:6 y 40:48 son equivalentes. ¿Tiene razón? Justifica o mejora el razonamiento de Shawn.

12. **A-Z Vocabulario** ¿Cómo se define la palabra *término* cuando se usa para describir una relación de razones? ¿Cómo se define la palabra *término* en el contexto de una expresión?

13. **Razonamiento de orden superior** Si 5 millas $\approx$ 8 km, aproximadamente ¿cuántas millas serán 50 km? Muestra cómo lo decidiste.

© Evaluación de *Common Core*

14. Marca todas las razones que son equivalentes a 18:8.

    - [ ] 9:4
    - [ ] 6:3
    - [ ] $\frac{48}{24}$
    - [ ] $\frac{90}{40}$

15. Marca todas las razones que son equivalentes a 3:5.

    - [ ] 5 a 7
    - [ ] 2:4
    - [ ] 9:15
    - [ ] $\frac{18}{30}$

© Pearson Education, Inc. 6

¡Revisemos!

Multiplica para hallar las razones equivalentes a $\frac{30}{40}$.

Multiplica los dos términos por el mismo número.

$$\frac{30 \times 2}{40 \times 2} = \frac{60}{80} \qquad \frac{30 \times 3}{40 \times 3} = \frac{90}{120}$$

$$\frac{30 \times 4}{40 \times 4} = \frac{120}{160} \qquad \frac{30 \times 10}{40 \times 10} = \frac{300}{400}$$

Divide para hallar las razones equivalentes a $\frac{30}{40}$.

Divide los dos términos por el mismo número.

$$\frac{30 \div 2}{40 \div 2} = \frac{15}{20} \qquad \frac{30 \div 5}{40 \div 5} = \frac{6}{8} \qquad \frac{30 \div 10}{40 \div 10} = \frac{3}{4}$$

Escribe tres razones equivalentes a la razón dada en los Ejercicios **1** a **9.**

1. $\frac{3}{5}$ **2.** $\frac{4}{8}$ **3.** $\frac{6}{18}$

4. 8:10 **5.** 6:8 **6.** 10:12

7. 12 a 18 **8.** 16 a 18 **9.** 5 a 25

Usa = o ≠ para mostrar si las razones son equivalentes en los Ejercicios **10** a **12.**

10. 3:12 ◯ 6:24 **11.** $\frac{28}{16}$ ◯ $\frac{7}{4}$ **12.** 4 a 20 ◯ 1 a 4

13. **Matemáticas y Ciencias** Los científicos estudian maneras de aumentar la población del salmón salvaje. ¿Cuántos huevos de salmón se necesitarán para producir 18 salmones adultos?

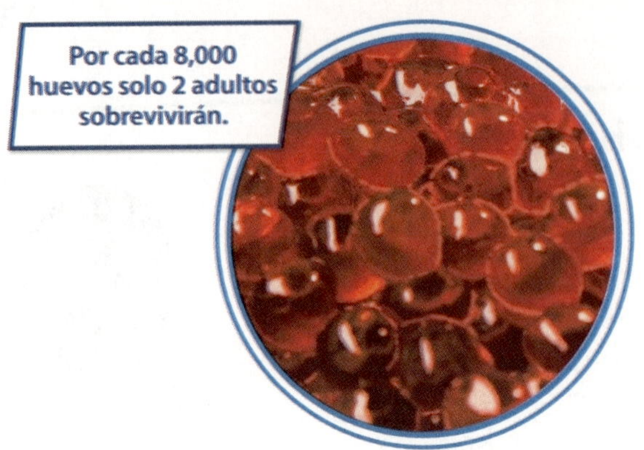

14. **Sentido numérico** Indica por qué no puedes multiplicar o dividir por cero para hallar razones equivalentes.

15. © **PM.3 Evaluar el razonamiento** Daniel dice que las razones 3:5 y 2:10 son equivalentes. ¿Tiene razón? Explícalo.

16. ¿La razón de longitud a ancho de estos dos rectángulos es equivalente? Indica cómo lo sabes.

12 pulgs.

8 pulgs.

20 pulgs.

16 pulgs.

17. **Razonamiento de orden superior** Un albergue para animales tiene lugar para 60 gatos y perros. Por cada 5 gatos el albergue puede tener 7 perros. ¿Cuántos gatos y perros hay en el albergue si está completo?

18. © **PM.6 Hacerlo con precisión** En un concierto de música a cada niño se le entregará de regalo una trompeta de juguete. Se espera que haya 5 adultos por cada 2 niños. Halla cuántos niños se esperará que haya si hay 15 adultos, 25 adultos y 40 adultos.

© Evaluación de *Common Core*

19. En un sector de un lago, hay 8 botes por cada 6 lanchas. ¿Cuál será la cantidad de botes y lanchas? Marca todas las que se apliquen.

☐ 14 botes, 12 lanchas

☐ 24 botes, 18 lanchas

☐ 32 botes, 24 lanchas

☐ 4 botes, 2 lanchas

20. Por cada 8 niños en la clase de Kaley hay 10 niñas. ¿Qué opción describe los estudiantes de la clase de Kaley? Marca todas las que se apliquen.

☐ 4 niños, 5 niñas

☐ 10 niños, 12 niñas

☐ 12 niños, 14 niñas

☐ 16 niños, 20 niñas

© Pearson Education, Inc. 6

Scott está preparando una mezcla para la merienda con almendras y pasas. Cada 2 tazas de almendras hay que usar 3 tazas de pasas. Ariel está preparando una mezcla para la merienda que lleva 3 tazas de almendras cada 5 tazas de semillas de girasol. Si Scott y Ariel usan 6 tazas de almendras cada uno para hacer la receta de la mezcla para la merienda, ¿quién tendrá una preparación más grande?

Lección 9-4
Comparar razones

Puedo...
comparar razones para resolver problemas.

Estándar de contenido 6.RP.A.3a
Prácticas matemáticas PM.1, PM.2, PM.4, PM.6, PM.7

Mezcla de Scott en tazas					
Almendras					
Pasas					

Mezcla de Ariel en tazas				
Almendras				
Semillas de girasol				

¡Vuelve atrás! **PM.7 Buscar relaciones** Scott y Ariel quieren hacer tanta mezcla para la merienda como sea posible, pero no más de 25 tazas de mezcla. Si pueden usar solo tazas completas de ingredientes, ¿quién realizará más mezcla sin excederse?

¿Cómo se pueden comparar razones para resolver un problema?

A

Dustin realizó 3 hits por cada 8 turnos al bate. Adrián realizó 4 hits por cada 10 turnos al bate. ¿Quién tiene la mejor razón de hits a turnos al bate?

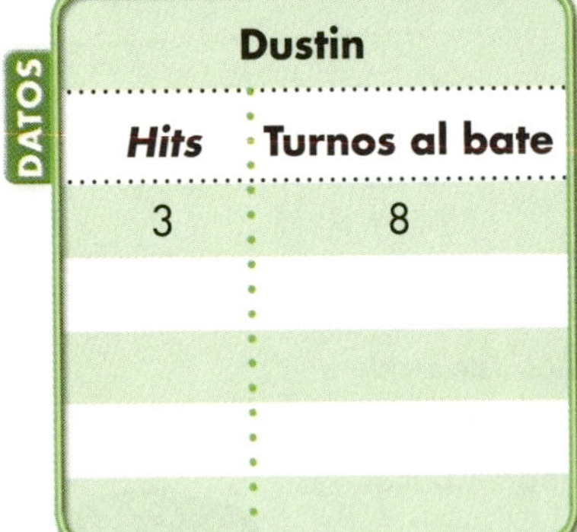

DATOS

Dustin

Hits	Turnos al bate
3	8

DATOS

Adrián

Hits	Turnos al bate
4	10

B Amplía y completa las tablas de razones de Dustin y Adrián hasta que la cantidad de *hits* o la cantidad de turnos al bate sea la misma en cada tabla.

DATOS

Dustin

Hits	Turnos al bate
3	8
6	16
9	24
12	32
15	40

DATOS

Adrián

Hits	Turnos al bate
4	10
8	20
12	30
16	40

C Ahora puedes comparar la cantidad de *hits* que realizan Dustin y Adrián con 40 turnos al bate cada uno.

Dustin realiza 15 *hits* por cada 40 turnos al bate. Adrián realiza 16 *hits* por cada 40 turnos al bate.

Dado que Adrián realiza más *hits,* es el que tiene la mejor razón *hits* a turnos al bate.

¡Convénceme! © **PM.7 Buscar relaciones** Marlon realizó 6 *hits* en 15 turnos al bate. ¿Cómo se compara la razón de Marlon de *hits* a turnos al bate con la de Adrián?

© Pearson Education, Inc. 6

☆ Práctica guiada *

¿Lo entiendes?

1. En el ejemplo de la página anterior, ¿cuántos *hits* realizará Adrián en 50 turnos al bate?

2. Ⓒ **PM.2 Razonar** En la primera semana, 2 de 3 excursionistas fueron niños. En la segunda semana, 3 de 5 excursionistas fueron niños. Hubo un total de 15 excursionistas cada semana. ¿En qué semana hubo más excursionistas niños? Explica cómo lo sabes.

¿Cómo hacerlo?

3. Para hacer yeso, Kevin mezcla 3 tazas de agua con 4 libras de yeso en polvo. Completa la tabla de razones. ¿Cuánta agua mezclará con 20 libras de yeso en polvo?

Tazas de agua	3			
Libras de polvo	4	8	12	

4. Jenny realiza yeso usando una razón de 4 tazas de agua a 5 libras de yeso en polvo. ¿Qué receta utiliza más agua? Usa las tablas de razones para comparar.

Agua (tazas)	4	8		
Polvo (lb)	5			

☆ Práctica independiente ☆

Usa la tabla de razones de la derecha en los Ejercicios **5** a **7.**

5. La estación de radio local *WMTH* programa 2 minutos de noticias cada 20 minutos de música. Completa la tabla de razones.

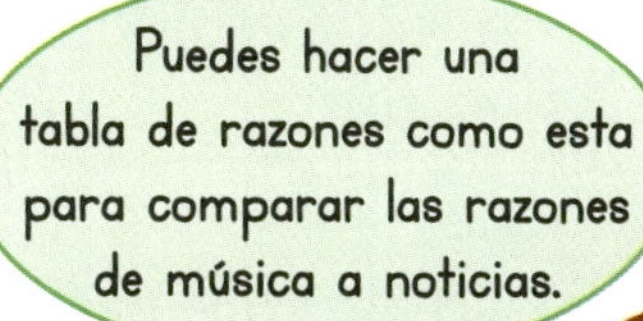

Minutos de música	20	30	40	50	60
Minutos de noticias	2	3			

6. ¿Cuál es la razón de minutos de música a minutos de noticias?

7. La estación de radio *WILM* programa 4 minutos de noticias por cada 25 minutos de música. ¿Qué estación programa más noticias por hora?

8. **© PM.2 Razonar** Las tablas de razones de la derecha muestran la comparación de discos de HD a DVD a la venta en la tienda de Bert y la tienda de Gloria. Completa las tablas de razones. ¿Qué tienda tiene la mayor razón de discos HD a DVD? Explica cómo lo sabes.

Tienda de Bert					
Discos HD	4				
DVD	6				

Tienda de Gloria					
Discos HD	5				
DVD	8				

9. Anya recorrió 4 millas en su bicicleta en 20 minutos. Si continúa a la misma tasa de velocidad, ¿cuánto le llevará recorrer 24 millas?

10. **© PM.1 Entender y perseverar** Carol usa $\frac{1}{3}$ de yarda de cinta para cada moño. Si tiene $5\frac{1}{2}$ yardas de cinta, ¿cuántos moños completos puede hacer?

11. **Razonamiento de orden superior**
Lauren puede conducir 320 millas con 10 galones de gasolina. Melissa puede conducir 280 millas con 8 galones de gasolina. ¿Quién puede llegar más lejos con 40 galones de gasolina? Completa las tablas de razones para justificar tu respuesta.

Carro de Lauren					
Millas recorridas					
Galones					

Carro de Melissa					
Millas recorridas					
Galones					

© Evaluación de *Common Core*

12. Fran compró paquetes de calcetines que traen 9 pares blancos por cada 3 pares azules. María compró paquetes de calcetines con una razón de 2 pares azules a 4 pares blancos. Si cada una compró 6 pares de calcetines azules, ¿cuántos pares de calcetines blancos compró cada una?

Parte A

Completa la tabla de razones.

Paquetes de calcetines de Fran			
Calcetines blancos			
Calcetines azules			

Paquetes de calcetines de María			
Calcetines blancos			
Calcetines azules			

Parte B

Explica cómo puedes resolver este problema.

© Pearson Education, Inc. 6

Tarea y práctica 9-4
Comparar razones

¡Revisemos!

Debido a compatibilidad y restricciones de espacio, solo algunos tipos de peces pueden vivir juntos en una pecera. Hay una razón de 4 gupis por cada 5 mollys en una pecera. En otra pecera, hay 2 peces ángel por cada 3 mollys. Si hay 15 mollys en cada pecera, ¿qué pecera tiene más peces?

Haz una tabla que muestre la razón de gupis a mollys en una pecera.

DATOS					
Gupis	4	8	12	16	20
Mollys	5	10	15	20	25

Haz una tabla para mostrar la razón de peces ángel a mollys.

DATOS					
Peces ángel	2	4	6	8	10
Mollys	3	6	9	12	15

Compara la cantidad de gupis y peces ángel cuando hay 15 mollys en cada pecera.

Hay 12 gupis por cada 15 mollys. Hay 10 peces ángel por cada 15 mollys.

La pecera con 12 gupis y 15 mollys tiene más peces que la pecera con 10 peces ángel y 15 mollys.

Completa las tablas de razones para resolver los Ejercicios **1** y **2**.

1. Hay 3 niños por cada 5 niñas en la clase de la maestra Smith. En la clase del maestro Addy hay 5 niños por cada 6 niñas. Si cada clase tiene 15 niños, ¿qué clase tiene menos niñas?

Clase de la maestra Smith					
Cantidad de niños					
Cantidad de niñas					

Clase del maestro Addy					
Cantidad de niños					
Cantidad de niñas					

2. Explica cómo usaste los datos en las tablas de razones para resolver el Ejercicio 1.

3. © **PM.4 Representar con modelos matemáticos** Morgan duerme 40 horas cada 5 días de la semana. ¿Cuántos días le llevará dormir 200 horas? Completa y usa una tabla de razones para mostrar cómo encontraste la respuesta.

Tabla de razón de sueño de Morgan				
Días				
Horas de sueño				

4. © **PM.2 Razonar** Alice duerme 50 horas cada 6 días. ¿Quién tiene una razón mayor de días a horas de sueño? Explica cómo lo sabes.

Tabla de razón de sueño de Alice				
Días				
Horas de sueño				

5. © **PM.6 Hacerlo con precisión** Susie afirma que todas las razones se pueden escribir como una fracción y como un número decimal. ¿Estás de acuerdo? Usa la razón 32:80 en tu respuesta.

6. **Razonamiento de orden superior** La maestra Henderson tiene 16 niños en su clase de 24 estudiantes. El maestro Gregory tiene 18 niños en su clase de 30 estudiantes. ¿Qué clase tiene la mayor razón de niños a estudiantes? Explica cómo lo sabes.

© Evaluación de *Common Core*

7. Para una fiesta, Jan prepara un refresco que lleva 2 galones de jugo de naranja por cada $\frac{1}{2}$ galón de limonada. La receta de refresco favorita de Matt lleva 3 galones de jugo de naranja cada 2 galones de jugo de piña. ¿Cuál será la razón de jugo de naranja a limonada o a jugo de piña si se preparan 4 tandas de cada receta de refresco?

Parte A

Completa las tablas de razones.

Refresco de Jan			
Jugo de naranja			
Limonada			

Refresco de Matt			
Jugo de naranja			
Piña			

Parte B

Si Matt y Jan preparan 10 galones de refresco cada uno, ¿cuántos galones de jugo de naranja más usará Jan en comparación con Matt?

© Pearson Education, Inc. 6

Resuélvelo y coméntalo

Una tarde en una playa, por cada 4 adultos había 3 niños. ¿Cuántos niños había en la playa si había 8, 12, 16 o 20 adultos?

Lección 9-5
Razones y gráficas

Puedo...
resolver problemas usando tablas y gráficas que muestren razones equivalentes.

Ⓒ **Estándar de contenido** 6.RP.A.3a
Prácticas matemáticas PM.1, PM.2, PM.3, PM.4, PM.7

Cantidad de adultos					
Cantidad de niños					

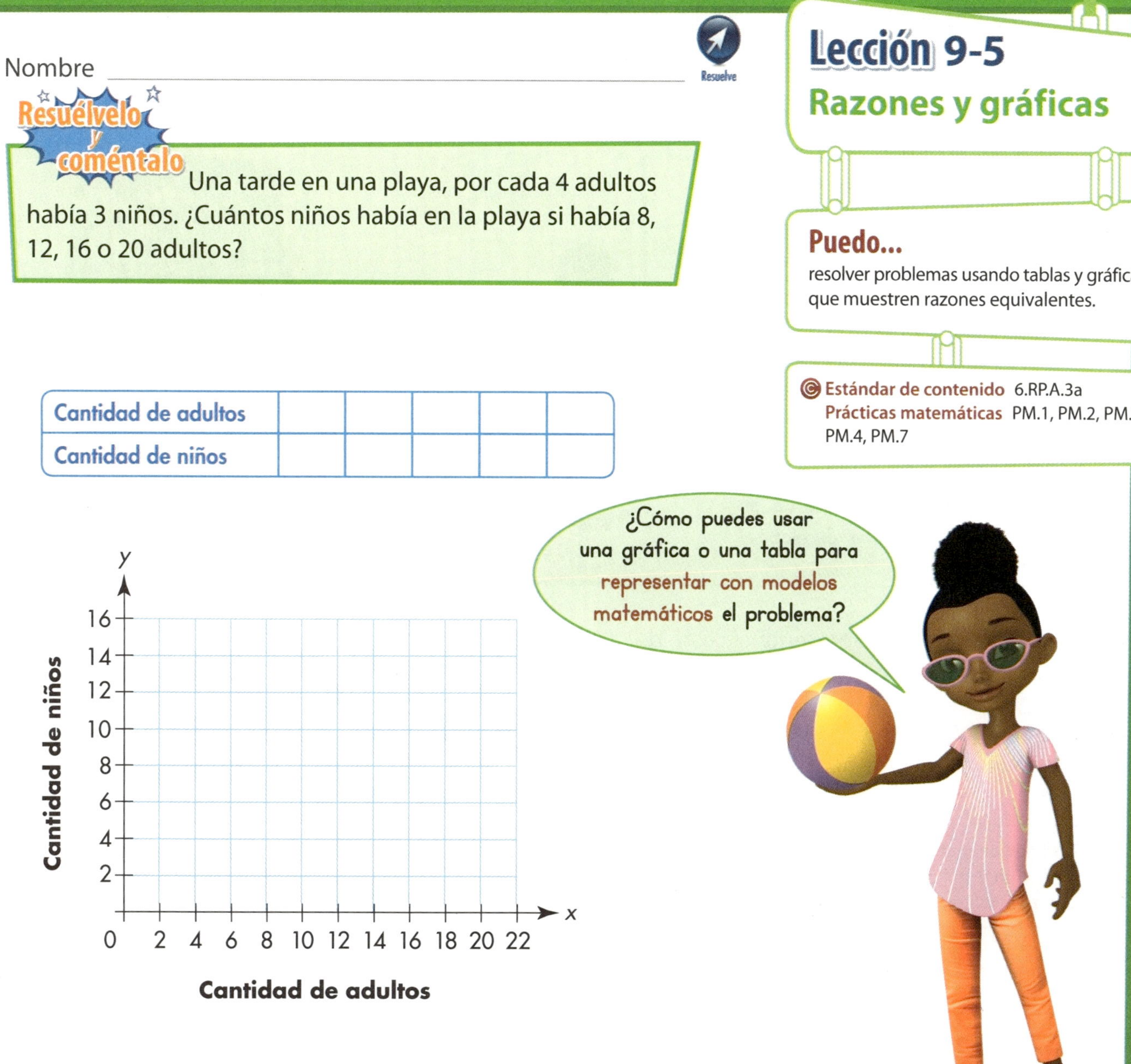

¡Vuelve atrás! Ⓒ **PM.3 Evaluar el razonamiento** Emery afirma que si hay 5 niños por cada 3 adultos en la playa y hay 25 niños, entonces hay 15 adultos en la playa. ¿Tiene razón?

Pregunta esencial **¿Cómo se pueden usar tablas y gráficas para mostrar razones equivalentes?**

A

Ellen está comprando en la tienda de cotillón de Jake. Haz una tabla para mostrar cuánto gastará Ellen si compra 3, 6, 9 o 12 globos. Luego, marca los pares de valores en la gráfica de coordenadas y usa la gráfica para hallar el costo de 18 globos.

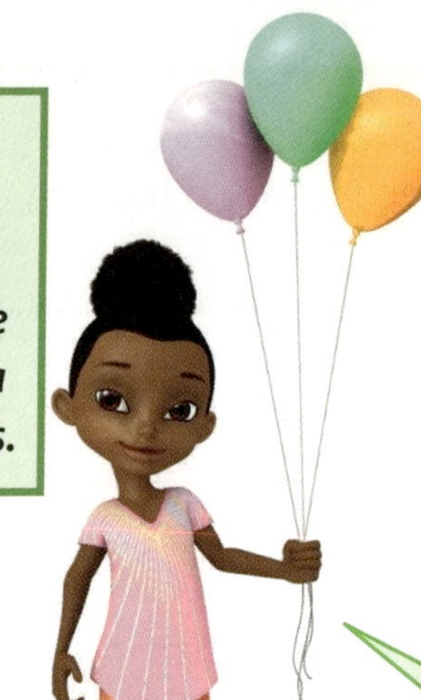

Puedes hacer una tabla de razones equivalentes para hallar los costos de las otras cantidades de globos.

Puedes marcar las razones de la tabla en el plano de coordenadas.

B

La razón de $\dfrac{3 \text{ globos}}{\$2}$ representa el costo de los globos.

Haz una tabla de razones equivalentes para hallar los costos de 6, 9 y 12 globos.

Cantidad de globos (x)	3	6	9	12
Costo en dólares (y)	2	4	6	8

Ellen puede comprar 3 globos por $2, 6 globos por $4, 9 globos por $6 y 12 globos por $8.

C

Marca los pares de valores en el plano de coordenadas para cada razón, x a y. Une los puntos con una línea punteada y amplía la línea para hallar el costo de 18 globos.

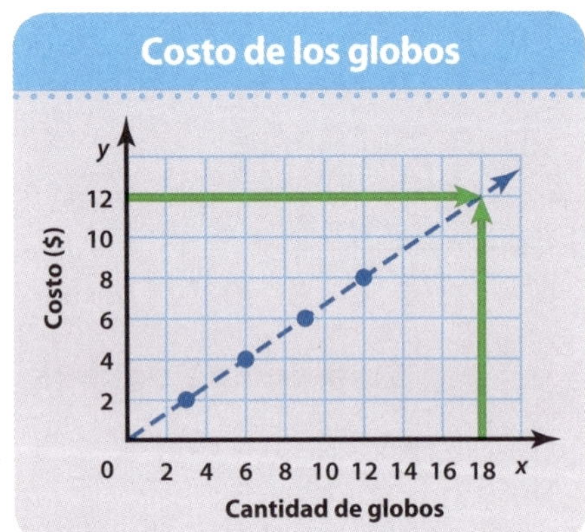

El costo de 18 globos es $12.

¡Convénceme! © **PM.2 Razonar** ¿Cómo puedes usar la gráfica para hallar el costo de 15 globos?

© Pearson Education, Inc. 6

Otro ejemplo

Una receta de jugo saludable lleva 5 palitos de apio por cada 2 manzanas. Jack tiene 25 palitos de apio. ¿Cuántas manzanas se necesitará para hacer el jugo?

Halla las razones equivalentes para completar la tabla.

Palitos de apio	Manzanas
5	2
10	4
15	6
20	8
25	10

+ 5 ... + 2 (between each row)

Marca los pares de valores en un plano de coordenadas.

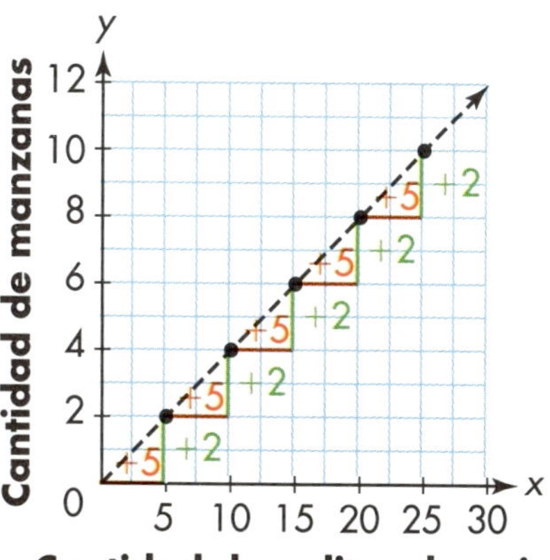

☆ Práctica guiada *

¿Lo entiendes?

1. **© PM.7 Buscar relaciones** En Otro ejemplo, ¿cómo puedes usar la gráfica para hallar la razón de manzanas a 30 palitos de apio?

¿Cómo hacerlo?

2. Completa la tabla para mostrar las razones equivalentes a $\frac{3}{8}$. Luego, escribe los pares de valores como puntos para marcar en el plano de coordenadas.

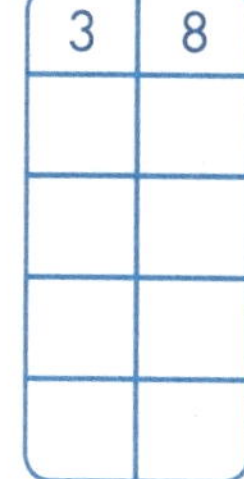

3	8

☆ Práctica independiente

Completa la tabla y grafica los pares de valores en los Ejercicios **3** y **4.**

3.

2	3
	6
	9
	12
	15

4.

5	2
25	
35	
45	
55	

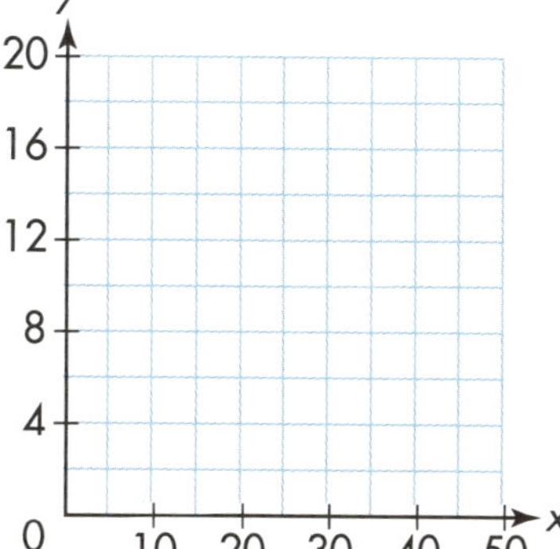

Puedes encontrar otro ejemplo en el Grupo D, página 466.

5. © **PM. 4 Representar con modelos matemáticos**
Una receta de pan lleva 4 tazas de harina común cada 3 tazas de harina de trigo integral. Completa la tabla para mostrar cuántas tazas de harina de trigo integral se necesitan para mezclar con 20 tazas de harina común. Luego, grafica los pares de valores.

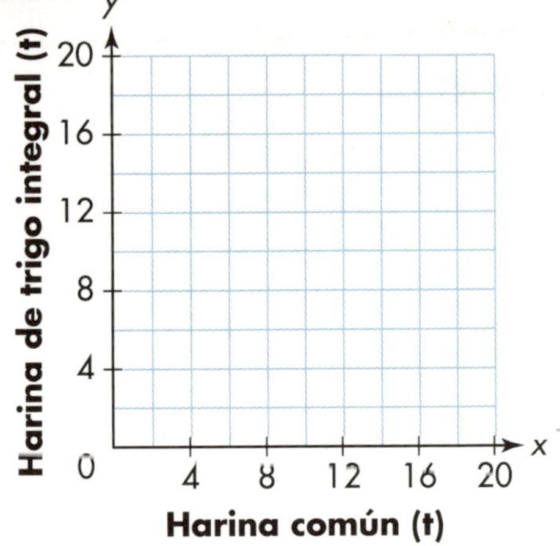

Tazas de harina común	4	8	12	16	20
Tazas de harina de trigo integral					

6. **Álgebra** Un equipo de futbol cobró $8 por lavado de carro para una recaudación de fondos. El equipo recibió como donación $45 adicionales durante el evento. Escribe una expresión que represente el total de dinero que el equipo recaudó si lavaron *c* carros.

7. **Razonamiento de orden superior** Ishwar puede leer 5 páginas en 15 minutos. Anne puede leer 15 páginas en 1 hora. Explica cómo puedes usar una tabla o una gráfica para hallar cuánto tiempo más le tomará a Anne que a Ishwar leer un libro de 300 páginas.

© **Evaluación de *Common Core***

8. En la tienda de Manny, cada 4 cartones de huevos de color hay 6 cartones de huevos blancos. En la tienda de Calvin, cada 6 cartones de huevos de color hay 10 cartones de huevos blancos. Si cada tienda tiene la misma cantidad de huevos de color, ¿qué tienda tendrá la mayor cantidad de huevos blancos? Usa tablas de razones para justificar tu respuesta.

© Pearson Education, Inc. 6

¡Revisemos!

En una tienda de deportes, cada 3 raquetas de tenis se venden 4 cajas de pelotas de tenis. A este ritmo, ¿cuántas cajas de pelotas de tenis se vendieron si se vendieron 12 raquetas?

Haz una tabla para mostrar las razones equivalentes a $\frac{3}{4}$.

Marca los puntos de cada razón, x a y, de raquetas a pelotas de tenis vendidas. Dibuja una línea punteada desde (0,0) y extiéndela hasta los puntos que representan 6, 9 y 12 raquetas vendidas.

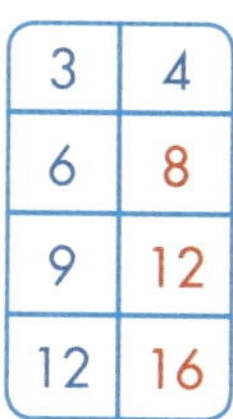

3	4
6	8
9	12
12	16

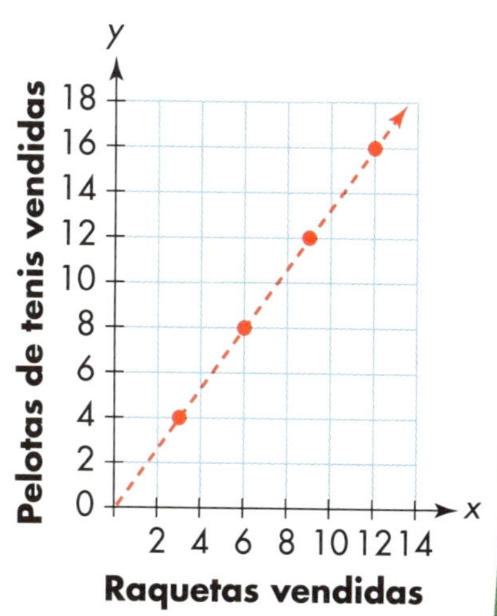

Completa las tablas en los Ejercicios **1** y **2.** Luego, rotula las coordenadas del eje de las *y* y marca los pares de valores en el plano de coordenadas.

1.

2	4	6	8	10
3				

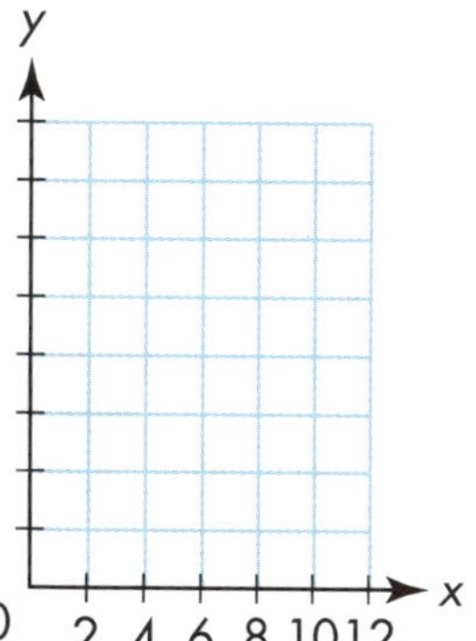

2.

1	2	3	4	5
2				

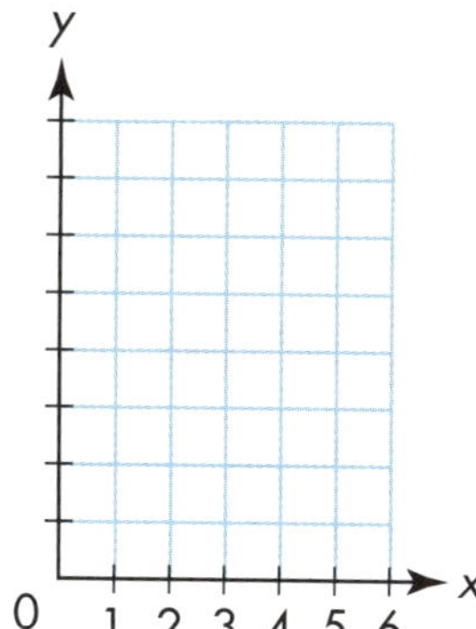

3. **© PM.7 Buscar relaciones** Completa la tabla de razones equivalentes y amplía la gráfica para marcar los pares de valores en el plano de coordenadas.

Distancia recorrida (mi)	4	8	12	16	20
Tiempo (min)	15				

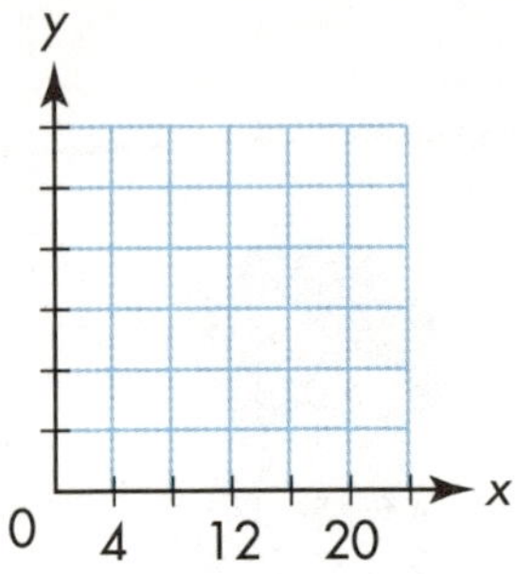

4. El museo local solicita 2 chaperones cada 15 estudiantes. ¿Cuántos adultos se necesitarán para 90 estudiantes?

5. **© PM.1 Entender y perseverar** El área del piso de un microbús de 12 pies cuadrados está organizada en 3 secciones. La primera sección ocupa $\frac{1}{2}$ área del piso. La segunda sección ocupa $\frac{3}{8}$ de área del piso. ¿Cuál es el área de la tercera sección?

6. Jacob y Jordan están entrenando para la temporada de atletismo. Jacob realizó 39 abdominales en 30 segundos. Jordan realizó 59 abdominales en 50 segundos. ¿Quién realizará más abdominales en $2\frac{1}{2}$ minutos? Explica cómo lo sabes.

7. **Razonamiento de orden superior** Kallie arma ramos de flores y las razones son 4 claveles a 2 girasoles y a 3 azucenas. Kallie realiza un ramo de 72 flores solo con estas flores. ¿Cuántas flores de cada tipo usa?

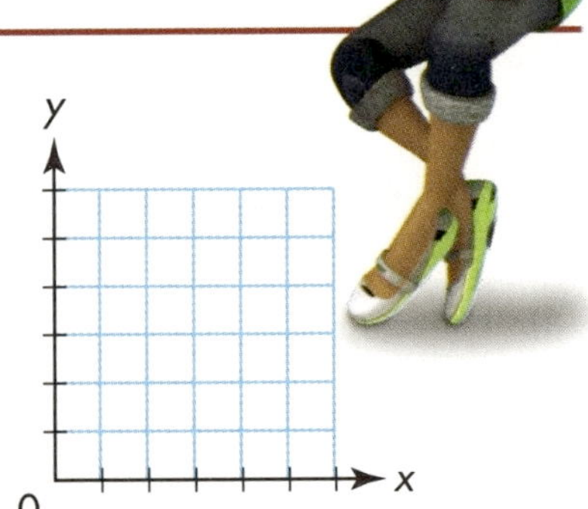

© Evaluación de *Common Core*

8. Un restaurante juntó 3 mesas para sentar a 13 personas. Completa la tabla de razones y marca los pares de valores en el plano de coordenadas para hallar cuántas mesas se necesitan para sentar a 65 personas usando este patrón.

Mesas	3				
Personas					65

© Pearson Education, Inc. 6

Resuélvelo y coméntalo

Sam está preparando cajas de regalo con manzanas, naranjas y ciruelas. Por cada manzana incluye 3 ciruelas y 5 naranjas. Si la caja de regalo tiene 4 manzanas, ¿cuántas naranjas y ciruelas hay?

Prácticas matemáticas y resolución de problemas

Lección 9-6
Entender y perseverar

Puedo...
entender el problema y seguir trabajando si no puedo seguir adelante.

© **Prácticas matemáticas** PM.1. También, PM.4, PM.6, PM.8.
Estándares de contenido 6.RP.A.1, 6.RP.A.3a

Hábitos de razonamiento

¡Razona correctamente! Estas preguntas te pueden ayudar.

- ¿Qué necesito hallar?
- ¿Qué sé?
- ¿Cuál es mi plan para resolver el problema?
- ¿Qué más puedo intentar si no puedo seguir adelante?
- ¿Cómo puedo comprobar si mi solución tiene sentido?

¡Vuelve atrás! © **PM.1 Entender y perseverar** ¿Cómo te ayudó la cantidad de manzanas a hallar la cantidad de naranjas y ciruelas? Explica tu razonamiento.

Pregunta esencial ¿Cómo se pueden entender problemas y perseverar en resolverlos?

A

Lucinda está realizando un collar de cuentas. Por cada 3 cuentas azules, hay 1 cuenta dorada y 2 cuentas moradas. Hay 48 cuentas en el collar, ¿cuántas cuentas de cada color hay?

¿Qué tengo que hacer para resolver este problema?

Tengo que entender el problema antes de resolverlo. Tengo que hallar la cantidad correcta de cuentas de cada color del collar.

B ### ¿Cómo puedo entender y resolver el problema?

Puedo

- identificar lo que sé y lo que necesito hallar.

- pensar cómo se relacionan las cantidades.

- escoger e implementar una estrategia.

- comprobar que mi solución tenga sentido.

C

Puedo dibujar un diagrama para mostrar cómo se relacionan las cuentas.

Luego, puedo usar el mismo diagrama para mostrar 48 cuentas.

$48 \div 6 = 8$

El collar tiene 24 cuentas azules, 8 cuentas doradas y 16 cuentas moradas.

¡Convénceme! © **PM.1 Entender y perseverar** Explica cómo puedes comprobar tu solución.

© Pearson Education, Inc. 6

☆ Práctica guiada *

© PM.1 Entender y perseverar

Una fábrica produce 5 caramelos verdes y 2 caramelos anaranjados por cada 8 caramelos rosados. Hay 75 caramelos en una bolsa. ¿Cuántos caramelos verdes hay en la bolsa?

1. ¿Cómo puedes entender el problema?

2. ¿Cómo puedes resolver este problema? Explica tu razonamiento.

☆ Práctica independiente ☆

© PM.1 Entender y perseverar

Tres hermanas están ahorrando para unas vacaciones. La razón de los ahorros de Ada a los de Ellie es 7:3 y la razón de los ahorros de Ellie a los de Jasmine es 3:4. Las tres ahorraron $56. ¿Cuánto ahorró cada hermana?

3. ¿Cómo puedes usar un diagrama para entender el problema?

4. Completa la tabla. Describe cómo se puede usar la tabla para resolver el problema.

Ahorros de Ada	$7		$21	
Ahorros de Ellie		$6		
Ahorros de Jasmine	$4			$16

Prácticas matemáticas y resolución de problemas

¿Cuánta gasolina?
Una revista de carros cuenta la cantidad de millas que se recorren con distintas cantidades de gasolina. ¿Qué carro recorre más distancia con 1 galón de gasolina?

Millas recorridas		200	300		500	
Galones de gasolina	4	8		16		40

El Carro B puede recorrer 140 millas por cada 5 galones de gasolina.

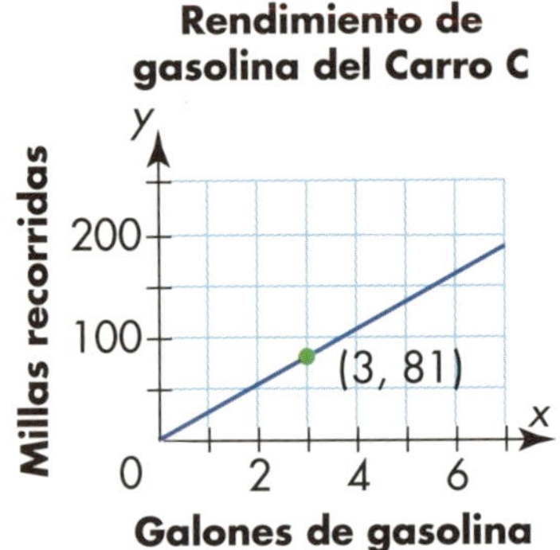

5. **PM.4 Representar con modelos matemáticos** Completa la tabla de razones para el Carro A.

6. **PM.1 Entender y perseverar** ¿Qué sabes? ¿Qué necesitas hallar?

7. **PM.1 Entender y perseverar** Describe tu plan o estrategia para resolver el problema.

8. **PM.6 Hacerlo con precisión** Resuelve el problema. Explica por qué tu respuesta tiene sentido.

© Pearson Education, Inc. 6

¡Revisemos!

Cada 2 vehículos todoterreno en un estacionamiento, hay 5 minivanes y 8 carros. Si hay 45 minivanes, ¿cuántos vehículos todoterreno y carros hay en el estacionamiento?

Indica cómo puedes entender el problema.

- Puedo identificar lo que sé y lo que necesito hallar.

- Puedo hacer un plan para hallar la cantidad de vehículos todoterreno y carros en el estacionamiento cuando hay 45 minivanes.

- Puedo intentar una estrategia distinta si no puedo seguir adelante.

Haz un plan. Úsalo para resolver el problema.

Vehículos todoterreno	2	4	6	8	10	12	14	16	18
Minivanes	5	10	15	20	25	30	35	40	45
Carros	8	16	24	32	40	48	56	64	72

Hice una tabla de razones para mostrar la relación de 2 vehículos todoterreno por cada 5 minivanes y 8 carros.

Se enumeran las razones equivalentes y se muestra que cuando hay 45 minivanes en el estacionamiento, habrá 18 vehículos todoterreno y 72 carros.

Cuando divido cada uno de los términos por 9, obtengo la razón original. Por tanto, mi respuesta se comprueba.

© **PM.1 Entender y perseverar**

Tyler, Kristin y Nadine se postularon para presidente del consejo. La razón de votos para Tyler a votos para Kristin fue 6:5, y la razón de votos para Tyler a votos para Nadine fue 6:10. Kristin obtuvo 50 votos. ¿Cuántos votos tuvieron Tyler y Nadine?

1. ¿Cómo puedes entender el problema?

2. Resuelve el problema. Si no puedes seguir adelante, intenta otro método. Explica cómo resolviste el problema.

Pinturas

Dana mezcla pintura amarilla, azul y blanca para formar su tono favorito de verde claro. Cada 7 onzas de pintura amarilla, usa 6 onzas de azul y 3 onzas de pintura blanca. ¿Cuánta pintura amarilla, azul y blanca deberá mezclar para hacer 128 onzas de pintura verde claro?

3. **PM.4 Representar con modelos matemáticos** Usa un diagrama de barras para representar la relación de razones del problema. Explica cómo el diagrama representa las cantidades dadas.

4. **PM.6 Hacerlo con precisión** Dana dice que debe mezclar 56 onzas, 48 onzas y 24 onzas de pintura. ¿Qué olvidó incluir en su respuesta?

5. **PM.8 Generalizar** Explica cómo puedes usar un diagrama de barras para hallar la cantidad de onzas de cada pintura que tiene que mezclar Dana.

6. **PM.1 Entender y perseverar** Comprueba la solución de Dana usando otro método para resolver el problema. Explica qué hiciste.

© Pearson Education, Inc. 6

Nombre ____________________

¡Emparéjalo!

Trabaja con un compañero. Señala una pista y léela.

Mira la tabla de la parte de abajo de la página y busca la pareja de esa pista. Escribe la letra de la pista en la casilla al lado de su pareja.

Halla una pareja para cada pista.

Puedo...

sumar y restar decimales de varios dígitos.

© **Estándar de contenido** 6.SN.B.3

Pistas

N La diferencia está entre 0.1 y 0.5.

D El dígito de las unidades es 10 veces el valor del dígito de las décimas.

A La diferencia es mayor que 0.5 y menor que 1.

T El total es mayor que 12.5 y menor que 14.5.

C El total tiene un 2 en la posición de las décimas.

A El dígito de las décimas es $\frac{1}{10}$ del valor del dígito de las unidades.

D El dígito de las centésimas en el total es menor que el dígito de las décimas.

I La diferencia tiene un 9 en la posición de las décimas.

6.3 + 4.9	18 − 9.103	2.06 − 1.87	4.23 + 9.905
12.4 − 6.45	0.68 + 3.8	4.012 − 3.3	8 + 6.73

Repaso del vocabulario

Lista de palabras

- factor común
- par ordenado
- razón
- razones equivalentes
- término

Comprender el vocabulario

Escoge el mejor término de la Lista de palabras. Escríbelo en el espacio en blanco.

1. Una relación en la que hay *y* unidades de una cantidad por cada *x* unidades de otra cantidad es una _________________.

2. Las _________________ son dos fracciones que describen la misma comparación.

3. Un _________________ es un factor que comparten dos o más números.

4. Cada cantidad en una razón es un _________________.

Escribe V si el enunciado es *verdadero* o F si es *falso*.

Hay 9 culebras, 8 lagartijas, 12 tritones y 4 escorpiones en un centro de la naturaleza. Escribe V si el enunciado es *verdadero* o F si es *falso*.

_________ 5. La razón de culebras a lagartijas es 8:9.

_________ 6. La razón de tritones a culebras es $\frac{12}{9}$.

_________ 7. La razón de lagartijas a escorpiones es 8 a 4.

_________ 8. La razón de escorpiones a todos los animales es 4:29.

Usar el vocabulario al escribir

9. Hay 5 niñas y 4 niños en un equipo de voleibol. Explica cómo escribir la razón de niños a niñas de tres maneras distintas. Usa al menos dos palabras de la Lista de palabras.

© Pearson Education, Inc. 6

Grupo A páginas 427 a 438

La razón de hombres a mujeres en una boda pequeña es de 6:4. Esta razón también se puede escribir como 6 a 4 y $\frac{6}{4}$.

Si hay 16 mujeres en la boda, ¿cuántos hombres hay?

Dibuja un diagrama para representar la razón. Dado que 4 recuadros representan 16 mujeres, cada recuadro representa 4 mujeres.

Hombres

4	4	4	4	4	4

Mujeres

4	4	4	4

Hay 24 hombres en la boda.

Refuerzo

Recuerda que una razón compara dos cantidades y se puede escribir de tres maneras distintas.

1. Escribe una razón para comparar la cantidad de niñas a niños en tu clase de matemáticas.

2. Jenna camina 12 millas en 5 días. Alex camina 7 millas en 3 días. ¿Quién camina más millas en una cantidad dada de días?

Grupo B páginas 439 a 444

Halla dos razones equivalentes a $\frac{21}{126}$.

Una manera

Multiplica.

$$\frac{21 \times 2}{126 \times 2} = \frac{42}{252}$$

Otra manera

Divide.

$$\frac{21 \div 3}{126 \div 3} = \frac{7}{42}$$

Recuerda que debes multiplicar o dividir los dos términos por el mismo valor para hallar las razones equivalentes.

Halla dos razones equivalentes a la razón dada.

1. $\frac{5}{12}$ 2. 14:32

3. 3 a 4   4. $\frac{7}{8}$

Grupo C páginas 445 a 450

Érica puede realizar 25 operaciones matemáticas cada 30 segundos. Klayton puede realizar 38 operaciones matemáticas cada 50 segundos. ¿Quién puede realizar más operaciones matemáticas en la misma cantidad de tiempo? Usa las tablas de razones para resolver.

Érica puede realizar más operaciones matemáticas que Klayton.

Recuerda que, para comparar razones, una cantidad debe ser igual.

1. Sally ahorra $10 cada 6 días. Mike ahorra $12 cada 7 días. ¿Cuánto le llevará a Sally y a Mike ahorrar la misma cantidad? ¿Cuánto ha ahorrado cada uno?

Érica		Klayton	
Operaciones matemáticas	Segundos	Operaciones matemáticas	Segundos
25	30	38	50
50	60	76	100
75	90	**114**	**150**
100	120	152	200
125	**150**	190	250
150	180	228	300

Durante este mes, por cada día de lluvia, hubo 2 días de sol. Si el patrón continúa, ¿cuántos días de lluvia habrá si hay 8 días de sol?

Días de lluvia	1	2	3	4
Días de sol	2	4	6	8

Marca cada par de valores. Conecta los puntos con una línea punteada.

Habrá 4 días de lluvia si hay 8 días de sol.

Recuerda que una gráfica es otra manera de representar las relaciones de razones en un problema.

1. Por cada 4 roscas que se venden en una panadería se venden 7 pastelitos. ¿Cuántos pastelitos se venderán en la panadería si se venden 24 roscas? Completa la tabla. Luego, marca los pares de valores en un plano de coordenadas.

Roscas	4	8	12	16	20	24
Pastelitos	7					

Piensa en tus respuestas a estas preguntas como ayuda para **entender y perseverar** en la resolución de problemas.

Hábitos de razonamiento

- ¿Qué sé?
- ¿Qué necesito hallar?
- ¿Cuál es mi plan para resolver el problema?
- ¿Qué más puedo intentar si no puedo seguir adelante?
- ¿Cómo puedo comprobar si mi solución tiene sentido?

Recuerda que debes entender las cantidades en el problema.

Por cada 2 cuadras que Raevan trota, camina 1 cuadra. Raevan quiere cubrir una distancia de 36 cuadras hoy. ¿Cuántas cuadras trotará?

1. ¿Qué razón te ayudará a resolver el problema?

2. ¿Cuál es tu plan para hallar cuánto trotará Raevan?

3. ¿Cuántas cuadras trotará Raevan? ¿Cómo sabes que la respuesta es correcta?

© Pearson Education, Inc. 6

1. Un niño de prekínder tiene una razón de estudiante a maestra de 5:2. ¿Cuál de las siguientes razones es equivalente a esta razón?

Ⓐ 45 maestras a 18 estudiantes

Ⓑ 45 estudiantes a 18 maestras

Ⓒ 35 estudiantes a 10 maestras

Ⓓ 10 estudiantes a 7 maestras

2. La tabla muestra la relación de la cantidad de flores amarillas a la cantidad de flores moradas en el jardín de Chloe. Usa los números del recuadro siguiente para completar la tabla.

40	24	20	10	8

Amarillas	2	4	6		
Moradas	8	16		32	

3. La tabla muestra la cantidad de propiedades que están alquiladas o que tienen dueño en un edificio. ¿Qué razones comparan la cantidad de propiedades alquiladas a la cantidad total de propiedades del edificio? Escoge Sí o No.

DATOS	Tipo de ocupación	Cantidad de propiedades
	Alquilada	24
	Con dueño	52

3a. 6 a 19   ◯ Sí   ◯ No

3b. 6 a 13   ◯ Sí   ◯ No

3c. 19 a 6   ◯ Sí   ◯ No

3d. 13 a 6   ◯ Sí   ◯ No

3e. 12 a 13   ◯ Sí   ◯ No

4. Hay 7 excursionistas por cada 2 consejeros en un campamento de verano. ¿Cuántos consejeros hay si hay 84 excursionistas?

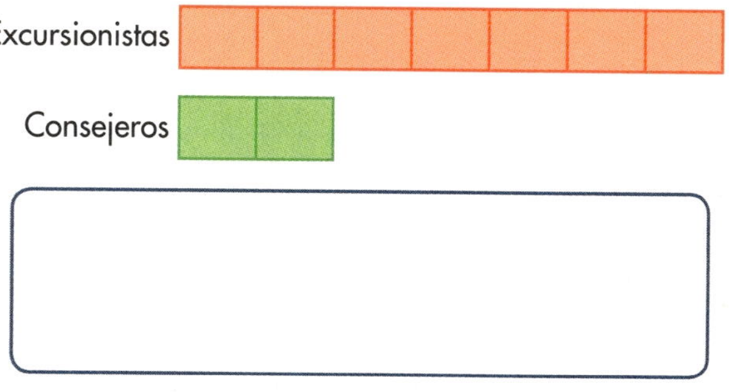

5. José está usando 12 baldosas cafés y 8 baldosas blancas para diseñar una sección de un patio externo. ¿Qué razón compara la cantidad de baldosas café al total de baldosas en una sección?

Ⓐ 12:8

Ⓑ 8:12

Ⓒ 12:20

Ⓓ 8:20

6. La tabla muestra las afiliaciones partidarias de 100 miembros del Congreso. La razón de republicanos a demócratas es 5:4. ¿Cuántos demócratas hay? ¿Cuántos independientes?

DATOS	Afiliación partidaria	Cantidad de miembros del Congreso
	Republicanos	55
	Demócratas	
	Independientes	

7. La razón del ancho a la altura de un marco es 4 a 3. ¿Cuál es el perímetro del marco si la altura es 18 pulgadas?

Pulgadas de ancho	4	8	12	16		
Pulgadas de altura	3	6	9	12	15	18

8. Un albergue para animales tiene una razón de gatos a perros de 9:7.

Parte A

Si el albergue para animales solo hospeda perros y gatos, ¿cuál es la razón de perros al total de animales?

Parte B

Otro albergue para animales tiene una razón de gatos a perros de 6 a 5. Si los dos albergues para animales tienen 18 gatos, ¿qué albergue para animales tiene más perros?

9. En su colección, Max tiene 4 tarjetas de beisbol por cada 3 tarjetas de futbol americano. Encierra en un círculo todas las razones que son equivalentes a la razón de tarjetas de beisbol a tarjetas de futbol americano de la colección de Max.

$\frac{16}{9}$	$\frac{8}{6}$	$\frac{32}{24}$	$\frac{48}{36}$
$\frac{36}{30}$	$\frac{24}{18}$	$\frac{6}{5}$	$\frac{14}{13}$

10. Completa la tabla de razones. Luego, marca los pares de valores en el plano de coordenadas.

Tabla de razones	
2	3
4	

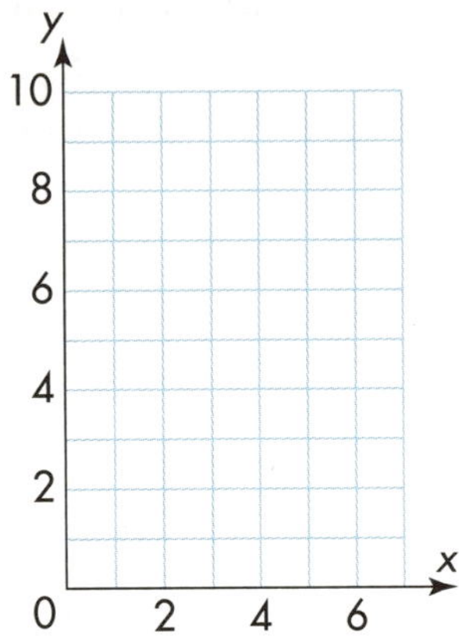

11. Un puesto de limonada vendió 48 bebidas en 1 hora. La razón de bebidas pequeñas a bebidas grandes fue de 6:1. La razón de bebidas pequeñas a bebidas medianas fue de 6:5.

Parte A

Dibuja un diagrama o haz una tabla para entender el problema.

Parte B

¿Cuántas bebidas de cada tamaño se vendieron?

© Pearson Education, Inc. 6

Bradley planea publicar un libro de cocina. Consultó con el escritor y juntos decidieron incluir 150 recetas, una por página. También decidieron dividir el libro en tres secciones: platos vegetarianos, platos con carne y postres.

1. Después de mirar otros libros de cocina, Bradley decidió que 25 de las recetas serían postres.

Parte A

¿Cuál es la razón de la cantidad de recetas de postres al total de recetas del libro?

Parte B

¿Cuál crees que debe ser la razón de recetas vegetarianas al total de recetas y cuál la razón de recetas con carne al total de recetas? Completa la siguiente tabla. Escribe las razones con un 1 como primer término.

Tipo de receta	Vegetarianas	Con carne	Postres
Razón al total de recetas			
Cantidad de recetas			

2. Explica cómo decidiste qué razón usar de recetas vegetarianas y de recetas con carne al total de recetas.

3. Bradley decide incluir 5 páginas de fotografías por cada 15 páginas. Usa razones equivalentes para hallar cuántas páginas de fotografías tendrá el libro. Explica cómo sabes que las razones son equivalentes.

4. En la imprenta le dan a Bradley tres opciones para imprimir los libros. La tabla muestra la cantidad de libros que se imprimirían y el costo de cada opción. Además de los costos de impresión, Bradley estima que gastará $47,000 entre el precio de lanzar los libros y el pago al escritor y al fotógrafo.

	Opción A	Opción B	Opción C
Cantidad de libros	5,000	8,000	12,000
Precio de impresión	$27,000	$32,040	$37,480

Parte A

Explica cómo hallar el costo por libro de cada opción.

Parte B

¿Qué plan crees que debe escoger Bradley? Explícalo.

© Pearson Education, Inc. 6

Nociones sobre razones: Tasas

Preguntas esenciales: ¿Qué son las razones y las tasas y cómo se usan para resolver problemas? ¿Cómo se convierten las medidas del sistema usual y las medidas métricas a otras medidas?

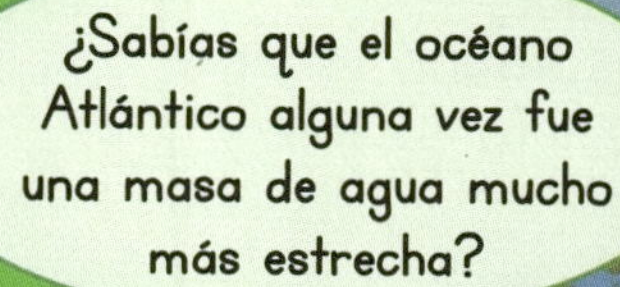

Proyecto de Matemáticas y Ciencias: Cadenas montañosas submarinas

Investigar Usa la Internet u otras fuentes para aprender sobre la dorsal mesoatlántica y otras estructuras del piso oceánico, como por ejemplo las fosas y los volcanes. ¿Cuánto se mueve una placa o una estructura en un determinado periodo de tiempo?

Diario: Escribir un informe Incluye lo que averiguaste. En tu informe, también:

- convierte las medidas del sistema métrico al usual.

- calcula y compara tasas de movimiento de las placas.

- escribe una conclusión general sobre el movimiento de las placas usando las tasas que hallaste.

Repasa lo que sabes

Vocabulario

Escoge el mejor término del recuadro y escríbelo en el espacio en blanco.

- capacidad
- peso
- longitud
- razón
- masa
- término

1. La ___________ de un objeto se puede medir en pulgadas o en centímetros.

2. Una ___________ compara dos cantidades y se puede escribir en forma de fracción.

3. La ___________ de un objeto se puede medir en pintas y en litros.

4. El ___________ de un objeto se puede medir en libras.

5. Una cantidad comparada en una razón se llama ___________.

Unidades de medida

Escoge la unidad de medida más adecuada y escribe *pulgada, pie, yarda, onza, libra, tonelada, taza, cuarto de galón* o *galón.*

6. una porción de nueces y frutas secas

7. la estatura de una persona

8. el peso de un gatito recién nacido

9. gasolina

10. el peso de un camión

11. la longitud de un campo de futbol

Razones

12. Un chef está preparando una bandeja de verduras. Quiere tener una razón de 5 zanahorias cada 3 tomates. Encierra en un círculo las razones que son equivalentes a la razón de zanahorias y tomates que quiere el chef.

$$\frac{6}{10} \qquad \frac{25}{15} \qquad \frac{50}{30} \qquad \frac{10}{8}$$

Conversiones de medidas

13. Miguel mide 4 pies. Explica cómo Miguel puede hallar su estatura en pulgadas y luego cómo la puede hallar en yardas.

© Pearson Education, Inc. 6

Mis tarjetas de palabras

Usa los ejemplos de las palabras de las tarjetas para ayudarte a completar las definiciones que están al reverso.

---

tasa

razón
$$\frac{20 \text{ globos azules}}{7 \text{ globos rojos}}$$

razón
$$\frac{20 \text{ globos azules}}{5 \text{ tablas}}$$

---

tasa por unidad

tasa
$$\frac{15 \text{ millas recorridas}}{5 \text{ días}}$$

tasa por unidad
$$\frac{5 \text{ millas recorridas}}{1 \text{ día}}$$

---

precio por unidad

tasa
$$\frac{\$12.50}{2 \text{ boletos de cine}}$$

precio por unidad
$$\frac{\$6.25}{\text{boleto de cine}}$$

---

velocidad constante

Si una velocidad se mantiene en el tiempo es una **velocidad constante**.

---

análisis dimensional

$$64 \text{ onzas} \times \frac{1 \text{ taza}}{8 \text{ onzas}}$$

Multiplica por el factor de conversión. Divide y elimina las unidades en común.

$$= \frac{64}{8} \text{ tazas} = 8 \text{ tazas}$$

---

factor de conversión

$$\frac{4 \text{ tazas}}{1 \text{ cuarto}} \qquad \frac{12 \text{ pulgadas}}{1 \text{ pie}} \qquad \frac{1{,}000 \text{ metros}}{1 \text{ kilómetro}}$$

Una tasa que compara una cantidad con 1 unidad es una

_______________________________.

Una _______________________________ es un tipo de razón que compara cantidades que tienen diferentes unidades de medida.

Una _______________________________ es una tasa de velocidad que se mantiene igual en el tiempo.

Una tasa por unidad que da el precio de un objeto se llama

_______________________________.

Una tasa que compara medidas equivalentes se llama

_______________________________.

Convertir medidas por medio de la inclusión de unidades de medida y la multiplicación por un factor de conversión se llama

_______________________________.

© Pearson Education, Inc. 6

Resuélvelo y coméntalo

¿Cuánto cuestan 10 vasos de jugo? *Resuelve este problema de la manera que prefieras.*

Lección 10-1
Tasas

Puedo...
resolver problemas relacionados con tasas.

Estándares de contenido 6.RP.A.2, 6.RP.A.3a
Prácticas matemáticas PM.1, PM.2, PM.3, PM.4, PM.6

Precio	$10.00			
Vasos de jugo	4			

¡Vuelve atrás! © **PM.3 Evaluar el razonamiento** Mónica dice que puedes usar el sentido numérico para hallar el precio de 10 vasos de jugo. Si 4 vasos cuestan $10, entonces 2 vasos cuestan $5 y 8 vasos cuestan $20. Por tanto, 10 vasos cuestan $5 + $20. ¿Tiene razón Mónica? Explícalo.

A

*Una **tasa** es un tipo especial de razón que compara cantidades que tienen unidades de medida diferentes.*

Si el carro de carrera sigue andando a la misma tasa, ¿cuánto tardará en recorrer 25 kilómetros?

B ## Una manera

Usa una tabla de razón para hallar tasas equivalentes a $\frac{10 \text{ km}}{3 \text{ min}}$.

Distancia (km)	Tiempo (min)
5	$1\frac{1}{2}$
10	3
15	$4\frac{1}{2}$
20	6
25	$7\frac{1}{2}$

El carro de carrera tardará $7\frac{1}{2}$ minutos en recorrer 25 kilómetros.

C ## Otra manera

Escribe la tasa en forma de fracción y multiplica sus dos términos por el mismo número para hallar una tasa equivalente.

$$\frac{10 \text{ km}}{3 \text{ min}} = \frac{25 \text{ km}}{x \text{ min}}$$

Multiplica ambos términos por 2.5.

$$\frac{10 \text{ km} \times 2.5}{3 \text{ min} \times 2.5} = \frac{25 \text{ km}}{7.5 \text{ min}}$$

El carro de carrera tardará 7.5 minutos en recorrer 25 kilómetros.

¡Convénceme! © **PM.3 Evaluar el razonamiento**

Sebastián dibuja el diagrama de doble recta numérica que está a la derecha y dice que muestra que, a esta tasa, el carro de carrera recorrerá 35 kilómetros en 10.5 minutos. Evalúa el razonamiento de Sebastián. ¿Tiene razón? Explícalo.

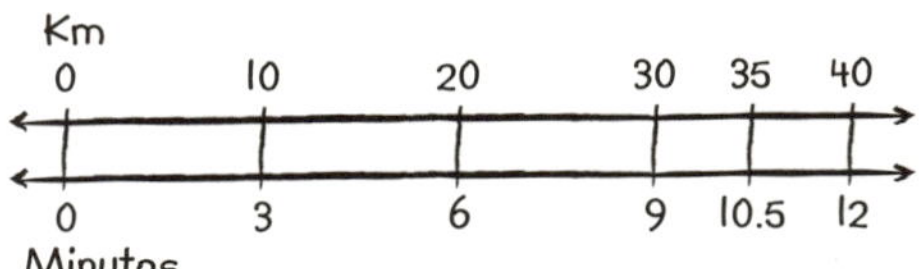

© Pearson Education, Inc. 6

Amigo de práctica · Herramientas · Evaluación

☆ Práctica guiada *

¿Lo entiendes?

1. © **PM.6 Hacerlo con precisión** Usa lo que sabes sobre razones para explicar en qué se diferencia una tasa de una fracción.

2. © **PM.3 Evaluar el razonamiento** Un camión usa 40 galones de combustible para recorrer 320 millas. Steve dice que esta razón se puede escribir como dos tasas diferentes: $\frac{40 \text{ gal.}}{320 \text{ mi}}$ o $\frac{320 \text{ mi}}{40 \text{ gal.}}$. ¿Estás de acuerdo? Explícalo.

¿Cómo hacerlo?

3. Jenny colocó 108 huevos en 9 cartones. Escribe este enunciado en forma de tasa.

Halla el valor de *n* en los Ejercicios **4** y **5**.

4. 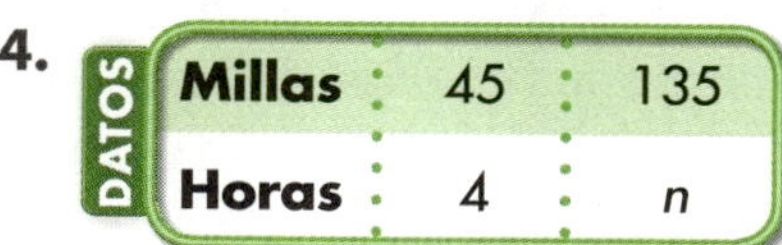

DATOS			
Millas	45	135
Horas	4	n

5. Libras

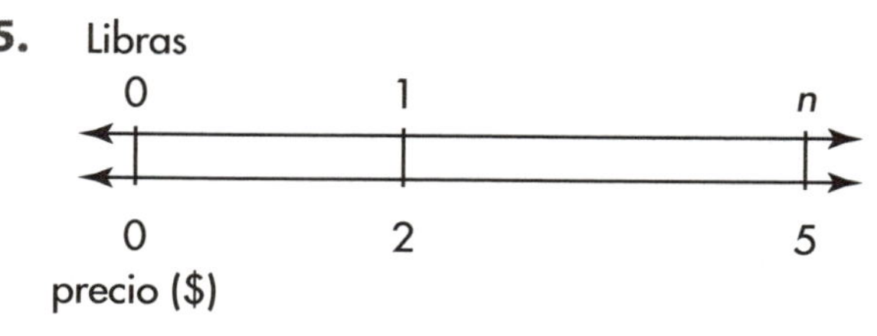

precio ($)

☆ Práctica independiente ☆

Escribe los enunciados en forma de tasa en los Ejercicios **6** y **7**.

6. Hannah tardó 38 minutos en correr 8 vueltas.

7. Jan vio 9 lunas llenas en 252 días.

Halla el valor de *x* en los Ejercicios **8** y **9**.

8.

DATOS		
Pescado	16	48
Recipiente	2	x

9. Millas

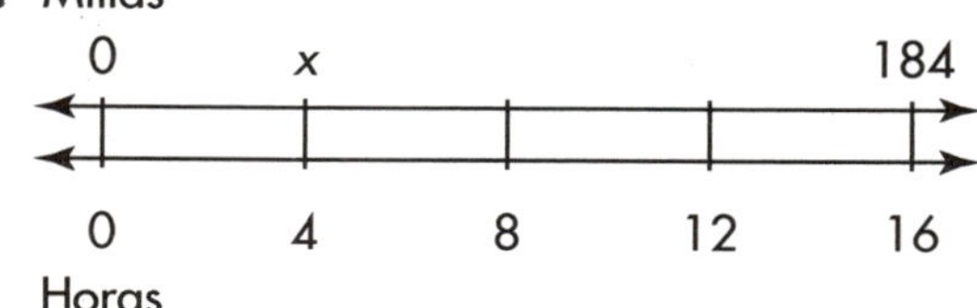

Horas

Usa la tabla para resolver los Ejercicios **10** y **11**.

10. ©️ **PM.2 Razonar** Elena dio una caminata de 30 minutos. ¿Cuántas calorías quemó? Explica cómo lo sabes.

Calorías quemadas en 20 minutos	
Tipo de actividad	**Calorías**
Caminar	118
Observar aves	49
Escalar rocas	218

11. Razonamiento de orden superior Tom dice que quemaría más calorías escalando rocas durante media hora que observando aves durante dos horas. ¿Tiene razón Tom? Explícalo.

12. Roberto resolvió 6 problemas de matemáticas en 15 minutos. A la misma tasa, ¿cuánto tardará en resolver 15 problemas?

13. ©️ **PM.4 Representar** En el verano, Alexis leyó 15 libros en 12 semanas. El diagrama de abajo se puede usar para seguir su progreso. Si Alexis leyó a la misma tasa cada semana, ¿cuántos libros leyó en 4 semanas? ¿Y en 8 semanas? Completa el diagrama.

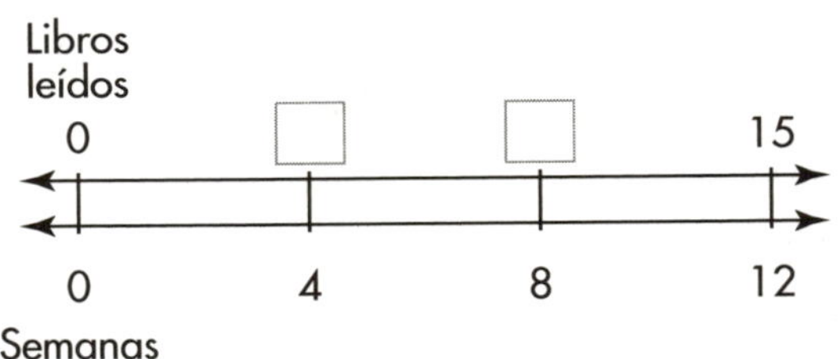

©️ **Evaluación de Common Core**

14. El inspector de calidad de una fábrica de productos enlatados revisa 12 paquetes en 45 minutos. Se espera que revise 20 paquetes por hora. A esta tasa, ¿alcanzará el objetivo? Completa la tabla y explica tu respuesta.

Paquetes revisados	12			
Minutos	45	15	60	75

© Pearson Education, Inc. 6

Ayuda · Amigo de práctica · Herramientas · Juegos

¡Revisemos!

Shauna puede escribir 30 palabras en 24 segundos en su tableta digital. Esto se puede escribir como la tasa $\frac{30 \text{ palabras}}{24 \text{ s}}$. A esta tasa, ¿cuánto tardará Shauna en escribir 75 palabras?

Palabras	Tiempo (s)
30	24
15	12
75	60

$\div 2$

$\times 5$

Para hallar tasas equivalentes puedes multiplicar o dividir los dos términos de una tasa por el mismo número.

Shauna puede escribir 75 palabras en 60 segundos.

Escribe los enunciados en forma de tasa en los Ejercicios **1** y **2**.

1. Jon compra 3 camisas por $20.

2. Brenda graba 76 canciones en 4 CD.

Halla el valor de *m* en los Ejercicios **3** a **8**.

3.

Manzanas	m		220
Bolsas	4	8	10

4.

Jugadores	108		m
Equipos	9	18	21

5.

Marcadores	24	m	
Paquetes	2	4	12

6.

Millas corridas	60	180	240
Semanas	5		m

7. Megabytes

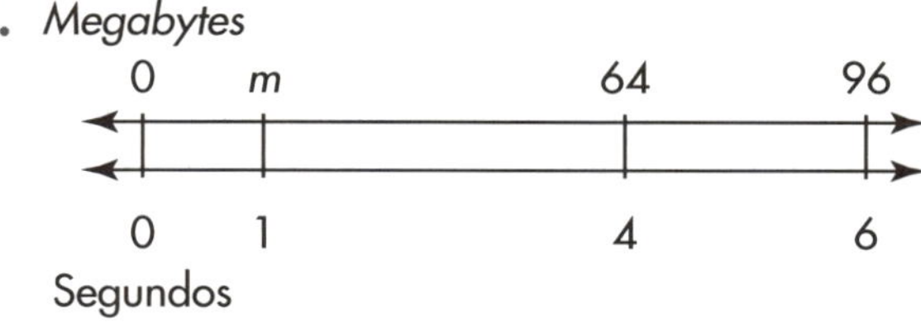

8. Pintas

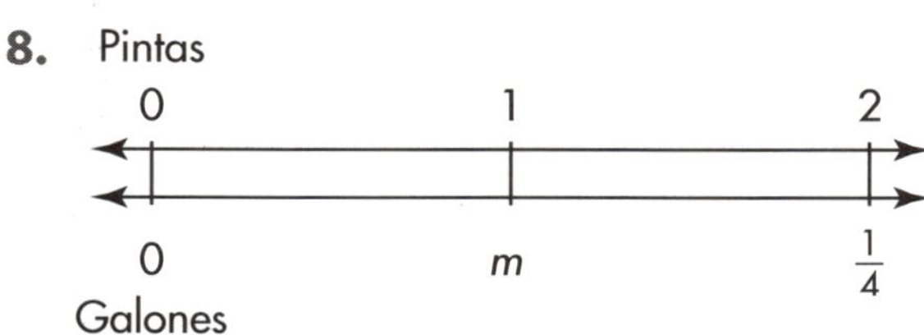

9. © **PM.2 Razonar** La Srta. Ellis usó 25 galones de gasolina para repartir flores en su camioneta. ¿Cuántas millas recorrió para hacer el reparto? Explica cómo lo sabes.

Distancia recorrida con 10 galones de gasolina

DATOS

Vehículo	Millas
Carro	285
Camioneta	140
Motocicleta	640

10. Razonamiento de orden superior El Sr. Tobías dice que puede recorrer una mayor distancia con 5 galones de gasolina en su motocicleta que con 15 galones de gasolina en su carro. ¿Tiene razón el Sr. Tobías? Explícalo.

11. © **PM.3 Construir argumentos** Un carro tiene un tanque de gasolina que tiene una capacidad de 18 galones. ¿Es posible recorrer 500 millas en este carro con un tanque lleno? Explícalo.

12. Sentido numérico ¿Cuál es menor: 3^4 o 4^3?

13. Perla anotó 30 puntos en 8 partidos. A esa tasa, ¿cuántos partidos necesitará para anotar 45 puntos?

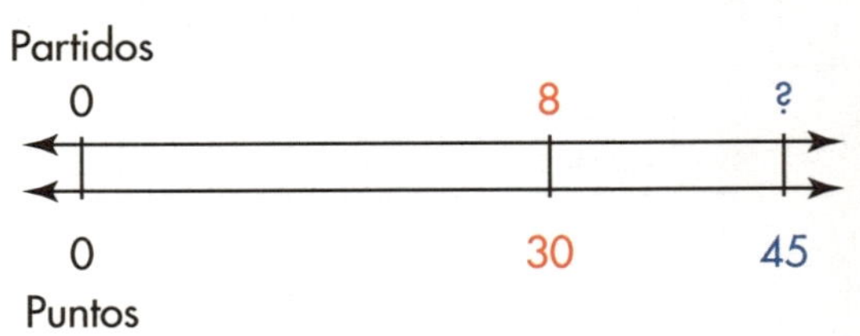

© **Evaluación de *Common Core***

14. Un payaso puede inflar y atar 18 globos en 4 minutos. El payaso necesita 45 globos para una fiesta. A esta tasa, ¿tendrá el payaso los globos listos para una fiesta que comienza en 10 minutos? Completa la tabla y explica tu respuesta.

Globos	18		
Minutos	4	8	10

© Pearson Education, Inc. 6

El modelo del tren de alta velocidad de Galina puede recorrer 10 metros en 4 segundos a una velocidad constante. ¿Qué distancia puede recorrer el tren en 30 segundos? *Resuelve este problema de la manera que prefieras.*

Lección 10-2
Tasas por unidad

Puedo...
resolver problemas relacionados con tasas por unidad.

Estándares de contenido 6.RP.A.3b, 6.RP.A.2
Prácticas matemáticas PM.1, PM.2, PM.3, PM.7

Metros	10		
Segundos	4	1	30

¡Vuelve atrás! **PM.3 Construir argumentos** Explica cómo hallar la distancia que puede recorrer el tren en 1 segundo te ayuda a resolver el problema.

Pregunta esencial **¿Cómo se puede hallar y usar una tasa por unidad para resolver un problema?**

A

Una **tasa por unidad** es una tasa en la que se compara con 1 unidad.

Un grupo de ciclistas da un paseo y recorre 320 millas en 5 días. Si mantienen la misma velocidad, ¿qué distancia pueden recorrer en 8 días?

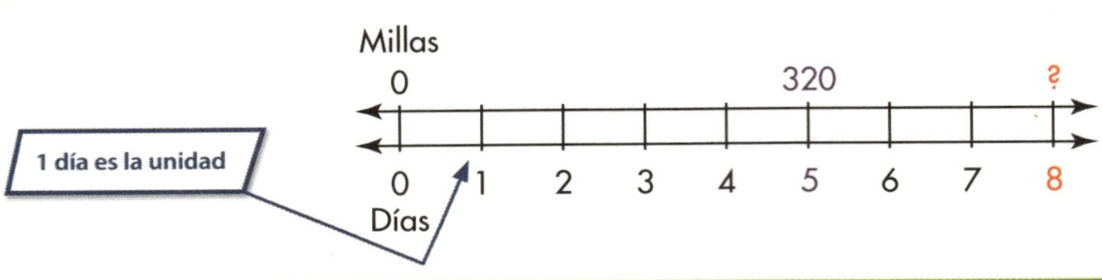

B ## Paso 1

El grupo recorrió 320 millas en 5 días.

$$\frac{320 \text{ millas}}{5 \text{ días}} \text{ o } \frac{320}{5}$$

Divide para hallar la tasa por unidad.

$$\frac{320 \div 5}{5 \div 5} = \frac{64}{1}$$

La tasa por unidad es $\frac{64}{1}$ o 64 millas por día. El grupo viajó a una tasa de 64 millas por día.

C ## Paso 2

Halla qué distancia puede recorrer el grupo en 8 días. Usa la tasa por unidad para hallar tasas equivalentes.

$$\frac{64 \times 8}{1 \times 8} = \frac{512}{8} \text{ o } \frac{512 \text{ millas}}{8 \text{ días}}$$

El grupo puede recorrer 512 millas en 8 días.

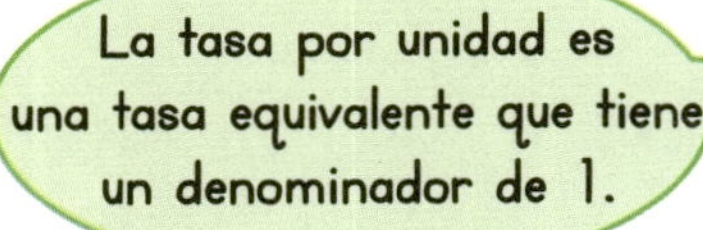

¡Convénceme! © **PM.2 Razonar** Un club de remo recorre 78 millas en 3 días. Si mantienen la misma velocidad, ¿qué distancia pueden recorrer en 5 días? Explica tu razonamiento.

© Pearson Education, Inc. 6

☆ Práctica guiada *

¿Lo entiendes?

1. © **PM.2 Razonar** Por la ducha de un baño salen 5 galones de agua en 2 minutos.

   a. Halla la tasa por unidad de galones por minuto y exprésala en palabras.

   b. Halla la tasa por unidad de minutos por galones y exprésala en palabras.

¿Cómo hacerlo?

Usa las tasas por unidad que hallaste en el Ejercicio 1 para resolver los Ejercicios **2** y **3.**

2. ¿Cuántos galones de agua salen por la ducha en 6 minutos?

3. Si alguien quisiera usar solo 10 galones de agua, ¿cuánto tiempo duraría la ducha?

☆ Práctica independiente

Práctica al nivel Halla la tasa por unidad en los Ejercicios **4** a **7.**

4. $\dfrac{320 \text{ mi}}{16 \text{ gal.}}$

$\dfrac{320 \div 16}{16 \div 16} = \dfrac{\square}{1}$

$\dfrac{\square \text{ mi}}{1 \text{ gal.}}$

5. $\dfrac{75 \text{ cm}}{5 \text{ h}}$

$\dfrac{75 \div \square}{5 \div 5} = \dfrac{\square}{1}$

$\dfrac{\square \text{ cm}}{1 \text{ h}}$

6. $\dfrac{150 \text{ bocaditos}}{50 \text{ estudiantes}}$

$\dfrac{150 \div \square}{50 \div \square} = \dfrac{\square}{1}$

$\dfrac{\square \text{ bocaditos}}{1 \text{ estudiante}}$

7. $\dfrac{54 \text{ canciones}}{3 \text{ h}}$

Completa las tablas en los Ejercicios **8** a **11.**

8.

Páginas	9			
Minutos	18	1	10	15

9.

Frijoles	186			
Bolsas	3	1	7	11

10.

Onzas		24.6		123
Bolsas	1	2	5	

11.

Millas	25		125	
Galones		3	5	12

Prácticas matemáticas y resolución de problemas

Usa la tabla de la derecha para resolver los Ejercicios **12** a **14**.

12. © **PM.2 Razonar** Escribe dos tasas por unidad diferentes que describan el tiempo y la cantidad de vueltas que corre Marta. Luego, explica cómo se las puede usar para hallar tasas equivalentes.

DATOS	Corredor	Vueltas	Tiempo
	Marta	20	32 min
	Alejandra	16	25 min
	Raquel	17	27.2 min

13. Si Alejandra sigue corriendo a ese ritmo, ¿cuál será su tiempo en 20 vueltas?

14. © **PM.1 Entender y perseverar** ¿Qué corredor tiene el ritmo más veloz? Explícalo.

15. **Matemáticas y Ciencias** Los elefantes se desplazan a una velocidad de 0.7 kilómetros por minuto. Si un elefante va hacia un objeto que está a 0.35 kilómetros de distancia, ¿cuánto tiempo tardará en alcanzarlo?

16. Una máquina tarda 1 minuto en llenar 6 cartones de huevos. A esta tasa, ¿cuánto tardará en llenar 420 cartones?

17. **Razonamiento de orden superior** ¿En qué se parecen y en qué se diferencian las razones 24 vueltas:1 h y 192 vueltas:8 h?

© **Evaluación de _Common Core_**

18. Se coloca arroz en agua hirviendo en las cantidades que se muestran a la derecha. Marca todos los enunciados que sean verdaderos.

- ☐ $\dfrac{0.8 \text{ lb de arroz}}{1 \text{ cto. de agua}}$ es una tasa por unidad para la mezcla.

- ☐ $\dfrac{1.25 \text{ ctos. de agua}}{1 \text{ lb de arroz}}$ es una tasa por unidad para la mezcla.

- ☐ A la misma tasa, se deben mezclar 12.5 libras de arroz con 10 cuartos de agua.

- ☐ A la misma tasa, se deben mezclar 10 libras de arroz con 12.5 cuartos de agua.

**Tarea y práctica
10-2
Tasas por unidad**

¡Revisemos!

Una fábrica produce 100 canastas de ropa en 4 horas. ¿Cuál es la tasa por unidad? A esta tasa, ¿cuántas canastas puede producir en 7 horas?

Paso 1

Halla la tasa por unidad por hora y divide los dos términos por 4.

$$\frac{100\ \text{canastas} \div 4}{4\ \text{h} \div 4} = \frac{25\ \text{canastas}}{1\ \text{h}}$$

La tasa por unidad es 25 canastas por hora.

Paso 2

Multiplica los dos términos de la tasa por unidad por 7.

$$\frac{25\ \text{canastas}}{1\ \text{h}} \cdot \frac{7}{7} = \frac{175\ \text{canastas}}{7\ \text{h}}$$

La fábrica puede producir 175 canastas en 7 horas.

Halla la tasa por unidad en los Ejercicios 1 a 4.

1. $\dfrac{121\ \text{comidas}}{11\ \text{días}}$

2. $\dfrac{50\ \text{min}}{20\ \text{llamadas}}$

3. $\dfrac{91\ \text{libros}}{7\ \text{semanas}}$

4. $\dfrac{1{,}275\ \text{hormigas}}{5\ \text{hormigueros}}$

Completa las tablas en los Ejercicios 5 a 8.

5.

Estampillas	380			
Álbumes	19	1	7	12

6.

Duraznos	7			
Peras	2	1	5	9

7.

Pintas		4.5	7.5	12
Botellas	1		5	

8.

Monedas de 25¢			200	320
Paquetes	1	2.5	5	

9. **© PM.2 Razonar** Un mecánico usó 49 cuartos de aceite en 7 carros. A esta tasa, ¿cuánto aceite usará en 17 carros? Explica cómo lo sabes.

10. **A-Z Vocabulario** Los clientes de una cafetería comieron 48 pepinillos y 60 sándwiches. ¿Cuál es el *máximo común divisor* de estos números?

11. El promedio de Jackson es 6.2 puntos por partido. Su equipo jugó 15 partidos. ¿Cuántos puntos anotó Jackson?

12. Un tiburón puede perseguir a su presa a una velocidad de 30 millas por hora aproximadamente. ¿Cómo se expresa esta tasa en millas por minuto?

13. **Razonamiento de orden superior** Este diagrama de Venn muestra la relación de las razones con las tasas y las tasas por unidad. Describe una situación de la vida diaria que incluya una relación entre razones. Luego, escribe la razón como 2 tasas equivalentes distintas y como una tasa por unidad.

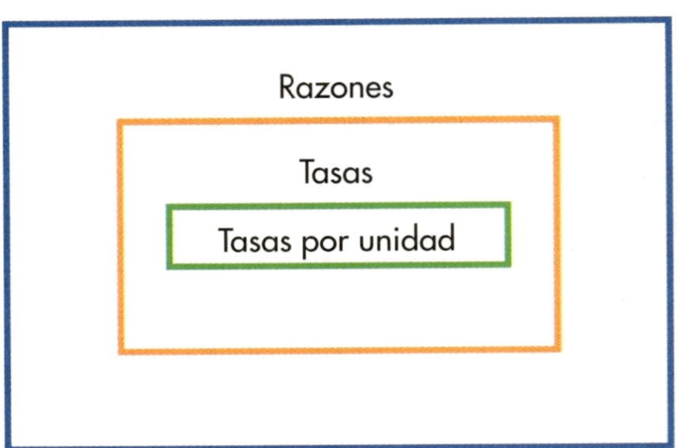

© **Evaluación de *Common Core***

14. Se mezclan 5 libras de yeso con 2 cuartos de agua. Marca todos los enunciados que sean verdaderos.

☐ $\dfrac{2.5 \text{ lb yeso}}{1 \text{ cto. de agua}}$ es una tasa por unidad para la mezcla.

☐ $\dfrac{0.5 \text{ ctos. de agua}}{1 \text{ lb yeso}}$ es una tasa por unidad para la mezcla.

☐ Con la misma tasa, se mezclan 7.5 libras de yeso con 3 cuartos de agua.

☐ Con la misma tasa, se mezclan 4 libras de yeso con 7 cuartos de agua.

Rick y Nikki tienen carros a control remoto y usan un cronómetro para anotar sus velocidades. El carro de Rick recorre 150 pies en 30 segundos y el de Nikki recorre 80 pies en 20 segundos. ¿Cuál es el carro más rápido? *Resuelve este problema de la manera que prefieras.*

Resuelve

Lección 10-3
Comparar tasas

Puedo...
comparar tasas para resolver problemas.

Estándares de contenido 6.RP.A.3b, 6.RP.A.3a
Prácticas matemáticas PM.1, PM.2, PM.3, PM.4, PM.6

Recuerda que debes *trabajar con precisión* a la hora de usar números y unidades para describir y comparar tasas.

Velocidad del carro de Rick	
Distancia (pies)	Tiempo (segundos)
150	30

Velocidad del carro de Nikki	
Distancia (pies)	Tiempo (segundos)
80	20

¡Vuelve atrás! **PM.1 Entender y perseverar** Si los carros mantienen su tasa de velocidad, ¿cuánto tardará el carro de Rick en recorrer 300 pies? ¿Y cuánto tardará el carro de Nikki en recorrer la misma distancia? Explica tu razonamiento.

A

En una piscina, Ethan nadó 11 largos en 8 minutos y Austin nadó 7 largos en 5 minutos. ¿Quién nadó a una tasa más rápida?

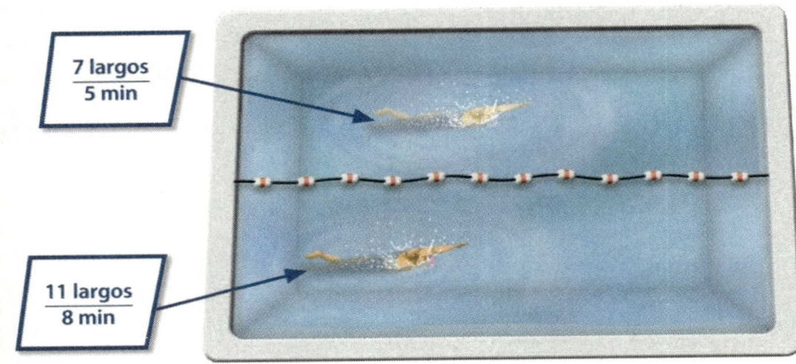

B Ethan nadó 11 largos en 8 minutos.

$\dfrac{11 \text{ largos}}{8 \text{ minutos}}$ u $\dfrac{11}{8}$

Divide para hallar la tasa por unidad.

$\dfrac{11}{8} = \dfrac{11 \div 8}{8 \div 8} = \dfrac{1.375}{1}$

Ethan nadó 1.375 largos por minuto.

C Austin nadó 7 largos en 5 minutos.

$\dfrac{7 \text{ largos}}{5 \text{ minutos}}$ o $\dfrac{7}{5}$

Divide para hallar la tasa por unidad.

$\dfrac{7}{5} = \dfrac{7 \div 5}{5 \div 5} = \dfrac{1.4}{1}$

Austin nadó 1.4 largos por minuto.

Compara las tasas por unidad para determinar quién nadó a una tasa más rápida.

$1.4 > 1.375$; por tanto, Austin nadó a una tasa más rápida.

¡Convénceme! © **PM.2 Razonar** Ashley, la hermana mayor de Austin, entrena en la misma piscina y puede nadar 9 largos en 6 minutos. ¿Ashley nada más rápido que Austin? Explícalo.

© Pearson Education, Inc. 6

☆ Práctica guiada *

¿Lo entiendes?

1. ⓔ **PM.3 Construir argumentos** ¿Por qué hallar las tasas por unidad te permite comparar dos tasas?

2. ⓔ **PM.2 Razonar** El carro A recorre 115 millas con 5 galones de gasolina y el carro B recorre 126 millas con 6 galones de gasolina. ¿Cómo puedes hallar qué carro tiene un mejor rendimiento de gasolina?

¿Cómo hacerlo?

3. El carro de Hakim recorre 600 pies en 20 segundos y la motocicleta de Andrés recorre 300 pies en 12 segundos. ¿Cuál es más rápido: el carro o la motocicleta? Muestra cómo lo sabes.

   a. Halla las tasas por unidad.

   b. Compara las tasas por unidad.

☆ Práctica independiente ☆

Compara las tasas para hallar cuál es mayor en los Ejercicios **4** a **6.**

4. 35 puntos en 20 minutos o 49 puntos en 35 minutos.

5. 12 largos en 8 minutos o 16 largos en 10 minutos

6. 45 ponches en 36 entradas o 96 ponches en 80 entradas

Compara las tasas para hallar cuál es la opción más conveniente en los Ejercicios **7** a **9.**

7. $30 por 100 folletos o $65 por 250 folletos

8. $27 por 4 pizzas grandes o $32 por 5 pizzas grandes

9. 36 dibujos por $8 o 24 dibujos por $5

10. **© PM.4 Representar con modelos matemáticos**

Katrina y Becca se enviaron 270 mensajes de texto en 45 minutos. Se enviaron la misma cantidad de mensajes por minuto. Les quedan por enviar 90 mensajes de texto más antes de que les cobren una tarifa adicional. Completa el diagrama de doble recta numérica. A esta tasa, ¿durante cuántos minutos más pueden mandarse mensajes de texto antes de que les cobren una tarifa adicional?

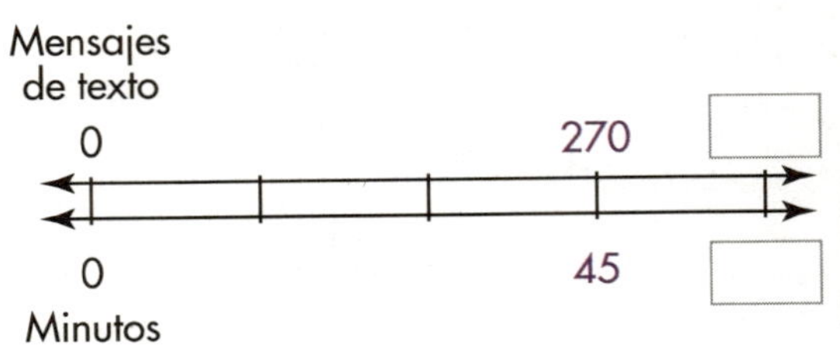

11. Julia está comparando el rendimiento de gasolina de un carro rojo con el de un carro negro para decidir cuál comprar. El carro rojo puede recorrer 360 millas con 20 galones de gasolina y el negro puede recorrer 336 millas con 21 galones de gasolina. Halla las tasas por unidad y determina qué carro tiene un mejor rendimiento de gasolina.

12. **Razonamiento de orden superior** Amil y Ana participaron en una carrera de bicicletas. Amil recorrió 15 millas en 55 minutos y Ana recorrió 77 minutos a una tasa por milla más rápida que la de Amil. Halla la tasa por unidad de Amil. Luego, explica cómo se la podría usar para hallar una tasa por unidad posible para Ana.

© Evaluación de *Common Core*

13. Darius puede correr 300 metros en 50 segundos y Patrick puede correr 200 metros en 32 segundos.

Parte A

¿Quién corre más rápido: Darius o Patrick?

Parte B

Usa las tasas por unidad para hallar cuánto tiempo más tardaría cada uno en correr 600 metros si ambos pudieran mantener las mismas tasas de velocidad en una mayor distancia. Explica tu razonamiento.

© Pearson Education, Inc. 6

Tarea y práctica
10-3
Comparar tasas

¡Revisemos!

Amanda y Selena trabajaron cuidando niños para ganar dinero para la universidad. En un año, Amanda ganó $4,920 trabajando 615 horas y Selena ganó $4,675 trabajando 550 horas. ¿Quién ganó más dinero por hora?

Amanda ganó $4,920 en 615 horas.

$$\frac{4,920}{615}$$

Divide para hallar la tasa por unidad.

$$\frac{4,920}{615} = \frac{4,920 \div 615}{615 \div 615} = \frac{8}{1}$$

Amanda ganó $8 por hora cuidando niños.

Selena ganó $4,675 en 550 horas.

$$\frac{4,675}{550}$$

Divide para hallar la tasa por unidad.

$$\frac{4,675}{550} = \frac{4,675 \div 550}{550 \div 550} = \frac{8.5}{1}$$

Selena ganó $8.50 por hora cuidando niños.

Compara las tasas por unidad para determinar quién ganó más dinero por hora. $8.50 > $8.00; por tanto, Selena ganó más dinero por hora cuidando niños.

Compara las tasas para hallar cuál es mayor en los Ejercicios **1** a **3.**

1. 510 visitantes en 30 horas o 960 visitantes en 60 horas

2. 660 millas con 20 galones o 850 millas con 25 galones

3. 1,080 rótulos en 90 hojas o 2,250 rótulos en 150 hojas

Compara las tasas para hallar cuál es la opción más conveniente en los Ejercicios **4** a **6.**

4. $285 por 150 pies^2 de alfombra o $252 por 120 pies^2 de alfombra

5. $74 por 4 boletos de teatro o $91 por 5 boletos de teatro

6. $960 por 30 libros o $1,625 por 50 libros

7. **Razonamiento de orden superior** A la derecha
se muestra el registro de entrenamiento de un
gimnasio. Deana corrió 462 millas. Su tasa de
rendimiento semanal fue superior a la de Pavel
pero inferior a la de Alberto. Completa el registro
de entrenamiento. ¿Cuántas semanas tardó Deana
en correr 462 millas?

Registro de entrenamiento			
Corredor	Millas	Semanas	Tasa por semana
Pavel	672	21	
Deana	462	?	
Alberto	420	12	

8. **A-Z Vocabulario** Chen está usando tapas
de botellas y monedas de 1¢ para hacer
posavasos para una feria. Usa 5 tapas cada
2 monedas para cada posavasos. La _______
de las tapas a las monedas es 5:2.

9. **© PM.6 Hacerlo con precisión** El lunes
nevó 30 pulgadas en 16 horas y el jueves nevó
21 pulgadas en 6 horas. ¿Qué día nevó a una
tasa mayor por hora? ¿Cuánto más por hora?

© Evaluación de *Common Core*

10. La nueva novela *Vigo, el cazador de vampiros* tiene 520 páginas. Skyler leyó
145 páginas en 5 horas y Ramón leyó 124 páginas en 4 horas.

Parte A

¿Quién lee más rápido: Skyler o Ramón?

Parte B

¿Cuánto tardará Ramón en leer toda la novela si
continúa leyendo a esta tasa?

© Pearson Education, Inc. 6

Lección 10-4
Usar tasas por unidad: Precio por unidad

Resuélvelo y coméntalo

Daniela está mirando los precios para ver películas en línea. Ve las tres ofertas diferentes que se muestran más abajo. ¿Cuál es la mejor oferta? Explica tu razonamiento. *Resuelve este problema de la manera que prefieras.*

Puedo...
hallar, comparar y usar los precios por unidad.

© **Estándar de contenido** 6.RP.A.3b
Prácticas matemáticas PM.2, PM.3, PM.4, PM.7, PM.8

¡Vuelve atrás! © **PM.4 Representar con modelos matemáticos** Jenna encontró en línea una oferta de 3 películas por $27.75. Completa el diagrama de doble recta numérica. ¿Cuánto cuesta cada película en esta oferta?

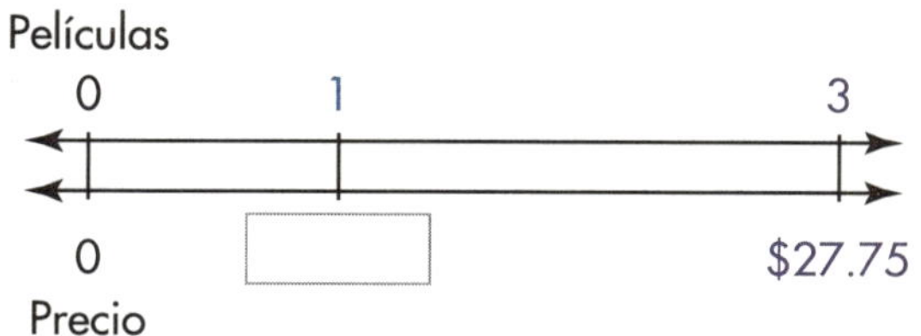

Pregunta esencial — **¿Cómo se pueden comparar los precios de diferentes cantidades del mismo artículo?**

A

Un precio por unidad es una tasa por unidad que da el precio de un artículo.

¿Cuál es la mejor oferta: la del almuerzo o la del fin de semana?

Puedes comparar los precios por unidad del mismo artículo para hallar cuál es la mejor oferta.

B **Paso 1**

Halla el precio por unidad de la oferta para almorzar.

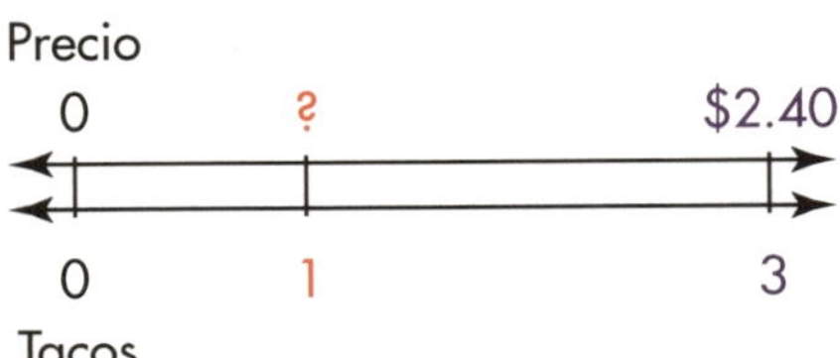

Escribe el precio de la oferta para almorzar en forma de tasa. Luego, halla la tasa por unidad.

$$\frac{\$2.40}{3} \div \frac{3}{3} = \frac{\$0.80}{1}$$

El precio por unidad de la oferta para almorzar es $0.80 por taco.

C **Paso 2**

Halla el precio por unidad de la oferta de fin de semana.

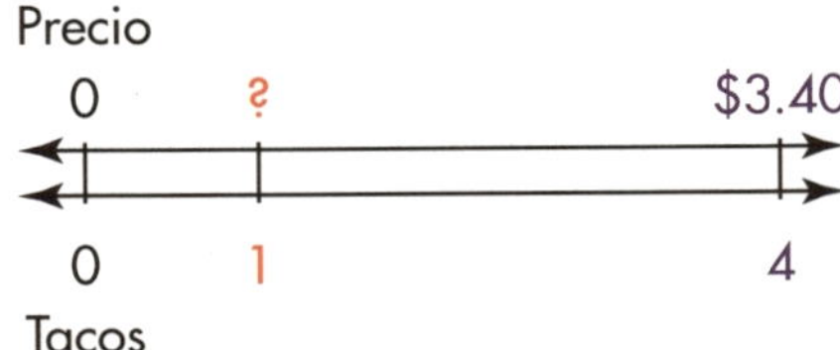

Escribe el precio de la oferta de fin de semana en forma de tasa. Luego, halla la tasa por unidad.

$$\frac{\$3.40}{4} \div \frac{4}{4} = \frac{\$0.85}{1}$$

El precio por unidad de la oferta de fin de semana es $0.85 por taco.

Ahora compara: $0.80 por taco < $0.85 por taco; por tanto, la oferta para almorzar es la más conveniente.

¡Convénceme! © **PM.3 Construir argumentos** Explica cómo decidir cuál es la compra más conveniente: 4 tarjetas por $10 o 6 tarjetas por $14.

© Pearson Education, Inc. 6

Amigo de práctica Herramientas Evaluación

☆ Práctica guiada*

¿Lo entiendes?

1. © **PM.8 Generalizar** ¿Por qué un precio por unidad es un tipo especial de tasa por unidad?

2. © **PM.3 Evaluar el razonamiento** Paul dice que una tasa por unidad más baja es una compra más conveniente solo si se pueden usar todos los artículos comprados para obtener la menor tasa por unidad. ¿Estás de acuerdo? Explícalo.

¿Cómo hacerlo?

Halla los precios por unidad en los Ejercicios **3** y **4.**

3. 7 boletos de cine por $56

4. 12 onzas de champú por $2.76

Indica cuál es la compra más conveniente en el Ejercicio **5.**

5. 2 libros por $15 o 6 libros por $45

☆ Práctica independiente

Práctica al nivel Halla los precios por unidad en los Ejercicios **6** a **9.**

6. 9 bolígrafos por $3.60

$$\frac{\$3.60 \div 9}{9 \div 9} = \frac{\boxed{}}{1}$$

7. 15 onzas de frijoles en lata por $2.25

$$\frac{\$2.25 \div \boxed{}}{15 \div \boxed{}} = \frac{\boxed{}}{\boxed{}}$$

8. $\frac{1}{4}$ galón de pintura por $8.99

9. 50 clips por 40¢

Determina cuál es la compra más conveniente en los Ejercicios **10** y **11.**

10. 3 kilogramos de carbón por $7.95 o 5 kilogramos de carbón por $12.50

11. 50 sobres por $2.99 o 90 sobres por $5.50

12. © **PM.2 Razonar** ¿Qué recipiente de leche es una compra más conveniente? Explica cómo lo sabes.

13. © **PM.7 Usar la estructura** La Compañía A vende una tarjeta de teléfono de 500 minutos por $30 y la Compañía B vende una tarjeta de 1,000 minutos por $50. ¿Cómo puedes determinar cuál es la compra más conveniente sin hallar los precios por unidad?

14. ¿Cuál es la mejor compra, una bolsa de 12 onzas de pasas por $2.19 o una bolsa de 1 libra de pasas por $3.40?

15. Mario compró 70 pies de alambre por $18.20. Necesita 30 pies más. Si el precio por unidad es el mismo, ¿cuánto pagará por los 30 pies de alambre adicionales?

16. Sentido numérico El área de un rectángulo mide 3,600 pulgadas cuadradas y el perímetro mide 400 pulgadas. ¿Cuál es la longitud y el ancho del rectángulo?

17. Razonamiento de orden superior En la familia Fazio hay 5 personas. Quieren comprar camisetas en la Exposición de Safari de verano y pueden comprar 1 camiseta por $12, 2 camisetas por $22 o 3 por $32.40. ¿Qué combinación de camisetas es la mejor compra? Explícalo.

© **Evaluación de *Common Core***

18. Una tienda de mayoreo de comida vende latas de sopa en cajas. Los compradores tienen cuatro opciones. Halla el precio por unidad de cada opción y completa la tabla para identificar la mejor compra.

Precios por unidad para la sopa	
$0.85 por lata	$0.86 por lata
$0.87 por lata	$0.88 por lata
$0.89 por lata	$0.90 por lata

Cajas de sopa	Precio por unidad
12 latas por $10.56	
16 latas por $13.60	
20 latas por $17.20	
24 latas por $21.36	

© Pearson Education, Inc. 6

¡Revisemos!

¿Cuál es una mejor compra, 24 tajadas de queso por $7.20 o 90 tajadas de queso por $28.80?

Paso 1

Halla el precio por unidad de 24 tajadas de queso por $7.20.

Tasa: $\dfrac{\$7.20}{24}$

Halla la tasa por unidad.

$\dfrac{\$7.20}{24} \div \dfrac{24}{24} = \dfrac{\$0.30}{1}$

o 30¢ por tajada

Paso 2

Halla el precio por unidad de 90 tajadas de queso por $28.80.

Tasa: $\dfrac{\$28.80}{90}$

Halla la tasa por unidad.

$\dfrac{\$28.80}{90} \div \dfrac{90}{90} = \dfrac{\$0.32}{1}$

o 32¢ por tajada

Paso 3

Compara.

$\$0.30 < \$0.32$

Por tanto, 24 tajadas de queso por $7.20 es una mejor compra.

Halla los precios por unidad en los Ejercicios 1 a 4.

1. 8 lápices por $2.24

2. 5 libros usados por $9.45

3. $\frac{1}{2}$ galón de jugo de naranja por $3.65

4. 6 peces dorados por $7.38

Determina cuál es la mejor compra en los Ejercicios 5 a 8.

5. 1 libra de manzanas por $2.15 o 3 libras de manzanas por $5.76

6. 8 cuerdas de *bungee* por $10.00 o 20 cuerdas de *bungee* por $22.00

7. 32 onzas de jugo de naranja por $7.04 o 20 onzas de jugo de naranja por $4.80

8. 5 onzas de repelente para insectos por $6.95 o 14 onzas de repelente para insectos por $19.60

9. **© PM.2 Razonar** ¿Qué caja de cereal es una mejor compra? Explica cómo hallaste la respuesta.

10. **© PM.3 Evaluar el razonamiento** Shaunda dijo que comprar 4 toallas por $17 fue un mejor negocio que comprar 2 toallas por $9. Ella halló la respuesta duplicando los términos en la razón $\frac{9}{2}$ y comparando los primeros términos en la razón. ¿Es correcto lo que hizo? Usa los precios por unidad para apoyar tu respuesta.

11. Completa la tabla de razones para hallar tasas equivalentes a $\frac{3}{12.75}$.

1	
3	12.75
6	
	34

12. Cora trabajó cuidando niños durante $3\frac{1}{2}$ horas y cobró $28. A la misma tasa por hora, ¿cuánto cobraría por $5\frac{1}{2}$ horas?

13. **Razonamiento de orden superior** Ruth está comprando papas. ¿Cuál es una mejor compra: una bolsa de 4 libras por $2.40 o una bolsa de 10 libras por $5.20? Explica cuándo una compra más inteligente puede que **NO SEA** la mejor compra.

© Evaluación de *Common Core*

14. Una tienda de artículos para oficina vende cajas de bolígrafos. Halla el precio por unidad de cada caja y completa la tabla para determinar la mejor compra.

Precios por unidad de los bolígrafos	
$0.94 por bolígrafo	$0.95 por bolígrafo
$0.96 por bolígrafo	$0.97 por bolígrafo
$0.98 por bolígrafo	$0.99 por bolígrafo

Cajas de bolígrafos	Precio por unidad
5 bolígrafos por $4.85	
12 bolígrafos por $11.40	
25 bolígrafos por $24.50	
60 bolígrafos por $57.60	

© Pearson Education, Inc. 6

Resuélvelo y coméntalo

Resuelve

Imagina que estás viajando en tren para visitar a un amigo que vive a 275 millas. Si el tren viaja a una velocidad constante de 55 millas por hora, ¿cuánto tardaría en completar el viaje? A la misma velocidad, ¿cuánto tardaría el tren para recorrer 385 millas? *Resuelve este problema de la manera que prefieras.*

Lección 10-5
Usar tasas por unidad: Velocidad constante

Puedo...
usar las tasas por unidad para resolver problemas de velocidad constante.

Ⓒ **Estándar de contenido** 6.RP.A.3b
Prácticas matemáticas PM.2, PM.3, PM.4, PM.7

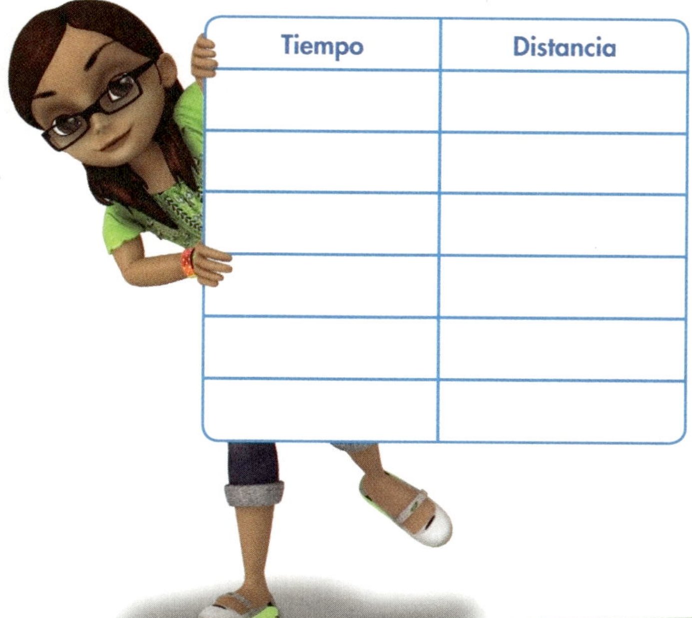

Tiempo	Distancia

¡Vuelve atrás! Ⓒ **PM.2 Razonar** Imagina que el tren viajara a una velocidad constante que fuera el doble de 55 millas por hora. ¿Cuánto tardaría para recorrer 275 millas? Explícalo.

Pregunta esencial ¿Cómo se pueden usar las tasas por unidad para resolver problemas de velocidad constante?

A

El jet vuela a una velocidad constante. Si continúa volando a la misma tasa, ¿qué distancia recorrerá en 85 minutos?

B Una manera

Usa una tabla para anotar tasas equivalentes y así hallar qué distancia puede recorrer el *jet* en 85 minutos.

Tiempo (min)	Distancia (millas)
1	25
7	175
25	625
50	1,250
85	2,125

×85   ×85

A esta tasa el *jet* podría recorrer 2,215 millas en 85 minutos.

C Otra manera

Usa la tasa por unidad para hallar qué distancia podría recorrer el *jet* en 85 minutos.

$$\frac{175 \text{ millas} \div 7}{7 \text{ minutos} \div 7} = \frac{25 \text{ millas}}{1 \text{ minuto}}$$

Halla una tasa equivalente.

$$\frac{25 \text{ millas} \times 85}{1 \text{ minuto} \times 85} = \frac{2{,}125 \text{ millas}}{85 \text{ minutos}}$$

El *jet* podría recorrer 2,215 millas en 85 minutos.

¡Convénceme! © **PM.7 Usar la estructura** ¿Sería más fácil usar la tabla o la tasa por unidad para hallar la distancia que podría recorrer el *jet* en 75 minutos? Explícalo.

☆ Práctica guiada 

Amigo de práctica · Herramientas · Evaluación

¿Lo entiendes?

1. © **PM.3 Construir argumentos** Un avestruz corre 6 millas en 12 minutos a una velocidad constante. Explica cómo puedes usar una tasa por unidad para hallar cuánto podría correr el avestruz en 40 minutos.

2. Un lanzador de beisbol arroja una bola rápida a una distancia de 60.5 pies en 2 segundos. Si la bola viaja a una velocidad constante por segundo, ¿cómo se puede escribir esto en forma de tasa por unidad?

¿Cómo hacerlo?

Usa las tasas por unidad para resolver los Ejercicios **3** y **4.**

3. Un jugador de futbol americano corre 80 yardas en 25 segundos. Si mantiene la misma tasa de velocidad, ¿cuánto puede correr en 60 segundos?

4. Durante unas vacaciones familiares, el padre de Amy manejó el carro a una velocidad constante y recorrió 585 millas en 13 horas. A esta tasa, ¿cuánto habrá tardado la familia para recorrer 810 millas? ¿Cuál fue la tasa de velocidad del carro?

☆ Práctica independiente

Práctica al nivel Usa el razonamiento por razones para resolver los Ejercicios **5** y **6.**

5. Un caballo llamado Bailarín Nocturno ganó el derbi de Kentucky corriendo $1\frac{1}{4}$ millas en 2 minutos. A la misma tasa constante, ¿cuánto tarda Bailarín Nocturno para correr la carrera de $1\frac{1}{2}$ millas de Belmond Stakes?

Usa la tasa por unidad.

$$\frac{1.25 \text{ millas} \div \boxed{}}{2 \text{ minutos} \div 2} = \frac{\boxed{} \text{ millas}}{1 \text{ minuto}}$$

Halla una tasa equivalente.

$$\frac{\boxed{} \text{ millas} \times 2.4}{1 \text{ minuto} \times \boxed{}} = \frac{1.5 \text{ millas}}{\boxed{} \text{ minutos}}$$

6. Si un ciclista anda a una tasa constante de 24 millas por hora, ¿cuánto tardaría en recorrer 156 millas?

7. Álgebra Jessica escribió la ecuación $470 \cdot h = 3{,}008$, en la que h es la cantidad de horas que le tomó a un avión volar 3,008 millas a una velocidad constante de 470 millas por hora. Halla el valor de h.

8. © **PM.2 Razonar** Un ave vuela a una velocidad constante de 2 kilómetros por hora y un insecto lo hace a una velocidad constante de 1,000 metros por hora. ¿Cuál es más veloz, el ave o el insecto? Explica cómo lo puedes resolver sin hacer cálculos.

9. Marcos tomó un tren para visitar a su tía. El tren viajó a una velocidad constante de 60 mi/h. Completa la tabla y escribe una ecuación para hallar la distancia total d que se recorrió después de t horas.

Tiempo, t (en horas)	1	2	3	4
Distancia, d (en millas)	60			

10. Escribe una desigualdad para representar que solo quedan 15 segundos para terminar un examen.

11. Razonamiento de orden superior Sasha corre a una velocidad constante de 3.8 metros por segundo durante $\frac{1}{2}$ hora y luego camina a una tasa de 1.5 metros por segundo durante $\frac{1}{2}$ hora. ¿Qué distancia corrió y caminó Sasha en 60 minutos?

© **Evaluación de *Common Core***

12. Imagina que una tortuga laúd nadó 7.5 kilómetros en 3 horas con una velocidad constante.

Parte A

¿Cuántos kilómetros por hora nadó la tortuga?

Parte B

A esta tasa, ¿cuánto tardará la tortuga para nadar 10 kilómetros?

© Pearson Education, Inc. 6

Ayuda | Amigo de práctica | Herramientas | Juegos

Tarea y práctica 10-5

Usar tasas por unidad: Velocidad constante

¡Revisemos!

Si una hormiga se mueve a una velocidad constante y recorre 6 centímetros en 1.5 segundos, ¿cuánto tardará en recorrer 24 centímetros?

Una manera

Usa una tabla de razones para resolver.

Tiempo (s)	Distancia (cm)
1	4
1.5	6
3	12
4.5	18
6	24

$\times 6$ ... $\times 6$

La hormiga tardará 6 segundos para recorrer 24 centímetros.

Otra manera

Usa la tasa por unidad para resolver.

Halla la tasa por unidad.

$$\frac{6 \text{ centímetros} \div 1.5}{1.5 \text{ segundos} \div 1.5} = \frac{4 \text{ centímetros}}{1 \text{ segundo}}$$

Halla una tasa equivalente.

$$\frac{4 \text{ centímetros} \times 6}{1 \text{ segundo} \times 6} = \frac{24 \text{ centímetros}}{6 \text{ segundos}}$$

La hormiga tardará 6 segundos para recorrer 24 centímetros.

Práctica al nivel Usa el razonamiento por razones para resolver los Ejercicios **1** y **2**.

1. Jason y su familia viajaron 160 millas en 3.2 horas. Si continúan a esta velocidad constante, ¿cuánto tardarán en recorrer 300 millas?

   Haz una tabla de razones y complétala.

   Jason y su familia tardarán _______ horas para recorrer _______ millas.

Tiempo (horas)	Distancia (millas)
1	
3.2	160
	300

2. Un transbordador espacial orbita la Tierra con una tasa de aprox. 4,375 millas en 15 minutos. A esta tasa, ¿qué distancia recorre el transbordador alrededor de la Tierra en 1 hora?

3. © **PM.4 Representar con modelos matemáticos** Kenny está caminando a una velocidad constante de 3.5 millas por hora. ¿Qué distancia puede caminar en 6 horas? Completa la tabla y marca los puntos sobre el plano de coordenadas para resolver.

Tiempo (*t*)	1	2	3	4
Distancia (*d*)	3.5			

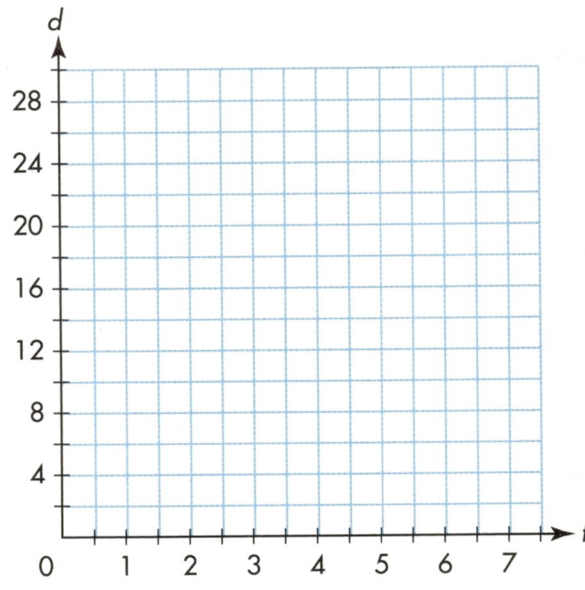

4. Si el tren maglev viaja a una velocidad constante de 480 kilómetros por hora durante $\frac{1}{4}$ hora, ¿qué distancia recorre?

5. Si el tren maglev viajó a una tasa constante a su velocidad más alta durante 10 kilómetros, ¿qué cantidad aproximada de tiempo habrá viajado?

Los trenes maglev pueden alcanzar tasas de hasta 500 kilómetros por hora porque usan imanes para levitar.

6. En la clase de Jamie hay 17 estudiantes de pelo castaño, 9 rubios y 2 de pelo negro. ¿Cuál es la razón de los estudiantes rubios en relación con los estudiantes de la clase de Jamie?

7. **Razonamiento de orden superior** Una ciclista anda a una velocidad constante de 21 mi/h durante 3 horas y luego disminuye su tasa de velocidad a 17 mi/h por 4 horas. ¿Qué distancia recorrió la ciclista durante las 7 horas?

© **Evaluación de *Common Core***

8. Jack manejó 325 millas durante 5 horas.

   Parte A

   ¿Cuántas millas por hora manejó Jack?

Parte B

Jack manejará 520 millas más a la misma tasa. ¿Cuánto tardará Jack en recorrer las 520 millas?

    © Pearson Education, Inc. 6

Lección 10-6
Convertir medidas del sistema usual

Durante un período de veinticuatro horas, en abril de 1921, cayó un récord de 75.8 pulgadas de nieve en Silver Lake, Colorado. Si hubieran caído 6.5 pies de nieve en un período posterior de veinticuatro horas, ¿se habría roto el récord? *Resuelve este problema de la manera que prefieras.*

Puedo...
usar el razonamiento por razones para convertir medidas.

© **Estándar de contenido** 6.RP.A.3d
Prácticas matemáticas PM.1, PM.2, PM.3, PM.7

¡Vuelve atrás! © **PM.1 Entender y perseverar** ¿Cuántos pies de nieve deben caer sobre Silver Lake, Colorado, para romper el récord de 1921 de caída de nieve en veinticuatro horas?

Pregunta esencial ¿Cómo se pueden usar las razones para convertir unidades de medida del sistema usual?

A

La acera que está frente a una tienda tiene un ancho de 4.5 pies. Las normas de la ciudad exigen que el ancho de una acera tenga un máximo de 66 pulgadas. ¿La acera cumple con las normas de la ciudad?

DATOS

Unidades del sistema usual		
Longitud	**Capacidad**	**Peso**
1 pie = 12 pulgs.	1 cda. = 3 cdtas.	1 lb = 16 oz
1 yd = 36 pulgs.	1 oz líq. = 2 cdas.	1 T = 2,000 lb
1 yd = 3 pies	1 taza = 8 oz líq.	
1 mi = 5,280 pies	1 pt = 2 taza	
1 mi = 1,760 yd	1 cto. = 2 pt	
	1 gal. = 4 ctos.	

B Una manera

Escribe el ancho de la acera en pulgadas.

Identifica la tasa de conversión que relaciona la medida.

$$12 \text{ pulgs.} = 1 \text{ pie}$$

Halla una tasa equivalente.

$$\frac{12 \text{ pulgs.}}{1 \text{ pie}} = \frac{\square \text{ pulgs.}}{4.5 \text{ pies}}$$

$$\frac{12 \text{ pulgs.} \times 4.5}{1 \text{ pie} \times 4.5} = \frac{54 \text{ pulgs.}}{4.5 \text{ pies}}$$ ← Multiplica los dos términos de la tasa por 4.5.

La acera mide 54 pulgadas de ancho. Se ajusta a las normas de la ciudad.

C Otra manera

Usa el **análisis dimensional** para convertir medidas incluyendo unidades de medición cuando multiplicas por un factor de conversión. Un **factor de conversión** es una tasa que compara medidas equivalentes.

$$4.5 \text{ pies} \times \frac{12 \text{ pulgs.}}{1 \text{ pie}}$$ ← Multiplica por el factor de conversión que relaciona las medidas. Divide y elimina las unidades en común.

$$= 4.5 \times 12 \text{ pulgs.}$$
$$= 54 \text{ pulgs.}$$

La acera mide 54 pulgadas de ancho. Se ajusta a las normas de la ciudad.

¡Convénceme! © **PM.2 Razonar** De acuerdo con las normas de la ciudad, ¿cuántos pies de ancho puede tener una acera como máximo? Escribe una ecuación para resolverlo.

© Pearson Education, Inc. 6

Amigo de práctica · Herramientas · Evaluación

Otro ejemplo

El *Ochotona alpina* es un pequeño mamífero de la familia de los conejos. En un zoológico, un *Ochotona alpina* pesa 10 onzas, ¿cuánto pesa en libras?

Una manera

Identifica la tasa de conversión.

$$16 \text{ oz} = 1 \text{ lb}$$

Halla una tasa equivalente.

$$\frac{16 \text{ oz}}{1 \text{ lb}} = \frac{10 \text{ oz}}{\square \text{ lb}}$$

$$\frac{16 \text{ oz} \div 1.6}{1 \text{ lb} \div 1.6} = \frac{10 \text{ oz}}{0.625 \text{ lb}} \longleftarrow$$ Divide los dos términos de la tasa por 1.6.

El Ochotona alpina pesa 0.625 libras.

Otra manera

Usa el análisis dimensional.

$$10 \text{ oz} \times \frac{1 \text{ lb}}{16 \text{ oz}}$$

$$= \frac{10}{16} \text{ lb}$$

$$= 0.625 \text{ lb}$$

El Ochotona alpina pesa 0.625 libras.

☆ Práctica guiada *

¿Lo entiendes?

1. ¿Qué factor de conversión relaciona millas con yardas?

2. © **PM.3 Construir argumentos** Jenna usó el factor de conversión $\frac{1T}{2,000 \text{ lb}}$ para convertir 50 toneladas a libras. ¿Usó el factor de conversión adecuado? Explícalo.

¿Cómo hacerlo?

3. © **PM.3 Evaluar el razonamiento** Sam está triplicando la fórmula de una solución orgánica de limpieza. La nueva fórmula lleva 15 cdtas. de esencia de naranja. Para hallar cuántas cdas. es esto, Sam hizo la conversión así:

factor de conversión: $\frac{3 \text{ cdtas.}}{1 \text{ cda.}}$

$$15 \text{ cdtas.} \times \frac{3 \text{ cdtas.}}{1 \text{ cda.}} = \frac{45}{1} \text{ cdas.} = 45 \text{ cdas.}$$

¿Qué error cometió Sam?

☆ Práctica independiente ☆

Completa las conversiones en los Ejercicios **4** a **6**.

4. $5 \text{ pt} = \square \text{ t}$

5. $2\frac{1}{2} \text{ gal.} = \square \text{ ctos.}$

6. $2,640 \text{ yd} = \square \text{ mi}$

Prácticas matemáticas y resolución de problemas

7. © **PM.7 Buscar relaciones** Cheryl tiene tres tazas de agua. ¿Es suficiente agua para hacer 2 fórmulas de materia gelatinosa verde para un proyecto de clase? Explícalo.

Fórmula de la materia gelatinosa verde

- 1 pinta de agua
- 1/2 taza de almidón de maíz
- Colorante vegetal verde

Agregar agua caliente al almidón de maíz y revolver constantemente. Luego, agregar colorante vegetal verde y mezclar. Dejar que la mezcla se enfríe a temperatura ambiente. Esto produce una materia que va de líquido a sólido. Asegúrate de manipularla sobre una superficie plástica. Que siempre haya adultos supervisando cuando se usa agua caliente.

8. Hay 16 cucharadas en 1 taza. ¿Cuántas cucharadas de almidón de maíz necesitaría Cheryl para hacer 15 fórmulas de materia gelatinosa verde?

9. © **PM.1 Entender y perseverar** Len planea correr al menos 3 millas por día para prepararse para una carrera. Una vuelta a la pista de la escuela es igual a 440 yardas. Si Len da 10 vueltas por día, ¿correrá al menos 3 millas? Explícalo.

10. **Razonamiento de orden superior** Hunter está dividiendo un cuarto de helado entre 7 personas de su familia. Si el cuarto se divide en partes iguales, ¿cuántas tazas recibirá cada persona? Explícalo.

11. **Álgebra** Usando el análisis dimensional, escribe una expresión que puedas usar para convertir x onzas a libras.

12. Un transbordador espacial lleno de carga y de combustible puede pesar cerca de 4.5 millones de libras al despegar. ¿Cuánto es este peso convertido a toneladas?

© Evaluación de *Common Core*

13. Marca todas las conversiones que sean verdaderas.

☐ 18 pies = 6 yd

☐ 18 yd = 6 pies

☐ 0.5 mi = 10,560 pies

☐ 0.5 mi = 2,640 pies

☐ $\frac{1}{2}$ mi = 880 yd

Unidades de longitud

DATOS

1 pie = 12 pulgs.

1 yd = 3 pies

1 mi = 5,280 pies

© Pearson Education, Inc. 6

Tarea y práctica 10-6

Convertir medidas del sistema usual

¡Revisemos!

Jonah tiene 15 galones de agua para un viaje de campamento. ¿Cuántos cuartos de agua tiene?

Halla cuántos cuartos de agua tiene Jonah usando una tasa equivalente.

$$\frac{4 \text{ ctos.} \times 15}{1 \text{ gal.} \times 15} = \frac{60 \text{ ctos.}}{15 \text{ gal.}}$$

Halla cuántos cuartos de agua tiene Jonah usando el análisis dimensional.

$$15 \text{ gal.} \times \frac{4 \text{ ctos.}}{1 \text{ gal.}}$$

$$= 15 \times 4 \text{ ctos.}$$
$$= 60 \text{ ctos.}$$

Jonah tiene 60 cuartos de agua.

DATOS

Unidades del sistema usual

Longitud	Capacidad	Peso
1 pie = 12 pulgs.	1 cda. = 3 cdtas.	1 lb = 16 oz
1 yd = 36 pulgs.	1 oz líq. = 2 cdas.	1 T = 2,000 lb
1 yd = 3 pies	1 taza = 8 oz líq.	
1 mi = 5,280 pies	1 pt = 2 taza	
1 mi = 1,760 yd	1 cto. = 2 pt	
	1 gal. = 4 ctos.	

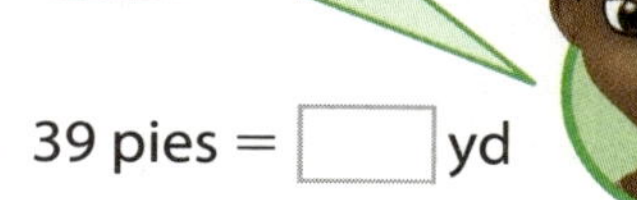

Completa las conversiones en los Ejercicios **1** a **12.**

1. 5 lb = ☐ oz

2. 2.5 T = ☐ lb

3. 39 pies = ☐ yd

4. 22 pt = ☐ ctos.

5. 4.5 lb = ☐ oz

6. 3 ctos. = ☐ gal.

7. 5 ctos. = ☐ gal.

8. 13 pt = ☐ ctos.

9. $\frac{1}{2}$ mi = ☐ pies

10. 1.5 mi = ☐ yd

11. 17 yd = ☐ pies

12. 25,000 lb = ☐ T

13. © **PM.7 Buscar relaciones** Chris está comprando una yarda de tela para un proyecto de arte. Dos tiendas tienen lo que necesita. Compara los precios para hallar cuál es la mejor compra. Explica cómo lo decidiste.

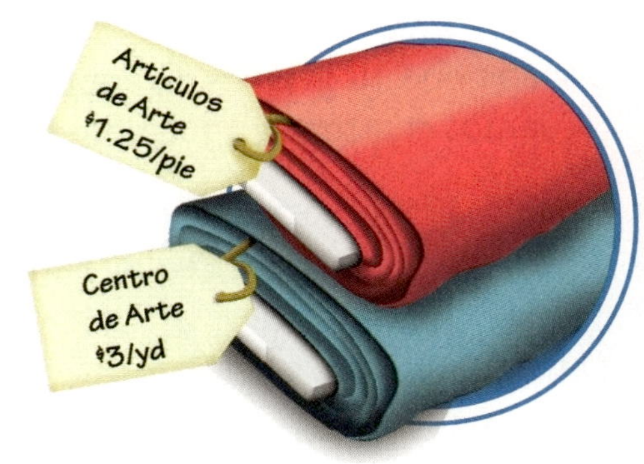

14. **Sentido numérico** Chris decide comprar 102 pies de tela en Centro de Arte. ¿Cuánto le cuesta?

15. © **PM.1 Entender y perseverar** Bill está preparando batidos de frutas para sus amigos. Si son necesarias 4 onzas de fruta para cada batido, ¿cuántas libras de fruta necesitaría para hacer 10 batidos?

16. **Razonamiento de orden superior** ¿En qué se parece convertir unidades de tazas a pintas a convertir unidades de onzas a libras? ¿En qué se diferencia?

17. El punto A está ubicado en $(-7, 4)$ sobre el plano de coordenadas y el punto B está ubicado en $(10, 4)$. ¿Cuál es la distancia entre estos dos puntos?

18. Brian saltó con garrocha sobre una barra que estaba a 189 pulgadas de alto. ¿Cuántas pulgadas más alto tendrá que saltar para pasar sobre una barra que está a 16 pies de altura?

© **Evaluación de *Common Core***

19. Marca todas las conversiones que sean verdaderas.

☐ 4 pt = 1 gal.

☐ 8 pt = 1 gal.

☐ 1.5 gal. = 6 ctos.

☐ $1\frac{1}{2}$ gal. = 8 pt

☐ 1.5 gal. = 24 t

Unidades de capacidad
1 pt = 2 t
1 cto. = 2 pt
1 gal. = 4 ctos.

DATOS

Lección 10-7
Convertir medidas métricas

Resuélvelo y coméntalo

Sam tiene una botella de agua que puede contener 250 mililitros. Necesita llenar un recipiente de agua de 5 litros para su equipo. Si Sam usa la botella de agua para llenar el recipiente, ¿cuántas veces debe llenar la botella para llenar el recipiente? *Resuelve este problema de la manera que prefieras.*

Puedo...
usar tasas por unidad para convertir unidades métricas de medida.

Ⓒ **Estándar de contenido** 6.RP.A.3d
Prácticas matemáticas PM.2, PM.3, PM.6, PM.7

Unidades métricas de capacidad

1,000 mililitros (mL) = 1 litro (L)
100 centilitros (cL) = 1 litro
10 decilitros (dL) = 1 litro
1 decalitro (daL) = 10 litros
1 hectolitro (hL) = 100 litros
1 kilolitro (kL) = 1,000 litros

¡Vuelve atrás! Ⓒ **PM.6 Hacerlo con precisión** ¿Cuántos litros de agua puede contener la botella de Sam cuando está llena?

Pregunta esencial

¿Cómo se pueden usar las razones para convertir unidades métricas de medida?

A

Emilia está ayudando a su padre a construir una rampa para patinetas. Cortaron una tabla de 1.2 metros de largo para usarla como respaldo de la rampa. ¿La longitud de la tabla en centímetros es la que se muestra?

Puedes convertir unidades métricas de la misma manera que las unidades del sistema usual.

Unidades métricas de longitud

1,000 milímetros (mm) = 1 metro (m)
100 centímetros (cm) = 1 metro
10 decímetros (dm) = 1 metro
1 decámetro (dam) = 10 metros
1 hectómetro (hm) = 100 metros
1 kilómetro (km) = 1,000 metros

B **Una manera**

Convierte metros a centímetros e identifica la tasa de conversión que se relaciona con la medida: 100 cm = 1 m.

Halla una tasa equivalente.

$$\frac{100 \text{ cm}}{1 \text{ m}} = \frac{\square \text{ cm}}{1.2 \text{ m}}$$

Multiplica los dos términos de la tasa por 1.2.

$$\frac{100 \text{ cm} \times 1.2}{1 \text{ m} \times 1.2} = \frac{120 \text{ cm}}{1.2 \text{ m}}$$

1.2 m = 120 cm

La tabla tiene la longitud correcta.

C **Otra manera**

Convierte metros a centímetros usando el análisis dimensional. Multiplica por el factor de conversión que se relaciona con la medida. Recuerda que debes quitar las unidades comunes.

$$1.2 \text{ m} \times \frac{100 \text{ cm}}{1 \text{ m}}$$

$$= 1.2 \times 100 \text{ cm}$$

$$= 120 \text{ cm}$$

1.2 m = 120 cm

La tabla tiene la longitud correcta.

¡Convénceme! © **PM.7 Buscar relaciones** La parte del medio de la rampa mide 2.5 metros de ancho. Emilia y su padre quieren usar una tabla que mide 23.5 decímetros de largo. ¿La tabla es lo suficientemente ancha para que la usen? Convierte los decímetros a metros para explicarlo.

© Pearson Education, Inc. 6

☆ Práctica guiada *

¿Lo entiendes?

1. © **PM.6 Hacerlo con precisión** ¿En qué se parecen y en qué se diferencian las unidades métricas kilómetro y kilogramo?

2. © **PM.2 Razonar** ¿Qué es mayor, 250 m o 0.25 km? Justifica tu razonamiento.

¿Cómo hacerlo?

3. ¿Cuál es el factor de conversión para convertir litros a mililitros?

4. © **PM.3 Evaluar el razonamiento** Maddy quiere saber cuántos centigramos hay en 0.75 gramos. Ella convirtió 0.75 gramos a su equivalente en centigramos, como se muestra abajo. ¿Es correcto lo que hizo? Explícalo.

$$\frac{10 \text{ cg} \times 0.75}{1 \text{ g} \times 0.75} = \frac{7.5 \text{ cg}}{0.75 \text{ g}}$$

☆ Práctica independiente

Práctica al nivel Completa las conversiones usando una tasa equivalente en los Ejercicios **5** y **6**.

5. $4 \text{ m} = \boxed{} \text{ cm}$

$$\frac{100 \text{ cm} \times \boxed{}}{1 \text{ m} \times \boxed{}} = \frac{\boxed{} \text{ cm}}{4 \text{ m}}$$

6. $800 \text{ mL} = \boxed{} \text{ L}$

$$\frac{1{,}000 \text{ mL} \div \boxed{}}{1 \text{ L} \div \boxed{}} = \frac{800 \text{ mL}}{\boxed{} \text{ L}}$$

Práctica al nivel Completa las conversiones usando el análisis dimensional en los Ejercicios **7** y **8**.

7. $200 \text{ cL} = \boxed{} \text{ L}$

$$200 \ \cancel{cL} \times \frac{\boxed{} \text{ L}}{\boxed{} \ \cancel{cL}} = \frac{\boxed{}}{\boxed{}} \text{ L} = \boxed{} \text{ L}$$

8. $2.5 \text{ kg} = \boxed{} \text{ g}$

$$2.5 \ \cancel{kg} \times \frac{\boxed{} \text{ g}}{\boxed{} \ \cancel{kg}} =$$

$$2.5 \times 1{,}000 \text{ g} = \boxed{} \text{ g}$$

Completa las conversiones en los Ejercicios **9** a **11**.

9. $80 \text{ cm} = \boxed{} \text{ m}$

10. $2.1 \text{ g} = \boxed{} \text{ mg}$

11. $0.75 \text{ L} = \boxed{} \text{ mL}$

Puedes encontrar otro ejemplo en el Grupo D, página 532.

12. Matemáticas y Ciencias Dado que hay 10 milímetros en 1 centímetro, ¿cuál es la longitud aproximada del fósil de dinosaurio? Explica cómo calculaste la respuesta.

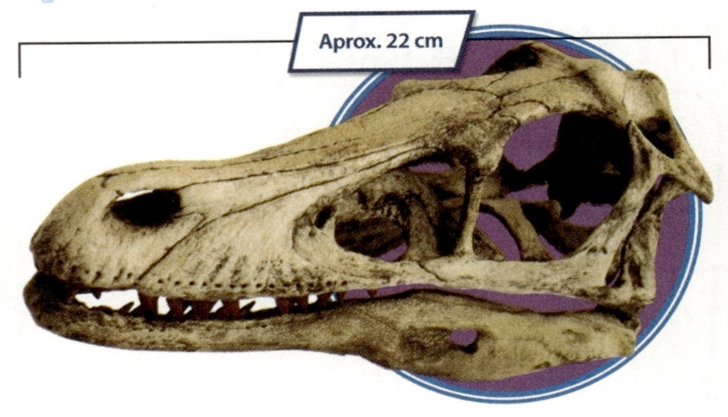

13. Jess está compitiendo en una carrera de bicicletas de 20 km y acaba de pasar la marca de los 17,000 m. ¿Cuántos metros le quedan por recorrer en la carrera?

14. Tara es la editora del periódico de la escuela y dedica $\frac{1}{2}$ del espacio a las noticias, $\frac{1}{3}$ a los dibujos y el resto del periódico a la publicidad. ¿Cuánto del periódico se le dedica a la publicidad?

15. Razonamiento de orden superior Luis tiene una bolsa con 25 lápices. Cada uno mide 18 centímetros de largo. ¿Cuál es la longitud combinada de los lápices en metros?

16. Ⓒ **PM.4 Representar con modelos matemáticos** Lucas caminó 14.3 km en la mañana y después del almuerzo continuó caminando. Cuando terminó, había recorrido 31.5 km en total. Escribe una ecuación que pueda usarse para hallar cuánto caminó después de comer.

Ⓒ Evaluación de *Common Core*

17. Marca todas las conversiones que sean verdaderas para la capacidad de la jarra de limonada de la derecha.

☐ 0.0055 kL ☐ 55 mL

☐ 0.055 kL ☐ 550 mL

☐ 0.55 kL ☐ 5,500 mL

© Pearson Education, Inc. 6

Ayuda | Amigo de práctica | Herramientas | Juegos

¡Revisemos!

Amelia quiere convertir 200 gramos a kilogramos.
¿De qué dos maneras lo puede hacer?

Identifica la tasa de conversión.

$$1{,}000 \text{ g} = 1 \text{ kg}$$

Usa una tasa equivalente.

$$\frac{1{,}000 \text{ g}}{1 \text{ kg}} = \frac{200 \text{ g}}{\boxed{} \text{ kg}}$$

Divide los dos términos de la tasa por 5.

$$\frac{1{,}000 \text{ g} \div 5}{1 \text{ kg} \div 5} = \frac{200 \text{ g}}{0.2 \text{ kg}}$$

$$200 \text{ g} = 0.2 \text{ kg}$$

Usa el análisis dimensional.

$$\frac{200 \, \cancel{g} \times 1 \text{ kg}}{1{,}000 \, \cancel{g}}$$

$$= \frac{200}{1{,}000} \text{ kg}$$

$$= 0.2 \text{ kg}$$

Unidades métricas de masa

1,000 miligramos (mg) = 1 gramo (g)
100 centigramos (cg) = 1 gramo
10 decigramos (dg) = 1 gramo
1 decagramo (dag) = 10 gramos
1 hectogramo (hg) = 100 gramos
1 kilogramo (kg) = 1,000 gramos

Completa las conversiones en los Ejercicios **1** a **12**.

1. 45 g = ☐ mg

2. 3,450 mL = ☐ L

3. 6.5 m = ☐ mm

4. 1.68 L = ☐ mL

5. 28 cm = ☐ mm

6. 7,658 g = ☐ kg

7. 600 cm = ☐ m

8. 5,000 dg = ☐ g

9. 5.1 km = ☐ m

10. 0.178 L = ☐ mL

11. 4,300 m = ☐ km

12. 2.7 m = ☐ cm

13. © **PM.6 Hacerlo con precisión** ¿Cuál es la longitud y la altura de *La persistencia de la memoria* en centímetros?

DATOS	Título de la pintura	Longitud (metros)	Altura (metros)
	La persistencia de la memoria	0.33	0.241
	Los nenúfares	5.99	1.995

14. ¿Cuál es la longitud y la altura de *Los nenúfares* en milímetros?

15. Sentido numérico Aproximadamente, ¿cuántas veces es la altura de *Los nenúfares* la altura de *La persistencia de la memoria?*

16. © **PM.3 Construir argumentos** La masa de una banana es 122 g. Explica cómo hallar la masa de la banana en miligramos.

17. Razonamiento de orden superior Un kilómetro es aprox. $\frac{5}{8}$ de una milla. Si un carro está andando a 40 kilómetros por hora, ¿a cuántas millas por hora está viajando el carro aproximadamente?

18. Un disco de computadora tiene una masa de 20 g. ¿Cuántos discos necesitarías para tener una masa de 1 kg?

19. Una química necesita 2,220 mL de cloruro de potasio para hacer un experimento. Si tiene 2 L, ¿cuántos litros más necesita?

© **Evaluación de *Common Core***

20. Marca todas las conversiones que sean verdaderas para la distancia entre los tramos del puente de la derecha.

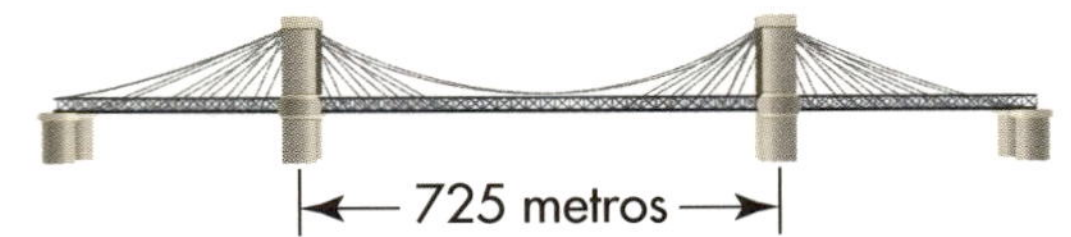

- ☐ 725,000 mm
- ☐ 72,500 cm
- ☐ 7,250 cm
- ☐ 7.25 km
- ☐ 0.725 km
- ☐ 0.0725 km

Sasha compró 1 galón de limonada en la tienda y quiere ponerla en dos botellas vacías de 2 litros. ¿La capacidad de las botellas de 2 litros es suficiente para contener 1 galón de limonada? Explícalo. **Resuelve este problema de la manera que prefieras.**

Lección 10-8
Relacionar medidas del sistema usual y medidas métricas

Puedo...
convertir unidades del sistema usual y el métrico.

Ⓒ **Estándar de contenido** 6.RP.A.3d
Prácticas matemáticas PM.1, PM.2, PM.3, PM.6, PM.7, PM.8

Unidades de la tabla de conversión de capacidad

1 gal. ≈ 3.79 L	1 L ≈ 0.26 gal.
1 gal. = 4 ctos.	1 L ≈ 1.06 ctos.
1 cto. ≈ 0.95 L	

El símbolo ≈ significa "unos" o "aproximadamente".

¡Vuelve atrás! Ⓒ **PM.2 Generalizar** ¿Se pueden poner 4 cuartos de limonada en dos botellas vacías de 2 litros? Usa lo que sabes sobre la conversión de unidades de capacidad para escribir una ecuación y para justificar tu respuesta.

Pregunta esencial

¿Cómo se pueden usar las razones para convertir unidades de medida del sistema usual y del sistema métrico?

A

Tyrel está usando un kit para construir un robot. Las indicaciones usan unidades métricas y describen la altura del robot como de 2 metros. Redondeando a la décima más cercana, ¿cuántas pulgadas son 2 metros aproximadamente?

Recuerda que 1 pie = 12 pulgadas

DATOS

Equivalencias del sistema usual y del métrico		
Longitud	**Peso/Masa**	**Capacidad**
1 m ≈ 3.28 pies	1 oz ≈ 28.35 g	1 gal. ≈ 3.79 L
1 m ≈ 39.37 pulgs.	1 kg ≈ 2.20 lb	1 cto. ≈ 0.95 L
1 pulg. = 2.54 cm	1 tonelada métrica (t) ≈ 1.102 T	
1 mi ≈ 1.61 km		

B **Una manera**

Escribe la altura del robot en metros.

Identifica la tasa de conversión que se relaciona con la medición: 1 m ≈ 39.37 pulgs.

Halla una tasa equivalente.

$$\frac{39.37 \text{ pulgs.}}{1 \text{ m}} = \frac{\square \text{ pulgs.}}{2 \text{ m}}$$

$$\frac{39.37 \text{ pulgs.} \times 2}{1 \text{ m} \times 2} = \frac{78.74 \text{ pulgs.}}{2 \text{ m}}$$ ← Multiplica los dos términos de la tasa por 2.

Redondea a la décima más cercana de una pulgada.

Por tanto, 2 m ≈ 78.7 pulgs.

C **Otra manera**

Usa el análisis dimensional para relacionar las medidas del sistema usual con las del métrico. Incluye las unidades de medida cuando multiplicas por un factor de conversión para hallar una tasa equivalente.

$$2 \text{ m} \times \frac{39.37 \text{ pulgs.}}{1 \text{ m}}$$ ← Multiplica por el factor de conversión. Tacha las unidades comunes para simplificar.

2×39.37 pulgs. ≈ 78.7 pulgs.

Tachar las unidades comunes deja solo las unidades necesarias para resolver el problema.

¡Convénceme! © **PM.6 Hacerlo con precisión** Jacobo está construyendo un robot llamado T3-X que tiene 75 pulgadas de alto. Redondeando a la décima más cercana, ¿cuál es la altura de T3-X en centímetros? Muestra tu trabajo.

© Pearson Education, Inc. 6

Amigo de práctica Herramientas Evaluación

☆ Práctica guiada *

¿Lo entiendes?

1. © **PM.2 Razonar** Cuando conviertes centímetros a pulgadas, ¿se multiplica o se divide por 2.54? Explica tu razonamiento.

2. © **PM.7 Usar la estructura** ¿Cómo puedes hallar la cantidad aproximada de litros que hay en 1 pinta?
Recuerda que 1 cuarto = 2 pintas

¿Cómo hacerlo?

En los Ejercicios **3** a **6** halla la medida equivalente. Redondea a la décima más cercana.

3. 5 pulgs. = ☐ cm

4. 2 mi ≈ ☐ km

5. 113 g ≈ ☐ oz

6. 14 kg ≈ ☐ lb

☆ Práctica independiente

En los Ejercicios **7** a **18** halla la medida equivalente. Redondea a la décima más cercana. Muestra tu trabajo.

7. 9 ctos. ≈ ☐ L

8. 2 gal. ≈ ☐ L

9. 2 pulgs. ≈ ☐ cm

10. 5 km ≈ ☐ mi

11. 196 pulgs. ≈ ☐ m

12. 10 L ≈ ☐ ctos.

13. 5.5 t ≈ ☐ T

14. 25 pulgs. = ☐ cm

15. 50 lb ≈ ☐ kg

16. 51.6 gal. ≈ ☐ L

17. 10 oz ≈ ☐ g

18. 3.5 m ≈ ☐ pulgs.

Prácticas matemáticas y resolución de problemas

19. © PM.3 Construir argumentos Francisca quiere convertir 1 pie a centímetros. Usa lo que sabes sobre medidas del sistema usual para explicar cómo se puede hacer esto.

20. © PM.2 Razonar Para convertir libras a su medida aproximada en kilogramos en la Tierra, ¿qué operación se debe usar? Usa el razonamiento para explicar tu respuesta.

21. © PM.6 Hacerlo con precisión El Monte McKinley es la montaña más alta de los Estados Unidos. ¿Cuál es su altura en metros? Redondea al número entero no negativo más cercano.

22. Sentido numérico Explica cómo puedes hallar el equivalente a 28.3 gramos en kilogramos sin hacer ningún cálculo.

23. Razonamiento de orden superior En la feria estatal, una persona debe medir al menos 138 centímetros de estatura para poder subir a la montaña rusa. Billy quiere subir. Mide 4 pies y 7 pulgadas; ¿es lo suficientemente alto para subir? Explícalo.

© Evaluación de *Common Core*

24. El límite de velocidad es 65 millas por hora. Marca todas las medidas métricas que son superiores a 65 millas por hora.

- ☐ 65 km por hora
- ☐ 97.5 km por hora
- ☐ 104 km por hora
- ☐ 105.7 km por hora
- ☐ 120.3 km por hora

25. Los chicos que compiten en el evento de salto largo deben saltar al menos 15 pies para poder calificar. Marca todas las medidas métricas que son menores que 15 pies.

- ☐ 6.5 m
- ☐ 5.0 m
- ☐ 4.5 m
- ☐ 3.92 m
- ☐ 3.5 m

© Pearson Education, Inc. 6

Tarea y práctica 10-8

Relacionar medidas del sistema usual y medidas métricas

¡Revisemos!

El perro de Jenna tiene una masa de 21 kilogramos. En la Tierra, ¿cuántas libras aprox. equivalen a una masa de 21 kilogramos? Redondea tu respuesta a la décima más cercana.

Puedes usar lo que sabes sobre la conversión dentro de un sistema de medida para **generalizar** cuando relacionas unidades del sistema usual y del métrico.

DATOS

Equivalencias del sistema usual y del métrico

Longitud	Peso/Masa	Capacidad
1 pulg. = 2.54 cm	1 oz ≈ 28.35 g	1 cto. ≈ 0.95 L
1 m ≈ 39.37 pulgs.	1 kg ≈ 2.20 lb	1 gal. ≈ 3.79 L
1 mi ≈ 1.61 km	1 tonelada métrica (t) ≈ 1.102 T	

Una manera

Identifica la tasa de conversión que aplica.

$$1 \text{ kg} \approx 2.20 \text{ lb}$$

Halla la tasa equivalente.

$$\frac{2.20 \text{ lb} \times 21}{1 \text{ kg} \times 21} = \frac{46.2 \text{ lb}}{21 \text{ kg}}$$ ← Multiplica los dos términos de la tasa por 21.

Redondea a la décima más cercana si es necesario.

En la Tierra, el perro de Jenna pesa unas 46.2 lb.

Otra manera

Usa el análisis dimensional para hallar una tasa equivalente.

$$21 \text{ kg} \times \frac{2.20 \text{ lb}}{1 \text{ kg}}$$ ← Multiplica por el factor de conversión. Tacha las unidades comunes para simplificar.

Tachar deja solo las unidades necesarias para resolver el problema: $21 \times 2.20 \text{ lb} = 46.2 \text{ lb}$.

En la Tierra, el perro de Jenna pesa unas 46.2 lb.

En los Ejercicios **1** a **9** halla la medida equivalente. Redondea a la décima más cercana. Muestra tu trabajo.

1. 4 pulgs. ≈ ☐ cm

2. 12 gal. ≈ ☐ L

3. 35 lb ≈ ☐ kg

4. 20 km ≈ ☐ mi

5. 125 pulgs. ≈ ☐ m

6. 18 L ≈ ☐ ctos.

7. 55 oz ≈ ☐ g

8. 34 pulgs. ≈ ☐ cm

9. 70 mi ≈ ☐ km

10. © **PM.3 Evaluar el razonamiento** Carmen necesita 4 tazas de leche para una receta que está preparando. Ella tiene 1 litro de leche y su hermana dice que con eso es suficiente. ¿Tiene razón su hermana? Explícalo.

Tabla de conversión de unidades de capacidad	
1 pt = 2 t	1 gal. ≈ 3.79 L
1 cto. = 2 pt	1 cto. ≈ 0.95 L
1 gal. = 4 ctos.	

11. **A-Z Vocabulario** Eamon compró 8 paquetes de tarjetas deportivas por $26. Cada paquete le costó lo mismo. Halla el *precio por unidad* de cada paquete.

12. © **PM.6 Hacerlo con precisión** Keiko está usando unidades métricas de capacidad para hallar una medida equivalente a 3 galones y anota los volúmenes de líquido usando mililitros y decilitros. ¿Qué unidad dará una medida más precisa? Explícalo.

13. © **PM.1 Entender y perseverar** Una carrera de 1 milla es igual a 5,280 pies. A la décima más cercana, ¿cuántos metros hay en 1 milla aproximadamente? Explica cómo resolviste el problema.

14. **Razonamiento de orden superior** Seis envases de jugo tienen un volumen de líquido total de 48 onzas líquidas. Hay 8 onzas líquidas en 1 taza y hay 4.23 tazas en 1 litro. ¿Cuántos litros hay en 48 onzas líquidas aprox.? Redondea tu respuesta a la décima más cercana.

© **Evaluación de *Common Core***

15. Un gorila tiene una masa de 156 kilogramos. Marca todas las medidas del sistema usual que sean menores que 156 kilogramos.

- ☐ 400 lb
- ☐ 350 lb
- ☐ 300 lb
- ☐ 250 lb
- ☐ 200 lb

16. La biblioteca pública tiene un mural que mide 15 metros de ancho. Marca todas las medidas del sistema usual que sean mayores que 15 metros.

- ☐ 500 pulgs.
- ☐ 550 pulgs.
- ☐ 600 pulgs.
- ☐ 45 pies
- ☐ 50 pies

© Pearson Education, Inc. 6

Resuélvelo y coméntalo

Alanna, Jordan y Javier trabajan en una heladería y se les paga una tasa por hora. En su estado, el salario mínimo por hora es $7.50. ¿Cobra cada uno al menos el salario mínimo? ¿Cuánto más o menos que el salario mínimo cobran? *Resuelve este problema de la manera que prefieras.*

Empleado	Horas trabajadas	Ganancias
Alanna	8	$63.60
Jordan	4	$29.00
Javier	6	$45.90

Lección 10-9
Precisión

Puedo...
tener precisión cuando resuelvo problemas de matemáticas.

© **Prácticas matemáticas** PM.6, PM.1, PM.2, PM.3, PM.4
Estándares de contenido 6.RP.A.3b, 6.RP.A.3d

Hábitos de razonamiento

¡Razona correctamente! Estas preguntas te pueden ayudar.

- ¿Estoy usando los números, las unidades y los símbolos correctamente?
- ¿Estoy usando las definiciones correctas?
- ¿Estoy haciendo los cálculos con precisión?
- ¿Es clara mi respuesta?

¡Vuelve atrás! © **PM.6 Hacerlo con precisión** ¿Cómo usaste las palabras, los números y los símbolos para asegurarte de que la respuesta es clara y correcta?

Pregunta esencial

¿Cómo se puede ser preciso cuando se resuelven problemas matemáticos?

A

Para prepararse para la competencia de lectura, Gabi está leyendo un libro de 273 páginas. Puede leer 84 páginas en 3 horas. Si sigue leyendo a la misma tasa, ¿terminará el libro antes de que empiece la competencia dentro de 8 horas?

Horas	Páginas
1	?
2	?
3	84
4	?
5	?

¿Qué debo hacer para resolver el problema?

Necesito tener precisión cuando hallo la cantidad de tiempo que le llevará a Gabi leer su libro.

B **¿Cómo puedo tener precisión en la resolución de este problema?**

Puedo

- usar correctamente la información dada.

- calcular con precisión.

- decidir si mi respuesta es clara.

- usar las unidades adecuadas.

C

Puedo usar una tasa por unidad para resolver el problema. Gabi leyó 84 páginas de un libro en 3 horas.

$$\frac{84 \text{ páginas} \div 3}{3 \text{ horas} \div 3} = \frac{28 \text{ páginas}}{1 \text{ hora}}$$

Halla una tasa equivalente.

$$\frac{28 \text{ páginas} \times 8}{1 \text{ hora} \times 8} = \frac{224 \text{ páginas}}{8 \text{ horas}}$$

Gabi solo leerá 224 páginas de su libro en 8 horas; entonces, no lo terminará a tiempo para la competencia.

¡Convénceme! **PM.6 Hacerlo con precisión** ¿Cuánto tardará Gabi en leer todo el libro a la hora más cercana? Explícalo.

© Pearson Education, Inc. 6

☆ Práctica guiada*

© PM.6 Hacerlo con precisión

Los trabajadores del municipio pintaron líneas en 96 millas de calzada en 4 horas. El supervisor dice que les llevará más de 8 horas pintar 210 millas de camino. ¿Este enunciado es preciso? Explícalo.

1. ¿Cómo puedes usar el razonamiento por tasas para resolver este problema? Explícalo.

2. Muestra cómo se usan los números, las unidades y los símbolos para justificar o refutar el enunciado del supervisor.

☆ Práctica independiente

© PM.6 Hacerlo con precisión

La familia García está viajando en carro de San Diego, California, a Bar Harbor, Maine. En 5 días recorrieron 2,045 millas. Con esta tasa, ¿cuánto les tomará viajar de San Diego a Bar Harbor?

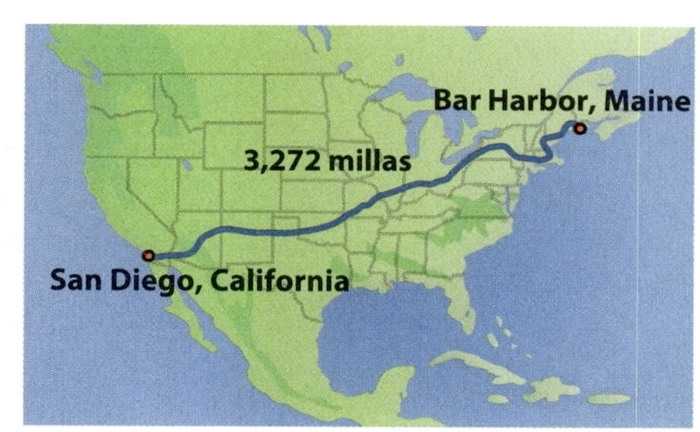

3. ¿Cómo puedes usar el razonamiento por tasas para resolver este problema? Explícalo.

4. Muestra cómo se usan los números, las unidades y los símbolos con precisión para resolver el problema.

Ⓒ **Evaluación de rendimiento de *Common Core***

Desafío de teclado

Kevin y Valeria terminaron una clase de uso del teclado. Los resultados de sus exámenes se muestran en la tabla. Ambos tienen un informe de 9,000 palabras para escribir. ¿Quién lo terminará primero? Explica tu respuesta.

Estudiante	Minutos	Palabras escritas	Errores/ 100 palabras
Kevin	7	441	2
Valeria	5	360	3

5. **PM.1 Entender y perseverar** ¿Cómo puedes usar la información dada en el problema?

6. **PM.3 Construir argumentos** Explica cómo se puede usar el razonamiento por tasas para hallar quién terminará el informe primero.

7. **PM.6 Hacerlo con precisión** ¿La cantidad de errores que cometa cada estudiante afecta quién puede terminar primero? Explícalo.

8. **PM.4 Representar con modelos matemáticos** Usa el razonamiento por tasas para escribir y resolver ecuaciones para resolver el problema.

© Pearson Education, Inc. 6

**Tarea y práctica
10-9
Precisión**

¡Revisemos!

Noah hace trabajos ocasionales para sus vecinos. La tabla muestra la cantidad de trabajos y el dinero ganado en sus primeras 3 semanas. Su amigo, Jim, dice que las ganancias de Noah por trabajo aumentaron cada semana. ¿Estás de acuerdo? Explícalo.

Semana	Cantidad de trabajos	Ganancias totales
Semana 1	3	$411
Semana 2	4	$450
Semana 3	6	$696

¿Cómo puedes tener precisión cuando resuelves este problema?

- Puedo asegurarme de que estoy usando los números, las unidades y los símbolos correctamente.

- Puedo asegurarme de que mis cálculos sean precisos.

Usa los números, las unidades y los símbolos con precisión para resolver el problema.

Halla la tasa por unidad para cada semana.

Semana 1	Semana 2	Semana 3
$\dfrac{\$411 \div 3}{3 \text{ trabajos} \div 3} = \dfrac{\$137}{1 \text{ trabajo}}$	$\dfrac{\$450 \div 4}{4 \text{ trabajos} \div 4} = \dfrac{\$112.50}{1 \text{ trabajo}}$	$\dfrac{\$696 \div 6}{6 \text{ trabajos} \div 6} = \dfrac{\$116}{1 \text{ trabajo}}$

Noah ganó más por su trabajo en la Semana 1. Jim no tiene razón.

© PM.6 Hacerlo con precisión

Hannah y Dien recibirán un aumento de salario. ¿Quién ganará más por hora después del aumento?

	Horas trabajadas	Ganancias	Aumento (por hora)
Hanna	8	$78.00	$1.00
Dien	6	$60.60	$0.50

1. ¿Cómo puedes usar el razonamiento por tasas para hallar las nuevas ganancias de Hannah y Dien por hora? Explícalo.

2. Usa los números, las unidades y los símbolos para resolver el problema.

Retratos

Diego es un artista y cada semana pinta retratos en el parque para venderlos. Puede pintar 3 retratos pequeños en 36 minutos, uno mediano en 30 minutos y dos grandes en 84 minutos. La semana pasada estuvo 294 minutos pintando retratos grandes y 60 minutos haciendo retratos pequeños. ¿Cuánto dinero ganó?

Tamaño del retrato	Precio
Pequeño	$9.00
Mediano	$16.50
Grande	$36.50

3. PM.1 Entender y perseverar ¿Qué información dada necesitas para resolver el problema?

4. PM.6 Hacerlo con precisión ¿Necesitas hallar la cantidad total de minutos que Diego estuvo pintando para hallar la cantidad total de dinero que ganó? Explícalo.

5. PM.2 Razonar Describe una estrategia que puedes usar para hallar cuánto dinero ganó Diego pintando retratos pequeños.

6. PM.4 Representar con modelos matemáticos Escribe y resuelve ecuaciones para hallar cuánto ganó Diego pintando. Explica tu razonamiento.

© Pearson Education, Inc. 6

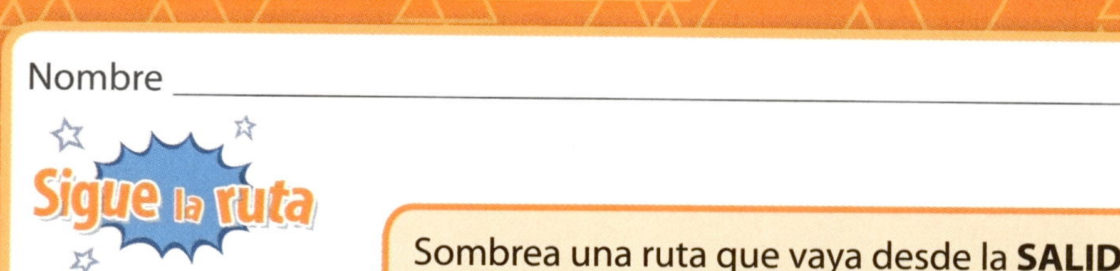

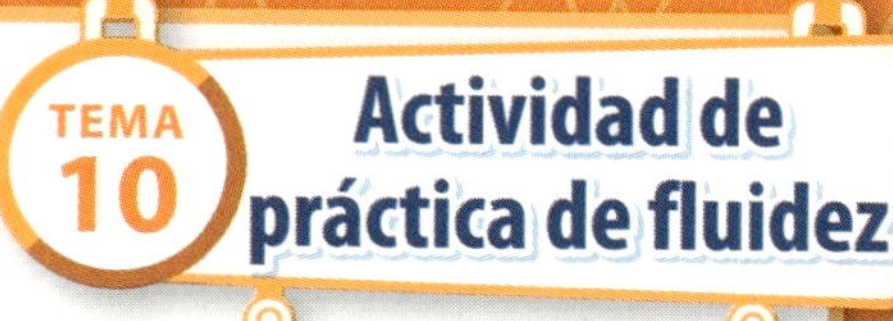

Puedo...
dividir números de varios dígitos.

Estándar de contenido
6.SN.B.2

Salida				
$12\overline{)384}$	$100\overline{)14{,}500}$	$8\overline{)496}$	$10\overline{)3{,}300}$	$3\overline{)255}$
$1{,}000\overline{)4{,}800}$	$16\overline{)896}$	$12\overline{)816}$	$4\overline{)232}$	$12\overline{)636}$
$16\overline{)128}$	$36\overline{)828}$	$2\overline{)176}$	$16\overline{)912}$	$64\overline{)192}$
$3\overline{)5{,}280}$	$10\overline{)309}$	$64\overline{)1{,}536}$	$10\overline{)3{,}700}$	$100\overline{)82{,}300}$
$8\overline{)328}$	$36\overline{)1{,}620}$	$100\overline{)1{,}785}$	$16\overline{)592}$	$4\overline{)92}$

Meta

Repaso del vocabulario

A-Z
Glosario

Lista de palabras

- análisis dimensional
- factor de conversión
- precio por unidad
- tasa
- tasa por unidad
- velocidad constante

Comprender el vocabulario

Escoge el mejor término de la Lista de palabras. Escríbelo en el espacio en blanco.

1. Usa ________________ para convertir medidas mediante la inclusión de unidades de medida y la multiplicación por un factor de conversión.

2. El precio de un solo artículo se llama ________________.

3. Una ________________ que compara medidas equivalentes es un ________________.

4. Una tasa de velocidad que se mantiene igual en el tiempo es una ________________.

5. Encierra en un círculo el *factor de conversión* necesario para convertir 13,200 pies a millas.

$$\frac{5,280 \text{ pies}}{1 \text{ mi}} \qquad \frac{1 \text{ mi}}{5,280 \text{ pies}} \qquad \frac{3 \text{ pies}}{1 \text{ mi}} \qquad \frac{1 \text{ mi}}{3 \text{ pies}}$$

Escribe V si la oración es *verdadera* o F si es *falsa*.

________ **6.** Una *tasa por unidad* siempre compara dos unidades de medida diferentes.

________ **7.** Un *precio por unidad* es una razón que compara cantidades de dinero.

________ **8.** Cuando andas en bicicleta, siempre viajas a una *velocidad constante*.

Usar el vocabulario al escribir

9. Explica cómo puedes convertir 52 onzas a libras. Usa al menos 2 palabras de la lista de palabras en tu explicación.

© Pearson Education, Inc. 6

Grupo A   páginas 475 a 480 y 481 a 486

Refuerzo

Escribe "20 metros en 4 minutos" en forma de tasa y de tasa por unidad.

Escribe "20 metros en 4 minutos" como una tasa, un tipo especial de razón que compara cantidades que tienen diferentes unidades de medida.

$$\frac{20 \text{ metros}}{4 \text{ minutos}}$$

La tasa por unidad es una tasa equivalente con un denominador de 1 unidad.

$$\frac{20 \text{ metros} \div 4}{4 \text{ minutos} \div 4} = \frac{5 \text{ metros}}{1 \text{ minuto}}$$

Recuerda que una tasa por unidad es una comparación con 1 unidad.

Escribe las frases como una tasa por unidad.

1. 78 millas con 3 galones

2. 18 largos en 6 minutos

3. 48 sándwiches para 16 personas

4. 49 casas en 7 cuadras

Grupo B   páginas 487 a 492 y 493 a 498

En el Día de la Mascota, la tortuga de Meg caminó 300 pies en 6 minutos y la de Pat caminó 25 pies en 5 minutos. ¿Qué tortuga caminó a una tasa más rápida?

Halla cada tasa por unidad y determina qué tasa es mayor.

Escribe cada tasa: $\frac{30 \text{ pies}}{6 \text{ min}}; \frac{25 \text{ pies}}{5 \text{ min}}$

Halla las tasas por unidad: $\frac{5 \text{ pies}}{1 \text{ min}}; \frac{5 \text{ pies}}{1 \text{ min}}$

Ambas tortugas caminaron a la misma tasa.

Recuerda que convertir tasas a tasas por unidad o precios por unidad las hace más fáciles de comparar.

1. ¿Cuál es la mejor compra? Enciérrala en un círculo.
$5.00 por 4 mangos
$6.00 por 5 mangos

2. ¿Quién ganó más por mes?
Atif: $84 en 3 meses
Jafar: $100 en 4 meses

Grupo C   páginas 499 a 504

Un avión viaja a una tasa de 780 millas en 2 horas. A esta tasa, ¿qué distancia recorrerá en 3.5 horas?

Halla la tasa por unidad.

$$\frac{780 \text{ millas} \div 2}{2 \text{ horas} \div 2} = \frac{390 \text{ millas}}{1 \text{ hora}}$$

Halla una tasa equivalente.

$$\frac{390 \text{ millas} \times 3.5}{1 \text{ hora} \times 3.5} = \frac{1,365 \text{ millas}}{3.5 \text{ horas}}$$

El avión recorrerá 1,365 millas en 3.5 horas.

Recuerda que puedes usar una tasa por unidad para hallar cualquier velocidad constante o distancia.

1. Doug tiene 5 horas para hacer una entrega a 273 millas y maneja a una velocidad constante de 55 millas por hora. ¿Hará su entrega a tiempo? Explícalo.

Grupo D páginas 505 a 510 y 511 a 516

¿Cuántos pies son 5 millas?

$$5 \text{ mi} \times \frac{5{,}280 \text{ pies}}{1 \text{ mi}} = 26{,}400 \text{ pies}$$

$$5 \text{ mi} = 26{,}400 \text{ pies}$$

¿Cuántos kilómetros son 15,100 metros?

$$15{,}100 \text{ m} \times \frac{1 \text{ km}}{1{,}000 \text{ m}} = \frac{15{,}100}{1{,}000} \text{ km} = 15.1 \text{ km}$$

Recuerda que puedes usar el análisis dimensional para convertir unidades de medida.

Halla la medida equivalente.

1. 1 mi = _____ pies

2. 36 pulgs. = _____ yd

3. 3 m = _____ mm

4. 3,520 mm = _____ cm

Grupo E páginas 517 a 522

Gwen tiene una hielera que contiene 3 cuartos. ¿Cuántos litros puede contener?

1 cto. ≈ 0.95 L

$$3 \text{ ctos.} \times \frac{0.95 \text{ L}}{1 \text{ cto.}} = (3 \times 0.95) \text{ L} = 2.85 \text{ L}$$

La hielera de Gwen puede contener aproximadamente 2.85 litros.

Recuerda que puedes usar un factor de conversión para aproximar medidas equivalentes del sistema métrico y del usual.

Halla la medida equivalente. Redondea a la décima más cercana.

1. 100 g ≈ _____ oz

2. 6 pies ≈ _____ m

3. 57 gal. ≈ _____ L

4. 27 km ≈ _____ mi

Grupo F páginas 523 a 528

Piensa en tus respuestas a estas preguntas para ayudarte a **ser preciso** a la hora de resolver los problemas.

Hábitos de razonamiento

- ¿Estoy usando los números, las unidades y los símbolos correctamente?
- ¿Estoy usando las definiciones correctas?
- ¿Estoy haciendo los cálculos con precisión?
- ¿Es clara mi respuesta?

Recuerda que debes ser preciso cuando resuelves problemas.

Carla está haciendo un proyecto de manualidades con canicas. La tienda 1 vende 100 canicas por $3.38 y la tienda 2 vende 1,000 canicas por $35. Ella necesita al menos 750 canicas. ¿Qué tienda tiene el mejor precio?

1. ¿Cómo puedes usar el razonamiento por tasas para resolver este problema? Explícalo.

2. Usa los números, las unidades y los símbolos correctamente para resolver el problema.

© Pearson Education, Inc. 6

1. Si la Sra. Banks preparó 44 cuartos de jalea, ¿cuántos galones preparó?

Ⓐ 11 galones

Ⓑ 22 galones

Ⓒ 88 galones

Ⓓ 176 galones

2. En una hora 32 carros pasaron por un cruce. A la misma tasa, ¿cuánto tiempo llevaría para que pasaran 96 carros por el cruce?

Ⓐ 2 horas

Ⓑ 3 horas

Ⓒ 8 horas

Ⓓ 16 horas

3. Nick recorrió 1,560 millas en 3 horas en su vuelo. El avión voló con una velocidad constante. ¿Qué distancia recorrió el avión de Nick en 1 hora?

4. Por una ducha salen 5 galones de agua por minuto. ¿Cuál de las siguientes ecuaciones se puede usar para hallar la cantidad de galones de agua usados en una ducha de 8 minutos?

Ⓐ $\dfrac{5 \text{ gal.}}{1 \text{ min}} = \dfrac{n \text{ gal.}}{8 \text{ min}}$

Ⓑ $\dfrac{5 \text{ gal.}}{1 \text{ min}} = \dfrac{8 \text{ min}}{n \text{ gal.}}$

Ⓒ $\dfrac{5 \text{ gal.}}{n \text{ min}} = \dfrac{1 \text{ gal.}}{8 \text{ min}}$

Ⓓ $\dfrac{5 \text{ gal.}}{8 \text{ min}} = \dfrac{n \text{ gal.}}{1 \text{ min}}$

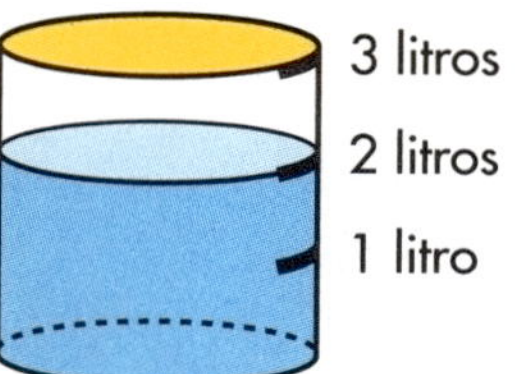

5. ¿Cuántos mililitros de líquido hay en el recipiente que se muestra?

6. La tabla muestra los resultados de los exámenes de escritura en el teclado de cuatro postulantes a un trabajo. Cada uno escribió a la misma tasa. Escoge los números correctos del recuadro para completar la tabla.

21	24	63	96
120	126	164	168
210	252	336	420

DATOS	Postulante	Palabras escritas	Tiempo (en minutos)
	Smith	84	2
	Johnson		3
	Ramírez		4
	Yates		5

7. April puede comprar un paquete de 10 carpetas por $1.20 o un paquete de 8 carpetas por $1.12.

Parte A

¿Cuánto cuesta cada carpeta en cada paquete?

Parte B

¿Cuál es la mejor compra?

Parte C

April necesita 1 carpeta para cada una de sus seis clases. ¿Qué paquete de carpetas debe comprar? Explica tu razonamiento.

8. Jessica está comprando bananas para preparar postres destinados a una función para recaudar fondos. Puede comprar 8 libras de bananas por $12.08 o 10 libras por $14.90. ¿Cuál es la mejor compra? Explícalo.

9. El Monte Everest mide 8,850 metros. ¿Cuántos pies mide aproximadamente?

10. Un pan pesa aprox. 1 libra. Marca todas las medidas métricas que son menores que 1 libra.

- [ ] 1 kg
- [ ] 0.5 kg
- [ ] 500 g
- [ ] 450 g
- [ ] 100 g

© Pearson Education, Inc. 6

Julia está ayudando a su familia a planear un viaje a la costa norte de California. Ella se encarga de planificar el camino.

- El camino 1 tiene 630 millas y ofrece más vistas del campo.
- El camino 2 tiene 540 millas y tiene una vista menos interesante que el camino 1.
- La familia parará para descansar en hoteles durante el viaje.

1. Más allá del camino que elija, la familia quiere recorrer 186 millas en 3 horas.

Parte A

¿A qué velocidad constante deberían viajar?

Parte B

¿Cuántas horas aproximadamente les llevaría ir por cada camino?

2. El padre de Julia está pensando en hacer todo el viaje en 3 días y quiere manejar la misma cantidad de millas por día. ¿Cuántas millas por día recorrería la familia en cada camino?

3. El carro de la familia puede recorrer 384 millas con 12 galones de gasolina. ¿Cuántos galones más de gasolina que por el camino 2 necesitarían para ir por el camino 1? Explica cómo lo sabes.

4. Si 12 galones de gasolina cuestan un promedio de $45.00, ¿cuánto gastará aproximadamente la familia en gasolina para cada uno de los caminos? Explica cómo puedes usar una tasa por unidad para resolver el problema.

5. ¿Qué camino le recomendarías tomar a la familia? Explica cómo contribuye cada factor a tu recomendación.

6. La familia de Julia pasará la noche del jueves, la del viernes y la del sábado en un hotel. Julia encontró las siguientes tasas en los hoteles del área. ¿En cuál debería quedarse la familia? Usa tasas por unidad para explicar tu razonamiento.

- Hotel A – $89.99 por noche
- Hotel B – $75.25 por noche, de domingo a jueves; $109 por noche los viernes y sábados
- Hotel C – $264.90 por tres noches en cualquier día

© Pearson Education, Inc. 6

Nociones sobre razones: Porcentajes

Preguntas esenciales: ¿Qué significan los porcentajes?
¿Cómo se estiman y hallan los porcentajes?

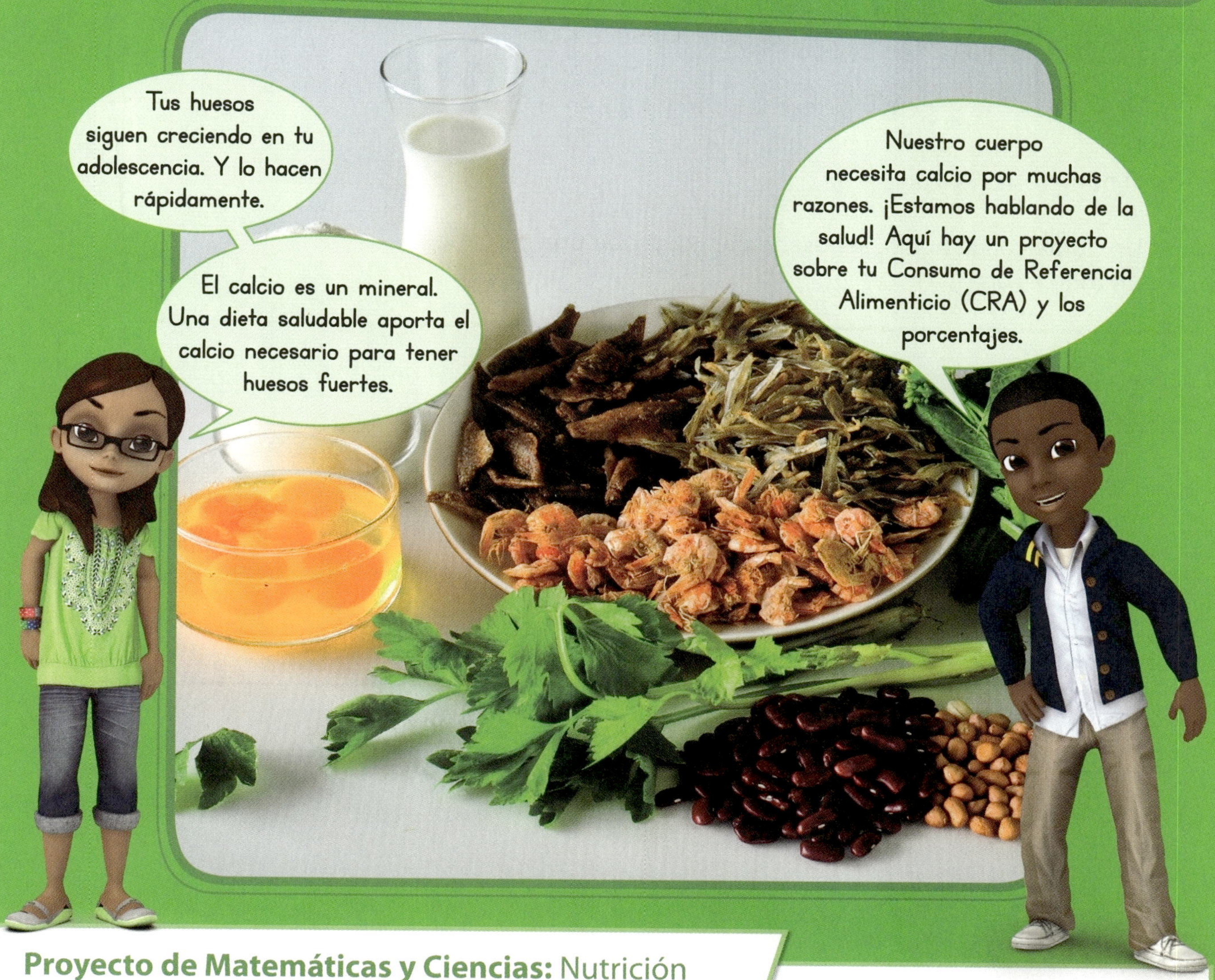

Proyecto de Matemáticas y Ciencias: Nutrición

Investigar Usa la Internet u otras fuentes para aprender más acerca de la función del calcio en el cuerpo humano y para hallar tu CRA o el requerimiento diario promedio estimado de calcio.

Diario: Escribir un informe Incluye lo que averiguaste. En tu informe, también:

- haz una lista de las comidas y bebidas que consumas en un día e incluye también las cantidades.

- halla la cantidad de calcio en cada comida o bebida.

- di qué porcentaje de tu CRA de calcio hay en ellas.

- di qué otras comidas saludables puedes sumar a tu dieta si no tienes el 100% de tu CRA de calcio.

⭐Repasa lo que sabes⭐

A-Z Vocabulario

Escoge el mejor término del recuadro
y escríbelo en el espacio en blanco.

- decimal
- razón
- fracción
- término

1. Una ____________ se puede escribir como x a y, $x{:}y$ o $\frac{x}{y}$.

2. El número 2.25 es un ____________.

3. Un número que puede ser usado para describir una parte de
un todo es una ____________.

Tasas

Completa los recuadros para escribir una tasa equivalente.

4. $\dfrac{60\ mi}{1\ h} = \dfrac{\boxed{}\ mi}{5\ h}$

5. $\dfrac{8\ h}{2\ días} = \dfrac{28\ h}{\boxed{}\ días}$

6. $\dfrac{16\ limones}{\boxed{}\ bolsas} = \dfrac{40\ limones}{5\ bolsas}$

7. $\dfrac{\boxed{}\ tazas}{9\ cajas} = \dfrac{24\ tazas}{4\ cajas}$

8. $\dfrac{\boxed{}\ m}{3\ s} = \dfrac{135\ m}{15\ s}$

9. $\dfrac{36\ lb}{\$\boxed{}} = \dfrac{9\ lb}{\$6}$

Cálculo decimal

Halla los productos o los cocientes.

10. $21 \div 0.05$

11. 18×1.25

12. $10.2 \div 1.2$

13. 150×0.625

14. $4 \div 100$

15. 0.25×0.1

Razones equivalentes

16. ¿De qué dos maneras diferentes se puede hallar una razón equivalente a $\frac{10}{25}$?

© Pearson Education, Inc. 6

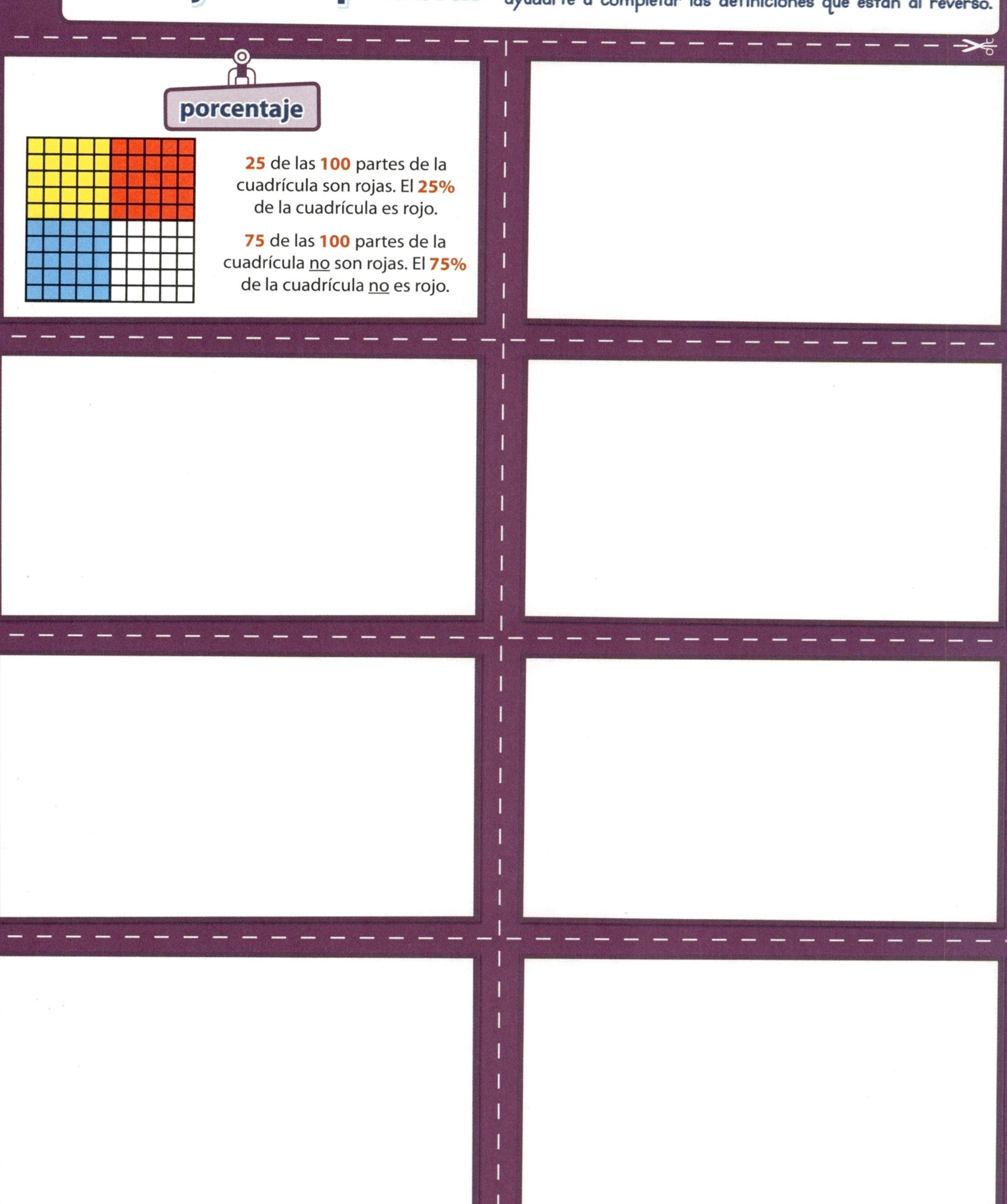

Mis tarjetas de palabras

Usa los ejemplos de las palabras de las tarjetas para ayudarte a completar las definiciones que están al reverso.

Mis tarjetas de palabras

Completa cada definición. Para ampliar lo que aprendiste, escribe tus propias definiciones.

Una tasa que compara una cantidad con 100 se llama

__________________________________.

© Pearson Education, Inc. 6

Resuélvelo y coméntalo

La familia de Patrick comió una pizza de verduras entera en el almuerzo. Cada persona comió 1 porción. Si cada porción tenía el mismo tamaño, muestra cómo se cortó la pizza para las cuatro personas. ¿Qué fracción de la pizza le correspondió a cada uno? *Resuelve este problema de la manera que prefieras.*

Lección 11-1
Porcentajes

Puedo...
representar y hallar el porcentaje de un todo.

Estándar de contenido 6.RP.A.3c
Prácticas matemáticas PM.1, PM.2, PM.3, PM.4, PM.7

¡Vuelve atrás! PM.2 Razonar Imagina que una persona comió la mitad de la pizza. ¿Cómo puedes escribir esta fracción de otra manera para representar una parte de toda la pizza?

A

Un **porcentaje** es una tasa en la que el primer término se compara con 100. El porcentaje es la cantidad de centésimos que representa las partes del todo.

¿Qué porcentaje de la gente prefiere la pasta de dientes Brillo Blanco?

Siete de cada diez personas prefieren la pasta de dientes Brillo Blanco.

Puedes usar el símbolo % para representar un porcentaje. El cincuenta por ciento se puede representar como $\frac{50}{100} = 50\%$.

B **Una manera**

Usa una cuadrícula para representar el porcentaje.

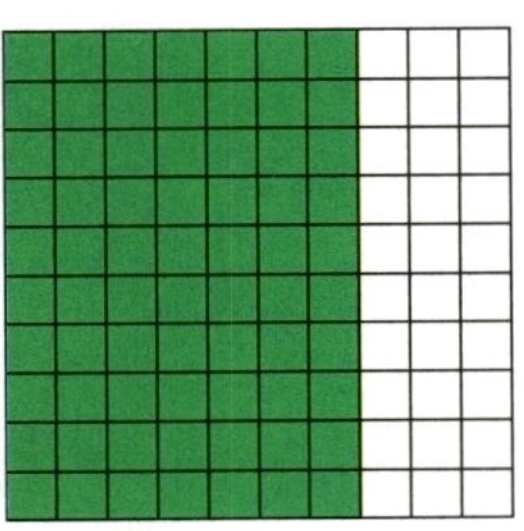

$\frac{7}{10} = \frac{70}{100} = 70\%$

C **Otra manera**

Usa rectas numéricas para representar el porcentaje.

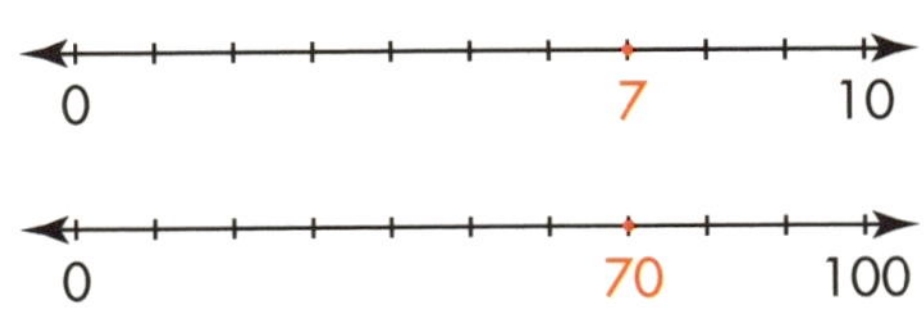

$\frac{7}{10} = \frac{70}{100} = 70\%$

D **Otra manera**

Usa una fracción equivalente para hallar el porcentaje.

$\frac{7 \times 10}{10 \times 10} = \frac{70}{100}$

$\frac{70}{100} = 70\%$

El porcentaje siempre se compara con 100.

El 70% de la gente prefiere la pasta de dientes Brillo Blanco.

¡Convénceme! © **PM.2 Razonar** Cuando se usa una fracción equivalente para hallar el porcentaje, ¿por qué se escribe 100 como denominador?

© Pearson Education, Inc. 6

Otro ejemplo

Cada segmento de recta representa el 100%, pero es una longitud diferente. Usa tasas equivalentes para hallar el porcentaje o la parte de los segmentos de recta que representan los puntos A y B.

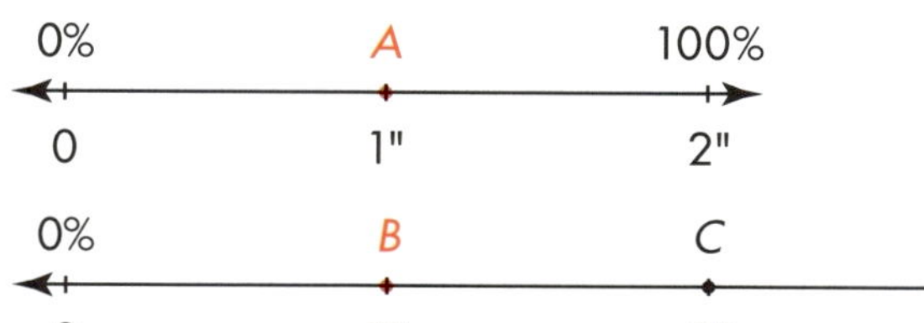

El punto A está en $\frac{1}{2}$ de la recta numérica.

$$\frac{1 \times 50}{2 \times 50} = \frac{50}{100} = 50\%$$

El punto $A = 50\%$

El punto B está en $\frac{1}{4}$ de la recta numérica.

$$\frac{1 \times 25}{4 \times 25} = \frac{25}{100} = 25\%$$

El punto $B = 25\%$

☆ Práctica guiada *

¿Lo entiendes?

1. Cuando se escribe un porcentaje en forma de fracción, ¿qué número se escribe como el todo o el denominador?

2. ¿Por qué los décimos, los quintos, los cuartos y las mitades son fáciles de convertir a porcentajes?

¿Cómo hacerlo?

Halla el porcentaje sombreado en las figuras de los Ejercicios **3** y **4**.

3. 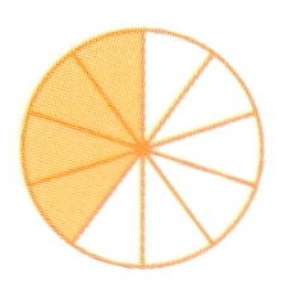

4. 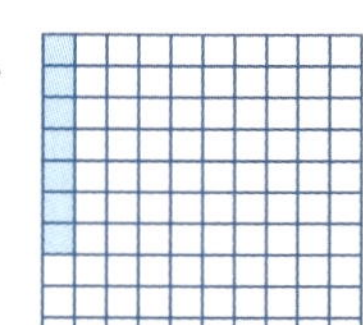

☆ Práctica independiente ☆

Sombrea el modelo para representar el porcentaje en los Ejercicios **5** a **7**.

5. 14%

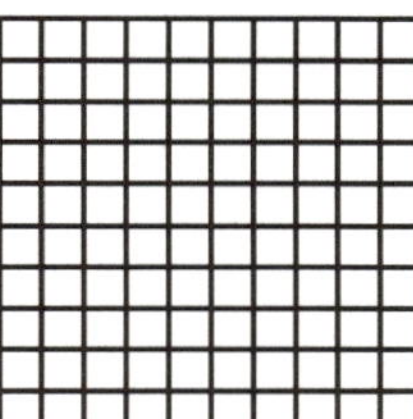

6. 77%

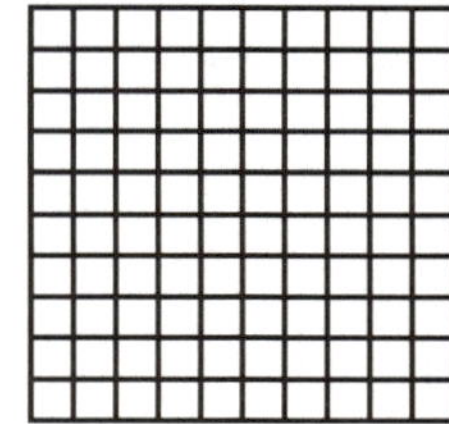

7. 20%

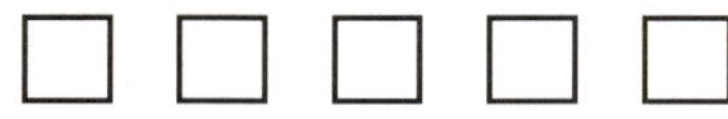

---

*Puedes encontrar otro ejemplo en el Grupo A, página 585.

Usa el segmento de recta *AB* en los Ejercicios **8** y **9.**

8. Si el segmento de recta *AB* representa el 50%, ¿cuál es la longitud de un segmento de recta que es el 100%?

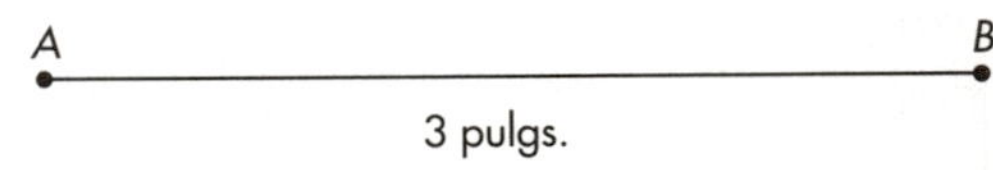

9. Si el segmento de recta *AB* es el 300%, ¿cuál es la longitud de un segmento de recta que es el 100%?

---

10. © **PM.3 Construir argumentos** ¿El 25% de un todo es siempre la misma cantidad? Explica tu respuesta y da ejemplos.

11. © **PM.7 Usar la estructura** 19 de 50 corredores terminaron una carrera en menos de 30 minutos. ¿Qué porcentaje de corredores terminó en menos de 30 minutos? Escribe una fracción equivalente para hallar el porcentaje.

---

12. **Razonamiento de orden superior** De lunes a viernes, James trabaja dos días en la biblioteca y un día en la cafetería. Los sábados y domingos lava carros el 50% de los días. ¿Cuántos días trabaja en una semana? De lunes a viernes, ¿qué porcentaje trabaja?

13. **Álgebra** Tony usó la ecuación $23 + b = 435$ para hallar b, la cantidad de boletos vendidos para el baile de la escuela. ¿Cuántos boletos se vendieron?

© **Evaluación de *Common Core***

14. Selecciona todas las figuras que están sombreadas para representar el 20% del todo.

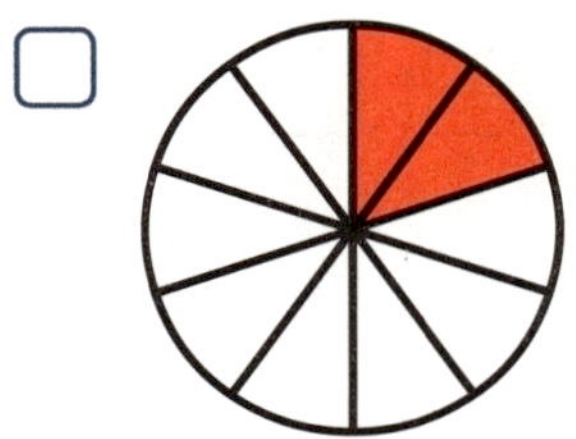
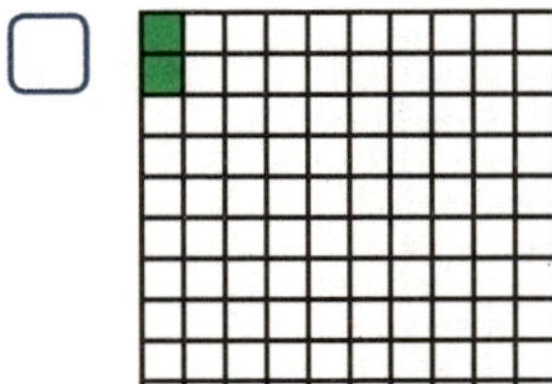
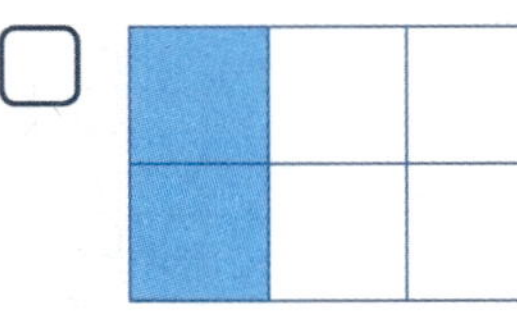

© Pearson Education, Inc. 6

¡Revisemos!

¿Qué porcentaje de cada figura está sombreado?

El círculo tiene 1 de 10 partes sombreadas.

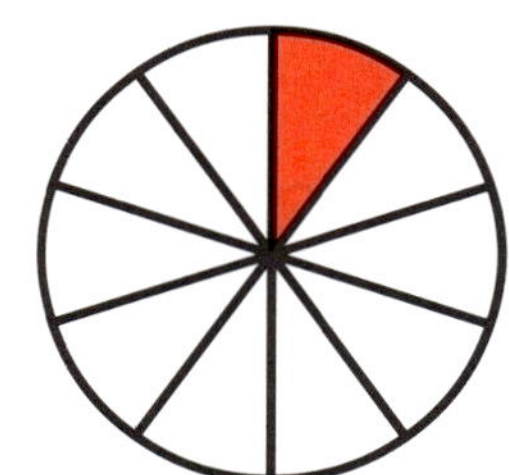

$$\frac{1 \times 10}{10 \times 10} = \frac{10}{100}$$

$$\frac{10}{100} = 10\%$$

La cuadrícula tiene 60 de 100 cuadrados sombreados.

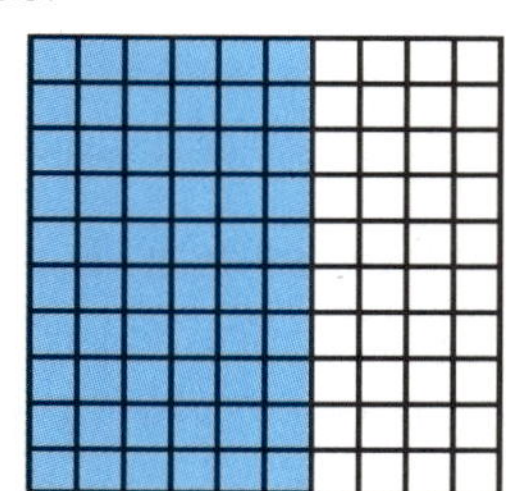

$$\frac{60}{100} = 60\%$$

Por tanto, el 10% del círculo está sombreado.

Por tanto, el 60% de la cuadrícula está sombreada.

Escribe el porcentaje sombreado en las figuras de los Ejercicios **1** a **3**.

1.

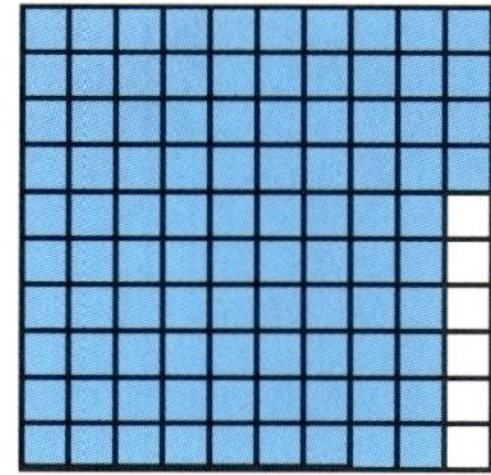

2.

3.

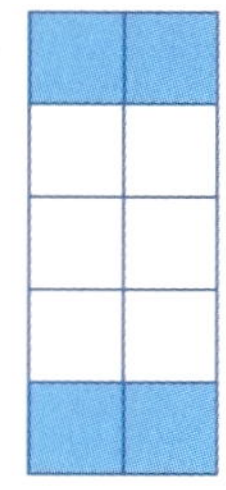

Sombrea los modelos para representar el porcentaje dado en los Ejercicios **4** a **6**.

4. 3%

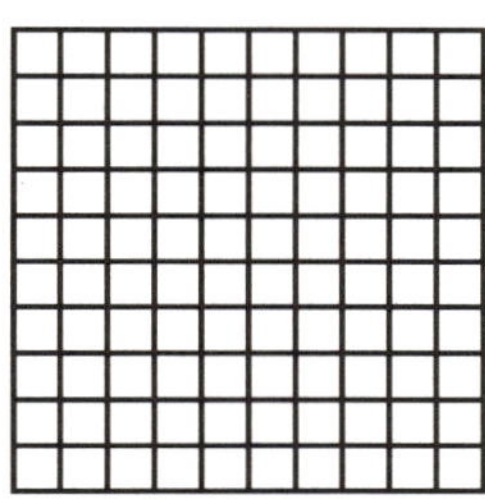

5. 80%

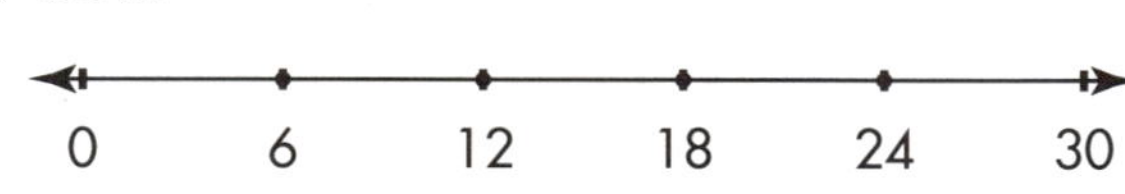

6. 30%

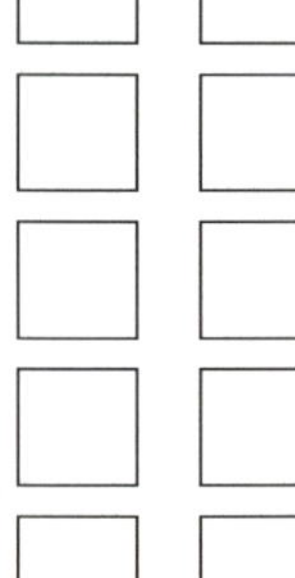

7. **Álgebra** El zoológico cobra $1 para estacionar y $3 por persona por la entrada. Usa la ecuación $y = 3x + 1$, en la que $x =$ la cantidad de entradas, para completar la tabla.

x	2	3	4
y			

8. **Sentido numérico** Jana dividió una hoja de papel en 5 partes iguales y coloreó 2 partes de rojo. ¿Qué porcentaje de la hoja coloreó?

9. © **PM.4 Representar con modelos matemáticos** El cuerpo de una persona adulta promedio está formado por un 60% de agua. Representa este porcentaje sombreando los cuadrados.

10. © **PM.1 Entender y perseverar** En el piso de su lavadero Ally quiere poner baldosas cuadriculadas de cerámica como la que se muestra. ¿Qué porcentaje del piso de Ally será blanco?

11. **Razonamiento de orden superior** Ally compra una caja de baldosas azules que cubrirán 18 pies cuadrados. ¿Qué porcentaje del piso puede cubrir usando esa caja? ¿Necesita comprar otra? Explícalo.

© **Evaluación de *Common Core***

12. Selecciona todas las figuras que están sombreadas para representar el 75% del todo.

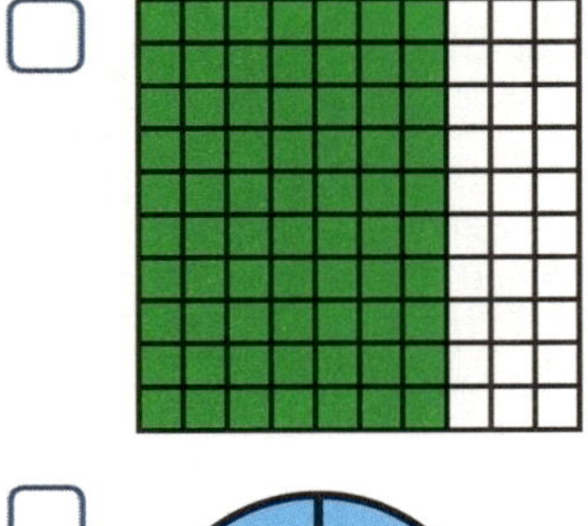

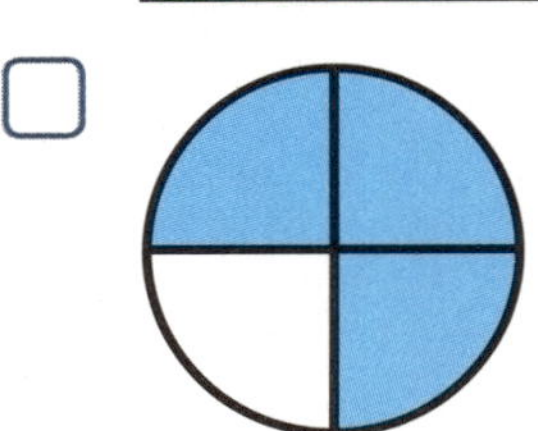

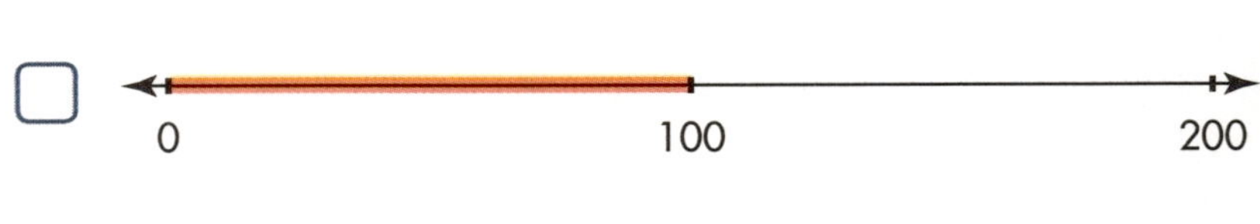

© Pearson Education, Inc. 6

Resuélvelo y coméntalo

La cuadrícula está sombreada con azul, naranja y amarillo. ¿Qué parte de la cuadrícula es azul? ¿Qué parte está sombreada de naranja? ¿Qué parte está sombreada? Escribe las respuestas en forma de fracción, número decimal y porcentaje. *Resuelve este problema de la manera que prefieras.*

Lección 11-2
Fracciones, números decimales y porcentajes

Puedo...
escribir valores equivalentes como fracciones, números decimales o porcentajes.

Estándar de contenido 6.RP.A.3c
Prácticas matemáticas PM.1, PM.2, PM.3, PM.7

¡Vuelve atrás! **PM.2 Razonar** ¿En qué se parecen y en qué se diferencian el número decimal y el porcentaje?

Pregunta esencial ¿Cómo se pueden relacionar las fracciones, los números decimales y los porcentajes?

A

En el diagrama de barras se muestra el tiempo que Teddy pasa haciendo su tarea. El 30% del tiempo lee, $\frac{3}{5}$ de su tiempo hace problemas de matemáticas y 0.10 o un décimo de su tiempo investiga para Ciencias.

Las fracciones, los números decimales y los porcentajes son tres maneras de mostrar las partes de un todo. Escribe 30% en forma de fracción y de número decimal y 0.10 en forma de fracción y de porcentaje.

B Escribe 30% en forma de fracción y de número decimal.

Un porcentaje compara un número con 100, entonces, escribe el porcentaje como una fracción con 100 como el denominador.

$$30\% = \frac{30}{100} \text{ o } \frac{3}{10}$$

Puedes escribir una fracción con un denominador de 10 o de 100 en forma de número decimal.

$$\frac{30}{100} = \frac{3}{10} = 0.3$$

30% se puede escribir como $\frac{30}{100}$ o $\frac{3}{10}$ y 0.30 o 0.3.

C Escribe 0.10 en forma de fracción y de porcentaje.

$$0.10 = \frac{10}{100}$$

El número comparado con 100 es el porcentaje.

$$\frac{10}{100} = 10\%$$

También puedes escribir una fracción equivalente.

$$\frac{10 \div 10}{100 \div 10} = \frac{1}{10}$$

0.10 se puede escribir como $\frac{10}{100}$ o $\frac{1}{10}$ y 10%.

¡Convénceme! © **PM.7 Buscar relaciones** ¿Qué relación ves cuando se comparan el número decimal y el porcentaje equivalente?

© Pearson Education, Inc. 6

Otro ejemplo

Escribe $\frac{3}{5}$ en forma de número decimal y de porcentaje.

Usa la división.

Escribe la fracción como un problema de división y luego divide.

$$5)\overline{3.0} \quad \begin{array}{r} 0.6 \\ -30 \\ \hline 0 \end{array}$$

$\frac{3}{5}$ se puede escribir como 0.6 o 0.60.

Escribe una tasa equivalente.

Un porcentaje compara un número con 100.

$$\frac{3}{5} = \frac{x}{100}$$

$$\frac{3 \times 20}{5 \times 20} = \frac{60}{100}$$

$\frac{3}{5}$ se puede escribir como $\frac{60}{100}$ o 60%.

☆ Práctica guiada *

¿Lo entiendes?

1. **PM.2 Razonar** ¿Por qué una fracción, un número decimal o un porcentaje se pueden escribir en formas equivalentes?

¿Cómo hacerlo?

En los Ejercicios **2** a **4,** escribe los números de dos maneras equivalentes, como fracción, número decimal o porcentaje.

2. 27%   **3.** 0.91   **4.** $\frac{6}{100}$

☆ Práctica independiente

En los Ejercicios **5** a **10,** escribe los números de dos maneras equivalentes, como fracción, número decimal o porcentaje.

5. 0.25

6. $\frac{2}{2}$

7. 7%

8. 38%

9. $\frac{7}{8}$

10. 0.04

Puedes encontrar otro ejemplo en el Grupo B, página 585.

Prácticas matemáticas y resolución de problemas

11. Matemáticas y Ciencias Muchos elementos químicos pueden ser hallados en la atmósfera terrestre. ¿Qué fracción de la atmósfera terrestre está hecha de nitrógeno?

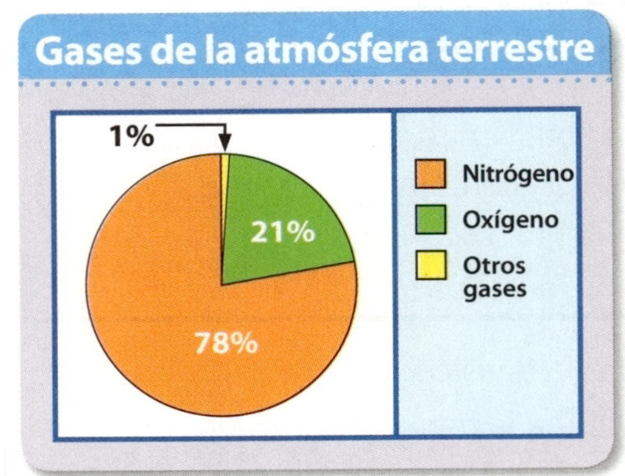

12. ¿Qué parte de la atmósfera terrestre está hecha de oxígeno? Escríbelo en forma de número decimal.

13. ¿Qué porcentaje de los gases de la atmósfera terrestre representa la gráfica circular entera?

---

14. Sentido numérico Explica cómo puedes usar el cálculo mental para expresar $\frac{16}{25}$ en forma de porcentaje.

15. Razonamiento de orden superior La Srta. Rose compró un paquete de calcomanías de estrellas. De cada 10 estrellas, 4 son doradas. Si hay 60 estrellas en el paquete, ¿qué fracción del paquete de estrellas es dorada? ¿Y qué porcentaje es dorado?

---

16. © PM.3 Construir argumentos En el museo se proyectan películas continuamente. Si las dos películas que se muestran en la tabla de la derecha empiezan a proyectarse al mismo tiempo a las 8 *a. m.*, ¿qué hora será antes de que empiecen a proyectarse juntas otra vez? Explícalo.

Programa de las películas del museo	
Título de la película	**Duración**
Introducción al museo	2 minutos
Perfiles de artistas	10 minutos

DATOS

© Evaluación de *Common Core*

17. Traza líneas para unir las fracciones, números decimales o porcentajes de la derecha con la fracción, decimal o porcentaje equivalente de la izquierda.

$\frac{12}{25}$	75%
4%	0.22
$\frac{3}{4}$	48%
$\frac{11}{50}$	$\frac{1}{25}$

¡Revisemos!

Las fracciones, los números decimales y los porcentajes nombran partes de un todo. ¿Cómo puedes representar la parte sombreada del todo?

Escribe la parte sombreada de la cuadrícula en forma de fracción, de número decimal y de porcentaje.

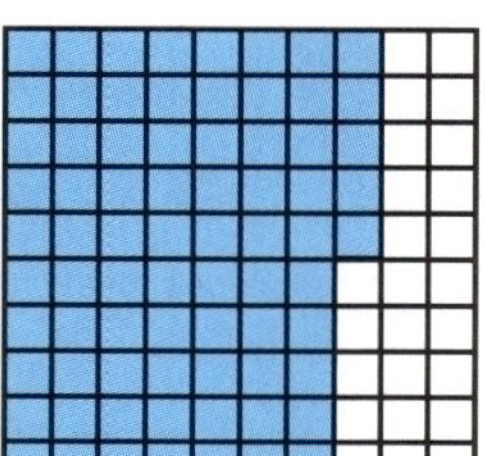

$$0.75 = \frac{75}{100}$$

$$\frac{75}{100} = 75\%$$

$$0.75 = \frac{75}{100} = 75\%$$

Escribe la fracción del círculo en forma de número decimal y de porcentaje.

Usa la división.

$$\begin{array}{r} 0.75 \\ 4\overline{)3.00} \\ -28 \\ \hline 20 \\ -20 \\ \hline 0 \end{array}$$

Escribe una tasa equivalente.

$$\frac{3}{4} = \frac{x}{100}$$

$$\frac{3 \times 25}{4 \times 25} = \frac{75}{100}$$

$$\frac{3}{4} = \frac{75}{100} = 75\%$$

En los Ejercicios **1** a **8,** escribe los números de dos maneras equivalentes, como fracción, número decimal o porcentaje.

1. 0.24

2. $\frac{2}{100}$

3. 16%

4. 0.43

5. 18%

6. 0.06

7. $\frac{1}{4}$

8. 5%

Ordena los valores de menor a mayor en los Ejercicios **9** y **10.**

9. $\frac{2}{3}$, 65%, 0.69

10. 55%, $\frac{5}{8}$, 0.60

11. © **PM.2 Razonar** ¿Qué número decimal muestra la parte combinada de niños a los que les gusta el pop y la música country?

12. ¿Qué tipo de música prefiere $\frac{1}{5}$ de las niñas?

13. ¿Qué tipos de música son los preferidos de la mayoría de los niños? Escribe el porcentaje como una fracción.

14. ¿Qué tipo de música es la menos preferida para las niñas? ¿Cómo es ese porcentaje en forma de número decimal?

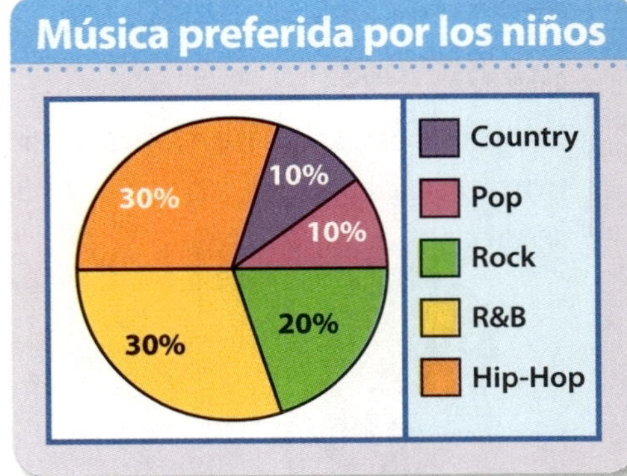

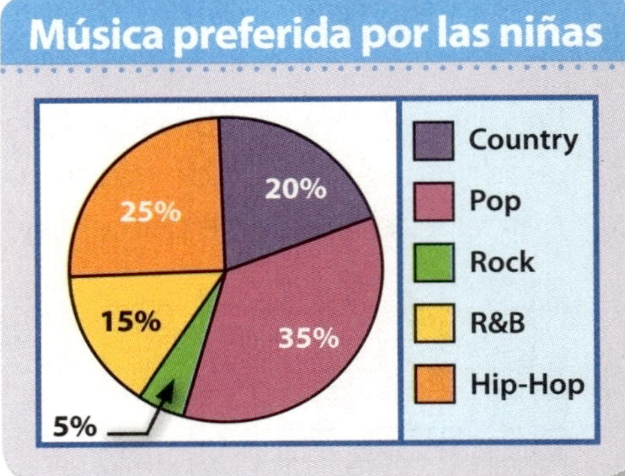

---

15. Selly vendió $\frac{8}{25}$ del total de boletos de rifa de una función para recaudar fondos. Escribe esta fracción como un número decimal y como un porcentaje.

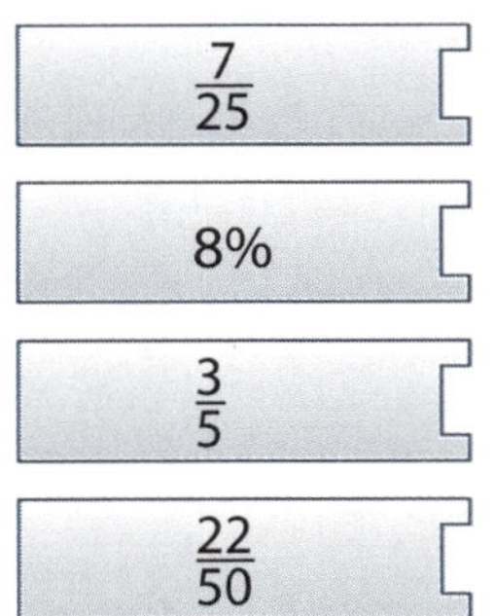

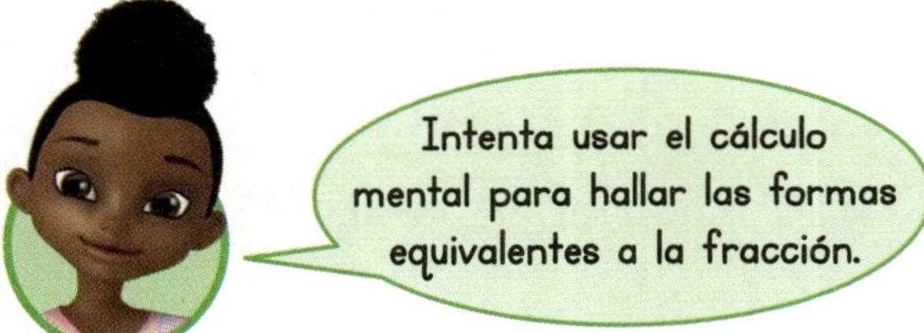

16. Razonamiento de orden superior En tres clases en las que hay la misma cantidad de estudiantes, los maestros compararon la asistencia que hubo un viernes. En la clase del Sr. López hubo un 92.5% de asistencia, a la de la Sra. Foster asistieron $\frac{19}{20}$ de los estudiantes y a la de la Srta. Kelly asistió el 0.9. ¿Qué maestro tuvo más estudiantes en la clase ese viernes?

© **Evaluación de *Common Core***

17. Traza líneas para unir las fracciones, números decimales o porcentajes de la derecha con la fracción, decimal o porcentaje equivalente de la izquierda.

$\frac{7}{25}$	60%
8%	0.44
$\frac{3}{5}$	$\frac{2}{25}$
$\frac{22}{50}$	28%

© Pearson Education, Inc. 6

Lección 11-3

Porcentajes mayores que 100 o menores que 1

Nombre _______________________

Resuélvelo y coméntalo

Marci, Bobby y Max empezaron su tarea al mismo tiempo. Marci terminó en 60 minutos. Bobby lo hizo en el 50% del tiempo que se tomó Marci. Max necesitó 150% del tiempo de Marci para terminar su tarea. ¿Cuánto tiempo trabajó cada uno? Usa las rectas numéricas como ayuda.

Puedo...
escribir porcentajes que sean mayores que 100 o menores que 1.

Estándar de contenido 6.RP.A.3c
Prácticas matemáticas PM.2, PM.3, PM.4

Marci

Bobby

Max

¡Vuelve atrás! PM.2 Razonar ¿Max tardó más o menos tiempo que Marci para hacer su tarea?

Pregunta esencial ¿Cómo se puede escribir un porcentaje mayor que 100 en forma de fracción y de número decimal?

A

Jan y Kim construyeron carros a escala para un proyecto de Ciencias. El carro de Kim recorrió el 140% de la distancia que el de Jan. ¿Cómo puedes escribir 140% como una fracción y como un número decimal?

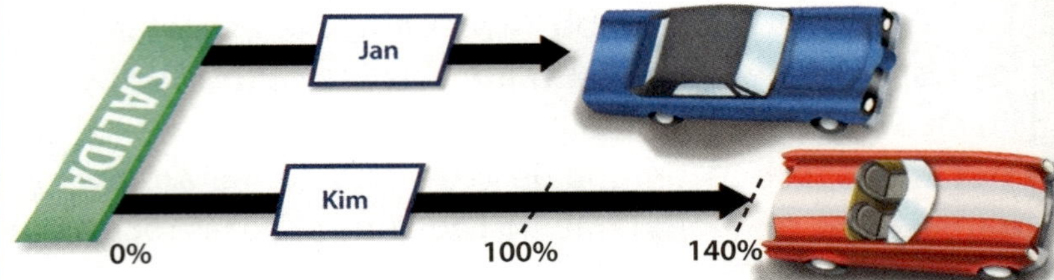

B Escribe 140% como una fracción comparada con 100.

$$140\% = \frac{140}{100}$$

Usa la división para escribir una fracción equivalente.

$$140\% = \frac{140 \div 20}{100 \div 20} = \frac{7}{5}$$

140% se puede escribir como $\frac{140}{100}$ o $\frac{7}{5}$.

C Puedes usar el razonamiento o la división para escribir 140% como un número decimal.

Usa el razonamiento.

$$140\% = \frac{140}{100}$$
$$= \frac{14}{10}$$
$$= 1.4$$

Usa la división.

$$\begin{array}{r} 1.4 \\ 100\overline{)140.0} \\ -100 \\ \hline 400 \\ -400 \\ \hline 0 \end{array}$$

140% puede ser escrito como 1.4.

¡Convénceme! © **PM.2 Razonar** ¿Cómo escribirías 1.75 como un porcentaje? Da un ejemplo de cuándo usarías un porcentaje que fuera mayor que 100.

© Pearson Education, Inc. 6

Amigo de práctica   Herramientas   Evaluación

Otro ejemplo

Escribe $\frac{1}{2}\%$ como una fracción y un número decimal.

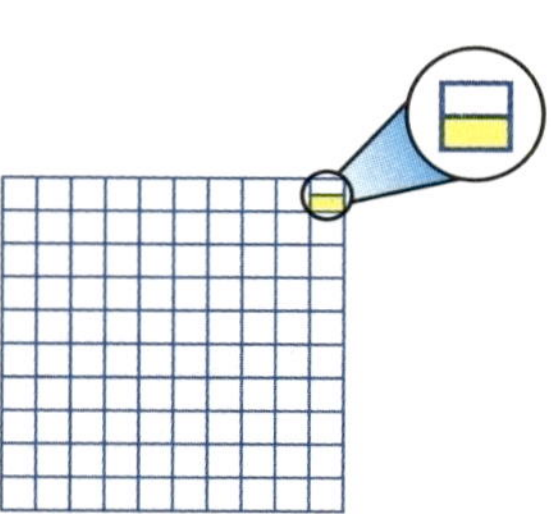

Usa la definición de porcentaje para escribir $\frac{1}{2}\%$ como una fracción. Un porcentaje significa que es *una parte de 100*, entonces, puedes dividir $\frac{1}{2}$ por 100.

$$\frac{1}{2}\% = \frac{1}{2} \div 100$$

$$= \frac{1}{2} \times \frac{1}{100} \qquad \text{Multiplica por el recíproco, } \frac{1}{100}.$$

$$= \frac{1}{200}$$

$\frac{1}{2}\%$ puede ser escrito como $\frac{1}{200}$.

Usa la definición de porcentaje para escribir $\frac{1}{2}\%$ como un número decimal.

$$\frac{1}{2}\% = 0.5\% \qquad \text{Escribe } \frac{1}{2} \text{ como el decimal 0.5.}$$

$$= \frac{0.5}{100} \qquad \text{Escribe 0.5\% como una fracción.}$$

$$= \frac{5}{1,000} = 0.005 \quad \text{Usa fracciones equivalentes y el razonamiento para escribir un número decimal.}$$

$\frac{1}{2}\%$ puede ser escrito como 0.005.

★ Práctica guiada 

¿Lo entiendes?

1. © **PM.2 Razonar** Explica por qué 140% es mayor que 1.

2. Explica la diferencia entre $\frac{1}{2}$ y $\frac{1}{2}\%$.

¿Cómo hacerlo?

Escribe los porcentajes en forma de fracción y de número decimal en los Ejercicios **3** a **6**.

3. 150%

4. 0.2%

5. 325%

6. $\frac{3}{10}\%$

★ Práctica independiente

Escribe los porcentajes en forma de fracción y de número decimal en los Ejercicios **7** a **10**.

7. $\frac{2}{5}\%$

8. 322%

9. .54%

10. 210%

Puedes encontrar otro ejemplo en el Grupo C, página 585.

Prácticas matemáticas y resolución de problemas

11. **© PM.2 Razonar** ¿Cómo se expresa 200% en forma de fracción y de número decimal?

12. **Sentido numérico** Aproximadamente $\frac{3}{4}$ de los camarotes del *Queen Mary* 2 tienen balcones. ¿Cómo expresarías este número en forma de número decimal y de porcentaje?

13. El barco más rápido puede alcanzar velocidades superiores al 710% de la velocidad del *Queen Mary* 2. ¿Cómo expresarías este número en forma de fracción y de número decimal?

14. El peso del Monumento a Washington es aproximadamente el 105% del peso del *Queen Mary* 2. ¿Cómo expresarías este porcentaje en forma de fracción y de número decimal?

15. **© PM.3 Evaluar el razonamiento** Nathan configuró su computadora para que imprimiera al 50% del tamaño de la página de 8.5 pulgs. × 11 pulgs. que usa normalmente. Allen cree que un documento al 50% de su tamaño será enorme. ¿Tiene razón Allen? Explícalo.

16. **Razonamiento de orden superior** La fotografía de un mosquito en un libro de ciencias está ampliada en un 635% de su tamaño real. Si el mosquito mide 16 milímetros, ¿cuál es el tamaño del mosquito en la fotografía?

© Evaluación de *Common Core*

17. Cooper pesa 20 libras. Cuando sea un perro adulto, pesará aproximadamente el 315% de su peso actual.

Escribe 315% como una fracción y como un número decimal.

© Pearson Education, Inc. 6

Tarea y práctica 11-3

Porcentajes mayores que 100 o menores que 1

¡Revisemos!

Escribe 275% y $\frac{1}{5}$% como fracciones y números decimales.

Escribe 275% como una fracción y como un número decimal.

Escribe 275% como una fracción comparada con 100.

$$275\% = \frac{275}{100}$$

Usa la división para escribir una fracción equivalente.

$$\frac{275 \div 25}{100 \div 25} = \frac{11}{4}$$

Usa el razonamiento para escribir 275% como un número decimal.

$$275\% = \frac{275}{100} = 2.75$$

275% puede escribirse como $\frac{11}{4}$ y 2.75.

Escribe $\frac{1}{5}$% como una fracción y como un número decimal.

"Porcentaje" significa que es parte *de un total de 100,* entonces, divide la fracción por 100. Dividir por 100 es lo mismo que multiplicar por el recíproco de 100 o $\frac{1}{100}$.

$$\frac{1}{5} \times \frac{1}{100} = \frac{1}{500}$$

Usa el razonamiento para escribir $\frac{1}{5}$% como un número decimal.

$$\frac{1}{5}\% = \frac{1}{500} = \frac{2}{1,000} = 0.002$$

$\frac{1}{5}$% puede escribirse como $\frac{1}{500}$ y 0.002.

Escribe los porcentajes en forma de fracción y de número decimal en los Ejercicios **1** a **20**.

1. 137%
2. 115%
3. $\frac{3}{4}$%
4. 0.4%
5. 450%

6. 101%
7. $\frac{9}{25}$%
8. 0.22%
9. 810%
10. $\frac{3}{10}$%

11. 0.25%
12. 160%
13. 120%
14. 90%
15. 45%

16. 0.35%
17. 725%
18. 100.5%
19. 1,000%
20. 198%

21. **© PM.3 Evaluar el razonamiento** Jamie dijo que podía escribir un porcentaje decimal como un número decimal moviendo el punto decimal dos lugares a la izquierda y borrando el símbolo de porcentaje. ¿Tiene razón? ¿Cómo lo sabes?

22. **© PM.2 Razonar** Una tienda de productos electrónicos está a punto de cerrar. Un televisor digital que cuesta $458 ahora tiene una rebaja del 60% de su precio normal. ¿Cuál es el precio de venta? Explica cómo hallaste la respuesta.

23. **A-Z Vocabulario** Una tasa que compara una cantidad con 100 se llama _____________.

24. En el jardín botánico $\frac{3}{5}$% de las flores son rosas. ¿Qué fracción y qué número decimal es equivalente a este porcentaje?

25. Por día el restaurante de David prepara 1,860 taquitos en 12 horas. Si la misma cantidad de taquitos se prepara por hora, ¿cuántos se preparan en 1 hora?

26. **Razonamiento de orden superior** Laura quiere abrir una cuenta de ahorro. El Banco A aumentará la tasa de interés de la cuenta de ahorro en $\frac{1}{4}$% después del primer año. El Banco B ofrece un aumento de la tasa de interés del 0.2% después del primer año. ¿Qué banco ofrece un mayor aumento de la tasa de interés? Explica cómo pudiste comparar las tasas.

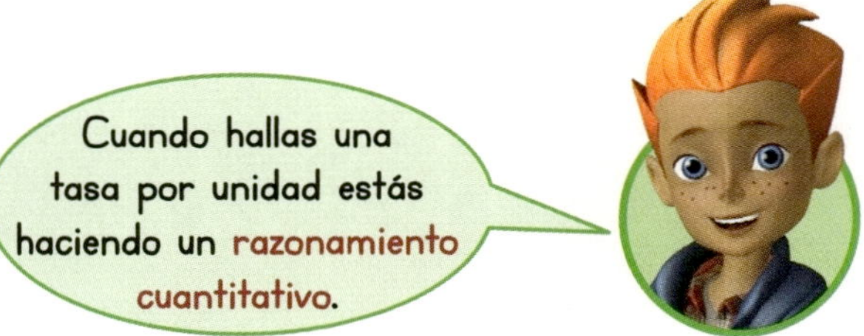

© Evaluación de *Common Core*

27. En un libro de ciencias el dibujo de la célula de una planta está agrandado para mostrar los detalles. El tamaño real de la célula de la planta es $\frac{1}{8}$% del dibujo.

Escribe $\frac{1}{8}$% como una fracción y como un número decimal.

© Pearson Education, Inc. 6

Lección 11-4
Estimar el porcentaje

Puedo...
estimar el porcentaje de un número usando fracciones equivalentes y números compatibles.

© **Estándar de contenido** 6.RP.A.3c
Prácticas matemáticas PM.1, PM.2, PM.7

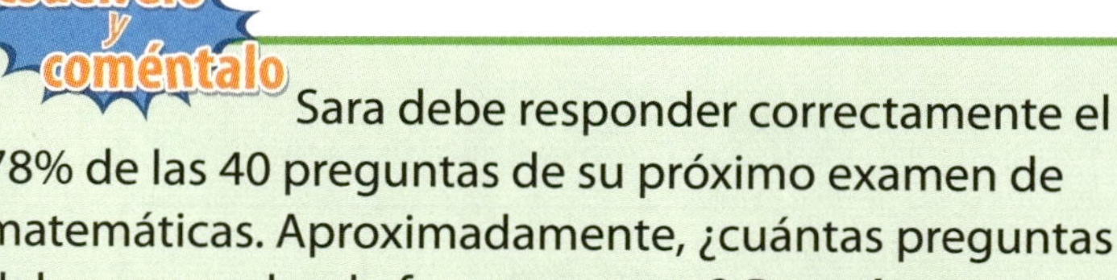

Sara debe responder correctamente el 78% de las 40 preguntas de su próximo examen de matemáticas. Aproximadamente, ¿cuántas preguntas debe responder de forma correcta? *Resuelve este problema de la manera que prefieras.*

¡Vuelve atrás! © **PM.7 Usar la estructura** En su último examen, Sara respondió correctamente el 82% de las 60 preguntas. Aproximadamente, ¿cuántas preguntas respondió correctamente? Haz una estimación.

¿Cómo se pueden usar fracciones para estimar porcentajes?

A

Esta gráfica muestra el color de ojos de 500 estudiantes de una escuela. Aproximadamente, ¿cuántos estudiantes tienen ojos marrones? ¿Y ojos azules?

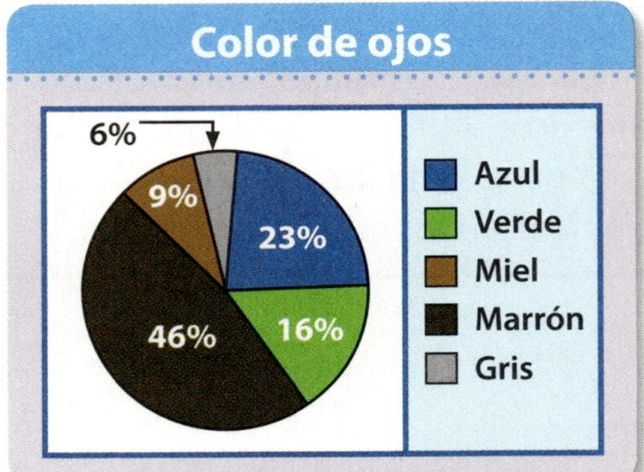

B De acuerdo con la gráfica, el 46% de los estudiantes tiene ojos marrones.

Estima el 46% de 500.

$46\% \approx 50\%$ y $50\% = \frac{1}{2}$

Por tanto, el 46% de 500 es aproximadamente $\frac{1}{2}$ de 500.

$$\frac{1}{2} \text{ de } 500 = 250$$

Unos 250 estudiantes tienen ojos marrones.

C De acuerdo con la gráfica, el 23% de los estudiantes tiene ojos azules.

Estima el 23% de 500.

$23\% \approx 25\%$ y $25\% = \frac{1}{4}$

Por tanto, el 23% de 500 es aproximadamente $\frac{1}{4}$ de 500.

$$\frac{1}{4} \text{ de } 500 = 125$$

Unos 125 estudiantes tienen ojos azules.

¡Convénceme! © **PM.7 Usar la estructura** Imagina que la gráfica muestra el porcentaje de color de ojos de 118 estudiantes de una clase de sexto grado. Aproximadamente, ¿cuántos estudiantes de sexto grado tendrían ojos verdes? Explica cómo puedes hacer una estimación para hallar la respuesta.

© Pearson Education, Inc. 6

 Práctica guiada *

¿Lo entiendes?

1. © **PM.2 Razonar** Explica cómo estimar el 32% de 212.

2. © **PM.7 Usar la estructura** De 195 estudiantes, el 9% tiene ojos color miel. ¿Cómo puedes estimar la cantidad de estudiantes que tienen ojos color miel?

¿Cómo hacerlo?

Estima el porcentaje de los números en los Ejercicios **3** y **4.**

3. 47% de 77

47% ≈ _____   77 ≈ _____

_____ de _____ = 40

4. 18% de 48

18% ≈ _____   48 ≈ _____

_____ de _____ = 10

☆ Práctica independiente ☆

Estima el porcentaje de los números en los Ejercicios **5** a **16.**

5. 74% de 63

6. 18% de 96

7. 47% de 183

8. 8% de 576

9. 34% de 55

10. 27% de 284

11. 67% de 866

12. 4% de 802

13. 47% de 78

14. 33% de 238

15. 65% de 89

16. 6% de 489

Puedes encontrar otro ejemplo en el Grupo D, página 586.   **Tema 11** | Lección 11-4

17. Hay unos 300 millones de habitantes en los Estados Unidos. Si el 36% vive en el sur, estima cuántos viven en otras áreas del país.

18. Hay 13 estudiantes que tocan la trompeta y 15 que tocan la batería. ¿Qué representan las razones 15:13 y 15:28?

19. **Sentido numérico** Si el 10% de 60 es 6, ¿cuánto es el 5% de 60? Explica cómo hallaste la respuesta.

20. © **PM.1 Entender y perseverar** Rolando tiene 180 monedas en su colección. Aproximadamente el 67% de las monedas son de 25¢. Aproximadamente, ¿cuánto dinero tiene en monedas de 25¢?

21. **Razonamiento de orden superior** Ana pasó el 25% de x horas en su trabajo de medio tiempo. ¿Cuánto es x si el 25% de x son unas 30 horas? Explica cómo hiciste la estimación y qué propiedad de la igualdad usaste para hallar x?

22. © **PM.2 Razonar** Vanesa respondió correctamente el 78% de las 120 preguntas de un examen. ¿Qué fracción de referencia usarías para estimar la cantidad de preguntas que Vanesa respondió correctamente? Explica tu razonamiento.

© **Evaluación de _Common Core_**

23. Josie obtuvo un 84% en su último examen de matemáticas. El examen tenía 50 preguntas.

Aproximadamente, ¿qué cantidad de preguntas respondió correctamente?

© Pearson Education, Inc. 6

**Tarea y práctica
11-4
Estimar el
porcentaje**

¡Revisemos!

Estima el 8% de 300,000.

$$8\% \approx 10\% \text{ y } 10\% = \frac{1}{10}$$

$$\frac{1}{10} \text{ de } 300,000 = 30,000$$

El 8% de 300,000 es aproximadamente 30,000.

Estima el 27% de 297.

$$297 \approx 300$$

$$27\% \approx 25\% \text{ y } 25\% = \frac{1}{4}$$

$$\frac{1}{4} \text{ de } 300 = 75$$

El 27% de 297 es aproximadamente 75.

Práctica al nivel Completa los espacios en blanco para estimar el porcentaje de los números en los Ejercicios **1** a **3**.

1. 24% de 94

24% ≈ _____

94 ≈ _____

_____ de _____ = 25

2. 54% de 489

54% ≈ _____

489 ≈ _____

_____ de _____ = 250

3. 8% de 212

8% ≈ _____

212 ≈ _____

_____ de _____ = 20

Estima el porcentaje de los números en los Ejercicios **4** a **12**.

4. 35% de 102

5. 42% de 307

6. 79% de 13

7. 84% de 897

8. 13% de 97

9. 28% de 95

10. 61% de 211

11. 19% de 489

12. 48% de 641

13. Tonya compró 13 boletos para un concierto por $852.15. ¿Cuál fue el precio de cada boleto?

14. Sentido numérico Si el 10% de un número es 100, ¿cuánto es el 15% de ese número? Explica cómo hallaste tu respuesta.

15. Con un cartucho de tinta lleno, la impresora puede imprimir 2,500 páginas. Ahora el cartucho tiene un 37% de tinta. ¿Cuál es la mejor estimación de la cantidad de páginas que todavía pueden imprimirse?

16. © PM.2 Razonar Un día lluvioso, el 76% de los estudiantes de la escuela llevaron paraguas. Si hay 600 estudiantes en la escuela, aproximadamente ¿cuántos llevaron un paraguas?

17. Razonamiento de orden superior Marcos gastó el 20% de *y* dólares para pagar el arreglo de su carro. Si el 20% de *y* es $40, ¿cuánto es *y*? Explica cómo hiciste la estimación y qué propiedad de la igualdad usaste para hallar *y*.

18. © PM.1 Entender y perseverar El perro de Amanda, Zazau, comió casi el 18% de las 4 docenas de galletas que ella preparó. Estima la cantidad de galletas que comió Zazau.

© Evaluación de *Common Core*

19. En una escuela intermedia que tiene 720 estudiantes, el 78% dice que prefiere la música pop.

Aproximadamente, ¿cuántos estudiantes prefieren la música pop?

© Pearson Education, Inc. 6

Lección 11-5
Hallar el porcentaje de un número

Resuélvelo y coméntalo

Laura compró una chaqueta que estaba en oferta y pagó el 40% del precio original, que era $75. ¿Cuánto pagó por la chaqueta? *Resuelve este problema de la manera que prefieras.*

Puedo...

resolver problemas relacionados con porcentajes.

© **Estándar de contenido** 6.RP.A.3c
Prácticas matemáticas PM.1, PM.2, PM.3, PM.4, PM.5, PM.6, PM.8

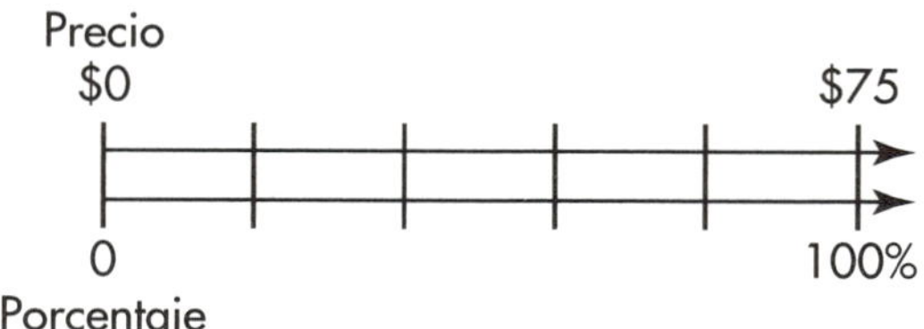

¡Vuelve atrás! © **PM.8 Generalizar** Cuando se halla el porcentaje de un número, ¿cómo saben que la respuesta es razonable? ¿La respuesta será mayor o menor que la cantidad original? Explícalo.

Pregunta esencial **¿Cómo se pueden calcular los porcentajes?**

A

Los estudiantes de cuarto, quinto y sexto grado de la escuela Great Oaks van a una excursión. De los 575 estudiantes que van, ¿cuántos son de sexto grado?

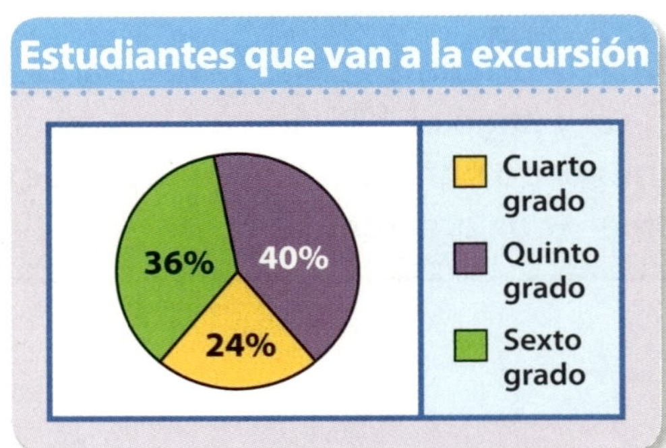

B Usa un diagrama de doble recta numérica y una fracción de referencia equivalentes para hacer la estimación.

$36\% \approx 33\frac{1}{3}\% = \frac{1}{3}$ y $575 \approx 600$.

Número

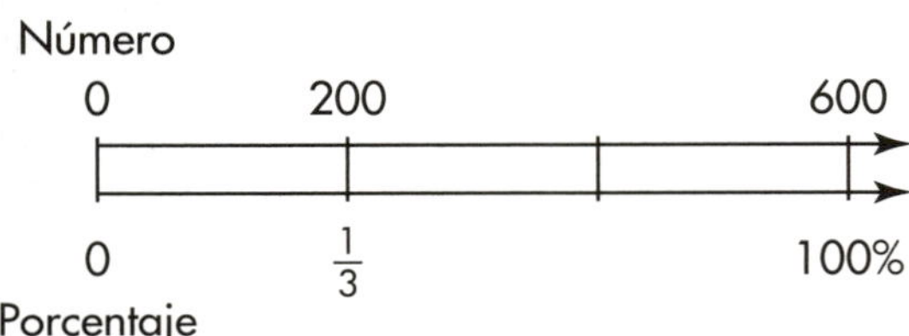

0   200   600

0        $\frac{1}{3}$ 100%

Porcentaje

Por tanto, el 36% de 575 es aprox. $\frac{1}{3}$ de 600.

Aproximadamente 200 estudiantes de sexto grado van a la excursión.

C Usa la forma decimal de un porcentaje para hallar el 36% de 575.

La forma decimal de 36% es 0.36.

$$0.36 \times 575 = 207$$

También puedes usar una calculadora.

Ingresa: 0.36 $\times$ 575 **INGRESA =**

Pantalla: **207.**

207 está cerca de 200. La respuesta es razonable.

¡Convénceme! © **PM.4 Representar con modelos matemáticos** Imagina que el 68% de los estudiantes que van a la excursión son chicos. ¿Cómo puedes usar el diagrama de doble recta numérica que se muestra arriba para ayudarte a hallar la cantidad de chicos y comprobar para ver si es razonable?

Otro ejemplo

Puedes resolver problemas que requieran hallar la parte o el porcentaje.

¿Cuál es el 4.5% de 60?

Escribe una ecuación.

Que x = la parte desconocida.

$x = 0.045 \cdot 60$ ← Escribe 4.5% como un número decimal.

$x = 2.7$

Por tanto, 2.7 es el 4.5% de 60.

¿Qué porcentaje de 92 es 11.5?

Escribe una ecuación.
Que p = el valor del porcentaje.

$p \cdot 92 = 11.5$

$92p = 11.5$ Propiedad conmutativa

$\dfrac{92p}{92} = \dfrac{11.5}{92}$ Propiedad de división de la igualdad

$p = 0.125 = 12.5\%$

Por tanto, el 12.5% de 92 es 11.5.

☆ Práctica guiada 

¿Lo entiendes?

1. © **PM.6 Hacerlo con precisión** En la expresión 34% de 60, ¿qué operación indica la palabra "de"?

2. © **PM.5 Usar herramientas apropiadas** ¿Cómo puedes usar una calculadora para hallar qué porcentaje de 180 es 108?

¿Cómo hacerlo?

Halla la parte en el Ejercicio **3.**

3. ¿Cuál es el 26% de 50?

Halla el porcentaje en el Ejercicio **4.**

4. ¿Qué porcentaje de 315 es 126?

☆ Práctica independiente ☆

Halla la parte o el porcentaje en los Ejercicios **5** a **7.**

5. ¿Cuál es el 35% de 10?

6. ¿Qué porcentaje de 75 es 33?

7. ¿Cuál es el 2.25% de 24?

8. © **PM.4 Representar con modelos matemáticos** ¿Cómo puedes usar el diagrama de doble recta numérica para hallar qué porcentaje de 450 es 270?

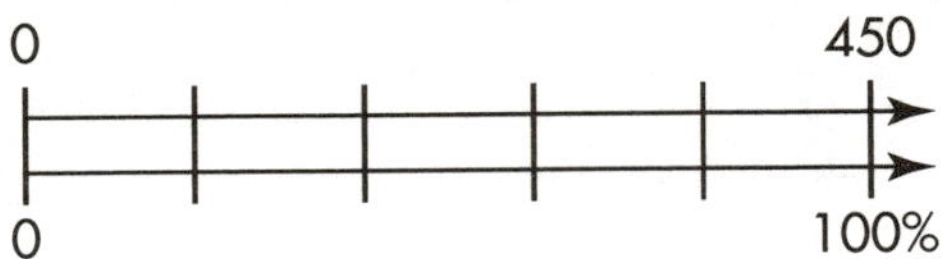

9. Nikki tiene clases de remo cada 4 días y clases de tenis cada 7 días. Si tuvo ambas clases el último día del mes anterior, ¿cuándo tendrá ambas clases el mismo día de este mes?

10. © **PM.6 Hacerlo con precisión** Miguel reunió un total de 150 latas de aluminio para reciclarlas. Si el 58% de las latas eran de gaseosa, ¿cuántas otras latas reunió?

11. Una tienda de productos electrónicos donó un porcentaje de cada venta para caridad. El total de las ventas fue $7,150, entonces, la tienda donó $429. ¿Qué porcentaje de $7,150 fue donado para caridad?

12. © **PM.1 Entender y perseverar** Martina pintó las paredes de su dormitorio de dos colores diferentes. Pintó una parte de púrpura y otra de rosa. Si el área total de las paredes de su dormitorio es 320 pies^2 y ella pintó 96 pies^2 de púrpura, ¿qué porcentaje del dormitorio pintó de rosa?

13. **Razonamiento de orden superior** Tomás tiene un álbum en el que entran 600 tarjetas de beisbol. Cada página del álbum tiene espacio para 6 tarjetas. Si el 45% del álbum está vacío, ¿cuántas páginas están llenas de tarjetas?

© **Evaluación de *Common Core***

14. El acuario de Ava está lleno de agua en un 95%. El tanque contiene 1,120 galones de agua.

    Selecciona la cantidad de galones de agua que se necesitan para llenar el tanque por completo.

    Ⓐ 1,120 galones

    Ⓑ 1,010 galones

    Ⓒ 101 galones

    Ⓓ 56 galones

© Pearson Education, Inc. 6

Tarea y práctica 11-5

Hallar el porcentaje de un número

¡Revisemos!

¿Qué número es el 12% de 6.75?

Escribe una ecuación.

Que x = la parte desconocida

$x = 0.12 \cdot 6.75$ ← Escribe 12% como un número decimal.

$x = 0.81$

0.81 es el 12% de 6.75.

¿Qué porcentaje de 64 es 4.8?

Escribe una ecuación.

Que p = el valor del porcentaje

$p \cdot 64 = 4.8$

$64p = 4.8$ Propiedad conmutativa

$\dfrac{64p}{64} = \dfrac{4.8}{64}$ Propiedad de la división de la igualdad

$p = 0.075 = 7.5\%$

4.8 es el 7.5% de 64.

Halla las partes en los Ejercicios 1 a 9.

1. ¿Cuál es el 8% de 200?

2. ¿Cuál es el 12% de 800?

3. ¿Cuál es el 12.8% de 312.5?

4. ¿Cuál es el 46% de 388?

5. ¿Cuál es el 86% de 20?

6. ¿Cuál es el 300% de 24?

7. ¿Cuál es el 99% de 100?

8. ¿Cuál es el 110% de 333?

9. ¿Cuál es el 4.75% de 2,000?

Halla los porcentajes en los Ejercicios 10 a 18.

10. ¿Qué porcentaje de 186 es 93?

11. ¿Qué porcentaje de 28 es 7?

12. ¿Qué porcentaje de 250 es 182?

13. ¿Qué porcentaje de 88 es 77?

14. ¿Qué porcentaje de 965 es 193?

15. ¿Qué porcentaje de 2,160 es 270?

16. ¿Qué porcentaje de 1,000 es 195?

17. ¿Qué porcentaje de 95 es 19?

18. ¿Qué porcentaje de 116 es 435?

19. Ⓒ **PM.2 Razonar** James ahorró $200 para comprar equipo deportivo para andar en patineta. ¿Puede gastar menos que el 50% de sus ahorros en un par de tenis y en rodilleras? Explícalo.

Lista de precios del equipo
Patineta: $100
Tenis para patineta: $60
Rodilleras: $30
Coderas: $20
Muñequeras: $20
Casco: $50
Rampa: $115

20. ¿Qué artículo o combinación de artículos puede comprar James con el 25% de sus ahorros?

21. Ⓒ **PM.3 Construir los argumentos** A James le queda el 75% de sus ahorros. ¿Puede comprar una patineta y un par de tenis? Explícalo.

22. **Razonamiento de orden superior** Katrina tiene un librero en el que entran 200 libros y se pueden poner 20 libros en cada estante. Si el 20% del librero está vacío, ¿cuántos estantes están llenos de libros?

23. Ⓒ **PM.4 Representar con modelos matemáticos** Una bolsa de 50 libras de comida para caballos es una mezcla de maíz y avena. Si el 70% de la bolsa es avena, ¿cuántas libras de maíz hay? Haz un diagrama de doble recta numérica para mostrar cómo hallar la respuesta.

Ⓒ **Evaluación de *Common Core***

24. La casa de Pamela tiene 3,996 pies^2 de paredes. Ella contrató a alguien para que pintara 2,997 pies^2 de las paredes.

Selecciona el porcentaje de la casa de Pamela que **NO** fue pintado.

Ⓐ 25%

Ⓑ 40%

Ⓒ 75%

Ⓓ 80%

© Pearson Education, Inc. 6

Resuélvelo y coméntalo

El equipo de futbol de una escuela ganó el 80% de sus partidos. De todos los partidos jugados, el equipo ganó 40. ¿Cuántos partidos jugó? *Resuelve este problema de la manera que prefieras.*

Lección 11-6
Hallar el total

Puedo...
hallar toda la cantidad cuando hay una parte y un porcentaje dado.

Estándar de contenido 6.RP.A.3c
Prácticas matemáticas PM.2, PM.3, PM.4, PM.6, PM.7

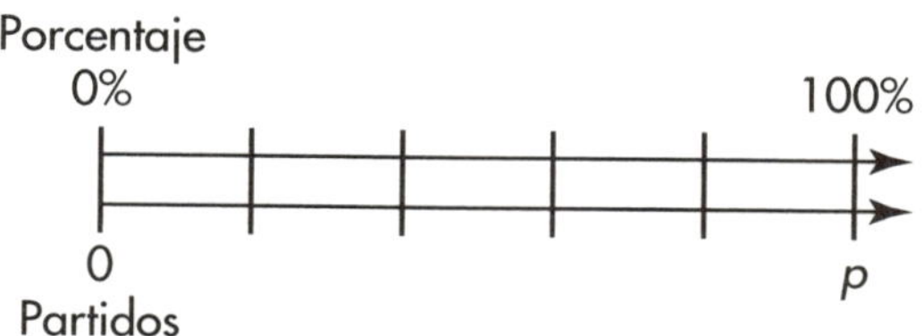

¡Vuelve atrás! **PM.4 Representar con modelos matemáticos** Escribe una ecuación para hallar la cantidad total de partidos jugados por el equipo de futbol. Que p represente la cantidad total de partidos.

A

Bree obtuvo un 90% en su examen de matemáticas. De la cantidad total de puntos posibles de su examen, su puntaje fue 135. ¿Cuántos puntos posibles había en el examen?

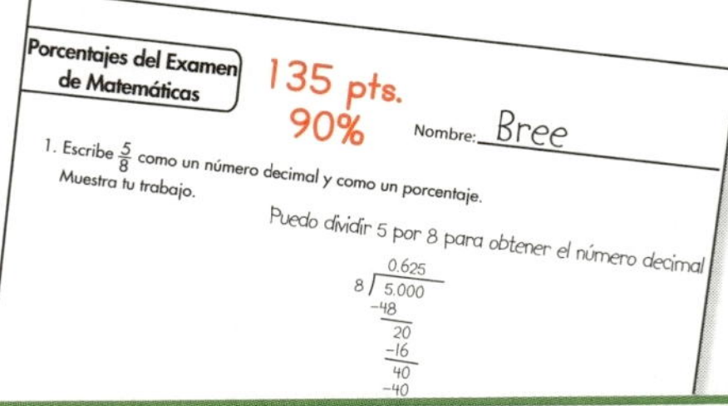

B ## Una manera

Usa un diagrama de doble recta numérica.

Bree obtuvo 135 puntos, es decir, el 90%.

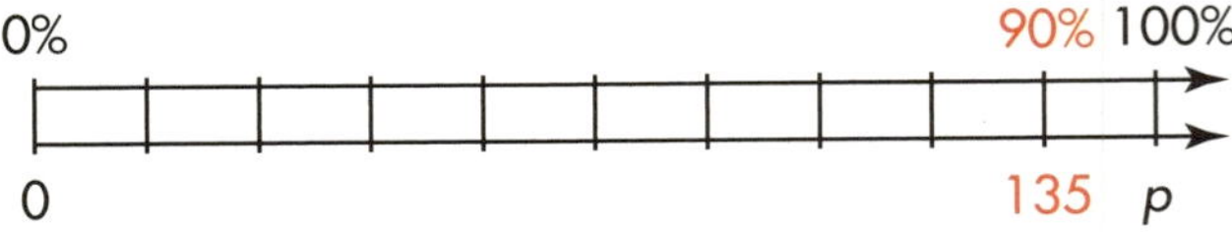

Cada marca en la recta representa 15 puntos.

Suma para hallar la cantidad total de puntos posible, p.

$$135 + 15 = 150$$

El total de puntos posibles del examen era 150.

C ## Otra manera

Usa una ecuación para hallar la cantidad total de puntos posible.

¿El 90% *de qué número* es 135?

Que $p =$ la cantidad total de puntos posibles.

$$90\% \cdot p = 135$$

Escribe 90% como un número decimal.
$$90\% = \frac{90}{100} = 0.90$$

Resuelve la ecuación.

$$0.90p = 135$$
$$p = 135 \div 0.90$$
$$p = 150$$

El total de puntos posibles del examen era 150.

¡Convénceme! © **PM.4 Representar con modelos matemáticos** Bree hizo otro examen de matemáticas y obtuvo 152 puntos, es decir, el 95% de la cantidad total de puntos posibles. Escribe y resuelve una ecuación para hallar la cantidad total de puntos posibles p del examen.

© Pearson Education, Inc. 6

Otro ejemplo

¿40 es el 200% de qué número?

Una manera

Usa un diagrama de doble recta numérica.

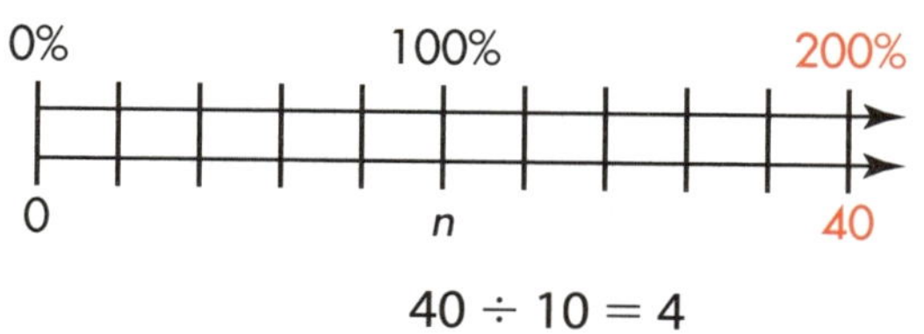

$$40 \div 10 = 4$$

Cada marca representa un aumento de 4. Por tanto, 100% es 2. El 200% de 20 es 40.

Otra manera

Escribe una ecuación.

$$200\% \cdot n = 40$$
$$2n = 40$$
$$\frac{2n}{2} = \frac{40}{2}$$
$$n = 20$$

El 200% de 20 es 40.

200% es lo mismo que 2 veces 100%.

Práctica guiada*

¿Lo entiendes?

1. **© PM.6 Hacerlo con precisión** Tony participó en 6 carreras o el 10% de los eventos. ¿Las 6 carreras representan la parte, el porcentaje o el todo? Indica qué representan los otros.

¿Cómo hacerlo?

2. ¿40% de qué número es 80?

Práctica independiente

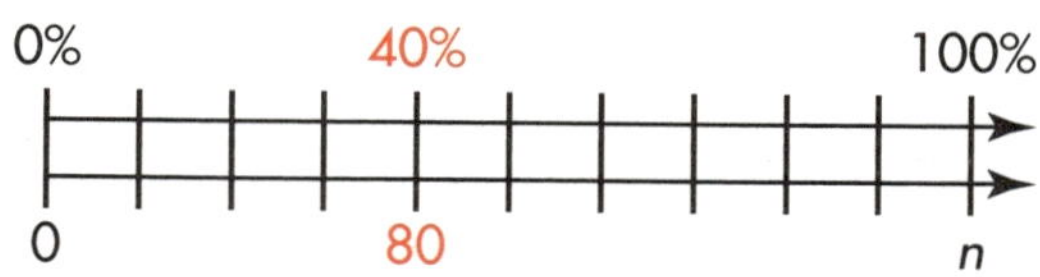

Halla el todo en los Ejercicios **3** a **8**.

3. ¿El 35% de qué número es 91?

4. ¿El 125% de qué número es 45?

5. ¿El 10% de qué número es 57?

6. ¿El 700% de qué número es 1,540?

7. ¿El 34% de qué número es 170?

8. ¿El 56% de qué número es 14?

9. Álgebra El récord de lluvia durante 1 día es 6.64 pulgs. Escribe una desigualdad para representar una lluvia que supere esa cantidad.

10. © **PM.2 Razonar** Carrie le dio a su peluquero una propina de $4.20 que era el 15% del precio del corte de pelo. Escribe una ecuación para hallar c, el precio del corte.

11. © **PM.7 Usar la estructura** Resuelve las oraciones numéricas y describe el patrón.

¿El 80% de qué número es 80?
¿El 60% de qué número es 60?
¿El 127% de qué número es 127?

12. © **PM.4 Representar con modelos matemáticos** Lynn recorre el 25% del camino a la escuela y luego toma un autobús para lo que resta. La parada de autobús está a 0.5 millas de su casa. ¿A cuántas millas de la escuela vive Lynn? Usa un diagrama de doble recta numérica como ayuda para resolver el problema.

13. © **PM.1 Entender y perseverar** Sydney hizo el 60% de los problemas de matemáticas que tenía como tarea y le quedan 4 problemas más para terminar. ¿Cuántos problemas tenía como tarea?

14. Razonamiento de orden superior Una hora antes del concierto, solo 105 personas están sentadas. De acuerdo con la venta de boletos, todavía tiene que llegar el 95% de la gente. ¿Cuántos boletos se vendieron para el concierto? Explica tu razonamiento.

© Evaluación de *Common Core*

15. La gente usa agua para cocinar, limpiar y beber todos los días. Se estima que el 16.8% del agua que se usa por día es para limpiar. Si una familia usa 67.2 galones de agua por día para la limpieza, ¿cuántos galones usa por día?

© Pearson Education, Inc. 6

Tarea y práctica 11-6
Hallar el total

¡Revisemos!

¿Cómo puedes hallar el todo cuando conoces una parte y un porcentaje?

Una manera

¿El 150% de qué número es 12?
Usa un diagrama de doble recta numérica.

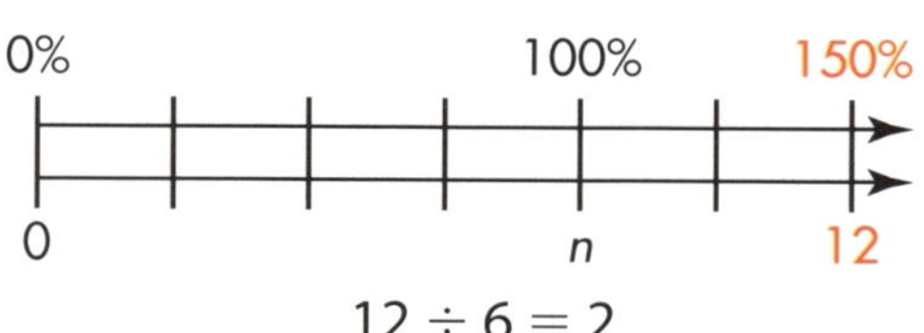

$$12 \div 6 = 2$$

Cada marca representa un aumento de 2.
Por tanto, el 100% es 8.
El 150% de 8 es 12.

Otra manera

¿El 22% de qué número es 55?
Escribe una ecuación.
Sea $n =$ el todo que falta.

$$22\% \cdot n = 55$$
$$0.22n = 55$$
$$\frac{0.22n}{0.22} = \frac{55}{0.22}$$
$$n = 250$$

El 22% de 250 es 55.

Completa los diagramas de doble recta numérica para resolver los Ejercicios **1** y **2**.

1. ¿El 70% de qué número es 35?

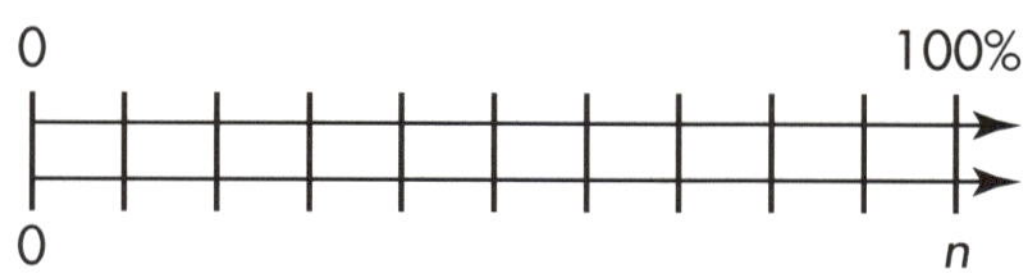

El 70% de _____ es 35.

2. ¿El 300% de qué número es 75?

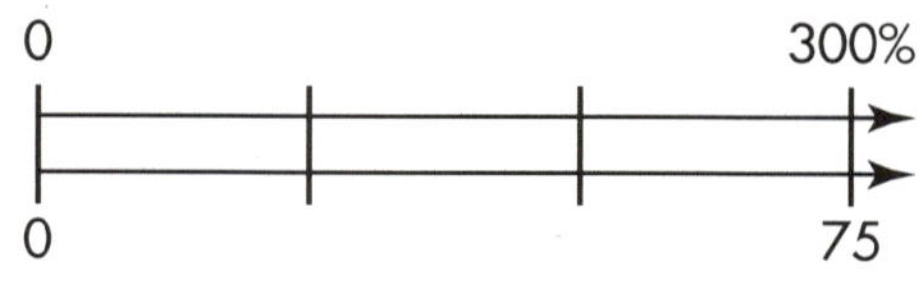

El 300% de _____ es 75.

Halla el todo en los Ejercicios **3** a **8.**

3. ¿El 25% de qué número es 2?

4. ¿El 150% de qué número es 48?

5. ¿El 100% de qué número es 6?

6. ¿El 50% de qué número es 15?

7. ¿El 300% de qué número es 51?

8. ¿El 200% de qué número es 42?

9. **Matemáticas y Ciencias** Una alcachofa mediana contiene aproximadamente el 13% del potasio que es recomendable que consuma un adulto promedio por día. Aproximadamente, ¿cuántos gramos de potasio debe consumir un adulto por día?

10. © **PM.2 Razonar** Una alcachofa mediana contiene unos 7 gramos de fibra alimentaria y aproximadamente el 28% de la fibra que se recomienda que consuma un adulto promedio por día. Aproximadamente, ¿cuántas alcachofas tendría que comer un adulto para obtener la cantidad necesaria de fibra?

11. **A-Z Vocabulario** ¿Qué es un porcentaje?

12. **Razonamiento de orden superior** Una tienda de productos electrónicos vendió el 4% de las computadoras que tenían en oferta. Si solo se vendieron 12 computadoras, ¿cuántas no se vendieron? Escribe una ecuación para resolver.

13. © **PM.3 Evaluar el razonamiento** Allen dijo que el 80% de un número es igual que $\frac{4}{5}$ del número. ¿Tiene razón Allen? Usa un diagrama para explicar por qué.

© **Evaluación de *Common Core***

14. El precio de un viaje de negocios de 5 días para 3 personas es $1,975 por persona. El precio por persona incluye el vuelo, el hotel, la comida y los gastos. El viaje de negocios usaría el 79% del presupuesto de viajes de la compañía.

Halla la cantidad total de dinero que la compañía presupuestó para viajar. Explica cómo hallaste la respuesta.

© Pearson Education, Inc. 6

Resuélvelo y coméntalo Videolandia ofrece pagar el 40% del precio original de cualquier videojuego que lleves para intercambiar. Usa una estrategia para hallar el valor de los intercambios de estos juegos.

Precios originales:

Supersam:	$30.00
Laberinto II:	$45.00
Pat, el hipo:	$24.00

Puedo...
usar lo que sé sobre porcentajes para resolver problemas de la vida diaria.

Prácticas matemáticas PM.8, PM.1, PM.2, PM.4, PM.6, PM.7
Estándar de contenido 6.RP.A.3c

Hábitos de razonamiento

¡Razona correctamente! Estas preguntas te pueden ayudar.

- ¿Se repiten algunos cálculos?
- ¿Puedo hacer generalizaciones a partir de los ejemplos?
- ¿Qué métodos cortos puedo ver en el problema?

¡Vuelve atrás! **PM.6 Generalizar** Un amigo va a Videolandia con un juego que originalmente cuesta $50.00. Explica a tu amigo el patrón que notas para hallar el valor del intercambio.

¿Cómo se puede usar el razonamiento repetido para calcular porcentajes?

A

El concejo de estudiantes está vendiendo artículos en una función para juntar fondos de la escuela. Cobran el 150% del precio de cada artículo. ¿Cuál es el precio de venta de los artículos?

Precio original de los artículos

Botella de agua:	$6.00
Camiseta:	$7.00
Mochila:	$12.50

¿Qué debo hacer para resolver el problema?

Debo usar una estrategia para hallar el precio de venta de un artículo y aplicar la estrategia para hallar los precios de venta de los otros artículos.

B **¿Cómo puedo hacer una generalización usando razonamientos repetidos?**

Puedo

- mirar los ejemplos y ver las relaciones.

- hacer una generalización basada en lo que sé sobre hallar porcentajes.

- comprobar si mi generalización funciona con otros números.

C Descompón el porcentaje en dos porcentajes para resolver mentalmente.

$150\% = 100\% + 50\%$

Botella de agua ($6.00): $6.00 + $3.00
El precio de venta de la botella de agua es $9.00.

Luego, aplica esta estrategia a los otros problemas.

Camiseta ($7.00): $7.00 + $3.50
El precio de venta de la camiseta es $10.50.

Mochila ($12.50): $12.50 + $6.25
El precio de venta de la mochila es $18.75.

Entonces, justifico que esta estrategia funcionará en cualquier situación.

El porcentaje de un número se puede calcular como un porcentaje único o se lo puede descomponer en porcentajes que puedas hallar mentalmente.

150% de 6 = 9   El 100% de 6 + el 50% de 6 = 6 + 3 = 9

Son iguales.

¡Convénceme! © **PM.8 Generalizar** Tu banco está anunciando una tasa de interés mensual del $1\frac{1}{2}\%$. Si depositas $120.00, ¿cuánto ganarás después de un mes? Explica tu razonamiento.

© Pearson Education, Inc. 6

☆ Práctica guiada *

© PM.8 Generalizar

Las bicicletas de una tienda se venden con una rebaja del 20%. Henry quiere comprar una bicicleta que cuesta $150.00. ¿Cuánto ahorrará comprando la bicicleta en oferta?

1. ¿Puedes descomponer el porcentaje para que sea la suma de dos números? Explica cómo podrías usar esta estrategia para resolver el problema.

2. ¿Qué otro método puedes usar para justificar tu estrategia?

☆ Práctica independiente ☆

© PM.8 Generalizar

Lena tiene $350.00 en una cuenta de ahorro. El banco ofrece el 3% de interés anual. ¿Cuánto interés ganará la cuenta de Lena en un año?

3. ¿Cómo puedes usar razonamientos repetidos para hacer una generalización sobre el 3% de $350?

4. Comprueba tu generalización. Halla el 3% de $350.

5. ¿De qué otra manera puedes calcular el interés anual para mostrar que tu estrategia funcionará para resolver problemas similares? Justifica tu razonamiento.

Puedes encontrar otro ejemplo en el Grupo F, página 586.

© **Evaluación de rendimiento de *Common Core***

Grandes ofertas del año

Una tienda de artículos de deporte está ofreciendo una rebaja del 30% en todos los productos. Jesse tiene un cupón que puede usar en el precio de venta. ¿El 20% de rebaja sobre el precio rebajado en un 30% es lo mismo que una rebaja del 50%? Explícalo.

Precios originales	
Carpa:	$175.00
Canoa:	$450.00
Raquetas:	$85.00

6. **PM.1 Entender y perseverar** Si Jesse quiere comprar una carpa, ¿qué debe saber para hallar cuánto debe pagar por la carpa después de usar su cupón?

7. **PM.2 Razonar** ¿Qué estrategia puedes usar para hallar el precio de la carpa después de los dos descuentos?

8. **PM.6 Hacerlo con precisión** ¿Cuánto pagará Jesse por la carpa en oferta con su cupón? Muestra tu trabajo.

9. **PM.7 Usar la estructura** Compara una rebaja del 50% con el uso de un cupón de descuento del 20% en una venta con rebajas del 30%. ¿Los dos precios de oferta son iguales? Usa un ejemplo o un contraejemplo para justificar tu respuesta.

© Pearson Education, Inc. 6

Tarea y práctica 11-7

Razonamientos repetidos

¡Revisemos!

Un teléfono celular está en oferta con una rebaja del 40%. ¿Cuánto pagarás por el teléfono si su precio normal es $120?

Indica cómo puedes usar razonamientos repetidos para hallar el precio de oferta del teléfono.

- Puedo hacer una generalización basada en lo que sé sobre hallar porcentajes.

- Puedo comprobar si la generalización funciona para este problema.

Usa lo que sabes sobre hallar porcentajes para hacer una generalización. Comprueba la generalización y justifica tu respuesta.

Puedo hallar el 10% del precio original del teléfono y luego usarlo para hallar el descuento de 40% o el precio de oferta de 60% del precio original.

El 10% de $120.00 es $12.00.

El descuento es $12.00 $\times$ 4 = $48.00.

El precio de oferta del teléfono es $120.00 $-$ $48.00 = $72.00.

Si la rebaja es del 40%, entonces, el precio de oferta es un 60% del precio original. El precio de oferta del teléfono es $12.00 $\times$ 6 = $72.00. Por tanto, un 40% de rebaja sobre $120 es lo mismo que el 60% de $120.

Ⓒ PM.8 Generalizar

Justine está comprando artículos de arte. Por ser empleada de una tienda de artículos de arte, tiene un descuento del 25%. ¿Cuánto pagará por su compra?

Precios de la tienda de arte:

Caballete:	$84.00
Lienzos:	$40.00
Óleos:	$120.00

1. ¿Qué sabes sobre hallar el 25% de un número que te pueda ayudar a resolver este problema?

2. Comprueba tu generalización. Halla precio total que pagará Justin por los lienzos y los óleos. Muestra tu trabajo.

3. ¿Puedes usar la misma estrategia para hallar cuánto pagaría Justin por un caballete? Justifica tu razonamiento.

Entrenamiento

Antonio se está preparando para una carrera de 5 kilómetros. Su mejor tiempo es 20 minutos. El entrenador cree que Antonio puede reducir su tiempo en un 10% y él se propuso como meta personal bajarlo un 15%. ¿Cuál es la diferencia en tiempo entre lo que propone el entrenador y la meta personal de Antonio?

4. PM.4 Representar con modelos matemáticos Completa el diagrama de doble recta numérica para representar la meta que estableció el entrenador de Antonio. Explica el diagrama.

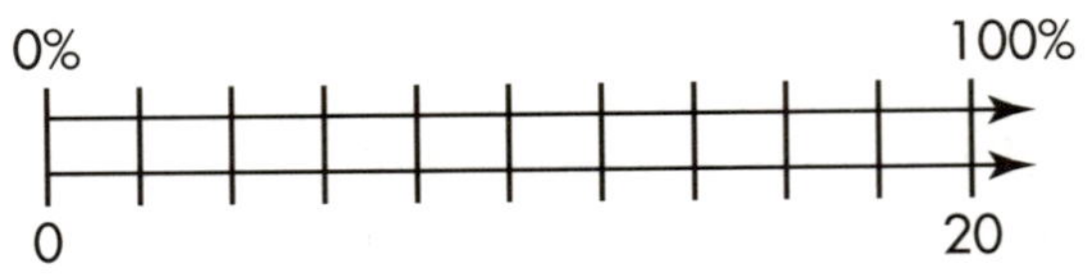

5. PM.7 Usar la estructura Explica cómo puedes usar el diagrama para determinar el tiempo que el entrenador propone como objetivo a alcanzar para Antonio.

6. PM.8 Generalizar Explica cómo puedes usar razonamientos repetidos para hallar el objetivo personal de Antonio. Completa el diagrama de doble recta numérica para apoyar tu respuesta.

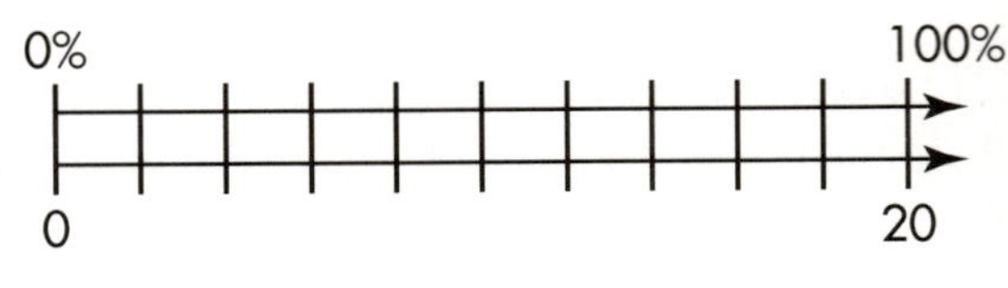

7. PM.6 Hacerlo con precisión ¿Cuál es la diferencia entre los dos objetivos?

© Pearson Education, Inc. 6

Actividad de práctica de fluidez

Trabaja con un compañero. Necesitan papel y lápiz. Cada uno escoge un color diferente: celeste o azul.

El Compañero 1 y el Compañero 2 apuntan a uno de los números negros al mismo tiempo. Ambos multiplican esos números.

Si la respuesta está en el color que escogiste, puedes anotar una marca de conteo. Sigan la actividad hasta que uno de los compañeros tenga doce marcas de conteo.

Puedo...

multiplicar números decimales de varios dígitos.

 **Estándar de contenido**
6.SN.B.3

Compañero 1					Compañero 2
12.3	4.412	36.972	17.1936	13.284	2.5
110.3	0.3792	0.492	0.6618	0.05688	0.04
63.2	0.0738	246.48	275.75	47.97	1.08
9.48	62.088	430.17	39.8	119.124	3.9
15.92	23.7	0.09552	2.528	0.6368	0.006
	30.75	68.256	158	10.2384	

Marcas de conteo del Compañero 1	Marcas de conteo del Compañero 2

Repaso del vocabulario

Lista de palabras

- fracción
- fracciones equivalentes
- números compatibles
- números decimales
- porcentaje
- razón

Comprender el vocabulario

Escoge el mejor término de la Lista de palabras. Escríbelo en el espacio en blanco.

1. Una razón de una cantidad comparada con 100 es un _______________.

2. Una _______________ compara dos cantidades o la cantidad de elementos de dos grupos.

3. _______________ son números que son más fáciles para calcular mentalmente.

Traza una línea para unir cada *fracción, número decimal* o *porcentaje* de la columna A con el número equivalente de la columna B.

Columna A	Columna B
4. $\frac{40}{50}$	$1\frac{3}{4}$
5. 13%	$1\frac{11}{20}$
6. 1.75	0.13
7. 155%	80%

Escribe *siempre, a veces* o *nunca.*

8. Las *fracciones* _______________ se pueden escribir como números decimales.

9. El *porcentaje* de un todo _______________ es menor que el todo.

10. _______________ puedes hallar *números compatibles* si redondeas.

Usar el vocabulario al escribir

11. De 230 estudiantes encuestados, el 11% escogió la gimnasia como su deporte preferido. Explica cómo puedes estimar la cantidad de estudiantes que escogió gimnasia. Usa al menos 2 palabras de la Lista de palabras en tu explicación.

© Pearson Education, Inc. 6

Grupo A páginas 541 a 546

Escribe el porcentaje representado por la parte sombreada de la cuadrícula.

$\frac{54}{100}$ partes sombreadas $= 54\%$

Escribe el porcentaje de la recta numérica que está sombreado.

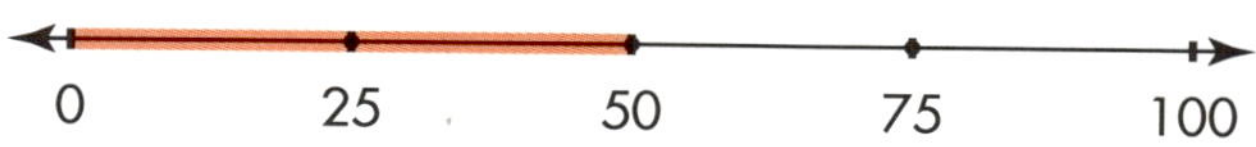

| 0 | 25 | 50 | 75 | 100 |

$\frac{2}{4} = \frac{2 \times 25}{4 \times 25} = \frac{50}{100} = 50\%$

Recuerda que *porcentaje* significa "de cien".

Refuerzo

Escribe el porcentaje sombreado de las figuras.

1.    **2.** 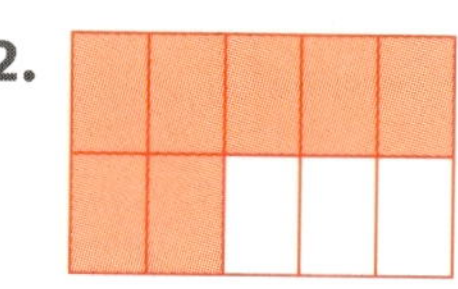

3. 

| 0 | 2 | 4 | 6 | 8 | 10 |

Grupo B páginas 547 a 552

Escribe 37% como una fracción y un número decimal.

37% significa 37 "de cien" o $\frac{37}{100}$.

$\frac{37}{100} = 37 \div 100 = 0.37$

Recuerda que puedes usar una proporción para transformar una fracción en un porcentaje.

Escribe los valores de dos maneras diferentes.

1. 0.16   **2.** $\frac{63}{100}$

3. 27%   **4.** $\frac{7}{8}$

5. 0.55   **6.** 7%

Grupo C páginas 553 a 558

Escribe 221% como una fracción y un número decimal

Fracción como una parte de 100: $\frac{221}{100}$

Número decimal: $\frac{221}{100} = 221 \div 100 = 2.21$

Escribe $\frac{1}{4}\%$ como una fracción y un número decimal.

Fracción: $\frac{1}{4}\% = \frac{1}{4} \times \frac{1}{100} = \frac{1}{400}$

Número decimal: $\frac{1}{4}\% = 0.25\% = \frac{0.25}{100}$

$= \frac{25}{10,000} = 0.0025$

Recuerda que los porcentajes menores que 1% son menores que $\frac{1}{100}$ y que los porcentajes mayores que 100% son más que un todo.

Escribe los porcentajes como una fracción y un número decimal.

1. 140%   **2.** $\frac{7}{10}\%$

3. 375%   **4.** 0.33%

5. 0.5%   **6.** 250%

Grupo D páginas 559 a 564

Estima el 24% de 83.

$24\% \approx 25\% = \frac{1}{4}$ y $83 \approx 80$

$\frac{1}{4} \times 80 = 20$

24% de 83 es aproximadamente 20.

Recuerda que puedes usar fracciones de referencia y números compatibles para estimar porcentajes.

Estima el porcentaje de cada número.

1. 22% de 96

2. 38% de 58

Grupo E páginas 565 a 570, 571 a 576

- Halla el 16% de 73.

  Convierte el porcentaje en un número decimal y multiplica: $0.16 \times 73 = 11.68$.

  El 16% de 73 es 11.68.

- ¿Qué porcentaje de 20 es 8?

  Escribe una ecuación: $x(20) = 8$.

  $x = 8 \div 20 = 0.4$ o el 40%. 8 es el 40% de 20.

- ¿El 80% de qué número es 96?

  Convierte el porcentaje en un número decimal y escribe una ecuación: $0.8n = 96$.

  $n = 96 \div 0.8 = 120$. El 80% de 120 es 96.

Recuerda que puedes escribir una ecuación para hallar la parte, el todo o el porcentaje.

Halla la parte, el todo o el porcentaje.

1. El 9% de 124.

2. ¿Qué porcentaje de 20 es 3?

3. ¿El 80% de qué número es 120?

4. ¿El 40% de qué número es 10?

5. El 43% de 82

6. ¿Qué porcentaje de 30 es 24?

Grupo F páginas 577 a 582

Piensa en tus respuestas a estas preguntas como ayuda para usar **razonamientos repetidos** cuando resuelves problemas de porcentajes.

Hábitos de razonamiento

- ¿Se repiten algunos cálculos?
- ¿Puedo hacer generalizaciones a partir de los ejemplos?
- ¿Qué métodos cortos puedo ver en el problema?

Recuerda que los razonamientos repetidos pueden ayudarte a hallar un método general para resolver los problemas.

Una tienda de artículos de buceo anuncia rebajas del 30%. Carey quiere comprar un traje de buzo y un equipo de buceo. El precio original del equipo de buceo es $180 y el del traje de buzo es $320.

1. ¿Qué generalización puedes hacer sobre el precio de oferta del equipo de buceo?

2. ¿Cómo puedes comprobar y justificar tu estrategia

© Pearson Education, Inc. 6

1. Alicia y su padre están pintando una pared de su sótano. Alicia sombreó una cuadrícula para mostrar cuánto de la pared pintaron hasta ahora. ¿Qué porcentaje de la cuadrícula está sombreado?

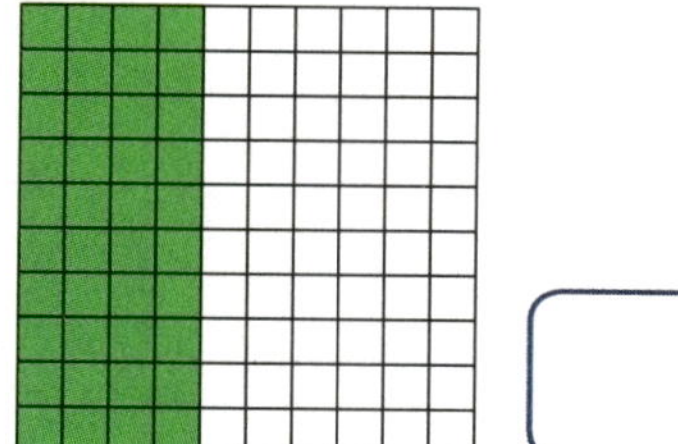

2. Margaret está ahorrando dinero para sus vacaciones de verano. Calcula que la cantidad con la que empieza es el 0.4% de la cantidad total que quiere ahorrar. ¿Cómo se escribe 0.4% en forma de número decimal?

Ⓐ 0.0004

Ⓑ 0.004

Ⓒ 0.04

Ⓓ 0.4

3. La mayoría de la gente gasta aproximadamente el 5% de sus ingresos en entretenimiento. ¿Qué opción es equivalente a 5%? Escoge todas las expresiones equivalentes.

☐ $\frac{1}{20}$

☐ $\frac{1}{5}$

☐ $\frac{5}{100}$

☐ $\frac{1}{2}$

☐ 0.05

☐ 0.005

4. La población de Gilbert aumentó un 275%. ¿Qué opciones son equivalentes a 275%?

4a. 275   ○ Sí   ○ No

4b. $27\frac{1}{2}$ ○ Sí   ○ No

4c. $2\frac{3}{4}$ ○ Sí   ○ No

4d. $\frac{11}{4}$ ○ Sí   ○ No

4e. 2.75   ○ Sí   ○ No

5. Un estudio determinó que el 9% de los dueños de perros cepillan los dientes de sus mascotas. De 578 dueños de perros, aproximadamente ¿cuántos se supone que les cepillan los dientes?

6. Paula desyerbó el 40% de su jardín en 8 minutos. ¿Cuántos minutos le llevará desyerbar todo su jardín? Explica cómo resolviste el problema.

7. La gráfica circular muestra la distribución de los estudiantes de una escuela primaria.

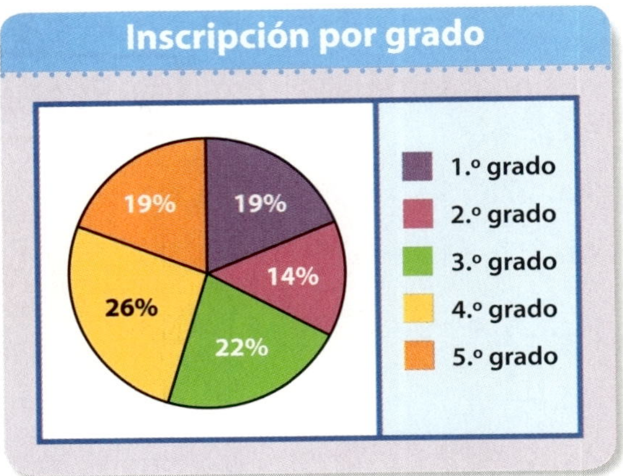

Parte A

Si hay 205 estudiantes en la escuela, aproximadamente ¿cuántos hay en 5.º grado?

Parte B

Explica cómo hiciste la estimación.

8. Todas salvo 4 capitales estatales tienen una carretera interestatal que las comunica. ¿Qué porcentaje de 50 es 4?

9. Traza líneas para unir cada fracción, número decimal o porcentaje de la derecha con un número equivalente de la izquierda.

38%		0.68
$\frac{4}{5}$		$\frac{19}{50}$
$\frac{17}{25}$		$\frac{9}{20}$
$\frac{27}{50}$		80%
0.45		0.54

10. Un abrigo y unas botas están en oferta con una rebaja del 20%. El precio normal del abrigo es $225 y el de botas es $130.

Parte A

Halla el precio de oferta del abrigo. Muestra tu trabajo y explica tu razonamiento.

Parte B

Ken quiere comprar el abrigo y las botas. ¿Cuánto pagará si hace la compra a precio de oferta?

© Pearson Education, Inc. 6

Ed quiere pedir un préstamo de $20,000 al banco para abrir un pequeño gimnasio. Tres bancos le cobran diferentes tasas de interés.

1. La tabla muestra las tasas de interés de las tres opciones.

Tabla A

Banco	Tasa de interés anual	Periodo de pago	Interés total	Interés adicional del préstamo	Pago mensual
First	7.5%	1 año			
City	8.2%	1 año			
Star	9%	1 año			

Parte A

Para hallar el interés total que Ed debe pagar con cada opción, se multiplica la cantidad del préstamo por la tasas de interés anual. Describe una estrategia que puedas usar para hallar el interés total de la primera opción. Aplica la estrategia para hallar el interés total de las tres opciones. Anota esto en la **Tabla A.**

Parte B

Para cada opción, halla la cantidad total que Ed debe devolver (el monto del préstamo más el interés). Anota esto en la **Tabla A.**

Parte C

Ed deberá hacer un pago todos los meses. Calcula la cantidad y completa la **Tabla A.**

2. Como ayuda para decidir por la mejor opción de préstamo, Ed quiere saber el porcentaje de ganancia que tendrá por mes.

Parte A

El total de gastos mensuales incluye el costo del mantenimiento del gimnasio, $5,000 por mes, y el pago por mes de la devolución del préstamo. Halla los gastos totales por mes de Ed para cada opción de préstamo. Anota esto en la **Tabla B.**

Tabla B

Banco	Periodo de pago	Promedio de ingresos mensuales	Total de gastos mensuales	Promedio de ganancia mensual	Porcentaje de ganancia estimado
First	1 año	$7,500			
City	1 año	$7,500			
Star	1 año	$7,500			

Parte B

Durante el primer año, Ed espera tener un ingreso promedio de $7,500 por mes. Halla el promedio de ganancia mensual del Ed. Explica cómo hallar la ganancia mensual y luego completa la **Tabla B.**

Parte C

Explica cómo hallaste el porcentaje de ganancia estimado.

3. El objetivo de Ed es lograr la mayor ganancia. ¿El préstamo de qué banco debería usar Ed para alcanzar su objetivo? Explica tu elección.

© Pearson Education, Inc. 6

Dividir fracciones por fracciones

Pregunta esencial: ¿Cuáles son los procedimientos estándar para estimar y hallar cocientes de las fracciones y los números mixtos?

Proyecto de Matemáticas y Ciencias: Agricultura por fracciones

Investigar Usa la Internet u otras fuentes para aprender sobre la rotación de cultivos de tres campos. También investiga los beneficios de usar este método para cultivar.

Diario: Escribir un informe Incluye lo que averiguaste. En tu informe, también:

- calcula la cantidad de campos que se pueden formar en un terreno que mide $3\frac{3}{5}$ acres.

- planea una rotación de cultivos de tres campos para el terreno. Crea un mapa que muestre qué se planta en cada campo cada turno.

- describe cómo la rotación de los cultivos reduce el impacto humano en el medio ambiente.

Repasa lo que sabes

A-Z Vocabulario

Escoge el mejor término del recuadro. Escríbelo en el espacio en blanco.

- cociente
- dividendo
- divisor
- expresiones equivalentes
- número mixto

1. El resultado de un problema de división es un _________________.

2. El número por el que se divide es el _________________.

3. Las expresiones que tienen el mismo valor son _________________.

4. Un número que combina un número entero y una fracción se llama _________________.

Resolver ecuaciones

Resuelve las ecuaciones.

5. $g \div 7 = 45$

6. $r + 312 = 487$

7. $\frac{k}{3} = 15$

8. $6m = 252$

9. $538 = a - 108$

10. $5w = 210$

Números mixtos y fracciones

Escribe los números mixtos como fracciones y las fracciones como números mixtos.

11. $8\frac{1}{3}$

12. $5\frac{3}{5}$

13. $2\frac{5}{8}$

14. $3\frac{4}{9}$

15. $\frac{24}{7}$

16. $\frac{43}{9}$

17. $\frac{59}{8}$

18. $\frac{32}{5}$

Expresiones verbales

19. ¿Cuál es la relación entre las expresiones "$\frac{1}{4}$ de 12" y "12 dividido por 4"?

Nombre ___________________________

Supón que se necesita una correa de cuero de $\frac{2}{3}$ de pie de longitud para hacer una correa de reloj. ¿Cuántas correas de reloj pueden hacerse con una correa de cuero de 4 pies de longitud?

Lección 12-1
División de fracciones

Puedo...
usar modelos para dividir con fracciones.

© **Estándar de contenido** 6.SN.A.1
Prácticas matemáticas PM.2, PM.4

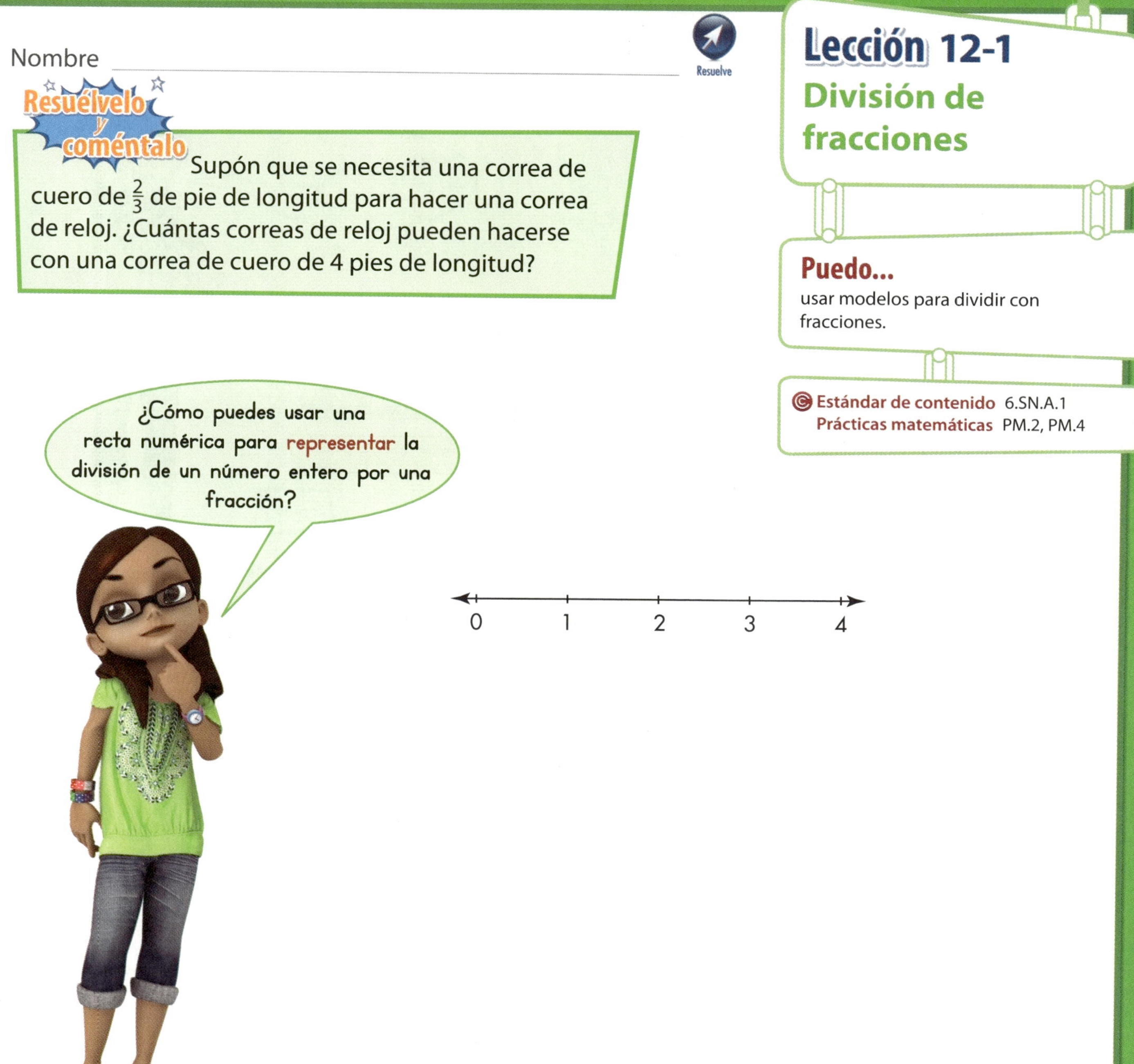

¡Vuelve atrás! © **PM.4 Representar con modelos matemáticos**
Escribe una ecuación que represente el problema y dé una solución.

Pregunta esencial **¿Cómo se puede representar la división de fracciones?**

A

El Sr. Roberts piensa usar tablas que miden $\frac{3}{4}$ de pie de longitud cada una para hacer un conjunto de estantes. ¿Cuántos estantes puede hacer con una tabla que mide 3 pies de longitud?

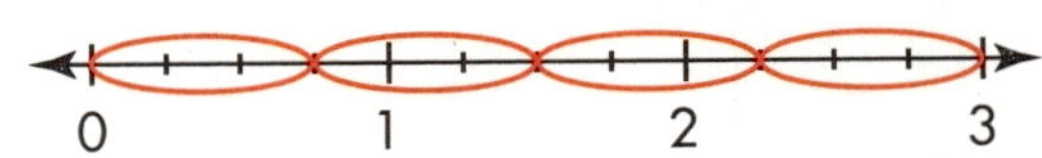

B ## Una manera

Escribe 3 como una fracción con denominador 4, $\frac{12}{4}$. Piensa la división como la repetición de una resta.

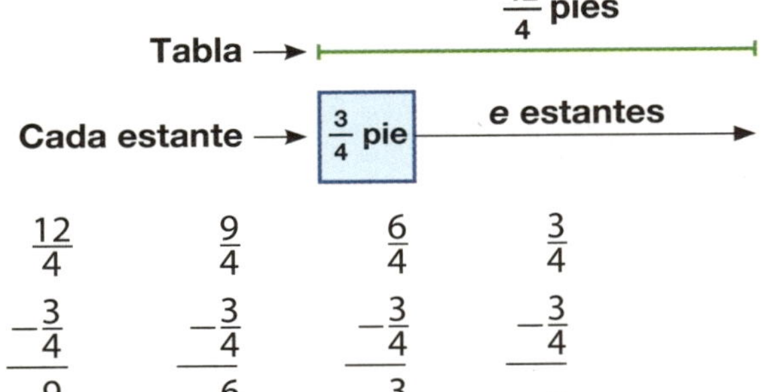

$$\begin{array}{cccc} \frac{12}{4} & \frac{9}{4} & \frac{6}{4} & \frac{3}{4} \\ -\frac{3}{4} & -\frac{3}{4} & -\frac{3}{4} & -\frac{3}{4} \\ \hline \frac{9}{4} & \frac{6}{4} & \frac{3}{4} & 0 \end{array}$$

El Sr. Roberts puede hacer 4 estantes.

C ## Otra manera

Usa una recta numérica para mostrar 3 pies. Divídela en partes de $\frac{3}{4}$ de pie.

0   1   2   3

Por tanto, $3 \div \frac{3}{4} = 4$.

El Sr. Roberts puede hacer 4 estantes.

¡Convénceme! © **PM.4 Representar con modelos matemáticos** Una tabla mide 6 pies de longitud. ¿Cuántos pedazos de $\frac{2}{3}$ de pie se pueden cortar de la tabla? Usa la recta numérica para mostrar cómo lo sabes.

Amigo de práctica · Herramientas · Evaluación

Otro ejemplo

¿Cuánta lasaña recibirá cada uno si 3 amigos deciden compartir media bandeja en partes iguales? Haz un diagrama para hallar $\frac{1}{2} \div 3$.

Haz un dibujo que muestre $\frac{1}{2}$.

$\frac{1}{2}$

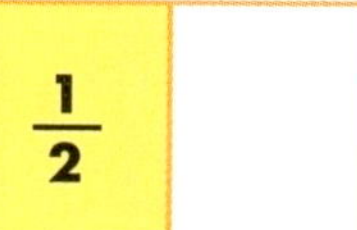

Divide $\frac{1}{2}$ en 3 partes iguales.

$\frac{1}{2} \div 3$

Cada parte es $\frac{1}{6}$ del entero.

$\frac{1}{2} \div 3 = \frac{1}{6}$

Cada persona recibirá $\frac{1}{6}$ de bandeja de lasaña.

⭐ Práctica guiada *

¿Lo entiendes?

1. © **PM.2 Razonar** Haz un diagrama que represente $8 \div \frac{2}{3}$. Luego, escribe una ecuación para mostrar la solución.

¿Cómo hacerlo?

2. ¿Qué ecuación de división representa el diagrama?

⭐ Práctica independiente

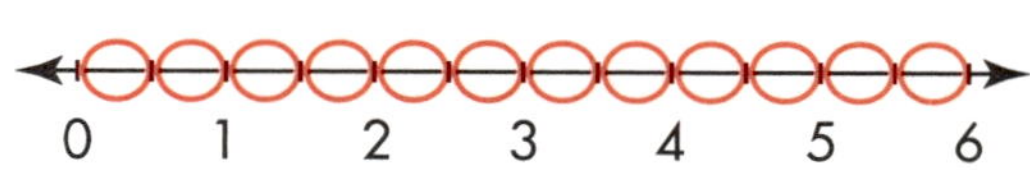

Práctica al nivel Completa las divisiones en los Ejercicios **3** y **4**.

3. $6 \div \boxed{} = 12$

0 1 2 3 4 5 6

La recta numérica muestra 6 enteros.

4. $\frac{2}{3} \div \boxed{} = \frac{2}{9}$

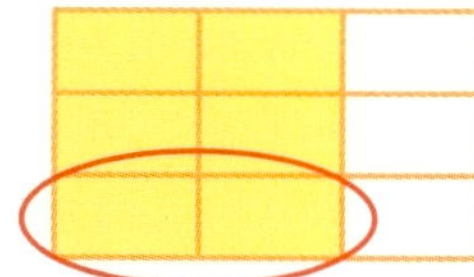

Halla los cocientes y haz un diagrama como ayuda en los Ejercicios **5** y **6**.

5. $\frac{3}{5} \div 3$

6. $2 \div \frac{2}{5}$

Prácticas matemáticas y resolución de problemas

7. © **PM.4 Representar con modelos matemáticos**
Una mesera sirve $\frac{3}{4}$ de galón de jugo equitativamente en 5 jarras. ¿Qué fracción de un galón de jugo hay en cada jarra? Usa el rectángulo para representar el problema. Luego escribe una ecuación que muestre la solución.

8. El maestro de gimnasia tiene 15 bates y 6 pelotas de softbol. Pone una cantidad igual de bates y de pelotas en cada una de 3 bolsas. Si no quedan bates ni pelotas sueltos cuando termina, ¿cuántos bates y pelotas hay en cada bolsa?

9. Razonamiento de orden superior Escribe y resuelve un problema de la vida diaria que pueda resolverse usando la ecuación $8 \div \frac{4}{5} = 10$.

© Evaluación de *Common Core*

10. Un empleado vuelca 3 cuartos de líquido en recipientes de $\frac{3}{8}$ de cuarto. Quiere hallar cuántos recipientes puede llenar.

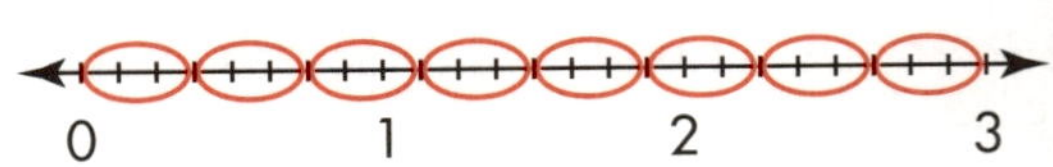

Parte A

Explica cómo la representación de la recta numérica de arriba muestra la cantidad de recipientes que se pueden llenar.

Parte B

Usa la recta numérica para escribir la ecuación de división que representa el problema.

© Pearson Education, Inc. 6

**Tarea y práctica
12-1**
**División de
fracciones**

¡Revisemos!

Halla $\frac{3}{8} \div 4$.

Haz un modelo de área que muestre $\frac{3}{8}$.

El divisor es 4; por tanto, divide el modelo de área en cuartos.

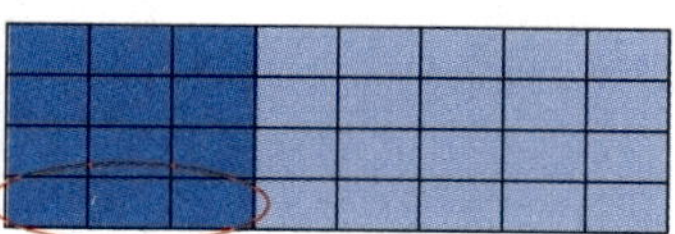

Por tanto, $\frac{3}{8} \div 4 = \frac{3}{32}$.

Halla $4 \div \frac{2}{3}$.

Usa una recta numérica para mostrar 4 unidades.

Divídela en partes de $\frac{2}{3}$ de unidad.

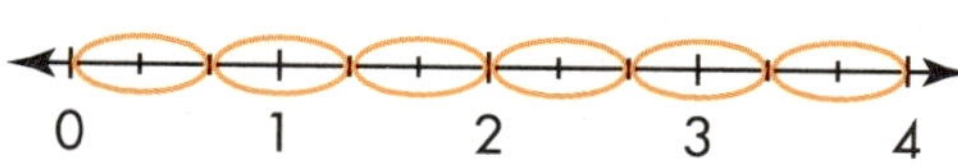

Por tanto, $4 \div \frac{2}{3} = 6$.

Completa las divisiones en los Ejercicios **1** y **2**.

1. $\frac{2}{3} \div \square = \square = \square$

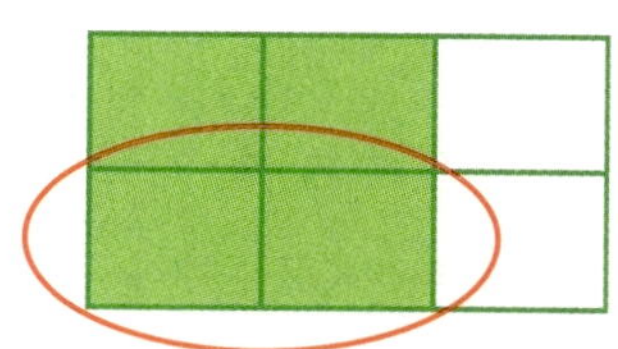

2. $3 \div \square = \square$

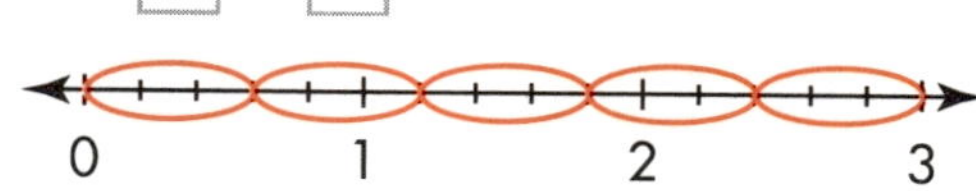

Halla los cocientes y haz un diagrama como ayuda en los Ejercicios **3** a **6**.

3. $\frac{3}{5} \div 2$

4. $4 \div \frac{2}{5}$

5. $4 \div \frac{4}{5}$

6. $\frac{5}{6} \div 2$

7. **© PM.2 Razonar** Un equipo practica en un campo de $\frac{3}{8}$ de acre. El entrenador divide el campo en dos partes iguales para la práctica. ¿Qué fracción de un acre es cada parte?

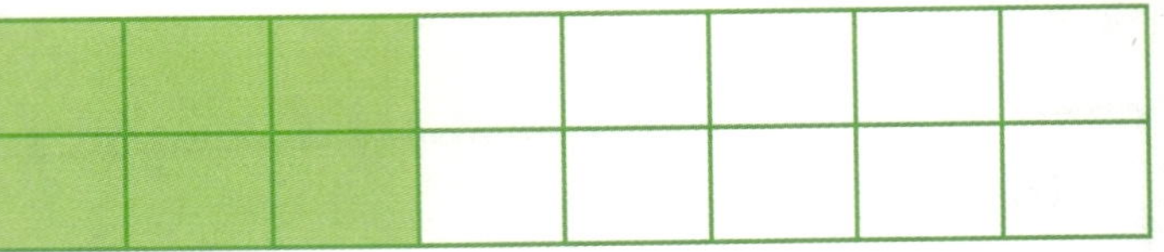

8. **© PM.4 Representar con modelos matemáticos** Un canal mide 10 millas de longitud. Tiene una compuerta cada $\frac{2}{3}$ de milla. ¿Cuántas compuertas tiene el canal? Dibuja una recta numérica para representar el problema.

9. En una tienda, se venden botellas de agua en paquetes de 12 y botellas de jugo en paquetes de 8. Elizabeth quiere comprar la menor cantidad posible de paquetes para tener igual cantidad de botellas de agua que de jugo. ¿Cuántos paquetes de cada uno debe comprar?

10. **Razonamiento de orden superior** Olivia dividió una fracción por $\frac{3}{4}$. El cociente fue un número entero. ¿El dividendo es menor que $\frac{3}{4}$? Explica tu razonamiento.

© Evaluación de *Common Core*

11. Helen usa $\frac{5}{8}$ de libra de carne para hacer dos hamburguesas de igual tamaño. Quiere hallar cuánto pesa cada hamburguesa.

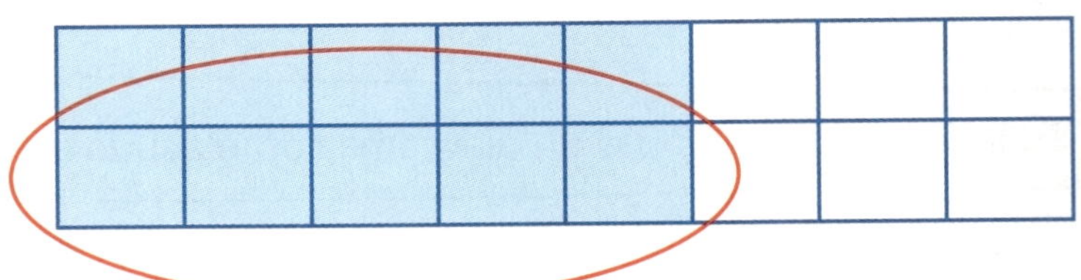

Parte A

Explica cómo el modelo de área de arriba muestra cuánto pesa cada hamburguesa.

Parte B

Escribe una ecuación de división que represente el problema.

© Pearson Education, Inc. 6

Halla el valor de las expresiones en el cartel de abajo. Luego escribe dos ecuaciones que muestren los valores que hallaste. **Resuelve este problema de la manera que prefieras.**

¡Vuelve atrás! **PM.7 Buscar relaciones** Compara las dos ecuaciones que escribiste. ¿En qué se parecen y en qué se diferencian?

Pregunta esencial ¿Cómo se pueden dividir números enteros por fracciones?

A

Observa las divisiones y multiplicaciones de la derecha. Halla un patrón que te ayude a dividir. Luego usa el patrón para hallar el cociente de $4 \div \frac{2}{3}$.

$8 \div \frac{4}{1} = 2$	$8 \times \frac{1}{4} = 2$
$6 \div \frac{2}{1} = 3$	$6 \times \frac{1}{2} = 3$
$5 \div \frac{1}{2} = 10$	$5 \times \frac{2}{1} = 10$
$3 \div \frac{3}{4} = 4$	$3 \times \frac{4}{3} = 4$

B

Dos números cuyo producto es 1 se llaman recíprocos. Si un número distinto de cero se nombra como la fracción $\frac{a}{b}$, entonces su recíproco es $\frac{b}{a}$.

C

Para hallar $4 \div \frac{2}{3}$, vuelve a escribir el problema como una multiplicación.

$$4 \div \frac{2}{3} = 4 \times \frac{3}{2}$$
$$= \frac{4}{1} \times \frac{3}{2}$$
$$= \frac{12}{2}$$

Escribe el cociente como un número entero o un número mixto.

$$\frac{12}{2} = 6$$

¡Convénceme! © **PM.7 Usar la estructura** Usa el patrón para dividir por una fracción para hallar $8 \div \frac{3}{4}$.

© Pearson Education, Inc. 6

☆ Práctica guiada *

¿Lo entiendes?

1. © **PM.2 Razonar** ¿Es $4 \div \frac{3}{2}$ lo mismo que $4 \div \frac{2}{3}$? Explícalo.

2. ¿Cómo puedes escribir cualquier número entero distinto de cero como una fracción?

3. © **PM.7 Buscar relaciones** ¿Cómo se relacionan el cociente y el dividendo cuando el divisor es una fracción menor que 1?

¿Cómo hacerlo?

Halla los recíprocos en los Ejercicios **4** a **7**.

4. $\frac{3}{5}$ **5.** $\frac{1}{6}$

6. 9   **7.** $\frac{7}{4}$

Halla los cocientes en los Ejercicios **8** a **11**.

8. $6 \div \frac{2}{3}$ **9.** $12 \div \frac{3}{8}$

10. $2 \div \frac{1}{2}$ **11.** $3 \div \frac{1}{4}$

☆ Práctica independiente

Halla los recíprocos en los Ejercicios **12** a **19**.

12. $\frac{3}{10}$ **13.** 6   **14.** $\frac{1}{15}$ **15.** 3

16. $\frac{7}{12}$ **17.** $\frac{11}{5}$ **18.** 12   **19.** $\frac{22}{5}$

Halla los cocientes en los Ejercicios **20** a **31**.

20. $4 \div \frac{4}{7}$ **21.** $2 \div \frac{3}{8}$ **22.** $5 \div \frac{2}{3}$ **23.** $9 \div \frac{4}{5}$

24. $36 \div \frac{3}{4}$ **25.** $7 \div \frac{3}{4}$ **26.** $18 \div \frac{2}{3}$ **27.** $20 \div \frac{1}{2}$

28. $9 \div \frac{3}{5}$ **29.** $5 \div \frac{2}{7}$ **30.** $12 \div \frac{1}{3}$ **31.** $8 \div \frac{3}{8}$

*Puedes encontrar otro ejemplo en el Grupo A, página 649.

Prácticas matemáticas y resolución de problemas

32. **Razonamiento de orden superior** Sin hacer cálculos, ¿cómo puedes usar la información dada para indicar qué animal se mueve más rápido?

33. © **PM.2 Razonar** El cociente $250 \div \frac{5}{8}$ indica qué distancia puede recorrer un perezoso en una hora. ¿Qué distancia recorrerá en 90 minutos? Justifica tu razonamiento.

34. El cociente $600 \div \frac{2}{3}$ indica qué distancia recorre una tortuga en una hora. Halla esa distancia.

35. © **PM.4 Representar con modelos matemáticos** Escribe y resuelve una ecuación para hallar qué distancia puede recorrer un caracol en una hora.

---

36. Nancy ahorra 30% del dinero que gana como niñera. ¿Cuánto ahorrará por cuidar a un niño si le pagan $15?

© Evaluación de *Common Core*

37. Marca todas las ecuaciones que sean verdaderas.

- [ ] $14 \div \frac{7}{10} = 14 \times \frac{10}{7}$
- [ ] $12 \div \frac{2}{3} = \frac{1}{12} \times \frac{2}{3}$
- [ ] $10 \div \frac{3}{5} = 10 \times \frac{5}{3}$
- [ ] $20 \div 4 = 20 \times \frac{1}{4}$
- [ ] $16 \div \frac{4}{5} = \frac{1}{16} \times \frac{4}{5}$

© Pearson Education, Inc. 6

Tarea y práctica 12-2

Dividir un número entero por una fracción

¡Revisemos!

Para dividir un número entero por una fracción, puedes multiplicar el número entero por el recíproco de la fracción.

Halla $14 \div \frac{4}{7}$.

Paso 1	**Paso 2**	**Paso 3**
Vuelve a escribir la división como una multiplicación usando el recíproco del divisor. $$14 \div \frac{4}{7} = 14 \times \frac{7}{4}$$	Escribe 14 como una fracción y luego multiplica. $$\frac{14}{1} \times \frac{7}{4} = \frac{98}{4} = \frac{49}{2}$$	Escribe el cociente como un número entero o un número mixto. $$\frac{49}{2} = 24\frac{1}{2}$$

Halla los recíprocos en los Ejercicios 1 a 3.

1. $\frac{5}{9}$

2. 8

3. $\frac{7}{3}$

Halla los cocientes en los Ejercicios 4 a 15.

4. $8 \div \frac{2}{5}$

5. $4 \div \frac{1}{6}$

6. $18 \div \frac{3}{8}$

7. $12 \div \frac{1}{2}$

8. $42 \div \frac{7}{9}$

9. $10 \div \frac{5}{6}$

10. $20 \div \frac{3}{4}$

11. $22 \div \frac{5}{6}$

12. $7 \div \frac{2}{3}$

13. $9 \div \frac{1}{8}$

14. $15 \div \frac{1}{3}$

15. $6 \div \frac{1}{5}$

16. **Matemáticas y Ciencias** Las abejas obtienen el néctar que necesitan para hacer miel de las flores. En el proceso, llevan polen de una planta a otra. Esto provoca la polinización necesaria para que las frutas y las verduras crezcan. Esta relación de ayuda mutua se llama *simbiosis.* Escribe 80% como un decimal y como una fracción.

17. © **PM.1 Entender y perseverar** Se estima que una abeja puede hacer aproximadamente $\frac{1}{12}$ de cucharadita de miel en su vida. ¿Cuántas abejas se necesitarán para hacer dos cucharadas de miel?

18. © **PM.2 Razonar** Una tienda vende miel en frascos de $\frac{3}{8}$ de cuarto. Si la tienda tiene 24 cuartos de miel disponibles en un estante, ¿cuántos frascos de miel hay en el estante?

19. Una grabación del estado del tiempo actual dura $\frac{3}{4}$ de minuto. Si la grabación se reproduce de manera continua, ¿cuántas veces se reproducirá durante 1 hora?

20. **Razonamiento de orden superior** ¿Qué compra es mejor, $\frac{1}{2}$ galón de jugo de naranja por \$3.99 o $\frac{1}{4}$ de galón por \$1.79? Explícalo.

21. **Sentido numérico** ¿Cuántas hamburguesas de $\frac{3}{8}$ de libra se pueden hacer con 3 libras de pavo molido?

22. En el número 5.78342, ¿qué dígito está en el lugar de las diezmilésimas?

© **Evaluación de *Common Core***

23. Marca todos los enunciados numéricos que sean verdaderos.

- ☐ $7 \div \frac{2}{3} < 7$
- ☐ $7 \div \frac{3}{2} < 7$
- ☐ $12 \div \frac{3}{4} = 12 \times \frac{4}{3}$
- ☐ $12 \div \frac{1}{12} = 12 \times 12$
- ☐ $15 \div \frac{1}{2} = 15 \times \frac{1}{4}$

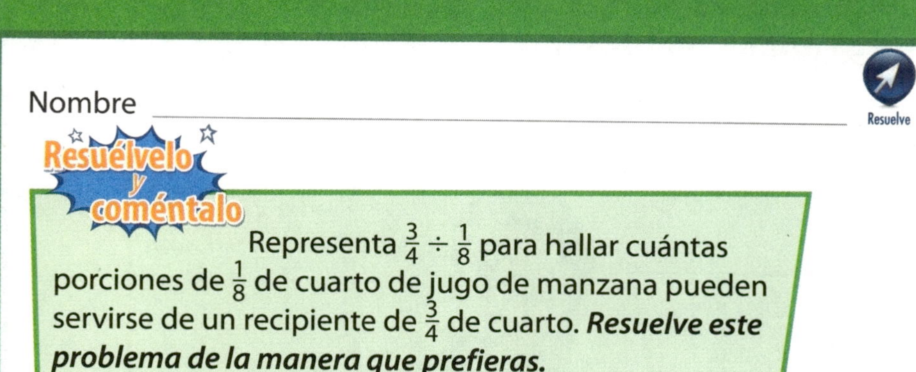

Representa $\frac{3}{4} \div \frac{1}{8}$ para hallar cuántas porciones de $\frac{1}{8}$ de cuarto de jugo de manzana pueden servirse de un recipiente de $\frac{3}{4}$ de cuarto. *Resuelve este problema de la manera que prefieras.*

Puedo...

hacer y usar modelos para dividir una fracción por otra fracción.

© **Estándar de contenido** 6.SN.A.1
Prácticas matemáticas PM.1, PM.2, PM.4, PM.5

¡Vuelve atrás! © **PM.1 Entender y perseverar** ¿Cómo puedes comprobar si tu respuesta tiene sentido?

¿Cómo se puede representar la división de una fracción por otra?

A

Simón compra $\frac{1}{2}$ yarda de tela. Usa $\frac{1}{6}$ de yarda para hacer una pelota. ¿Cuántas pelotas puede hacer? Halla $\frac{1}{2} \div \frac{1}{6}$.

B

Paso 1

Dibuja un modelo de área que muestre el dividendo, $\frac{1}{2}$.

C

Paso 2

Divide el mismo modelo de área en partes de $\frac{1}{6}$ para mostrar el divisor.

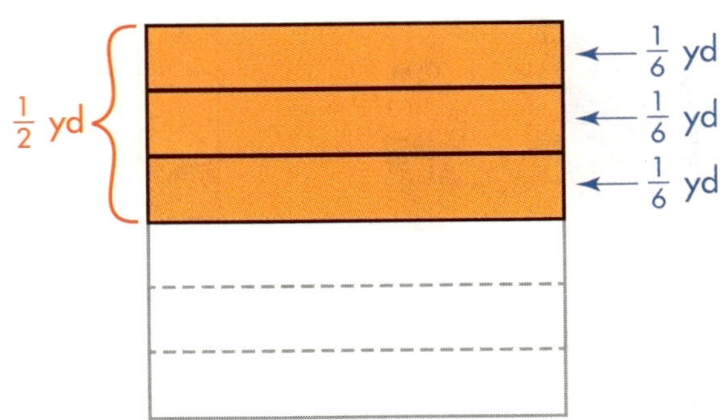

Hay tres $\frac{1}{6}$ en $\frac{1}{2}$.

Por tanto, $\frac{1}{2} \div \frac{1}{6} = 3$.

Simón puede hacer 3 pelotas.

¡Convénceme! © **PM.5 Usar herramientas apropiadas** Usa la recta numérica de abajo para representar $\frac{1}{6} \times 3 = \frac{1}{2}$. Luego escribe una división equivalente que también muestre tu modelo.

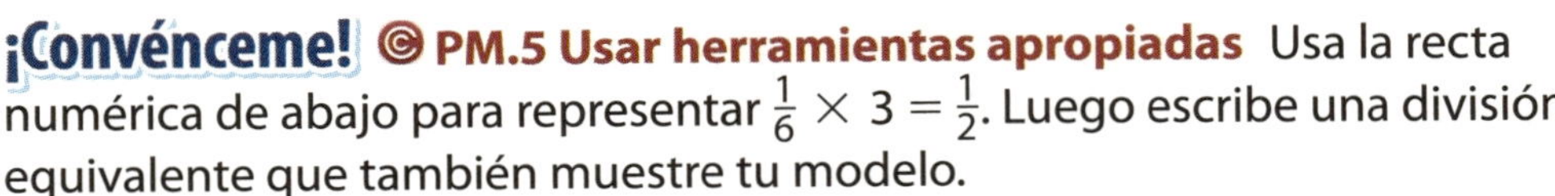

© Pearson Education, Inc. 6

Otro ejemplo

¿Cuánto de una porción de $\frac{3}{4}$ de taza hay en $\frac{2}{3}$ de taza de yogur? Halla $\frac{2}{3} \div \frac{3}{4}$.

Paso 1

Dibuja tiras de área para mostrar $\frac{2}{3}$ y $\frac{3}{4}$.

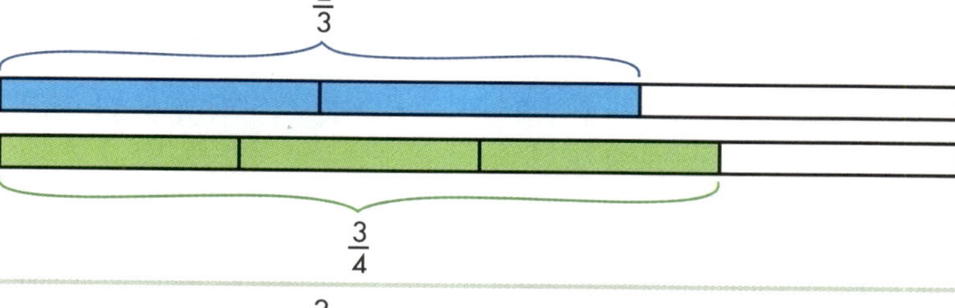

Paso 2

Usa la unidad común de los doceavos para comparar $\frac{2}{3}$ y $\frac{3}{4}$.

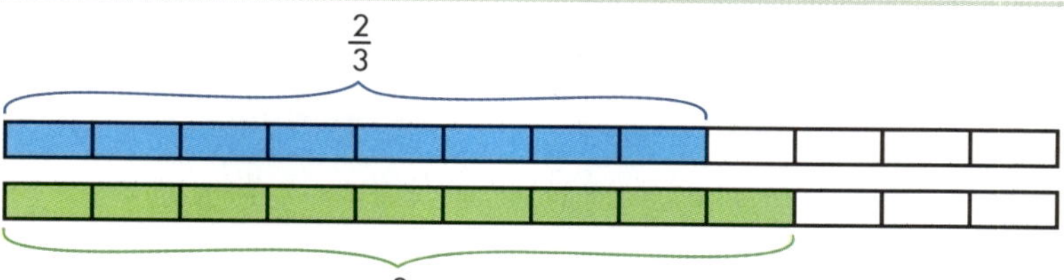

Observa que $\frac{2}{3}$ tiene 8 partes cuando $\frac{3}{4}$ se divide en 9 partes iguales. Por tanto, $\frac{2}{3}$ de taza es $\frac{8}{9}$ de una porción de $\frac{3}{4}$ de taza.

☆ Práctica guiada *

¿Lo entiendes?

1. **© PM.2 Razonar** Si divides $\frac{9}{10}$ por $\frac{3}{5}$, ¿el cociente será mayor o menor que $\frac{3}{5}$?

¿Cómo hacerlo?

2. Escribe una división que represente el modelo.

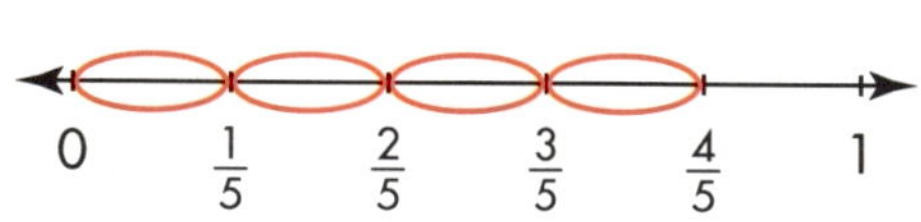

☆ Práctica independiente ☆

Completa las divisiones usando los modelos dados en los Ejercicios **3** y **4**.

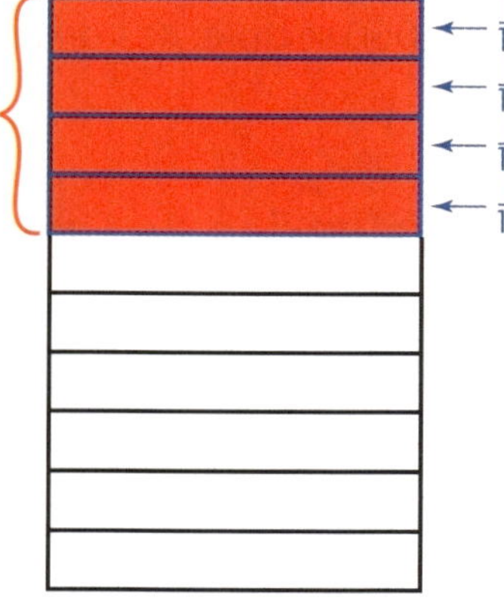

3. $\frac{1}{3} \div \frac{1}{12} = \square$

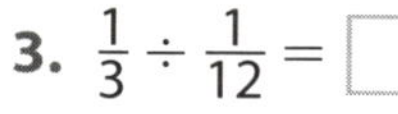

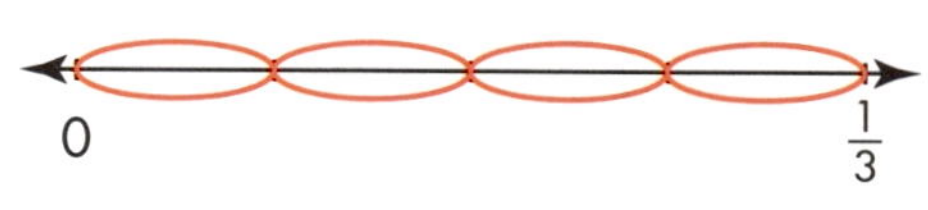

4. $\frac{2}{5} \div \frac{1}{10} = \square$

Haz un modelo para hallar los cocientes en los Ejercicios **5** a **8**.

5. $\frac{2}{3} \div \frac{1}{3}$

6. $\frac{1}{2} \div \frac{1}{16}$

7. $\frac{1}{4} \div \frac{1}{12}$

8. $\frac{6}{7} \div \frac{3}{7}$

Prácticas matemáticas y resolución de problemas

9. © **PM.4 Representar con modelos matemáticos** Una cafetería usa $\frac{1}{6}$ de libra de café para llenar un dispensador de café grande. La cafetería tiene $\frac{2}{3}$ de libra de café para usar.

   a. Completa el modelo de la derecha para hallar cuántos dispensadores de café se pueden llenar.

   b. Escribe una división que describa el modelo e indique cuántos dispensadores pueden llenarse.

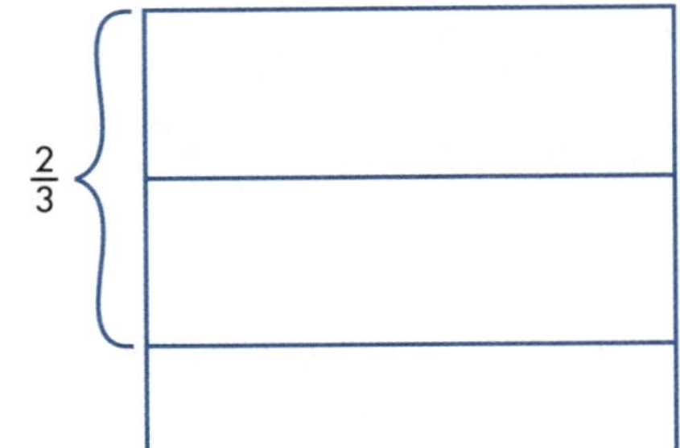

10. © **PM.4 Representar con modelos matemáticos** Una carga completa para un camión pequeño es de $\frac{2}{3}$ de tonelada de grava. Este camión tiene una carga de $\frac{1}{2}$ tonelada de grava.

   a. Completa el modelo de abajo para hallar qué fracción de una carga completa carga el camión.

   b. Escribe una división que describa el modelo e indique qué fracción de una carga completa carga el camión.

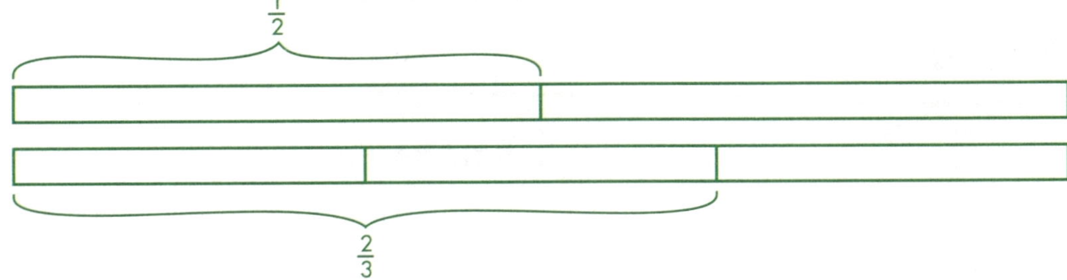

11. Los arándanos se envían en cajas que contienen 24 recipientes de plástico cada una. ¿Cuántas cajas se necesitan para enviar 1,060 recipientes de arándanos?

12. **Razonamiento de orden superior** Escribe un problema que se pueda resolver hallando $\frac{2}{5} \div \frac{5}{8}$.

© **Evaluación de *Common Core***

13. ¿Qué división representa el modelo de la derecha?

   Ⓐ $\frac{2}{3} \div \frac{1}{9} = 6$

   Ⓑ $\frac{1}{9} \div \frac{2}{3} = \frac{1}{6}$

   Ⓒ $6 \div \frac{1}{9} = 54$

   Ⓓ $6 \div \frac{2}{3} = 9$

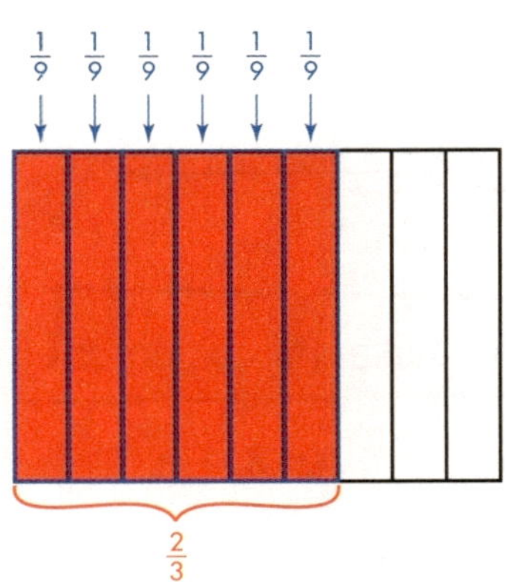

© Pearson Education, Inc. 6

Tarea y práctica 12-3

Usar modelos para dividir fracciones

¡Revisemos!

Halla $\frac{1}{3} \div \frac{1}{6}$.

Paso 1

Usa una tira de $\frac{1}{3}$ para representar el dividendo.

Paso 2

Ubica la tira de los sextos abajo de la tira de los tercios para representar el divisor.

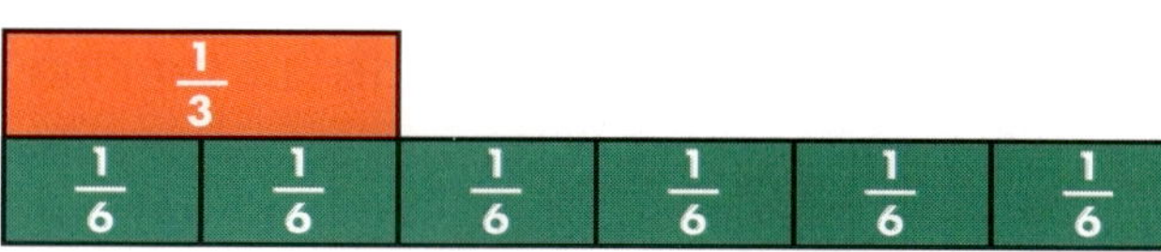

Paso 3

Cuenta cuántos sextos hay a lo largo de $\frac{1}{3}$.

Hay dos sextos a lo largo de $\frac{1}{3}$. Por tanto, $\frac{1}{3} \div \frac{1}{6} = 2$.

Completa las divisiones usando los modelos dados en los Ejercicios **1** a **4**.

1. $\frac{3}{4} \div \frac{1}{12} = \square$

2. $\frac{4}{5} \div \frac{1}{10} = \square$

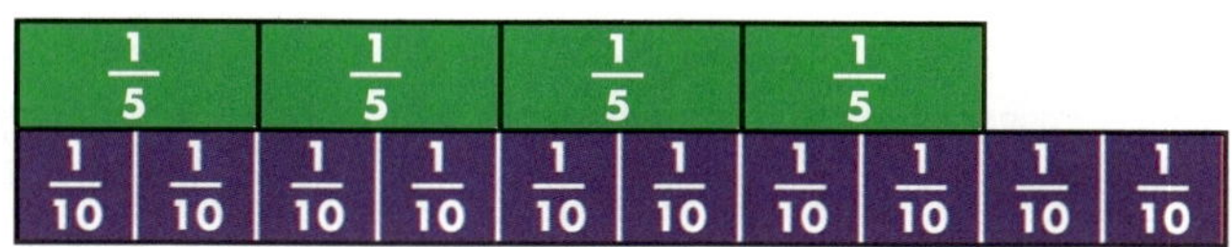

3. $\frac{5}{6} \div \frac{1}{6} = \square$

4. $\frac{3}{5} \div \frac{1}{10} = \square$

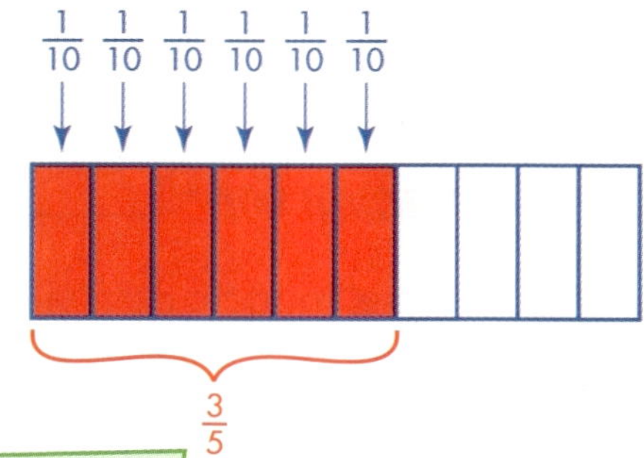

Haz un modelo para hallar los cocientes en los Ejercicios **5** a **8**.

5. $\frac{7}{8} \div \frac{1}{8}$

6. $\frac{6}{7} \div \frac{2}{7}$

7. $\frac{3}{4} \div \frac{1}{16}$

8. $\frac{5}{8} \div \frac{5}{16}$

9. **© PM.4 Representar con modelos matemáticos** Los vasos para jugo que usan en el restaurante Buen Día contienen $\frac{1}{8}$ de cuarto de jugo. Una jarra pequeña contiene $\frac{3}{4}$ de cuarto de jugo.

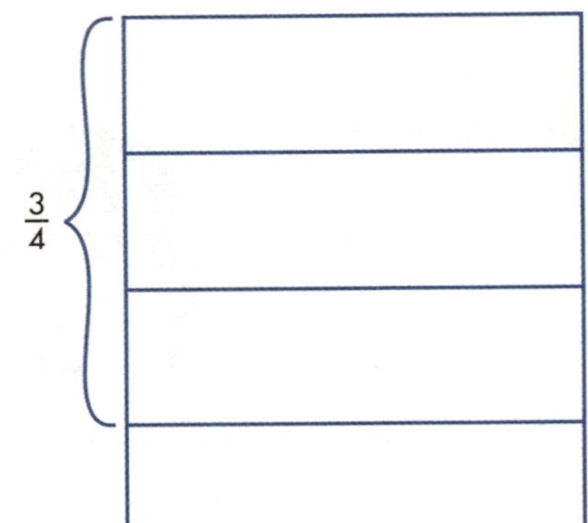

a. Completa el modelo de la derecha para hallar cuántos vasos de jugo pueden llenarse con una jarra pequeña.

b. Escribe una división que describa el modelo e indique cuántos vasos de jugo pueden llenarse.

10. **© PM.4 Representar con modelos matemáticos** Una porción grande de leche en un restaurante contiene $\frac{3}{4}$ de pinta. A Ricky le queda $\frac{1}{2}$ pinta de leche en su vaso.

a. Completa el modelo de abajo para hallar qué cantidad de una porción grande de leche le queda a Ricky.

b. Escribe una división que describa el modelo e indique cuánto queda de una porción grande de leche.

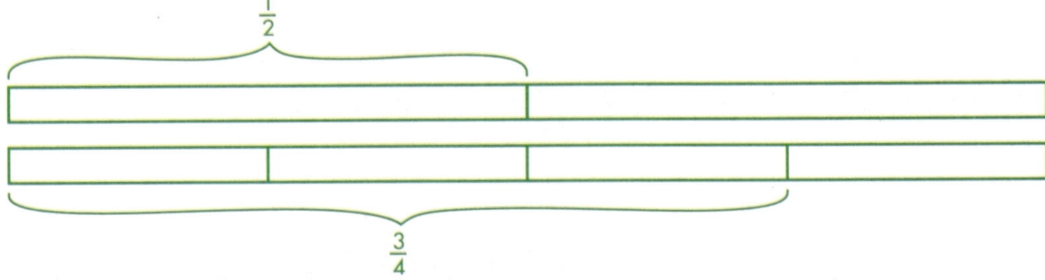

11. Una mañana, 32 personas desayunan en el restaurante. Ocho de esas personas comen panqueques. ¿Qué porcentaje de la gente que desayuna come panqueques?

12. **Razonamiento de orden superior** ¿Cuándo el cociente de dos fracciones menores que 1 es mayor que alguna de las fracciones?

© Evaluación de *Common Core*

13. ¿Qué división muestra el modelo de abajo?

Ⓐ $10 \div \frac{1}{16} = 160$

Ⓑ $10 \div \frac{5}{8} = 16$

Ⓒ $\frac{5}{8} \div \frac{1}{16} = 10$

Ⓓ $\frac{5}{8} \div \frac{1}{10} = 6\frac{1}{4}$

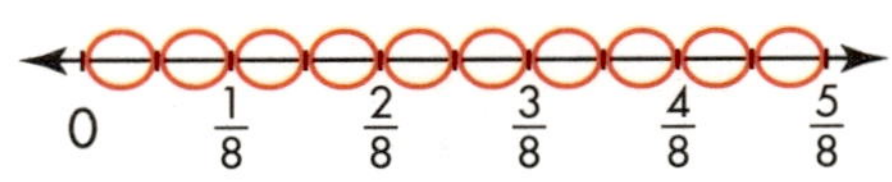

© Pearson Education, Inc. 6

Resuélvelo y coméntalo

Una barra de granola se cortó en 6 pedazos iguales. Alguien se comió una parte, por lo que quedaron $\frac{2}{3}$ de la barra original. ¿Cuántas partes de $\frac{1}{6}$ quedan? Completa el dibujo para hallar $\frac{2}{3} \div \frac{1}{6}$.

$$\frac{2}{3}$$

Lección 12-4
Dividir fracciones

Puedo...
dividir una fracción por otra fracción.

Estándar de contenido 6.SN.A.1
Prácticas matemáticas PM.1, PM.2, PM.3, PM.4, PM.6, PM.7

¡Vuelve atrás! **PM.7 Usar la estructura** ¿Cómo puedes usar la multiplicación para comprobar tu respuesta?

Pregunta esencial **¿Cómo se puede hallar el cociente de dos fracciones?**

A

Andrew tiene $\frac{3}{4}$ de galón de jugo de naranja. Quiere servirlo en recipientes de $\frac{1}{6}$ de galón. ¿Cuántos recipientes puede llenar?

B Halla $\frac{3}{4} \div \frac{1}{6}$.

Para dividir por una fracción, puedes usar el recíproco del divisor para volver a escribir el problema como una multiplicación.

C
$$\frac{3}{4} \div \frac{1}{6} = \frac{3}{4} \times \frac{6}{1}$$
$$= \frac{18}{4}$$
$$= 4\frac{1}{2}$$

Andrew puede llenar 4 recipientes, más $\frac{1}{2}$ recipiente adicional.

¡Convénceme! © **PM.7 Usar la estructura** ¿Cuántos recipientes de $\frac{1}{8}$ de galón puede llenar Andrew con la misma cantidad de jugo de naranja? Muestra cómo obtuviste tu respuesta.

Otro ejemplo

¿Cuál es el ancho de un terrero rectangular con una longitud de $\frac{3}{4}$ de milla y un área de $\frac{1}{2}$ milla cuadrada?

Usa la fórmula del área del rectángulo: $A = \ell \cdot a$.

Sustituye A por $\frac{1}{2}$ y ℓ por $\frac{3}{4}$.

$$\frac{1}{2} = \frac{3}{4}a \longrightarrow \frac{1}{2} \div \frac{3}{4} = a \longrightarrow \frac{1}{2} \times \frac{4}{3} = a \longrightarrow a = \frac{2}{3}$$

El terreno mide $\frac{2}{3}$ de milla de ancho.

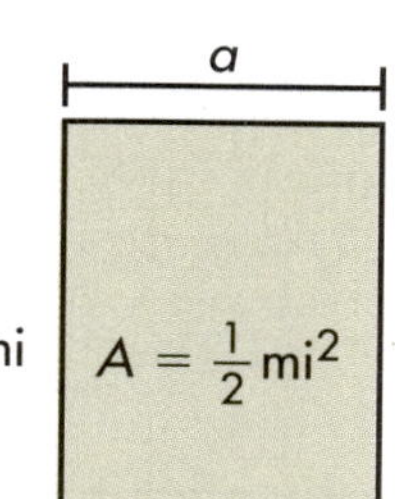

☆ Práctica guiada *

¿Lo entiendes?

1. © **PM.3 Evaluar el razonamiento** Para hallar el cociente de $\frac{2}{5} \div \frac{8}{5}$, Corey vuelve a escribir el problema como $\frac{5}{2} \times \frac{8}{5}$. Explica el error de Corey y cómo corregirlo.

2. © **PM.2 Razonar** ¿El cociente de $\frac{3}{5} \div \frac{6}{7}$ es mayor o menor que $\frac{3}{5}$? Muestra cómo lo sabes.

¿Cómo hacerlo?

Halla los cocientes en los Ejercicios **3** a **6**.

3. $\frac{3}{4} \div \frac{2}{3}$

4. $\frac{3}{12} \div \frac{1}{8}$

5. $\frac{1}{2} \div \frac{4}{5}$

6. $\frac{7}{10} \div \frac{2}{5}$

☆ Práctica independiente ☆

Halla los cocientes en los Ejercicios **7** a **14**.

7. $\frac{5}{14} \div \frac{4}{7}$

8. $\frac{5}{8} \div \frac{1}{2}$

9. $\frac{7}{12} \div \frac{3}{4}$

10. $\frac{2}{7} \div \frac{1}{2}$

11. $\frac{4}{9} \div \frac{2}{3}$

12. $\frac{7}{12} \div \frac{1}{8}$

13. $\frac{3}{10} \div \frac{3}{5}$

14. $\frac{2}{5} \div \frac{1}{8}$

Puedes encontrar otro ejemplo en el Grupo B, página 649.

⭐ Prácticas matemáticas y resolución de problemas

15. **© PM1. Entender y perseverar** Tomás puso baldosas azules en $\frac{1}{2}$ del piso de su baño. Puso baldosas verdes en $\frac{2}{3}$ del resto del piso del baño y usó baldosas blancas para lo que restaba. ¿Qué parte del baño tiene baldosas blancas? Usa el dibujo como ayuda para hallar la solución.

<table>
<tr><td colspan="2">$\frac{1}{2}$</td></tr>
<tr><td>$\frac{2}{3} \times \frac{1}{2}$</td><td>?</td></tr>
</table>

16. **© PM.7 Usar la estructura** ¿Cuántos pedazos de $\frac{1}{4}$ de pulgada pueden cortarse de un pedazo de metal de $\frac{5}{8}$ de pulgada de longitud?

17. **© PM.1 Entender y perseverar** Luis tiene una bolsa de 8 tazas de mezcla de nueces y frutas secas para compartir. Si da $\frac{2}{3}$ de taza a cada uno de sus 9 amigos, ¿cuánta mezcla de nueces y frutas secas le queda?

18. **Sentido numérico** ¿Qué fracción es mayor, $\frac{6}{10}$ o $\frac{10}{15}$? ¿Cómo lo sabes?

19. **© PM.6 Hacerlo con precisión** Una bolsa grande contiene $\frac{12}{15}$ de libra de granola. ¿Cuántas bolsas de $\frac{1}{3}$ de libra pueden llenarse con esa cantidad de granola?

20. **Razonamiento de orden superior** Halla $\frac{3}{4} \div \frac{2}{3}$. Luego haz un dibujo y escribe una explicación para un compañero que describa cómo obtuviste tu respuesta.

© Evaluación de *Common Core*

21. Resuelve la ecuación $\frac{13}{16} \div n = 2\frac{1}{6}$.

   Ⓐ $n = \frac{4}{9}$

   Ⓑ $n = \frac{3}{8}$

   Ⓒ $n = \frac{4}{7}$

   Ⓓ $n = \frac{5}{8}$

© Pearson Education, Inc. 6

Tarea y práctica 12-4

Dividir fracciones

¡Revisemos!

Para dividir por una fracción, puedes multiplicar por su recíproco.

Halla $\frac{4}{5} \div \frac{3}{10}$.

Vuelve a escribir la división como multiplicación usando el recíproco del divisor.

El recíproco de $\frac{3}{10}$ es $\frac{10}{3}$.

$$\frac{4}{5} \div \frac{3}{10} = \frac{4}{5} \times \frac{10}{3}$$

Multiplica las fracciones.

$$\frac{4}{5} \times \frac{10}{3} = \frac{40}{15} = \frac{8}{3}$$

Cuando el numerador es mayor que el denominador, escribe la respuesta como un número mixto.

$$\frac{8}{3} = 2\frac{2}{3}$$

Práctica al nivel Halla los cocientes en los Ejercicios **1** a **18**.

1. $\frac{1}{2} \div \frac{3}{4} = \frac{1}{2} \times \frac{\square}{\square} = \frac{4}{\square} = \frac{\square}{3}$

2. $\frac{4}{5} \div \frac{2}{9} = \frac{\square}{5} \times \frac{\square}{\square} = \frac{36}{\square} = 3\frac{\square}{\square}$

3. $\frac{1}{3} \div \frac{1}{2}$

4. $\frac{2}{5} \div \frac{2}{3}$

5. $\frac{5}{8} \div \frac{7}{10}$

6. $\frac{3}{7} \div 3$

7. $\frac{1}{3} \div \frac{8}{9}$

8. $\frac{5}{6} \div \frac{1}{8}$

9. $\frac{5}{9} \div \frac{1}{2}$

10. $\frac{3}{5} \div \frac{3}{4}$

11. $\frac{3}{4} \div \frac{5}{6}$

12. $\frac{9}{10} \div \frac{4}{5}$

13. $\frac{1}{3} \div \frac{3}{8}$

14. $\frac{4}{7} \div \frac{3}{4}$

15. $\frac{11}{12} \div \frac{2}{3}$

16. $\frac{8}{9} \div \frac{3}{4}$

17. $\frac{1}{4} \div \frac{6}{7}$

18. $\frac{1}{7} \div \frac{1}{5}$

19. **© PM.1 Entender y perseverar** Lisette plantó azucenas en $\frac{1}{3}$ de su jardín. En $\frac{3}{5}$ de lo que resta del jardín plantó margaritas. En el resto del jardín puso rosas. ¿En qué parte del jardín plantó rosas? Usa el dibujo como ayuda para hallar la solución.

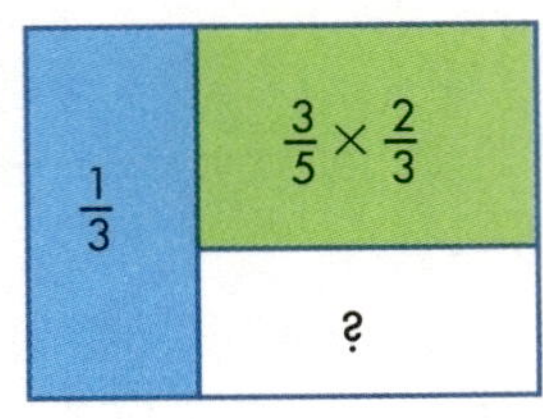

---

20. **Álgebra** Simplifica $(2 \times 5)^2 \div 2$.

21. **© PM.6 Hacerlo con precisión** Brenda hace posavasos de madera. Corta pequeños postes redondos para hacer discos de madera de $\frac{2}{3}$ de pulgada de grosor. ¿Cuántos posavasos puede hacer con un poste que mide $\frac{1}{2}$ pie de longitud?

---

22. **Sentido numérico** ¿Qué fracción es mayor, $\frac{7}{12}$ o $\frac{11}{20}$? ¿Cómo lo sabes?

23. **© PM.4 Representar con modelos matemáticos** Un pedazo de valla de $\frac{5}{6}$ de yarda está hecho de tablas que miden $\frac{1}{12}$ de yarda de ancho. ¿Cuántas tablas forman la valla? Haz un dibujo que te ayude a resolver el problema.

---

24. **Razonamiento de orden superior** Escribe un problema que pueda resolverse dividiendo $\frac{9}{10}$ por $\frac{1}{4}$ y resuélvelo.

© Evaluación de *Common Core*

25. Resuelve la ecuación $\frac{17}{20} \div n = 4\frac{1}{4}$.

    Ⓐ $n = \frac{2}{3}$

    Ⓑ $n = \frac{2}{5}$

    Ⓒ $n = \frac{1}{3}$

    Ⓓ $n = \frac{1}{5}$

Kareem guarda $12\frac{1}{8}$ libras de mezcla de nueces y frutas secas en recipientes para ir de caminata. Aproximadamente, ¿cuántos recipientes puede llenar si pone $2\frac{3}{4}$ libras en cada uno? *Resuelve este problema de la manera que prefieras.*

Lección 12-5
Estimar los cocientes de números mixtos

Puedo...
usar el redondeo o números compatibles para estimar cocientes con números mixtos.

Ⓒ **Estándar de contenido** 6.SN.A.1
Prácticas matemáticas PM.2, PM.3, PM.4, PM.6, PM.7, PM.8

¡Vuelve atrás! Ⓒ **PM.3 Construir argumentos** ¿Hay suficiente mezcla de nueces y frutas secas para llenar la cantidad de recipientes que estimaste? Explica cómo puedes usar tu estimación para comprobar si el cociente es razonable.

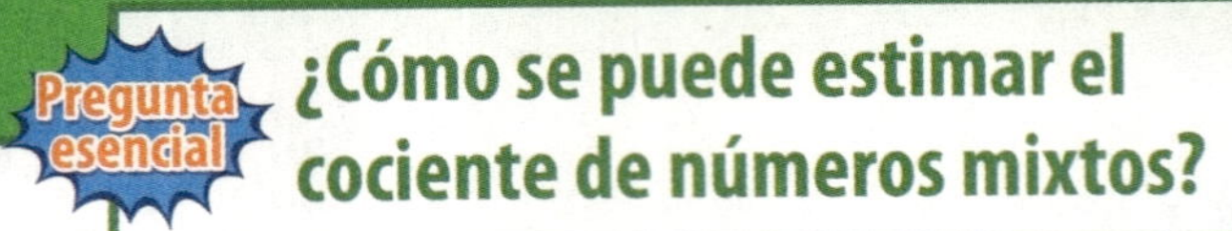

¿Cómo se puede estimar el cociente de números mixtos?

A

Lillian y sus amigas pueden caminar a un promedio de $3\frac{5}{8}$ millas por hora. Aproximadamente ¿cuántas horas les llevará recorrer el camino?

Estima el cociente de $15\frac{5}{6} \div 3\frac{5}{8}$ para averiguarlo.

B ## Una manera

Redondea al número entero más cercano comparando las fracciones con $\frac{1}{2}$.

$$15\frac{5}{6} \div 3\frac{5}{8}$$

$$16 \div 4 = 4$$

Tanto $\frac{5}{6}$ como $\frac{5}{8}$ son mayores que $\frac{1}{2}$; por tanto, redondea los dos números mixtos al número entero más cercano.

Por tanto, $15\frac{5}{6} \div 3\frac{5}{8} \approx 4$.

Les llevará a Lillian y sus amigas aproximadamente 4 horas terminar su caminata.

C ## Otra manera

Usa números compatibles.

$$15\frac{5}{6} \div 3\frac{5}{8}$$

$$16 \div 4 = 4$$

Por tanto,

$$15\frac{5}{6} \div 3\frac{5}{8} \approx 4.$$

$$15\frac{5}{6} \div 3\frac{5}{8}$$

$$15 \div 3 = 5$$

Por tanto,

$$15\frac{5}{6} \div 3\frac{5}{8} \approx 5.$$

Ambos ejemplos son fáciles de calcular y están cerca del dividendo y el divisor reales. Por tanto, una estimación de 4 o 5 horas para la caminata es razonable.

¡Convénceme! © **PM.3 Construir argumentos** Estima la cantidad de tiempo que les llevará a Lillian y sus amigas caminar $23\frac{1}{4}$ millas. Explica cómo hiciste la estimación.

© Pearson Education, Inc. 6

Otros ejemplos

Estima $55\frac{1}{3} \div 6\frac{1}{4}$.

Usa números compatibles.

$$55\frac{1}{3} \div 6\frac{1}{4}$$

$$54 \div 6 = 9$$

$$55\frac{1}{3} \div 6\frac{1}{4} \approx 9$$

Estima $7\frac{3}{4} \div 1\frac{7}{8}$.

Usa el redondeo.

$$7\frac{3}{4} \div 1\frac{7}{8}$$

$$8 \div 2 = 4$$

$$7\frac{3}{4} \div 1\frac{7}{8} \approx 4$$

Estima $26\frac{3}{4} \div 5\frac{1}{4}$.

Usa números compatibles.

$$26\frac{3}{4} \div 5\frac{1}{4}$$

$$25 \div 5 = 5$$

$$26\frac{3}{4} \div 5\frac{1}{4} \approx 5$$

☆ Práctica guiada *

¿Lo entiendes?

1. **© PM.3 Construir argumentos** Explica cómo usar el redondeo para estimar $8\frac{5}{9} \div 3\frac{3}{8}$.

2. **© PM.2 Razonar** Si quieres estimar $18\frac{3}{4} \div 3\frac{1}{3}$, ¿usas el redondeo o números compatibles? ¿Por qué?

¿Cómo hacerlo?

Estima los cocientes en los Ejercicios **3** a **10**.

3. $35\frac{1}{3} \div 6\frac{2}{3}$

4. $11\frac{3}{8} \div 3\frac{7}{9}$

5. $24\frac{5}{8} \div 5\frac{4}{7}$

6. $24\frac{3}{5} \div 5\frac{9}{10}$

7. $8\frac{1}{12} \div 4\frac{1}{10}$

8. $44\frac{4}{5} \div 8\frac{2}{3}$

9. $78\frac{1}{9} \div 9\frac{3}{4}$

10. $23\frac{8}{9} \div 3\frac{1}{2}$

☆ Práctica independiente ☆

Estima los cocientes en los Ejercicios **11** a **26**.

11. $39\frac{4}{5} \div 9\frac{1}{2}$

12. $35\frac{2}{9} \div 5\frac{8}{9}$

13. $3\frac{7}{8} \div 1\frac{1}{12}$

14. $19\frac{2}{3} \div 6\frac{7}{8}$

15. $13\frac{7}{9} \div 2\frac{1}{3}$

16. $87\frac{4}{7} \div 7\frac{3}{4}$

17. $60\frac{5}{9} \div 11\frac{1}{2}$

18. $23\frac{3}{10} \div 2\frac{4}{5}$

19. $32\frac{1}{3} \div 7\frac{2}{3}$

20. $40\frac{1}{4} \div 5\frac{1}{9}$

21. $23\frac{4}{5} \div 11\frac{2}{3}$

22. $49\frac{6}{7} \div 4\frac{2}{3}$

23. $27\frac{2}{3} \div 13\frac{5}{6}$

24. $99\frac{2}{9} \div 4\frac{3}{4}$

25. $74\frac{7}{8} \div 24\frac{2}{5}$

26. $55\frac{2}{3} \div 27\frac{5}{6}$

27. © **PM.6 Hacerlo con precisión** ¿Cuál es el perímetro del siguiente paralelogramo?

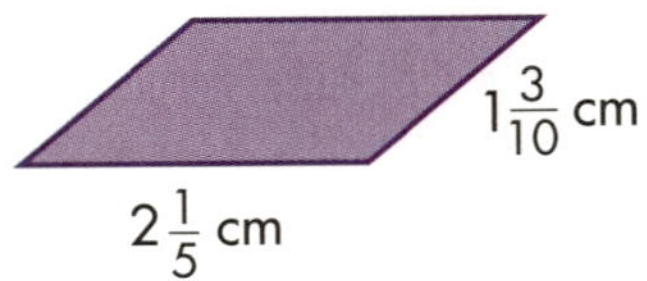

28. Escribe una explicación para un compañero que describa cómo estimas $17\frac{1}{5} \div 3\frac{4}{5}$.

29. © **PM.4 Representar con modelos matemáticos** El área de un cuarto es $45\frac{3}{4}$ pies cuadrados y la longitud es $9\frac{1}{8}$ pies. Usa la ecuación $a = 45\frac{3}{4} \div 9\frac{1}{8}$ para estimar el ancho, a, del cuarto.

30. Wanda alquila un carro por 3 días. Paga $18.95 por día y $0.15 por milla. Si Wanda recorre 350 millas, ¿cuál es el costo total sin impuestos?

31. **Razonamiento de orden superior** Escribe una división con números mixtos en la cual uses números compatibles en lugar del redondeo para hacer una estimación. Luego escribe una oración numérica que muestre tu estimación.

32. © **PM.3 Construir argumentos** Donna tiene un rollo de $25\frac{1}{2}$ pies de papel crepé para serpentinas. Explica cómo estimar la cantidad de serpentinas de $1\frac{3}{4}$ pies que puede hacer Donna.

33. ¿Cuáles son los primeros cinco números primos? Explica cómo sabes que son números primos.

© **Evaluación de *Common Core***

34. Usa la estimación y marca todas las comparaciones que sean verdaderas.

- [ ] $13\frac{5}{7} \div 2\frac{1}{3} > 9$
- [ ] $39\frac{8}{9} \div 3\frac{7}{8} > 9$
- [ ] $11\frac{5}{7} \div 3\frac{1}{5} < 3$
- [ ] $26\frac{1}{6} \div 4\frac{9}{10} < 6$

  © Pearson Education, Inc. 6

Nombre _______________________

¡Revisemos!

Puedes usar el redondeo o números compatibles para estimar los cocientes de números mixtos.

Siempre considera cómo se relacionan las cantidades al decidir qué método tiene más sentido.

Usa el redondeo cuando los números enteros más cercanos son fáciles de dividir.

Estima $23\frac{5}{6} \div 8\frac{3}{7}$.

$$24 \div 8 = 3$$

Por tanto, $23\frac{5}{6} \div 8\frac{3}{7} \approx 3$.

Usa números compatibles cuando son más fáciles de dividir que los números enteros más cercanos.

Estima $31\frac{1}{6} \div 4\frac{5}{8}$.

$$30 \div 5 = 6$$

Por tanto, $31\frac{1}{6} \div 4\frac{5}{8} \approx 6$.

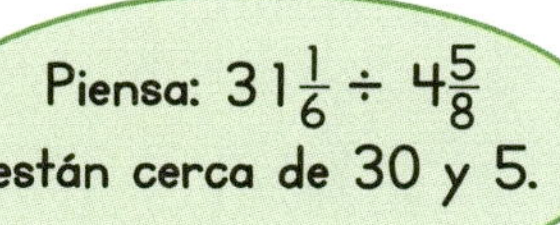

Identifica el método de estimación en los Ejercicios 1 y 2.

1. $29\frac{2}{3} \div 14\frac{8}{9}$

$$30 \div 15 = 2$$

$$29\frac{2}{3} \div 14\frac{8}{9} \approx 2$$

2. $67\frac{3}{4} \div 10\frac{1}{12}$

$$70 \div 10 = 7$$

$$67\frac{3}{4} \div 10\frac{1}{12} \approx 7$$

Estima los cocientes en los Ejercicios 3 a 18.

3. $11\frac{1}{2} \div 6\frac{1}{4}$

4. $19\frac{1}{3} \div 3\frac{2}{3}$

5. $41\frac{7}{9} \div 7\frac{1}{5}$

6. $35\frac{1}{8} \div 5\frac{4}{5}$

7. $62\frac{2}{7} \div 8\frac{7}{9}$

8. $72\frac{2}{9} \div 7\frac{7}{8}$

9. $86\frac{3}{4} \div 10\frac{5}{6}$

10. $26\frac{9}{10} \div 2\frac{5}{8}$

11. $11\frac{2}{7} \div 3\frac{3}{5}$

12. $7\frac{9}{10} \div 2\frac{3}{10}$

13. $47\frac{6}{10} \div 7\frac{1}{12}$

14. $60\frac{5}{8} \div 5\frac{4}{5}$

15. $40\frac{9}{10} \div 20\frac{1}{6}$

16. $35\frac{2}{9} \div 5\frac{8}{9}$

17. $3\frac{7}{8} \div 1\frac{1}{5}$

18. $21\frac{2}{3} \div 6\frac{4}{5}$

19. Ⓒ **PM.7 Usar la estructura** El área de este rectángulo es $257\frac{1}{4}$ pulgs.^{2} Estima la longitud del lado a.

Recuerda que $A = \ell \times a$.

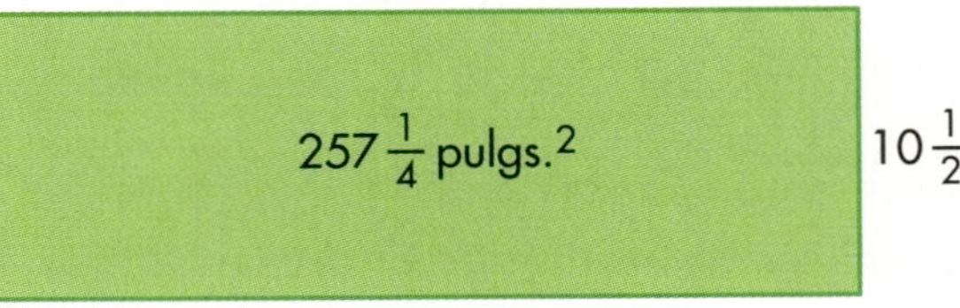

20. Ⓒ **PM.8 Generalizar** ¿Qué método de estimación usaste para hallar la longitud del lado a? Explica tu razonamiento.

21. Ⓒ **PM.2 Razonar** El lunes, John caminó $26\frac{1}{2}$ millas por el Camino de los Apalaches. El jueves caminó $6\frac{3}{4}$ millas solamente. Aproximadamente, ¿cuántas veces la distancia del jueves caminó el lunes?

22. **Razonamiento de orden superior** Anh-Tuan quiere cortar tiras de papel que midan $2\frac{1}{4}$ pulgs. de ancho. Su hoja mide $11\frac{1}{2}$ pulgs. de ancho. Estima que $11\frac{1}{2} \div 2\frac{1}{4} \approx 6$; por tanto puede cortar 6 tiras de cada hoja. ¿Su estimación es una estimación por exceso o una estimación por defecto? Explícalo.

23. Ⓒ **PM.4 Representar con modelos matemáticos** ¿Cuál es el valor de la expresión $x(7 + x) - 22$ si $x = 8$?

24. Una fábrica hace galletas de avena y pasas para las que se necesitan $2\frac{1}{4}$ tazas de pasas y $9\frac{2}{5}$ tazas de harina y avena para hacer una tanda. Aproximadamente, ¿cuántas tazas de harina y avena hay por cada taza de pasas?

Ⓒ Evaluación de *Common Core*

25. Usa la estimación y marca todas las comparaciones que sean verdaderas.

☐ $23\frac{5}{7} \div 3\frac{4}{5} < 7$

☐ $31\frac{3}{10} \div 5\frac{3}{5} > 6$

☐ $34\frac{8}{9} \div 6\frac{1}{8} < 5$

☐ $19\frac{4}{7} \div 4\frac{2}{9} > 4$

© Pearson Education, Inc. 6

Nombre _______________

Una joyera corta una tira de alambre de plata de $5\frac{1}{2}$ pulgadas en pedazos de $1\frac{3}{8}$ pulgadas. ¿Cuántos pedazos puede cortar? *Resuelve este problema de la manera que prefieras.*

Puedo...
hallar el cociente de números mixtos.

© **Estándar de contenido** 6.SN.A.1
Prácticas matemáticas PM.1, PM.6, PM.7, PM.8

¡Vuelve atrás! © **PM.8 Generalizar** Explica cómo usar la estimación para comprobar que tu respuesta sea razonable.

Pregunta esencial

¿Cómo se puede hallar el cociente de números mixtos?

A

Damon tiene $37\frac{1}{2}$ pulgadas de espacio en el parachoques de su carro que quiere usar para poner calcomanías. ¿Cuántas calcomanías cortas puede pegar una al lado de la otra en su parachoques?

Halla $37\frac{1}{2} \div 6\frac{1}{4}$.

Calcomanías para el carro	Tipo	Longitud (pulgs.)
¡Maneja!	Corta	$6\frac{1}{4}$
música	Mediana	$10\frac{3}{4}$
Básquetbol	Larga	15

B **Paso 1**

Haz una estimación usando números compatibles.

$$37\frac{1}{2} \div 6\frac{1}{4}$$
$$\downarrow \qquad \downarrow$$
$$36 \div 6 = 6$$

Por tanto, $37\frac{1}{2} \times 6\frac{1}{4} \approx 6$.

C **Paso 2**

Escribe los números mixtos como fracciones.

$$37\frac{1}{2} \div 6\frac{1}{4} = \frac{75}{2} \div \frac{25}{4}$$
$$= \frac{75}{2} \times \frac{4}{25}$$
$$= \frac{300}{50}$$
$$= 6$$

Dado que 6 es la estimación, el cociente es razonable. Damon puede pegar 6 calcomanías cortas en su parachoques.

¡Convénceme! © **PM.7 Buscar relaciones** ¿Cuántas calcomanías medianas puede pegar Damon una al lado de la otra en su parachoques? Halla $37\frac{1}{2} \div 10\frac{3}{4}$.

© Pearson Education, Inc. 6

Amigo de práctica   Herramientas   Evaluación

 Práctica guiada*

¿Lo entiendes?

1. © **PM.8 Generalizar** Cuando divides números mixtos, ¿por qué es importante estimar el cociente primero?

2. © **PM.6 Hacerlo con precisión** En el problema de la página 624, ¿cuántas calcomanías largas puede pegar Damon una al lado de la otra en su parachoques? ¿Quedará espacio sin cubrir? Explícalo.

¿Cómo hacerlo?

Halla los cocientes en los Ejercicios **3** a **10**.

3. $18 \div 3\frac{2}{3}$

4. $4\frac{1}{3} \div 2\frac{4}{5}$

5. $5 \div 6\frac{2}{5}$

6. $6\frac{5}{9} \div 1\frac{7}{9}$

7. $2\frac{1}{2} \div 4\frac{1}{10}$

8. $8\frac{1}{5} \div 3\frac{3}{4}$

9. $4\frac{8}{9} \div 2\frac{1}{3}$

10. $10\frac{1}{12} \div 2\frac{6}{7}$

Práctica independiente

Halla los cocientes en los Ejercicios **11** a **22**.

11. $1\frac{3}{8} \div 4\frac{1}{8}$

12. $2\frac{5}{6} \div 6\frac{1}{3}$

13. $3\frac{1}{4} \div 4\frac{2}{7}$

14. $5\frac{1}{2} \div 7\frac{2}{5}$

15. $1 \div 8\frac{5}{9}$

16. $3\frac{5}{6} \div 9\frac{5}{6}$

17. $4\frac{1}{3} \div 3\frac{1}{4}$

18. $8 \div 2\frac{2}{3}$

19. $6\frac{3}{4} \div 1\frac{7}{8}$

20. $2\frac{5}{8} \div 13$

21. $3\frac{6}{7} \div 6\frac{3}{4}$

22. $9\frac{7}{9} \div 8\frac{1}{4}$

Puedes encontrar otro ejemplo en el Grupo C, página 649. **Tema 12** | Lección 12-6 **625**

Usa el dibujo en los Ejercicios **23** y **24**. El cuarto más grande mide dos veces la longitud del cuarto más chico.

23. Sentido numérico ¿Cuál es la longitud del cuarto más grande?

24. Si la longitud del cuarto más pequeño se divide en 4 partes iguales, ¿cuál es la longitud de cada parte?

---

25. © PM.1 Entender y perseverar Luis tiene 3 libras de pavo molido para hacer hamburguesas. Usa $\frac{3}{8}$ de libra por cada una para hacer 6. ¿Cuántas hamburguesas de $\frac{1}{4}$ de libra puede hacer Luis con lo que le queda de pavo?

26. Razonamiento de orden superior Si $9 \times \frac{n}{5} = 9 \div \frac{n}{5}$, entonces ¿a qué equivale n? Explícalo.

---

27. Margaret usa $1\frac{3}{4}$ cucharaditas de vainilla para hacer 12 bizcochitos. Quiere hacer 30 bizcochitos. ¿Cuánta vainilla usará?

28. © PM.7 Usar la estructura El diamante más grande jamás encontrado pesó aproximadamente $1\frac{1}{2}$ libras sin cortar. Si el diamante se corta en 6 partes iguales, ¿cuánto pesará cada parte?

© Evaluación de *Common Core*

29. Un restaurante tiene $15\frac{1}{5}$ libras de carne para hacer pastel de carne.

Parte A

Cada pastel de carne lleva $2\frac{3}{8}$ libras de carne. ¿Cuántos pasteles de carne pueden hacer? Muestra cómo obtuviste tu respuesta.

Parte B

El restaurante puede hacer pasteles más pequeños que llevan $1\frac{3}{5}$ libras de carne. ¿Cuántos pasteles de carne pequeños más que pasteles grandes pueden hacer? Explica tu respuesta.

© Pearson Education, Inc. 6

Nombre ___________________________________

Tarea y práctica 12-6

Dividir números mixtos

¡Revisemos!

Halla $5\frac{1}{3} \div 1\frac{1}{3}$.

Paso 1

Primero, usa números compatibles para hacer una estimación.

$$5\frac{1}{3} \div 1\frac{1}{3}$$

$$5 \div 1 = 5$$

Paso 2

Luego escribe los números mixtos como fracciones y usa el recíproco del divisor para volver a escribir el problema como una multiplicación.

$$5\frac{1}{3} \div 1\frac{1}{3} = \frac{16}{3} \div \frac{4}{3}$$
$$= \frac{16}{3} \times \frac{3}{4}$$

Paso 3

Multiplica y luego escribe la fracción como un número entero o un número mixto.

$$\frac{16}{3} \times \frac{3}{4} = \frac{48}{12}$$
$$= 4$$

Compara el cociente con la estimación: 4 está cerca de 5. La respuesta es razonable.

Halla los cocientes en los Ejercicios **1** a **12**.

1. $2\frac{2}{3} \div 3\frac{1}{4}$

2. $1\frac{3}{4} \div 4\frac{1}{8}$

3. $2\frac{1}{5} \div 2\frac{1}{3}$

4. $5\frac{1}{4} \div 3$

5. $2\frac{1}{4} \div 1\frac{1}{2}$

6. $3\frac{1}{2} \div 2\frac{1}{4}$

7. $3\frac{3}{4} \div 2$

8. $1\frac{1}{2} \div 2\frac{1}{4}$

9. $2\frac{3}{8} \div 8\frac{9}{10}$

10. $8\frac{4}{5} \div 1\frac{1}{4}$

11. $7\frac{1}{3} \div 8\frac{11}{12}$

12. $5\frac{1}{7} \div 3$

13. Sentido numérico ¿Cuántas cocinas puede pintar Max con 20 galones?

Galones de pintura que necesita Max para cada habitación	
Habitación	**Galones de pintura**
Cocina	$2\frac{1}{2}$
Dormitorio	$3\frac{3}{4}$
Sala de estar	$4\frac{1}{3}$

14. ¿Cuántas salas de estar puede pintar Max con 26 galones?

15. ¿Cuántos dormitorios puede pintar Max con 60 galones?

---

16. Razonamiento de orden superior Explica por qué el cociente de $3\frac{7}{8} \div \frac{1}{8}$ es mayor que el producto de $3\frac{7}{8} \times \frac{1}{8}$.

17. © PM.1 Entender y perseverar Tyrone corrió 4.26 millas el sábado. Cada día corre 0.15 millas más que el día anterior. ¿Qué día correrá más de 5 millas por primera vez?

---

18. © PM.6 Hacerlo con precisión El jardín de Esther mide $18\frac{1}{2}$ pies de longitud. Esther lo divide en 5 secciones iguales. ¿Cuál es la longitud de cada sección redondeada a la décima de pulgada más cercana?

19. A-Z Vocabulario Escribe el *recíproco* de $\frac{11}{12}$.

© Evaluación de *Common Core*

20. Franco tiene una cinta decorativa que mide $18\frac{3}{4}$ pies de longitud para usar en paquetes de regalos.

Parte A

Cada paquete lleva $2\frac{1}{2}$ pies de cinta. ¿Cuántos paquetes puede decorar Franco? Muestra cómo obtuviste tu respuesta.

Parte B

Supón que se necesitan $1\frac{1}{4}$ pies de cinta para decorar un paquete más pequeño. ¿Cuántos paquetes pequeños más que paquetes grandes podrá decorar Franco? Explica tu respuesta.

© Pearson Education, Inc. 6

Patricia hace galletas. Tiene $2\frac{1}{2}$ tazas de harina. Patricia usa la expresión $2\frac{1}{2} \div h$ para hallar la cantidad de tandas que puede hacer cuando la receta lleva h tazas de harina. Si tiene suficiente del resto de los ingredientes, ¿cuántas tandas de la receta de Galletas Superdeliciosas puede hacer? **Resuelve este problema de la manera que prefieras.**

Lección 12-7
Evaluar expresiones con fracciones

Puedo...
usar fracciones para evaluar expresiones algebraicas.

© **Estándares de contenido** 6.EE.A.2c, 6.SN.A.1
Prácticas matemáticas PM.1, PM.3, PM.6, PM.7

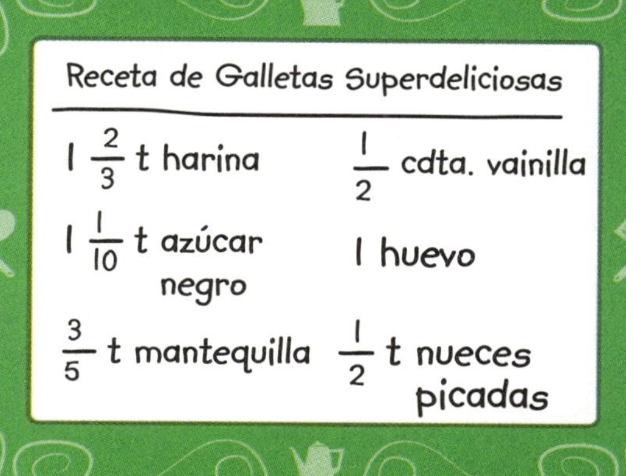

Receta de Galletas Superdeliciosas

$1\frac{2}{3}$ t harina	$\frac{1}{2}$ cdta. vainilla
$1\frac{1}{10}$ t azúcar negro	1 huevo
$\frac{3}{5}$ t mantequilla	$\frac{1}{2}$ t nueces picadas

¡Vuelve atrás! © **PM.1 Entender y perseverar** ¿Cómo puedes comprobar si tu respuesta es razonable y tiene sentido?

¿Cómo se pueden evaluar expresiones algebraicas con fracciones?

A

El Sr. Grant quiere cubrir un área de 27 pies cuadrados con azulejos cuadrados. Sea $l =$ la longitud de lado, en pies, de un azulejo cuadrado. Usa la expresión $27 \div l^2$ para hallar la cantidad de azulejos que necesita comprar el Sr. Grant.

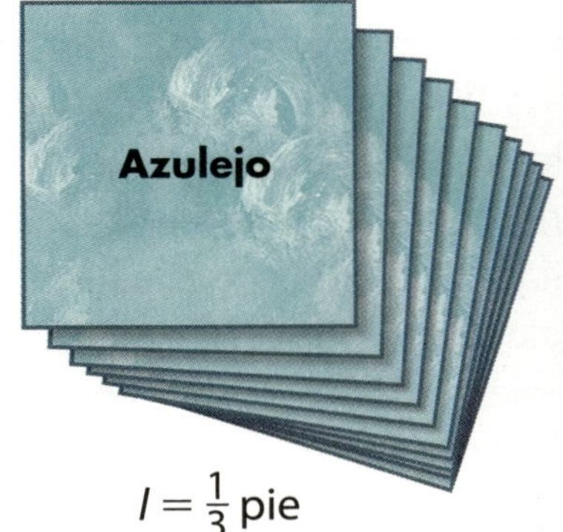

$l = \frac{1}{3}$ pie

B ## Sustituye

Sustituye l por $\frac{1}{3}$ en la expresión $27 \div l^2$.

$$27 \div l^2$$

$$= 27 \div \left(\frac{1}{3} \cdot \frac{1}{3} \right)$$

$$= 27 \div \frac{1}{9}$$

C ## Evalúa

Evalúa la expresión.

$$27 \div \frac{1}{9}$$

$$= 27 \cdot \frac{9}{1}$$

$$= 243$$

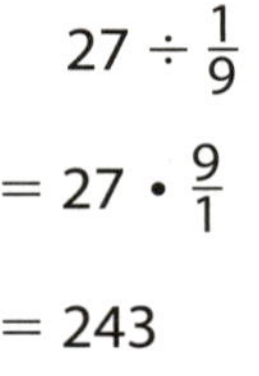

El Sr. Grant necesita comprar 243 azulejos.

¡Convénceme! © **PM.7 Usar la estructura** Supón que el Sr. Grant decide comprar azulejos cuadrados con una longitud de lado de $\frac{3}{4}$ de pie. ¿Cuántos de estos azulejos deberá comprar? Usa el razonamiento del área para evaluar una expresión algebraica y mostrar cómo hallaste tu respuesta.

© Pearson Education, Inc. 6

Otro ejemplo

Usa el orden de las operaciones para evaluar la expresión $x^2 + 3x - \frac{3}{4}$ si $x = \frac{1}{2}$.

Sustituye la variable x por $\frac{1}{2}$.
$$\left(\frac{1}{2}\right)^2 + 3 \cdot \frac{1}{2} - \frac{3}{4}$$

Evalúa las potencias.
$$= \frac{1}{4} + 3 \cdot \frac{1}{2} - \frac{3}{4}$$

Multiplica y divide de izquierda a derecha.
$$= \frac{1}{4} + 1\frac{1}{2} - \frac{3}{4}$$

Suma y resta de izquierda a derecha.
$$= 1\frac{3}{4} - \frac{3}{4} = 1$$

Práctica guiada

¿Lo entiendes?

1. ¿En qué se parece evaluar una expresión con fracciones a evaluar una expresión con números enteros? ¿En qué se diferencia?

¿Cómo hacerlo?

Evalúa las expresiones para los valores dados de las variables en los Ejercicios **2** y **3**.

2. $x \div 12; x = \frac{2}{3}$

3. $\frac{3}{4} + 4y \div 3; y = 1\frac{1}{2}$

Práctica independiente

Evalúa las expresiones para los valores dados de las variables en los Ejercicios **4** a **11**.

4. $j + \frac{3}{8}; j = \frac{3}{4}$

5. $8 - g \div \frac{7}{8}; g = \frac{5}{6}$

6. $3m \div \frac{2}{5}; m = \frac{2}{3}$

7. $w + \left(\frac{11}{12} - \frac{2}{3}\right) \cdot 4; \; w = \frac{3}{4}$

8. $k \div 5; k = 4\frac{1}{6}$

9. $1\frac{3}{8} + 2m^2; m = \frac{3}{4}$

10. $12 \div p; p = \frac{3}{4}$

11. $\frac{n}{3} - \frac{n}{6}; n = 2$

Completa las tablas evaluando las expresiones para cada valor de las variables en los Ejercicios **12** y **13**.

12.

j	$\frac{1}{2}$	$\frac{4}{5}$	$1\frac{3}{4}$
$2j + \frac{3}{5}$			

13.

n	$\frac{2}{3}$	$1\frac{1}{5}$	$2\frac{1}{4}$
$3 \div n - \frac{5}{6}$			

*Puedes encontrar otro ejemplo en el Grupo D, página 650.

☆ Prácticas matemáticas y resolución de problemas

14. © **PM.1 Entender y perseverar** La fórmula $a = V \div (\ell \cdot h)$ se puede usar para hallar el ancho del recipiente que se muestra. Halla el ancho, a, si la longitud, ℓ, es 2 pies, la altura, h, es 2 pies y el volumen, V, es el que se muestra a la derecha.

15. © **PM.7 Buscar relaciones** ¿Cuánto alimento hay en el recipiente:

   a. cuando está medio lleno?

   b. cuando está tres cuartos lleno?

16. © **PM.3 Construir argumentos** La expresión $9\frac{1}{3} \div d$, donde d es la cantidad de comida que puede comer un caballo en un día, puede usarse para hallar cuántos días de alimento caben en el recipiente. Explica cómo se usa la expresión para hallar los días de comida para un caballo que come $\frac{1}{6}$ de pie cúbico por día.

17. **Razonamiento de orden superior** La fórmula $V = l^3$ puede usarse para hallar el volumen de un recipiente con forma de cubo. Usa la fórmula para hallar el volumen, V, de un recipiente con forma de cubo con una longitud de lado l de $\frac{2}{3}$ de yarda.

---

18. **A-Z Vocabulario** ¿Cuál es el *coeficiente* en $4x^2$?

© Evaluación de *Common Core*

19. ¿Para qué valor de n tiene la expresión $\frac{9}{n}$ el mayor valor?

   Ⓐ $n = \frac{3}{10}$

   Ⓑ $n = \frac{3}{5}$

   Ⓒ $n = \frac{3}{4}$

   Ⓓ $n = \frac{3}{2}$

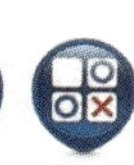

Ayuda   Amigo de práctica   Herramientas   Juegos

Tarea y práctica 12-7

Evaluar expresiones con fracciones

¡Revisemos!

Evalúa $n \cdot \frac{6}{7} - \frac{2}{7}$ si $n = 1\frac{5}{6}$.

Paso 1	**Paso 2**	**Paso 3**
Reemplaza la variable con el valor dado. $$1\frac{5}{6} \cdot \frac{6}{7} - \frac{2}{7}$$ Escribe el valor del número mixto como una fracción. $$\frac{11}{6} \cdot \frac{6}{7} - \frac{2}{7}$$	Sigue el orden de las operaciones. Multiplica antes de restar. $$\frac{11}{6} \cdot \frac{6}{7} - \frac{2}{7}$$ $$= \frac{11}{7} - \frac{2}{7}$$ $$= \frac{9}{7}$$	Escribe la fracción como un número mixto. $$\frac{9}{7} = 1\frac{2}{7}$$

Práctica al nivel Evalúa las expresiones para los valores dados de las variables en los Ejercicios **1** a **7**.

1. $t \div 10; t = \frac{5}{6}$

$$= \frac{\square}{\square} \div 10$$

$$= \frac{\square}{\square} \cdot \frac{1}{10}$$

$$= \frac{\square}{\square}$$

2. $1\frac{2}{3} + x \div 3; x = \frac{1}{2}$

$$= 1\frac{2}{3} + \frac{\square}{\square} \div 3$$

$$= 1\frac{2}{3} + \frac{\square}{\square} \cdot \frac{1}{3}$$

$$= 1\frac{2}{3} + \frac{\square}{\square}$$

$$= \boxed{}$$

3. $2p \div 9; p = \frac{3}{4}$

$$= 2 \cdot \frac{\square}{\square} \div 9$$

$$= \frac{\square}{\square} \cdot \frac{1}{9}$$

$$= \frac{\square}{\square}$$

4. $12 \div y - 1; y = \frac{6}{7}$

$$= 12 \div \frac{\square}{\square} - 1$$

$$= 12 \cdot \frac{\square}{\square} - 1$$

$$= \square - 1$$

$$= \square$$

5. $6\frac{1}{2} \div r + 4\frac{1}{2}; r = \frac{3}{5}$

6. $c \cdot c + 2\frac{3}{5}; c = 1\frac{1}{3}$

7. $\frac{3}{4}f \div \frac{6}{10}; f = \frac{4}{5}$

8. Completa la tabla evaluando las expresiones para los valores de la variable.

h	$\frac{2}{3}$	$\frac{4}{5}$	$\frac{7}{8}$	$4\frac{1}{5}$
$3h - \frac{1}{3}$				

9. **© PM.6 Hacerlo con precisión** El diagrama de la derecha muestra el tamaño del piso de un dormitorio cuadrado. ¿Cuál es el área del piso en pies cuadrados?

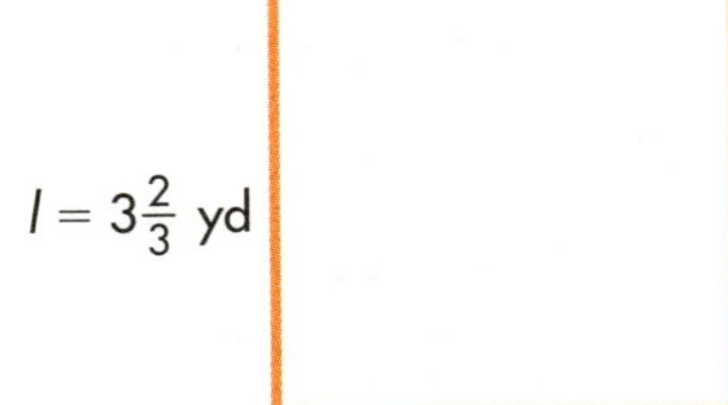

10. **© PM.1 Entender y perseverar** Margaret quiere cubrir la superficie de una mesa con azulejos rectangulares. Quiere comprar el azulejo que tenga la mayor área. Sus opciones son:

- El azulejo A mide $1\frac{3}{8}$ pulgadas de ancho y $2\frac{5}{8}$ pulgadas de longitud.

- El azulejo B mide $1\frac{3}{4}$ pulgadas de ancho y $2\frac{1}{2}$ pulgadas de longitud.

¿Qué azulejo debe comprar? Explica cómo lo sabes.

11. Sabrina tiene 20 pies de cinta. Quiere cortarla en partes de igual longitud para hacer pulseras. Sea p = la longitud de cada pulsera en pulgadas. Evalúa la expresión $(20 \cdot 12) \div p$.

a. ¿Cuántas pulseras de $7\frac{1}{2}$ pulgs. puede hacer Sabrina?

b. ¿Cuántas pulseras de $6\frac{3}{4}$ pulgs. puede hacer Sabrina?

12. **Sentido numérico** Escribe $\frac{3}{8}$, 0.375 y 37.5% en orden de mayor a menor.

13. **Razonamiento de orden superior** En el Ejercicio 11 de arriba, explica por qué la expresión $(20 \cdot 12) \div p$ se usa para hallar la cantidad de pulseras.

© Evaluación de *Common Core*

14. ¿Para qué valor de m la expresión $\frac{6}{m}$ tiene el menor valor?

Ⓐ $m = \frac{5}{9}$

Ⓑ $m = \frac{5}{8}$

Ⓒ $m = \frac{5}{7}$

Ⓓ $m = \frac{5}{6}$

© Pearson Education, Inc. 6

Resuélvelo y coméntalo

Gayle le dio algunas de sus tarjetas de beisbol a su hermano. Ahora le quedan 22. La cantidad de tarjetas que le quedan es $\frac{2}{3}$ de la cantidad, n, que tenía al comienzo. Gayle escribió la ecuación que se muestra abajo para representar esta situación. ¿Cuántas tarjetas tenía al comienzo? **Resuelve este problema de la manera que prefieras.**

Lección 12-8
Resolver ecuaciones con fracciones

Puedo...
usar fracciones para resolver ecuaciones.

Estándares de contenido 6.EE.B.7, 6.SN.A.1
Prácticas matemáticas PM.1, PM.2, PM.3, PM.4

$$\frac{2}{3} \cdot n = 22$$

¡Vuelve atrás! **PM.2 Razonar** Supón que Gayle usó x para representar la cantidad de tarjetas que tenía al comienzo. ¿Cómo cambia eso la solución?

¿Cómo se pueden resolver ecuaciones algebraicas con fracciones?

A

Marcos talló $3\frac{3}{8}$ pies de un tótem. Dice que el tótem está $\frac{3}{4}$ completado. ¿Qué altura tendrá el tótem?

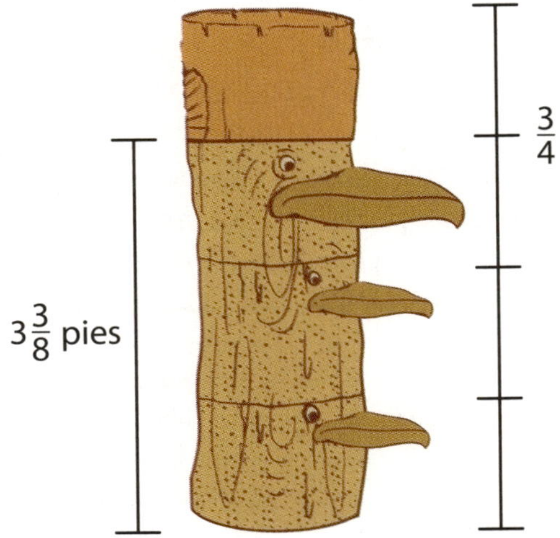

B ## Paso 1

Escribe una ecuación.

Sea $h =$ la altura, en pies, del tótem.

$$\frac{3}{4}h = 3\frac{3}{8}$$

C ## Paso 2

Resuelve la ecuación.

$$\frac{3}{4}h = 3\frac{3}{8}$$

$$\frac{3}{4}h \div \frac{3}{4} = 3\frac{3}{8} \div \frac{3}{4}$$

$$h = \frac{27}{8} \cdot \frac{4}{3}$$

$$h = \frac{108}{24}$$

$$h = \frac{9}{2} \text{ o } 4\frac{1}{2}$$

El tótem medirá $4\frac{1}{2}$ pies de altura.

¡Convénceme! © **PM.4 Representar con modelos matemáticos** Liam pintó $2\frac{1}{3}$ pies de un poste. Dice que pintó $\frac{2}{3}$ del poste. ¿Qué altura tiene el poste? Escribe y resuelve una ecuación.

© Pearson Education, Inc. 6

Amigo de práctica   Herramientas   Evaluación

Otro ejemplo

Supón que Marcos usa un bloque de madera que mide $2\frac{3}{4}$ pies de altura para comenzar un tótem nuevo. Talla $1\frac{2}{3}$ pies. ¿Cuántos pies más le quedan por tallar?

Paso 1

Escribe una ecuación.
Sea p = la cantidad de pies que quedan por tallar.

$$p + 1\frac{2}{3} = 2\frac{3}{4}$$

Paso 2

Resuelve la ecuación. $p + 1\frac{2}{3} = 2\frac{3}{4}$

$$p = 2\frac{3}{4} - 1\frac{2}{3}$$

Halla los denominadores comunes y resta.

$$p = \frac{33}{12} - \frac{20}{12}$$

$$p = \frac{13}{12} = 1\frac{1}{12}$$

A Marcos le quedan por tallar $1\frac{1}{12}$ pies del tótem. Sustituye y evalúa para comprobar tu trabajo.

☆ Práctica guiada *

¿Lo entiendes?

1. © **PM.3 Construir argumentos** ¿En qué se parece resolver una ecuación con fracciones a resolver una ecuación con números enteros? ¿En qué se diferencia?

¿Cómo hacerlo?

Resuelve las ecuaciones en los Ejercicios **2** a **5**. Comprueba tu trabajo.

2. $\frac{4}{7}m = 10$

3. $p + \frac{3}{4} = 1\frac{1}{2}$

4. $9 = \frac{3}{8}y$

5. $\frac{7}{10} = x - \frac{3}{5}$

☆ Práctica independiente ☆

Resuelve las ecuaciones en los Ejercicios **6** a **13**. Comprueba tu trabajo.

6. $\frac{5}{12}u = 7\frac{1}{2}$

7. $t + \frac{2}{3} = 1\frac{2}{5}$

8. $\frac{5}{6}b = 7\frac{1}{3}$

9. $c + 2\frac{3}{4} = 4\frac{3}{8}$

10. $\frac{3}{8} = z \div \frac{4}{9}$

11. $z + 2\frac{3}{10} = 5\frac{1}{5}$

12. $2\frac{2}{3}x = 2\frac{8}{9}$

13. $1\frac{1}{6} = 5\frac{1}{4}v$

Prácticas matemáticas y resolución de problemas

14. © **PM.4 Representar con modelos matemáticos** Elena llena la piscina que se muestra para su hermano menor. Puede llevar $1\frac{7}{8}$ galones de agua en cada viaje. Escribe y resuelve una ecuación para hallar cuántos viajes debe hacer.

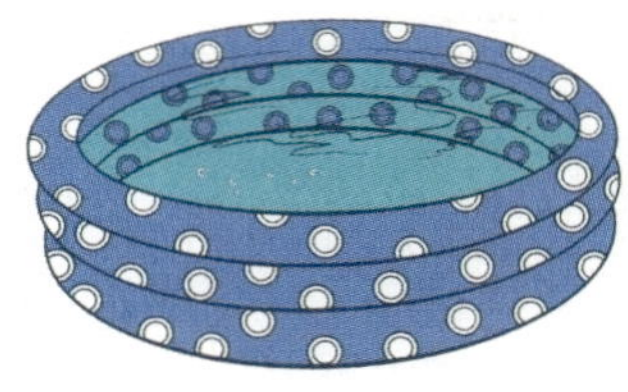

15. Una vez que la piscina estuvo llena, el hermano menor de Elena y su amigo salpicaron g galones de agua hacia afuera. Quedan todavía $7\frac{7}{8}$ galones en la piscina. Escribe y resuelve una ecuación para hallar cuánta agua salpicaron hacia afuera.

16. Razonamiento de orden superior Sin resolver, indica qué ecuación de abajo tiene una solución mayor. Explica tu razonamiento.

$$\frac{5}{8}m = 2\frac{3}{4} \qquad \frac{5}{9}m = 2\frac{3}{4}$$

17. Sentido numérico Ordena los números de abajo de mayor a menor.

$$0.458 \qquad \frac{5}{9} \qquad 60\%$$

18. © **PM1. Entender y perseverar** El récord del equipo de salto en largo de la preparatoria es 21 pies $2\frac{1}{4}$ pulgs. Este año, el mejor salto en largo de Tim fue 20 pies $9\frac{1}{2}$ pulgs. Si los saltos en largo se miden al cuarto de pulgada más cercano, ¿cuánto más lejos debe saltar Tim para romper el récord?

© Evaluación de *Common Core*

19. Grace resolvió la ecuación $2\frac{1}{2}y = \frac{5}{8}$. Los pasos que siguió para hallar la solución se muestran en la tabla, pero están mezclados. Escribe sus pasos en el orden correcto del lado derecho de la tabla.

Pasos mezclados	Pasos de la solución en orden
$y = \frac{1}{4}$	
$2\frac{1}{2}y = \frac{5}{8}$	
$y = \frac{10}{40}$	
$\frac{5}{2}y = \frac{5}{8}$	
$y = \frac{5}{8} \cdot \frac{2}{5}$	

© Pearson Education, Inc. 6

Ayuda · Amigo de práctica · Herramientas · Juegos

Resolver ecuaciones con fracciones

¡Revisemos!

Resuelve $\frac{8}{10}f = 2\frac{1}{4}$.

Paso 1

Escribe los números mixtos como fracciones antes de efectuar las operaciones.

$$\frac{8}{10}f = \frac{9}{4}$$

Paso 2

Halla f. Multiplica por el recíproco del coeficiente.

$$f = \frac{9}{4} \times \frac{10}{8}$$

$$f = \frac{90}{32}$$

Paso 3

Escribe las fracciones como números mixtos, si es necesario.

$$f = \frac{90}{32} = \frac{45}{16}$$

$$f = 2\frac{13}{16}$$

Práctica al nivel Resuelve las ecuaciones en los Ejercicios **1** a **14**. Comprueba tu trabajo.

1. $\frac{3}{4}x = 2$

$$\frac{4}{3} \cdot \frac{\square}{\square}x = \square \cdot \frac{4}{3}$$

$$x = \frac{\square}{\square} \cdot \frac{4}{3}$$

$$x = \frac{8}{3} = \square$$

2. $\frac{8}{9}y = 3\frac{1}{12}$

$$\frac{9}{8} \cdot \frac{\square}{\square}y = \square \cdot \frac{9}{8}$$

$$y = \frac{\square}{\square} \cdot \frac{9}{8}$$

$$y = \frac{\square}{96} = \square$$

3. $z \div \frac{2}{3} = 1\frac{1}{8}$

4. $t - \frac{2}{3} = \frac{5}{6}$

5. $v + 4\frac{3}{4} = 5\frac{2}{5}$

6. $\frac{7}{10}c = 4\frac{1}{5}$

7. $2\frac{1}{3} = d + \frac{4}{9}$

8. $1\frac{1}{2}b = 6\frac{3}{4}$

9. $m - \frac{5}{6} = 2\frac{2}{3}$

10. $n + 5\frac{7}{10} = 9\frac{3}{5}$

11. $1\frac{1}{4}p = 4\frac{1}{2}$

12. $\frac{4}{5}s = 6$

13. $q \div \frac{7}{9} = 1\frac{2}{7}$

14. $\frac{1}{2} = 8\frac{3}{4}r$

15. **© PM.4 Representar con modelos matemáticos** Hugo pinta un mural rectangular en una pared. El área y la altura del mural se muestran a la derecha. Escribe y resuelve una ecuación para hallar la longitud del mural.

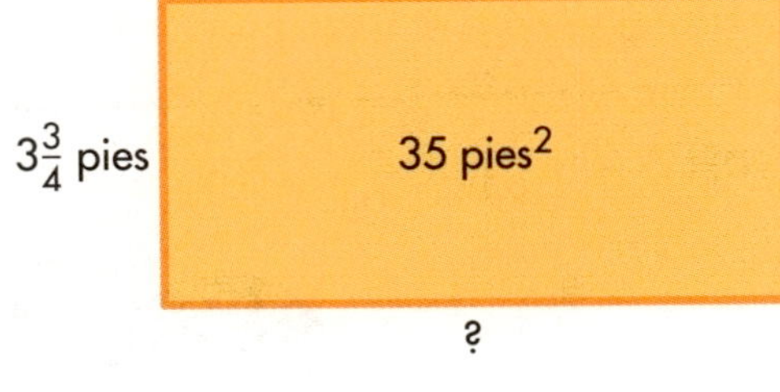

16. Tian realiza una caminata por un parque a una tasa de $\frac{3}{50}$ de km por minuto. Si mantiene este paso, ¿cuántos minutos le llevará recorrer un camino de $1\frac{1}{2}$ km?

17. **© PM.4 Representar con modelos matemáticos** Alejandra monta en bicicleta para visitar a una amiga. La distancia total hasta la casa de su amiga es $1\frac{3}{4}$ millas. Ya recorrió $\frac{3}{10}$ de milla. Escribe y resuelve una ecuación para hallar cuánto le queda por recorrer.

18. **Razonamiento de orden superior** ¿Qué ecuaciones de la tabla piensas que tendrán una solución mayor que 2 y cuáles una menor que 2? Completa la tabla para comprobar tus predicciones.

Ecuación	$\frac{2}{5}x = 2$	$\frac{4}{5}x = 2$	$\frac{6}{5}x = 2$	$\frac{8}{5}x = 2$
Solución				

© Evaluación de *Common Core*

19. Aarón resolvió la ecuación $x + 3\frac{7}{8} = 5\frac{2}{3}$. Los pasos que siguió para hallar la solución se muestran en la tabla, pero están mezclados. Escribe sus pasos en el orden correcto del lado derecho de la tabla.

Pasos mezclados	Pasos de la solución en orden
$x = 5\frac{16}{24} - 3\frac{21}{24}$	
$x = 4\frac{40}{24} - 3\frac{21}{24}$	
$x = 5\frac{2}{3} - 3\frac{7}{8}$	
$x = 1\frac{19}{24}$	
$x + 3\frac{7}{8} = 5\frac{2}{3}$	

   © Pearson Education, Inc. 6

Resuélvelo y coméntalo

Tres miembros de un club local hacen copos de nieve de adorno con masa. Cada miembro llevó $2\frac{1}{2}$ tazas de harina y $\frac{1}{2}$ taza de sal. ¿Cuántos copos de adorno pueden hacer?

Receta de adornos de masa

Para hacer 25 copos de nieve de adorno

$3\frac{1}{4}$ tazas de harina

1 taza de sal

$1\frac{1}{2}$ tazas de agua

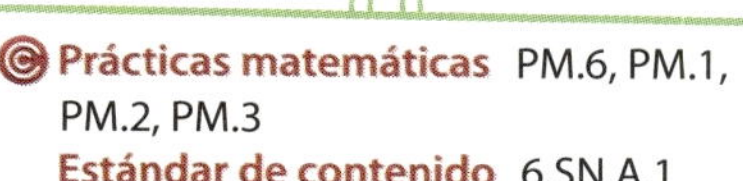

Prácticas matemáticas y resolución de problemas

Lección 12-9
Precisión

Puedo...
resolver problemas con precisión.

Prácticas matemáticas PM.6, PM.1, PM.2, PM.3
Estándar de contenido 6.SN.A.1

Hábitos de razonamiento

¡Razona correctamente!
Estas preguntas te pueden ayudar.

- ¿Estoy usando los números, las unidades y los signos correctamente?

- ¿Estoy usando las definiciones correctas?

- ¿Estoy haciendo los cálculos con precisión?

- ¿Es clara mi respuesta?

¡Vuelve atrás! **PM.6 Hacerlo con precisión** Si tienes solo 1 taza de harina y adaptas la receta de acuerdo con esto, aproximadamente ¿cuántos adornos de copos de nieve puedes hacer? Explícalo.

¿Cómo se pueden resolver problemas matemáticos con precisión?

A

Un granjero construye un pequeño campo de equitación. La valla alrededor del campo está hecha con tres filas de tablas de madera. El granjero decide usar tablas que miden $8\frac{1}{2}$ pies de longitud; por tanto, hace un pedido de 130 tablas. ¿Encargó tablas suficientes para construir la valla del campo? Explícalo.

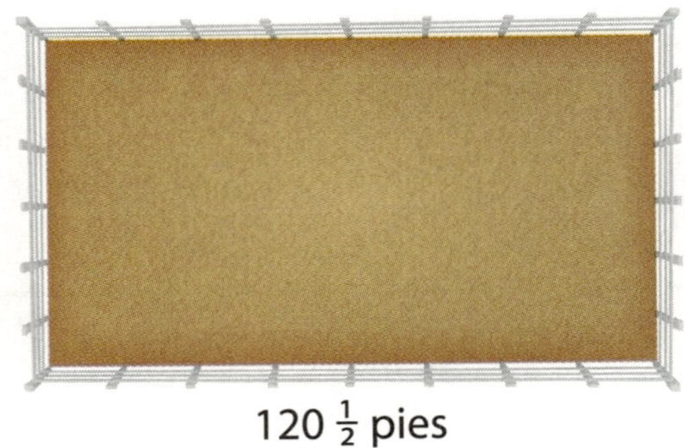

¿Qué debo hacer para resolver el problema?

Debo ser preciso. Hallaré el perímetro del campo y la cantidad de tablas de madera necesarias para construir la valla.

Este es mi razonamiento...

B **¿Cómo puedo resolver este problema con precisión?**

Puedo

- usar correctamente la información que me dieron.

- calcular con precisión.

- interpretar los residuos correctamente.

- usar unidades apropiadas.

- asegurarme de que mi respuesta sea clara y apropiada.

C

Debo hallar el perímetro del campo.

$$P = 2 \cdot 120\frac{1}{2} + 2 \cdot 66\frac{1}{4} = 241 + 132\frac{1}{2} = 373\frac{1}{2} \text{ pies}$$

El granjero necesita tablas suficientes para 3 veces el perímetro.

$$3 \cdot 373\frac{1}{2} = 1{,}120\frac{1}{2} \text{ pies}$$

Ahora divide para hallar cuántas tablas de $8\frac{1}{2}$ pies de longitud se necesitan.

$$1{,}120\frac{1}{2} \div 8\frac{1}{2} = \frac{2{,}241}{2} \div \frac{17}{2}$$
$$= \frac{2{,}241}{2} \cdot \frac{2}{17} = \frac{4{,}482}{34} = 131\frac{14}{17}$$

El granjero necesita al menos 132 tablas para construir la valla. No encargó tablas suficientes.

¡Convénceme! © **PM.6 Hacerlo con precisión** El granjero decidió que su pedido de tablas es suficiente para un campo que mide $115\frac{1}{4}$ pies por $63\frac{1}{2}$ pies. ¿Tiene razón? Sé preciso en tu explicación.

© Pearson Education, Inc. 6

☆ Práctica guiada *

© PM.6 Hacerlo con precisión

Se está organizando un maratón de $26\frac{1}{5}$ millas. Deben ubicarse estaciones de hidratación y carpas para médicos a lo largo de la ruta.

1. Las estaciones de hidratación se ubican cada $2\frac{1}{2}$ millas a lo largo de la ruta del maratón y en la meta. ¿Cuántas estaciones se necesitan?

2. Hay 5 carpas para médicos ubicadas a la misma distancia una de otra a lo largo de la ruta del maratón, incluida una que se encuentra en la salida y otra en la meta. ¿En qué marcador de milla deben ubicarse las otras tres carpas?

☆ Práctica independiente

© PM.6 Hacerlo con precisión

Las carreras de caballos se miden en *furlongs*. El derbi de Kentucky tiene $1\frac{1}{4}$ millas de longitud.

3. ¿Cuánto mide el derbi de Kentucky en *furlongs?*

4. La Indianápolis 500 es una carrera de carros de 500 millas. Si la Indianápolis 500 fuera una carrera de caballos, ¿cómo describirías su longitud en *furlongs?*

5. La Belmont Stakes es una carrera de caballos de 12 *furlongs.* ¿Cuánto mide la carrera en millas?

Ⓒ Evaluación de rendimiento de *Common Core*

Mensajeros en bicicleta

Las empresas de las grandes ciudades a veces usan mensajeros en bicicleta para repartir documentos importantes y otros paquetes. Una entrega normal lleva menos de 5 minutos.

Tarifas de los mensajeros	
Tarifa normal	$12.00 por milla (incluye retiro)
Tarifa rápida	$1\frac{1}{2}$ veces la tarifa normal
Tarifa de domingo	$2\frac{1}{2}$ veces la tarifa normal

6. PM.2 Razonar Un mensajero en bicicleta recorre $\frac{3}{4}$ de milla para retirar y entregar un paquete. ¿Cuánto gana por este viaje?

7. PM.1 Entender y perseverar Un mensajero en bicicleta es contratado para hacer una entrega. Recorre 1 milla en total y le cobra al cliente $30.00. ¿Qué tarifa le cobró al cliente por la entrega? Explica cómo lo sabes.

8. PM.3 Construir argumentos Un mensajero en bicicleta recorrió un total de $3\frac{1}{4}$ millas para entregar un paquete. Montó en bicicleta a una tasa de $\frac{2}{5}$ de milla por minuto. ¿Realizó la entrega dentro del tiempo normal? Construye un argumento para justificar tu solución.

Tarea y práctica 12-9
Precisión

¡Revisemos!

Jenna alimenta a su gato dos veces al día.
Le da $\frac{3}{4}$ de lata de comida para gatos cada vez.
Una amiga va a cuidar su gato por 5 días.
Para prepararse, compró 8 latas de comida para gatos.
¿Compró comida suficiente? Explícalo.

Indica cómo puedes ser preciso en tu solución.

- Puedo usar correctamente la información que me dieron.

- Puedo calcular con precisión.

- Puedo interpretar los residuos correctamente.

- Puedo usar unidades apropiadas.

Resuelve el problema.

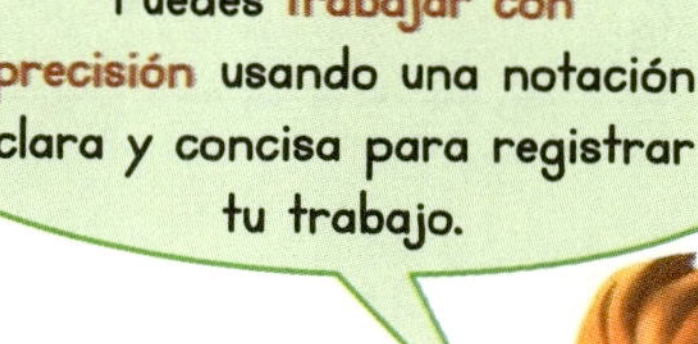

Jenna alimenta a su gato con $\frac{3}{4} \cdot 2 = \frac{6}{4} = 1\frac{1}{2}$ latas de comida por día.

$8 \div 1\frac{1}{2} = \frac{8}{1} \div \frac{3}{2} = \frac{8}{1} \cdot \frac{2}{3} = \frac{16}{3} = 5\frac{1}{3}$

Jenna tiene comida suficiente para 5 días.

© PM.6 Hacerlo con precisión

Un paisajista tiene $3\frac{2}{3}$ galones de fertilizante líquido concentrado. Las instrucciones indican que debe mezclar $\frac{1}{8}$ de galón de fertilizante con agua para hacer 1 galón de fertilizante.

1. ¿Cuántos galones de fertilizante puede hacer el paisajista?

2. El paisajista recomienda que se use $\frac{1}{4}$ de galón de fertilizante para una zona de 6,000 pies cuadrados de césped. ¿Cuántas zonas de este tamaño puede fertilizar con la cantidad de fertilizante que tiene? Explícalo.

Vestimenta escolar para recaudar fondos

Los miembros del concejo estudiantil hacen pulseras y
collares de tela para vender en una función para
recaudar fondos.

Accesorio	Cantidad de tela necesaria (en yardas)
Collar	$\frac{1}{2}$
Pulsera	$\frac{1}{5}$

3. **PM.6 Hacerlo con precisión** Los miembros deciden que
   los collares deben hacerse con tela roja y las pulseras, con
   tela azul. Tienen $8\frac{1}{2}$ yardas de tela azul que les sobró de la
   función del año pasado. ¿Cuántas pulseras pueden hacer
   con esa tela?

4. **PM.2 Razonar** Los miembros del concejo estudiantil quieren hacer la
   misma cantidad de collares que de pulseras. ¿Las 10 yardas de tela roja
   que tienen serán suficientes para hacer los collares?

5. **PM.1 Entender y perseverar** Las pulseras se venderán por $3 y
   los collares, por $5. Supón que hacen todos los collares y las pulseras
   solo con la tela que tienen y venden todo. ¿Cuánto dinero habrán
   recaudado?

6. **PM.6 Hacerlo con precisión** El concejo estudiantil decide
   hacer y vender 50 pulseras y 50 collares. ¿Cuánta tela más
   deben comprar?

     © Pearson Education, Inc. 6

Emparéjalo

Trabaja con un compañero. Señala una pista y léela.

Mira la tabla de la parte de abajo de la página y busca la pareja de esa pista. Escribe la letra de la pista en la casilla al lado de su pareja.

Halla una pareja para cada pista.

Puedo...
dividir números de varios dígitos.

© **Estándar de contenido**
6.SN.B.2

Pistas

A Este cociente es el mayor de todos.

E El cociente es 194 más que el divisor.

U El divisor tiene los mismos dígitos que el cociente.

I Cada dígito del cociente es menor que 5.

C El dígito de las decenas del cociente es $\approx \frac{1}{3}$ del de las unidades.

O Este cociente es el menor de todos.

N El cociente es 3 menos que 100.

C El cociente y el divisor son múltiplos de 9.

☐ $7{,}752 \div 34$	☐ $7{,}645 \div 55$	☐ $6{,}786 \div 78$	☐ $12{,}834 \div 46$
☐ $15{,}309 \div 81$	☐ $11{,}931 \div 97$	☐ $5{,}256 \div 72$	☐ $8{,}051 \div 83$

Repaso del vocabulario

Lista de palabras

- cociente
- dividendo
- divisor
- evaluar
- número mixto
- orden de las operaciones
- recíproco

Comprender el vocabulario

Escoge el mejor término de la Lista de palabras. Escríbelo en el espacio en blanco.

1. Para escribir una expresión de división como una multiplicación, se multiplica por el _____________ del _____________.

2. El _____________ es la cantidad que se divide.

3. El resultado de una división se llama _____________.

Usa el *orden de las operaciones* para *evaluar* las expresiones si $g = \frac{3}{5}$.

4. $3g \div \frac{2}{3}$

5. $9 + g^2 \div 9$

6. $\left(g + \frac{1}{10}\right) + 4g\left(\frac{3}{8}\right)$

Escribe V si el enunciado es *verdadero* o F si es *falso*.

_________ 7. El *cociente* de dos fracciones es siempre menor que el *dividendo* y el *divisor*.

_________ 8. Un *número mixto* siempre puede escribirse como una fracción.

_________ 9. Dividir por x es lo mismo que multiplicar por $\frac{1}{x}$.

Usar el vocabulario al escribir

10. Explica cómo usar la multiplicación para hallar el valor de $\frac{1}{3} \div \frac{9}{5}$. Usa al menos 3 palabras de la Lista de palabras en tu explicación.

© Pearson Education, Inc. 6

Nombre ____

Grupo A páginas 593 a 598, 599 a 604

Refuerzo

Halla $4 \div \frac{4}{5}$. Usa la recta numérica.

Divide 4 en partes de $\frac{4}{5}$.

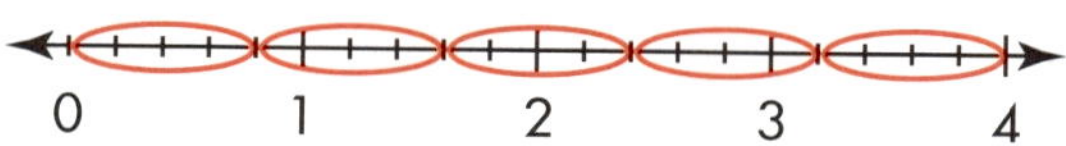

$4 \div \frac{4}{5} = 5$

Recuerda que cuando el divisor es menor que 1, el cociente es mayor que el dividendo.

1. $7 \div \frac{1}{2}$

2. $6 \div \frac{2}{5}$

3. $2 \div \frac{1}{8}$

4. $8 \div \frac{4}{9}$

Grupo B páginas 605 a 610, 611 a 616

Usa un modelo para hallar $\frac{3}{4} \div \frac{1}{8}$.

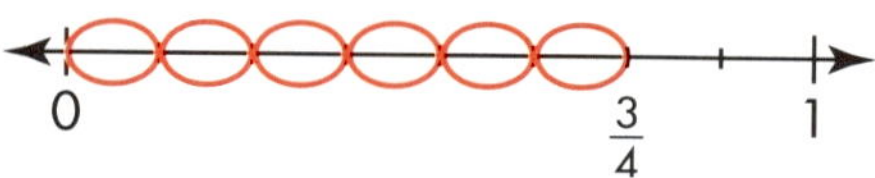

Hay seis partes de $\frac{1}{8}$ en $\frac{3}{4}$; por tanto, $\frac{3}{4} \div \frac{1}{8} = 6$.

Halla $\frac{3}{4} \div \frac{5}{8}$.

$\frac{3}{4} \div \frac{5}{8} = \frac{3}{4} \times \frac{8}{5}$ — Vuelve a escribir el problema como una multiplicación.

$\frac{3}{4} \times \frac{8}{5} = \frac{24}{20}$, o $1\frac{1}{5}$ — Multiplica. Luego escribe las fracciones del cociente como números mixtos.

Recuerda que el producto de un número y su recíproco es 1.

Usa un modelo para resolver los Ejercicios **1** y **2**.

1. $\frac{1}{2} \div \frac{1}{4}$

2. $\frac{8}{10} \div \frac{1}{5}$

Halla los cocientes en los Ejercicios **3** a **6**.

3. $\frac{5}{6} \div \frac{3}{8}$

4. $\frac{1}{3} \div \frac{1}{2}$

5. $5 \div \frac{5}{16}$

6. $\frac{7}{12} \div \frac{3}{4}$

Grupo C páginas 617 a 622, 623 a 628

Halla $6\frac{1}{2} \div 1\frac{1}{6}$. Primero haz una estimación redondeando o usando números compatibles.

$6\frac{1}{2}$ es aproximadamente 7. $1\frac{1}{6}$ es aproximadamente 1.

$7 \div 1 = 7$

$6\frac{1}{2} \div 1\frac{1}{6} = \frac{13}{2} \div \frac{7}{6}$ — Escribe los números mixtos como fracciones.

$\frac{13}{2} \div \frac{7}{6} = \frac{13}{2} \times \frac{6}{7}$ — Luego escribe el problema como una multiplicación usando el **recíproco** del **divisor**.

$\frac{13}{2} \times \frac{6}{7} = \frac{78}{14}$, o $5\frac{4}{7}$ — Multiplica. Escribe la fracción del cociente como un número mixto.

$5\frac{4}{7}$ está cerca de la estimación de 7.

Recuerda que debes hacer una estimación antes de resolver el problema, así puedes comprobar que tu respuesta sea razonable.

Haz una estimación y halla los cocientes.

1. $6\frac{3}{8} \div 4\frac{1}{4}$

2. $9 \div 2\frac{2}{7}$

3. $3\frac{3}{5} \div 1\frac{1}{5}$

4. $5\frac{1}{2} \div 3\frac{3}{8}$

5. $3\frac{2}{5} \div 1\frac{1}{5}$

6. $12\frac{1}{6} \div 3$

Usa la sustitución para evaluar la expresión si $r = \frac{1}{5}$.

$10 \div r$

$10 \div \frac{1}{5}$ Sustituye r por $\frac{1}{5}$.

$10 \cdot \frac{5}{1}$ Halla el recíproco de $\frac{1}{5}$ y convierte la división en una multiplicación.

$\frac{50}{1} = 50$ Escribe las fracciones como números enteros o mixtos.

Recuerda que puedes usar el orden de las operaciones para evaluar expresiones para un valor específico de una variable.

Evalúa las expresiones si $b = \frac{5}{6}$.

1. $b \div 20$ **2.** $7b \div 2$

3. $b \div \frac{1}{5}$ **4.** $6\frac{3}{4} \div 3b$

Halla el valor de q.

$\frac{3}{4}q = 4\frac{1}{2}$

$q = 4\frac{1}{2} \cdot \frac{4}{3}$ Multiplica el cociente por el recíproco del coeficiente.

$q = \frac{9}{2} \cdot \frac{4}{3}$ Convierte los números mixtos en fracciones.

$q = 6$ Resuelve.

Recuerda que puedes usar operaciones inversas para resolver las ecuaciones.

Resuelve las ecuaciones.

1. $\frac{5}{6}h = 22$ **2.** $\frac{1}{3}i = 15$

3. $4\frac{5}{8} + e = 6\frac{3}{4}$ **4.** $j \div 4\frac{1}{2} = \frac{3}{8}$

Piensa sobre estas preguntas como ayuda para resolver los problemas **con precisión**.

Hábitos de razonamiento

- ¿Estoy usando los números, las unidades y los signos correctamente?

- ¿Estoy usando las definiciones correctas?

- ¿Estoy haciendo los cálculos con precisión?

- ¿Es clara mi respuesta?

Recuerda que debes usar la información dada para resolver el problema.

Daisy tiene un pepino que mide 8 pulgadas de longitud. Lo corta en rebanadas de $\frac{3}{8}$ de pulgada de grosor y las agrega a una ensalada. ¿Cuántas rebanadas de $\frac{3}{8}$ de pulgada obtuvo?

1. Escribe una ecuación que represente el problema. Sea $r =$ la cantidad de rebanadas.

2. Explica cómo se usa la ecuación para resolver el problema y resuélvelo. Luego explica tu respuesta.

© Pearson Education, Inc. 6

© **Evaluación**

1. Raven hace almohadas. Cada una requiere $\frac{3}{5}$ de yarda de tela. Tiene 6 yardas de tela. Usa la recta numérica para hallar $6 \div \frac{3}{5}$, la cantidad de almohadas que puede hacer Raven.

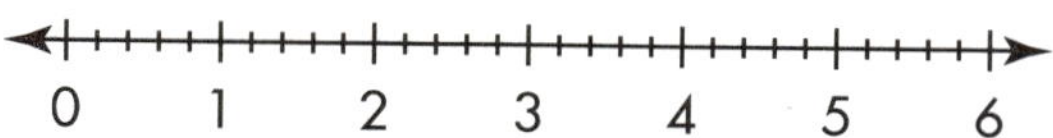

(A) 10 almohadas

(B) 6 almohadas

(C) 5 almohadas

(D) 3 almohadas

2. Observa la recta numérica de abajo.

Parte A

¿Qué oración numérica representa la recta numérica?

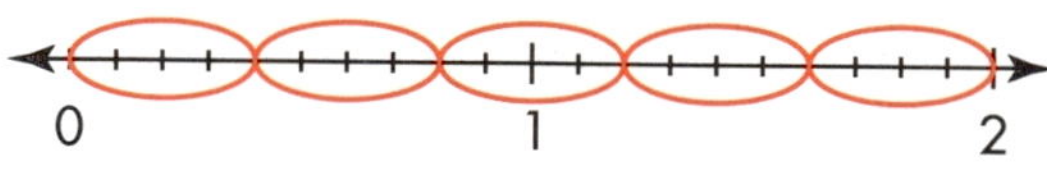

(A) $2 \div \frac{4}{10} = 5$

(B) $2 \div \frac{1}{10} = \frac{4}{10}$

(C) $\frac{4}{10} \div 2 = 5$

(D) $5 \div \frac{4}{10} = 2$

Parte B

Explica cómo la recta numérica representa la oración numérica que escogiste.

3. ¿Qué expresión tiene el mismo valor que $3 \div \frac{5}{9}$?

(A) $3 \times \frac{5}{9}$

(B) $\frac{1}{3} \div \frac{5}{9}$

(C) $3 \div \frac{9}{5}$

(D) $3 \times \frac{9}{5}$

4. Holly ordena su colección de tarjetas postales en un tablero de avisos que mide $35\frac{3}{4}$ pulgadas de ancho. Cada tarjeta postal mide $5\frac{7}{8}$ pulgadas de ancho. Holly estima que la cantidad de tarjetas postales que puede mostrar en cada fila es 7. ¿Es esta la mejor estimación? Explica tu razonamiento.

5. Un modelo de tren mide $15\frac{3}{4}$ pulgadas de longitud. Cada vagón mide $2\frac{5}{8}$ pulgadas de longitud. ¿Cuántos vagones tiene el tren?

(A) 3 vagones

(B) 4 vagones

(C) 5 vagones

(D) 6 vagones

6. El Sr. Sánchez hace panqueques. Cada tanda de panqueques lleva $\frac{3}{4}$ de taza de leche. Hay 16 tazas en 1 galón.

Parte A

¿Cuántas tandas completas puede hacer con $\frac{1}{2}$ galón de leche? Explica cómo lo sabes.

Parte B

¿Cuántas tazas más necesita el Sr. Sánchez para hacer 12 tandas de panqueques? Muestra cómo lo sabes.

7. Halla el cociente. Usa el diagrama como ayuda.

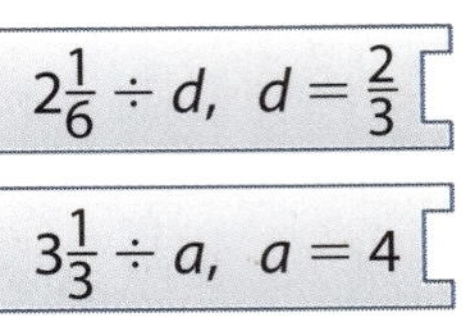

$\frac{3}{4} \div \frac{1}{4}$

8. ¿Cuántos tubos de $\frac{1}{8}$ de pinta pueden llenarse con una botella de $\frac{3}{4}$ de pinta de peróxido de hidrógeno?

9. Evalúa las expresiones para el valor de la variable que se muestra. Traza una línea para unir las expresiones de la Columna A con su valor en la Columna B.

Columna A	Columna B
$2\frac{1}{6} \div d, \quad d = \frac{2}{3}$	$\frac{5}{6}$
$3\frac{1}{3} \div a, \quad a = 4$	$13\frac{1}{3}$
$2\frac{1}{6} \div b, \quad b = \frac{1}{2}$	$3\frac{1}{4}$
$3\frac{1}{3} \div c, \quad c = \frac{1}{4}$	$4\frac{1}{3}$

10. ¿Cuál de las siguientes opciones indica la cantidad de pedazos de cinta de $\frac{3}{4}$ de pie de longitud que se pueden cortar de una cinta que mide $7\frac{3}{8}$ pies de longitud?

Ⓐ $4\frac{5}{6}$ pedazos   Ⓒ $9\frac{1}{3}$ pedazos

Ⓑ $5\frac{17}{32}$ pedazos   Ⓓ $9\frac{5}{6}$ pedazos

11. ¿Cuál es el valor de t en la siguiente ecuación?

$$t + \frac{1}{4} = 2\frac{7}{12}$$

12. Escoge los números correctos del recuadro de abajo para completar la siguiente tabla. Evalúa la expresión para los valores de la variable de la tabla.

$1\frac{1}{10}$	$1\frac{1}{2}$	$1\frac{7}{10}$	$2\frac{1}{2}$	$2\frac{7}{10}$

n	$\frac{1}{4}$	$\frac{2}{5}$	$\frac{1}{2}$
$\frac{4}{5} \div n - \frac{1}{2}$			

© Pearson Education, Inc. 6

Esta es la receta de sopa de verduras y frijoles de Ana.

Sopa de verduras y frijoles
8 porciones

$1\frac{1}{4}$ tazas de frijoles blancos   1 taza de zanahorias $\frac{2}{3}$ de taza de cebollas

$1\frac{3}{4}$ libras de repollo $\frac{7}{8}$ de taza de nabos $1\frac{1}{8}$ cucharaditas de tomillo

$1\frac{1}{2}$ tazas de papas

1. Ana usa una taza de medir de $\frac{1}{4}$ de taza.

Parte A

¿Cuántas veces tendrá que llenar la taza de medir para tener $\frac{7}{8}$ de taza de nabos?
Muestra tu trabajo.

Parte B

¿Cuántas veces tendrá que llenar la taza de medir para tener $1\frac{1}{4}$ tazas de frijoles
blancos? Muestra tu trabajo.

2. Si Ana divide los ingredientes en partes iguales en 4 ollas, ¿cuántas tazas de cebollas
necesitará en cada olla?

3. Ana tiene 14 libras de repollo. Para hallar cuántas tandas de la receta puede hacer
con esa cantidad, escribió la ecuación $1\frac{3}{4}t = 14$.

Parte A

Explica cómo los números de la ecuación se relacionan con la situación y qué
representa la variable de la ecuación de Ana. Luego resuélvela para hallar la
cantidad de tandas que puede hacer.

Parte B

Usa la ecuación $1\frac{3}{4}t = r$. Sea $t = 10$ tandas; resuelve para hallar cuántas libras de repollo, r, necesitará Ana para servir sopa a 80 personas.

4. Sam tiene los ingredientes que se enumeran abajo. Quiere hacer tantas tandas de sopa de verduras y frijoles como sea posible. Estima la mayor cantidad de porciones que puede hacer con los ingredientes que tiene si hace tandas completas. Explica tu respuesta.

- 6 tazas de frijoles blancos
- 6 libras de repollo
- 4 tazas cada uno de papas, zanahorias y nabos
- 3 tazas de cebollas
- 5 cucharaditas de tomillo

© Pearson Education, Inc. 6

Resolver problemas de área

Pregunta esencial: ¿Cómo se halla el área de determinadas figuras?

Proyecto de Matemáticas y Ciencias: De paso por el área

Investigar Usa la Internet u otras fuentes para aprender qué es el hormigón permeable, para qué sirve y cuánto cuesta por pie cuadrado. Ubica un mapa de tu escuela que muestre estacionamientos y aceras y que tenga una escala para hallar distancias.

Diario: Escribir un informe Incluye lo que averiguaste. En tu informe, también:

- decide el costo total de un proyecto para instalar hormigón permeable.

- calcula las áreas en pies cuadrados de estacionamientos, aceras y áreas de patio alrededor de tu escuela. Dibuja figuras en el mapa para apoyar tus cálculos.

- escribe un plan sobre las áreas que se pueden reemplazar con hormigón permeable en función de tu presupuesto.

Repasa lo que sabes

Vocabulario

Escoge el mejor término del recuadro.
Escríbelo en el espacio en blanco.

- paralelas
- perpendiculares
- paralelogramo
- polígono

1. Un triángulo es un ejemplo de un _______________ de tres lados.

2. Las rectas _______________ forman un ángulo recto.

3. Un _______________ tiene lados opuestos que son paralelos y tienen la misma longitud.

Evaluar expresiones

Halla el valor de las expresiones cuando $a = 12$, $b = 3$, $c = 4$ y $d = 9$.

4. ac

5. $\frac{1}{2}b$

6. bd

7. $0.5a$

8. $\frac{3}{4}(ad)$

9. $ab + cd$

Multiplicar números decimales

Halla los productos.

10. 3.14×12

11. 45.8×5

12. 0.8×2.7

13. 35×12.8

14. 64.9×5.8

15. 7.75×3.4

Geometría

16. ¿En qué se parecen y en qué se diferencian los paralelogramos y los rectángulos?

© Pearson Education, Inc. 6

Mis tarjetas de palabras

Usa el ejemplo de la palabra de la tarjeta para ayudarte a completar la definición que está al reverso.

Mis tarjetas de palabras

Completa la definición. Para ampliar lo que aprendiste, escribe tu propia definición.

Un cuadrilátero con dos pares de lados adyacentes de igual longitud es una

_______________________.

© Pearson Education, Inc. 6

Resuélvelo y coméntalo

Une los puntos *A* y *B*, *B* y *C*, *C* y *D*, y *D* y *A*. Luego halla el área de la figura y explica cómo la hallaste. En la misma cuadrícula, mueve los puntos *B* y *C* cuatro unidades a la derecha. Une los puntos para formar un nuevo paralelogramo *ABCD*. ¿Cuál es el área de esa figura? **Resuelve este problema de la manera que prefieras.**

Lección 13-1
Área de los paralelogramos y los rombos

Puedo...

usar lo que sé sobre el área de los rectángulos para hallar el área de paralelogramos y rombos.

Estándares de contenido 6.G.A.1, 6.EE.A.2c
Prácticas matemáticas PM.2, PM.3, PM.4, PM.6, PM.7, PM.8

¡Vuelve atrás! **PM.8 Generalizar** ¿Cómo piensas que puedes hallar el área de cualquier paralelogramo?

Pregunta esencial ¿Cómo se puede usar la fórmula del área de un rectángulo para hallar la fórmula del área de un paralelogramo?

A

Mira el siguiente paralelogramo. Si mueves el triángulo al lado opuesto, formas un rectángulo con la misma área que el paralelogramo. ¿Cómo puedes hallar la fórmula para hallar el área del paralelogramo?

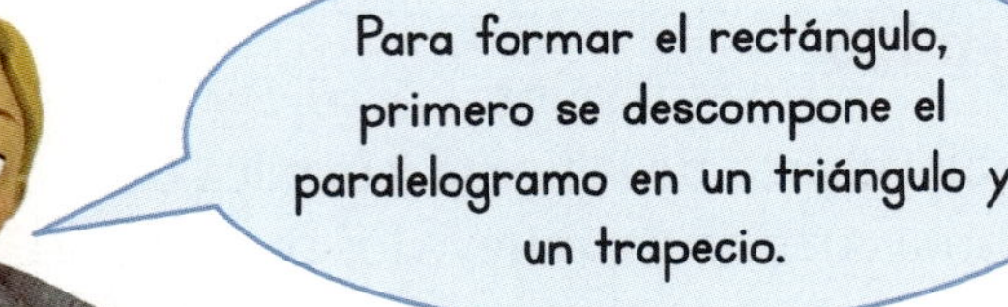

  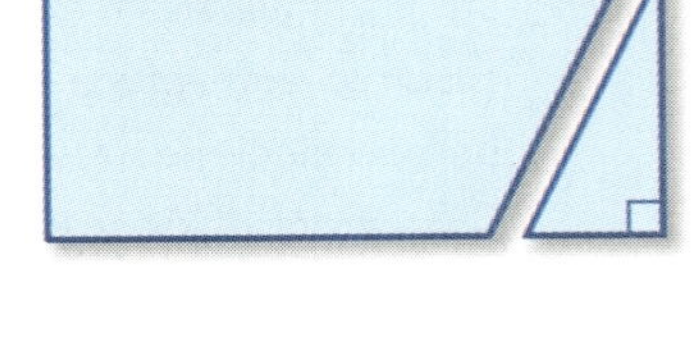

B La base del paralelogramo, b, es igual a la longitud del rectángulo, ℓ.

La altura del paralelogramo, h, que es perpendicular a la base, es igual al ancho del rectángulo, a.

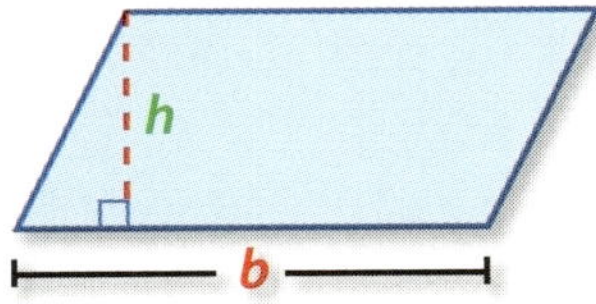

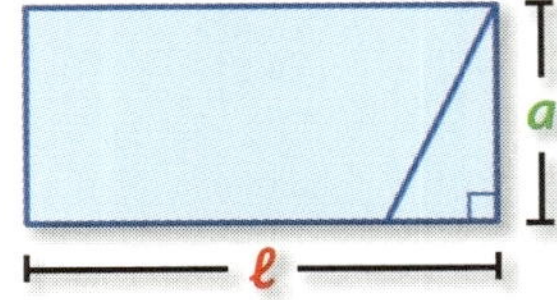

C El área del paralelogramo es igual al área del rectángulo.

Área de un rectángulo $\longrightarrow A = \ell \times a$

Área de un paralelogramo $\longrightarrow A = b \times h$

$A = bh$

¡Convénceme! © **PM.6 Hacerlo con precisión** ¿Cuál es el área de un paralelogramo si la base, b, es 7 centímetros y la altura, h, es 4.5 centímetros? Escribe una ecuación para mostrar cómo lo sabes.

© Pearson Education, Inc. 6

Otro ejemplo

¿Cómo hallas el área de un rombo?

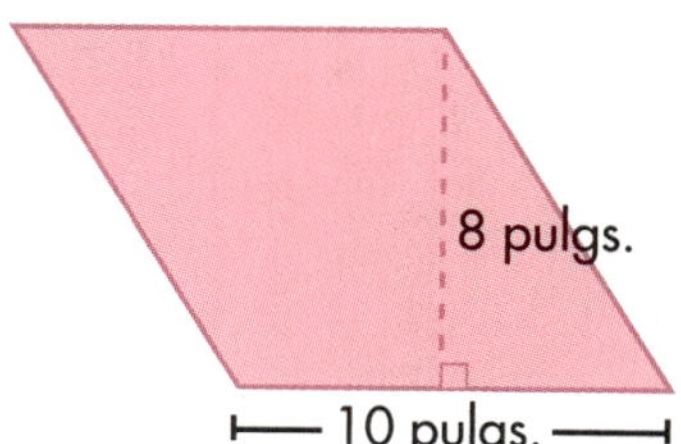

$A = b \times h$

$A = 10 \times 8$

$A = 80$

El área del rombo es 80 pulgs.^{2}.

Práctica guiada *

¿Lo entiendes?

1. Ken combinó un triángulo y un trapecio para formar un paralelogramo. Si el área del triángulo es 12 pulgs.^{2} y el área del trapecio es 24 pulgs.^{2}, ¿cuál es el área del paralelogramo? Explícalo.

2. © **PM.3 Evaluar el razonamiento** Un paralelogramo mide 3 metros de longitud y 7 metros de altura. Liam dijo que el área es mayor que el área de un rectángulo que tiene las mismas dimensiones. ¿Tiene razón? Explícalo.

¿Cómo hacerlo?

Usa una fórmula para hallar el área del paralelogramo y el rombo en los Ejercicios **3** y **4.**

3.
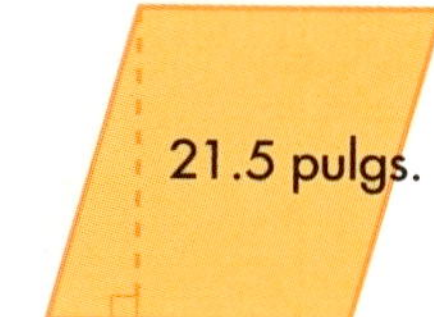

4.
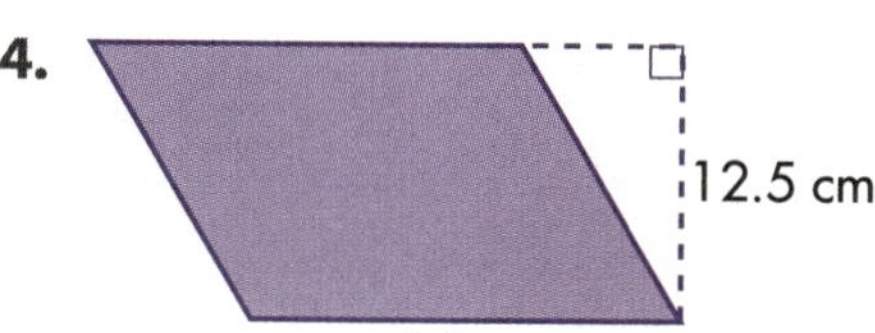

Práctica independiente

Práctica al nivel Halla el área de los paralelogramos o rombos en los Ejercicios **5** a **7.**

5.
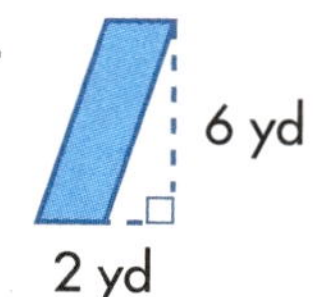

$A = b \cdot h$

$= \underline{} \cdot 6$

$= \underline{} \text{ yd}^2$

6.
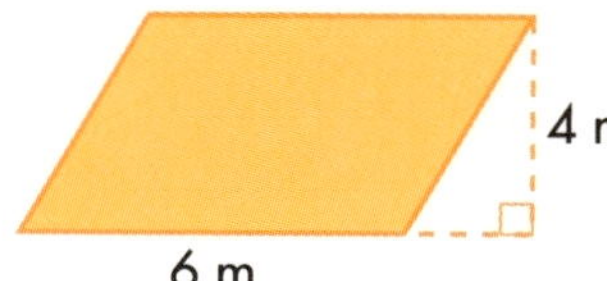

$A = b \cdot h$

$= \underline{} \cdot \underline{}$

$= 24 \text{ m}^2$

7.
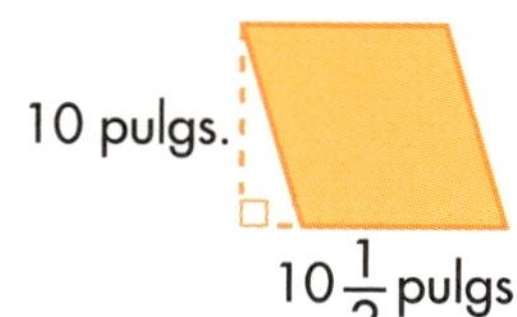

$A = b \cdot h$

$= \underline{} \cdot \underline{}$

$= \underline{} \text{ pulgs.}^2$

8. Hilary hizo un perro de origami. ¿Cuál es el área del paralelogramo resaltado en la figura de origami?

9. Un tipo de papel de origami se vende en hojas cuadradas de 15 cm por 15 cm. Hilary usa dos hojas para hacer el perro de origami. ¿Cuál es el área total del papel de origami que usó Hilary para hacer el perro?

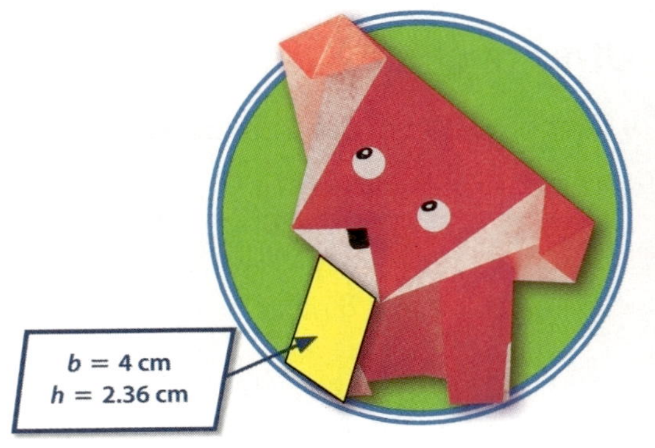

10. **Matemáticas y Ciencias** Una persona que pesa 150 libras quema aproximadamente 135 calorías en 30 minutos jugando al ping-pong. Aproximadamente, ¿cuántas calorías quemará la misma persona si juega al ping-pong durante 1 hora y 20 minutos?

11. © **PM.2 Razonar** Un rectángulo y un paralelogramo tienen la misma base y la misma altura. ¿Cuál es la relación entre sus áreas? Da un ejemplo para justificar tu respuesta.

12. El área de un paralelogramo es 325 pies^2. Si la base del paralelogramo es 25 pies, ¿cuál es su altura?

13. **Razonamiento de orden superior** El cuadro interior del diamante de un campo de beisbol tiene forma de rombo. La distancia entre cada una de las bases es 90 pies. Se usa una cubierta de 85 pies por 100 pies para proteger el campo cuando llueve. ¿Alcanzará la cubierta para proteger todo el cuadro interior? Explícalo.

© **Evaluación de *Common Core***

14. El estacionamiento que se muestra a la derecha tiene un área de 171 pies^2. Un camión tiene dimensiones rectangulares de 13.5 pies por 8.5 pies. ¿Entrará el camión en el estacionamiento? Justifica tu respuesta.

© Pearson Education, Inc. 6

Tarea y práctica 13-1
Área de los paralelogramos y los rombos

¡Revisemos!

Halla el área del paralelogramo.

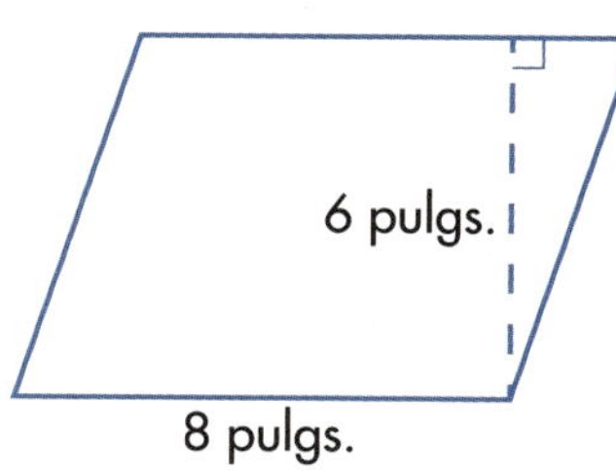

Usa la fórmula $A = bh$

$$A = 8 \cdot 6$$
$$= 48 \text{ pulgs.}^2$$

El área del paralelogramo es 48 pulgs.^{2}.

Halla el área del rombo.

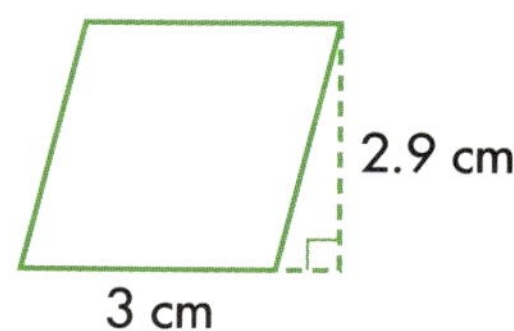

Usa la fórmula $A = bh$

$$A = 3 \cdot 2.9$$
$$= 8.7 \text{ cm}^2$$

El área del rombo es 8.7 cm^2.

Halla el área de los paralelogramos o los rombos en los Ejercicios **1** a **6**.

1.

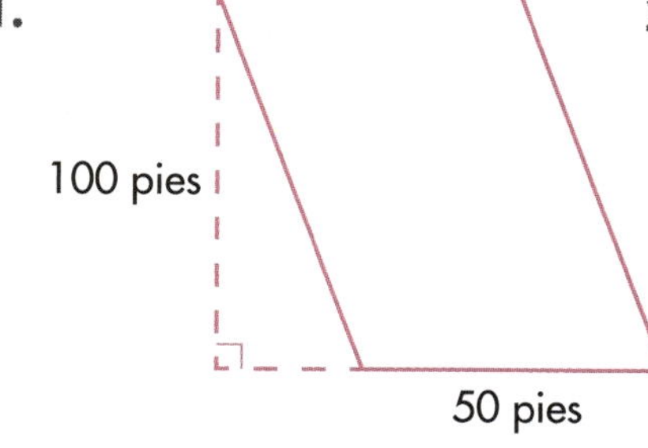

2.

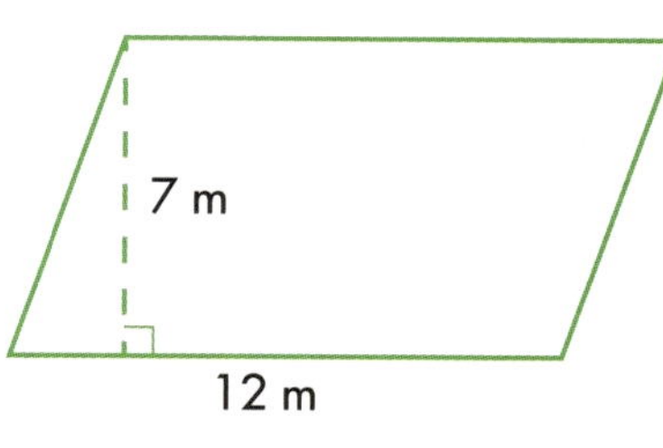

3.

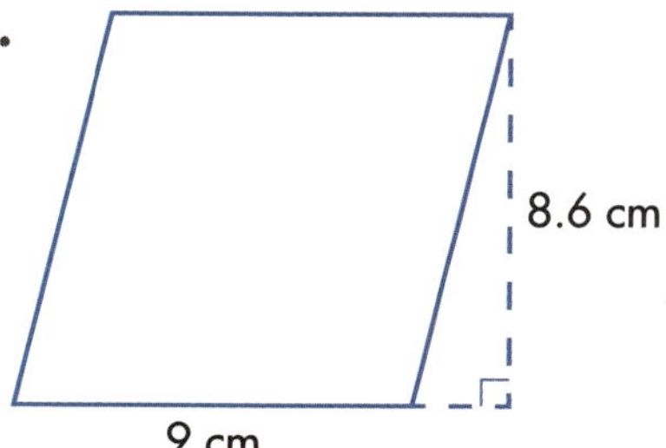

4. Rombo
$b = 30$ m
$h = 15.5$ m

5. Paralelogramo
$b = 18$ pulgs.
$h = 2\frac{1}{2}$ pulgs.

6. Paralelogramo
$b = 20$ pies
$h = 3$ yd

7. Sara aplica los marcadores de trastes plateados en el mástil de la guitarra que se muestra. Cada marcador tiene forma de paralelogramo. La base de cada uno de los tres marcadores inferiores mide 52.5 mm y su altura es 6 mm. ¿Cuál es el área de cada uno de los marcadores inferiores?

8. Una funda de guitarra rectangular tiene impresa en la superficie una sola calcomanía que mide 20 pulgadas de longitud por 45 pulgadas de ancho. ¿Cuál es el área de la calcomanía?

9. **Razonamiento de orden superior** Tony dice que no tiene suficiente información para hallar el área de este paralelogramo. ¿Tiene razón? Explícalo.

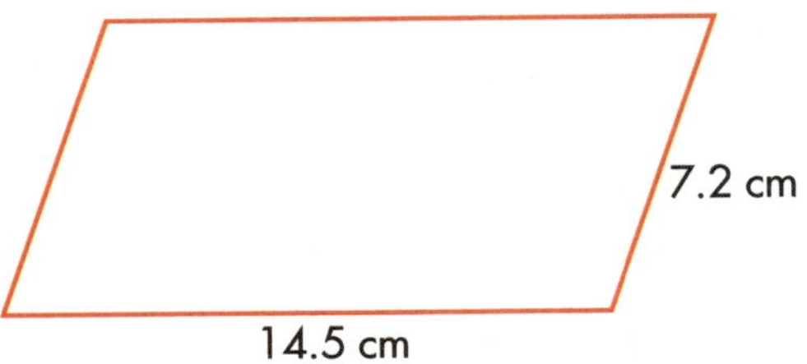

10. © **PM.4 Representar con modelos matemáticos** Dan dibujó un paralelogramo con un área de 144 pulgadas cuadradas para representar una sección de una acera. Dibuja un ejemplo del paralelogramo que podría haber dibujado Dan.

11. © **PM.2 Razonar** Un moderno edificio de oficinas de Hamburgo, Alemania, tiene forma de paralelogramo. El frente del edificio tiene una base de 123 metros y una altura de 23 metros. ¿Cuál es el área del frente del edificio?

© **Evaluación de _Common Core_** ______________

12. El área de un paralelogramo es 42 pulgadas cuadradas. La base del paralelogramo es 6 pulgadas. ¿Cuál es la altura del paralelogramo? Explica cómo puedes usar la fórmula del área de un paralelogramo para resolver el problema.

© Pearson Education, Inc. 6

Une los puntos *A* y *B*, *B* y *C*, *C* y *D*, y *D* y *A*. Luego traza una diagonal que una los vértices opuestos de la figura y halla el área de cada triángulo formado. **Resuelve este problema de la manera que prefieras.**

Lección 13-2
Área de los triángulos

Puedo...

hallar el área de los triángulos.

© Estándares de contenido 6.G.A.1, 6.EE.A.2c
Prácticas matemáticas PM.1, PM.2, PM.3, PM.7, PM.8

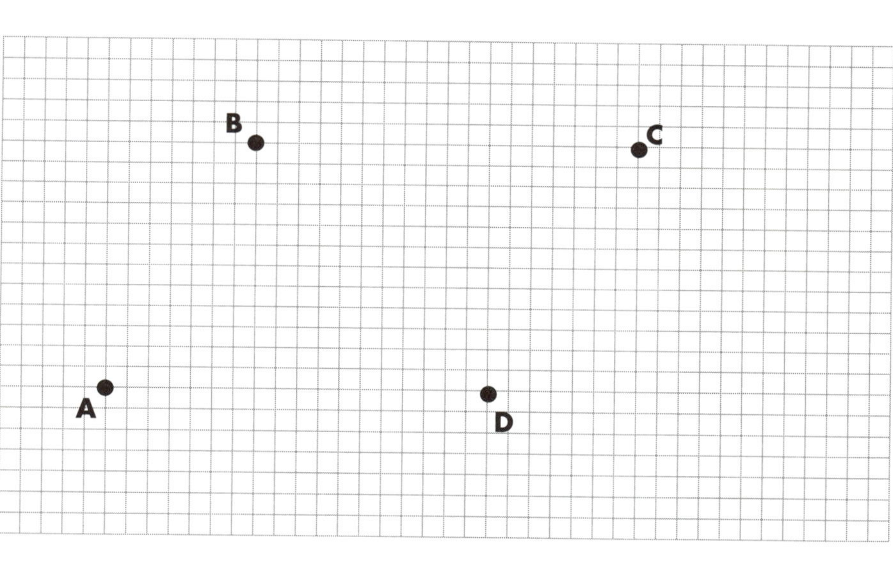

¡Vuelve atrás! © **PM.8 Generalizar** Escribe una regla para hallar el área de cualquier triángulo.

Pregunta esencial **¿Cómo se puede hallar el área de un triángulo?**

A

Un paralelogramo se puede descomponer en dos triángulos idénticos. ¿Cómo puedes usar la fórmula del área de un paralelogramo para hallar el área de un triángulo?

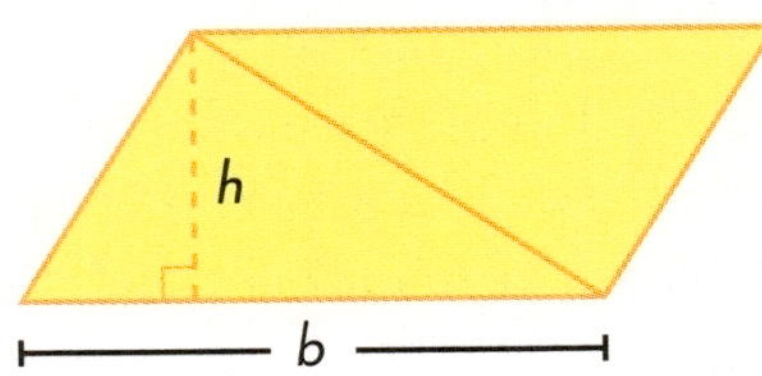

Área de un paralelogramo

$$A = bh$$

B La diagonal de un paralelogramo lo divide en dos triángulos idénticos.

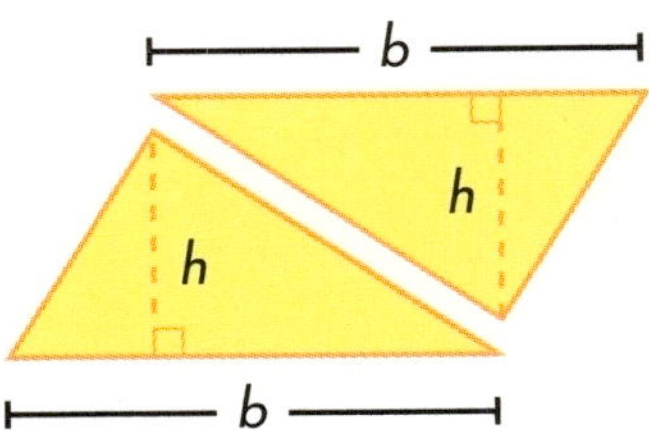

C El área de un triángulo debe ser la mitad del área de un paralelogramo que tiene la misma base y la misma altura.

Área de un paralelogramo $\rightarrow$ $A = b\ h$

Área de un triángulo $\rightarrow$ $A = \frac{1}{2}bh$

$$A = \frac{1}{2}bh$$

¡Convénceme! © **PM.8 Generalizar** Usa la fórmula $A = \frac{1}{2}bh$ para hallar el área del triángulo.

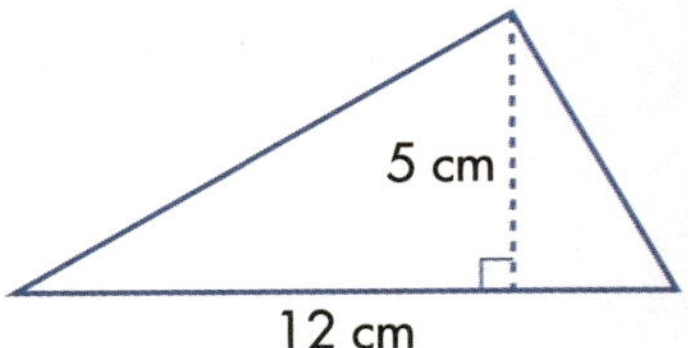

© Pearson Education, Inc. 6

Otro ejemplo

Kaylan dibujó el siguiente triángulo. Halla su área.

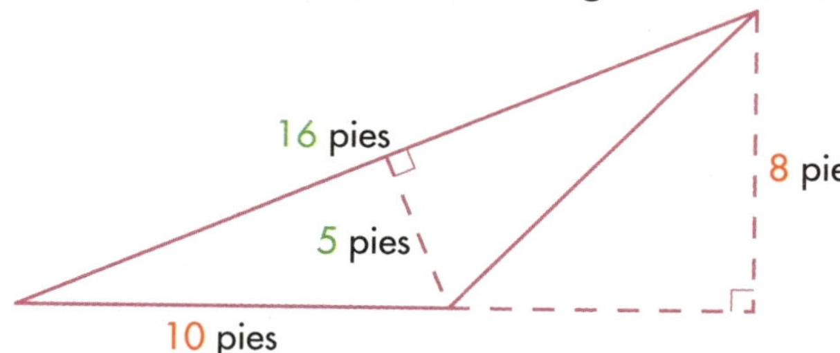

$A = \frac{1}{2}bh$

$A = \frac{1}{2} \cdot 10 \cdot 8$

$A = 40$ pies^2

O

$A = \frac{1}{2}bh$

$A = \frac{1}{2} \cdot 16 \cdot 5$

$A = 40$ pies^2

☆ Práctica guiada *

¿Lo entiendes?

1. © **PM.2 Razonar** Si cortas un rectángulo en 2 triángulos idénticos, ¿qué tipo de triángulos serán?

2. © **PM.3 Construir argumentos** En el ejemplo de la página anterior, si se usara la otra diagonal para dividir el paralelogramo en dos triángulos, ¿sería el área de cada uno de esos triángulos la mitad del área del paralelogramo? Explícalo.

¿Cómo hacerlo?

Halla el área de los triángulos en los Ejercicios **3** y **4.**

3.

4.
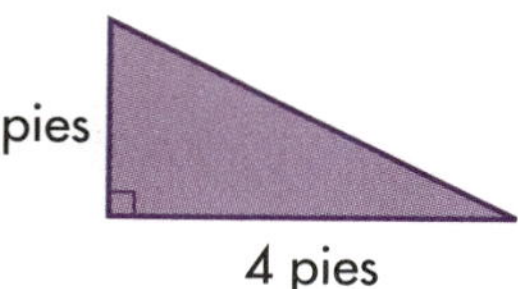

☆ Práctica independiente ☆

Halla el área de los triángulos en los Ejercicios **5** a **7.**

5.
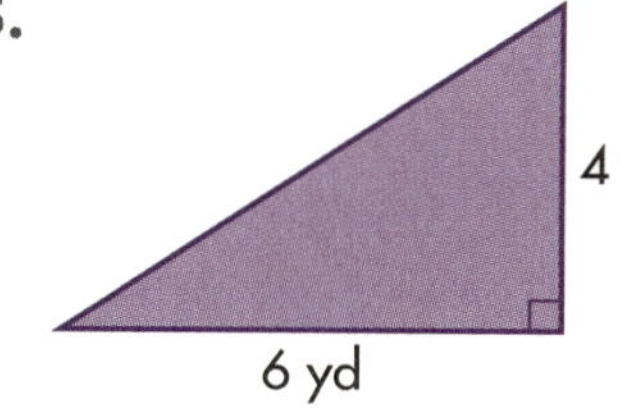

6.
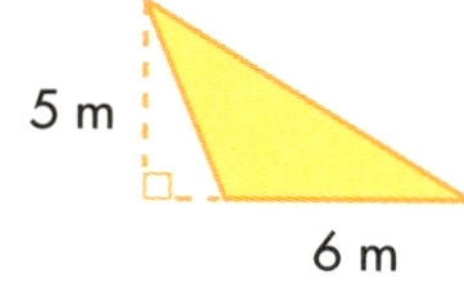

7.
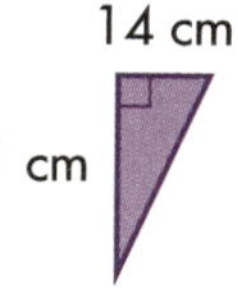

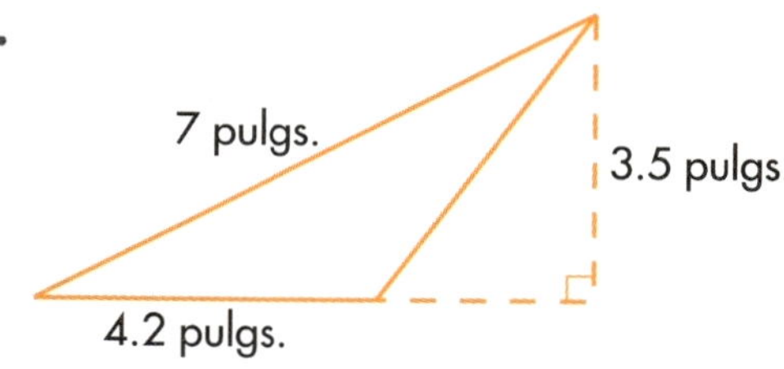

*Puedes encontrar otro ejemplo en el Grupo A, página 697.

8. ¿Cuál es el área, en milímetros cuadrados, del triángulo resaltado en la figura de origami de la derecha?

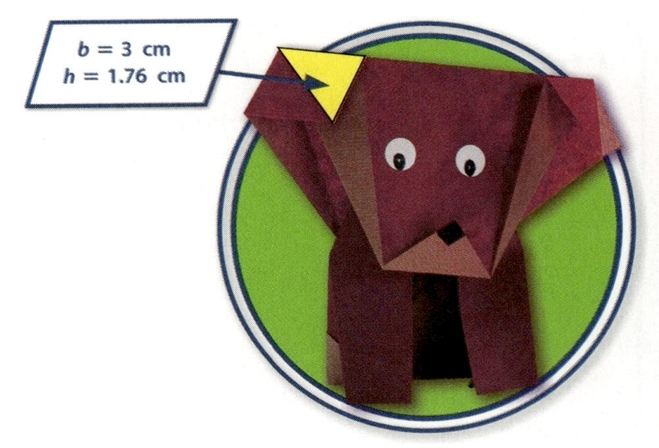

9. Fawzia quiere hacer un pez de origami para cada uno de sus 22 compañeros de clase. Tarda 30 minutos en hacer un pez. ¿Cuántas horas tardará Fawzia en hacer todos los peces?

10. **Razonamiento de orden superior** Si conoces el área y la altura de un triángulo, ¿cómo puedes hallar la base?

11. © **PM.2 Razonar** La Sra. López dibujó el triángulo *ABC*, que tiene una altura de 6 pulgadas y una base de 6 pulgadas, y el triángulo *RST*, que tiene una altura de 4 pulgadas y una base de 8 pulgadas. ¿Qué triángulo tiene la mayor área? Usa una fórmula de área para justificar tu respuesta.

© **Evaluación de *Common Core***

12. Usa cada uno de los tres pares correspondientes de base y altura para hallar el área del triángulo. ¿Cómo sabes que el área será la misma en cada cálculo? Explícalo.

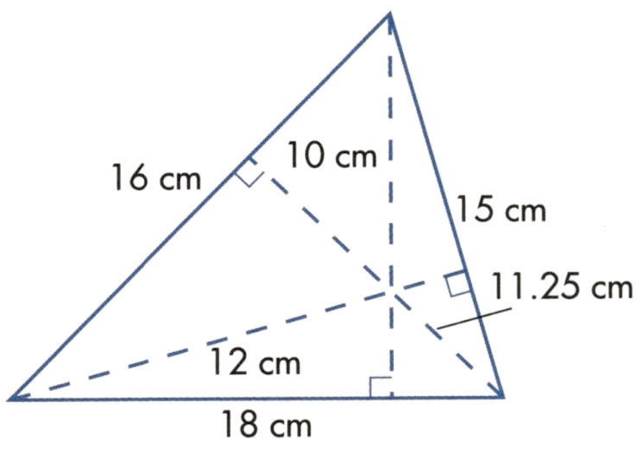

© Pearson Education, Inc. 6

Tarea y práctica 13-2

Área de los triángulos

¡Revisemos!

Halla el área de los triángulos.

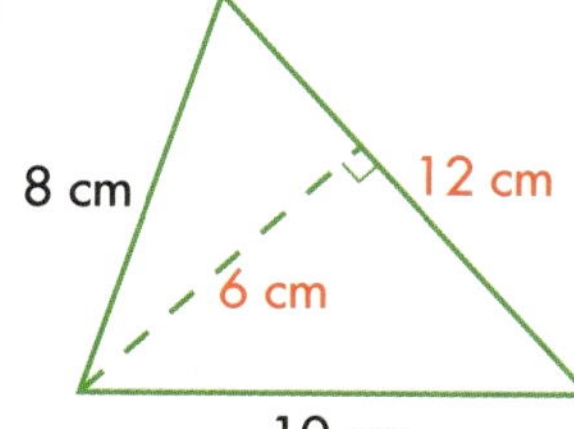

$A = \frac{1}{2}bh$

$A = \frac{1}{2} \cdot 12 \cdot 6$

$A = 36 \text{ cm}^2$

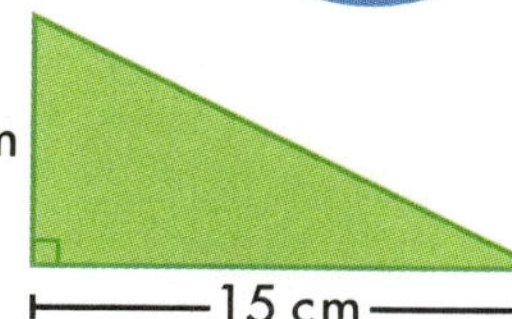

$A = \frac{1}{2}bh$

$A = \frac{1}{2} \times 15 \times 8$

$A = 60 \text{ cm}^2$

Halla el área de los triángulos en los Ejercicios **1** a **9**. Muestra tu trabajo.

1.

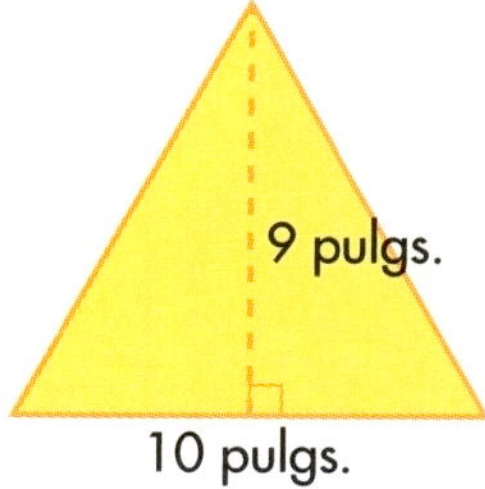

2.

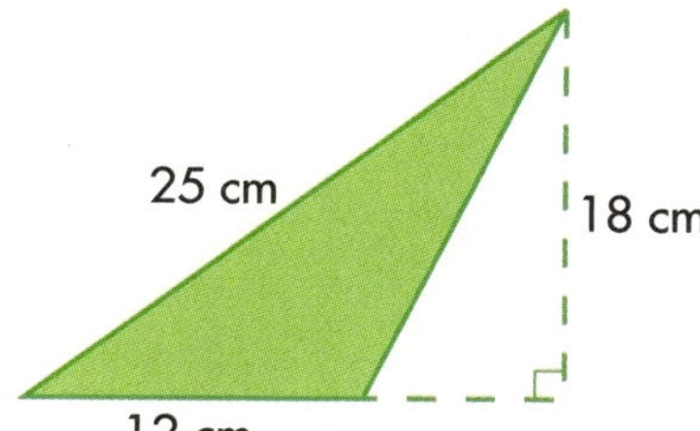

3.

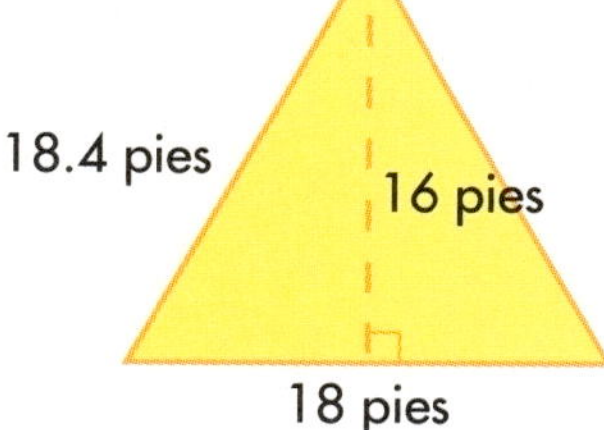

4. Triángulo
$b = 30$ m
$h = 15.6$ m

5. Triángulo
$b = 18$ pulgs.
$h = 6\frac{1}{2}$ pulgs.

6. Triángulo
$b = 24$ pies
$h = 3$ yd

7. Triángulo
$b = 132$ pulgs.
$h = 7$ pies

8. Triángulo
$b = 2$ m
$h = 100$ cm

9. Triángulo
$b = 14.2$ pulgs.
$h = 7$ pulgs.

10. © **PM.1 Entender y perseverar** Una colchoneta inclinada de gimnasia tiene forma de cuña. Dos lados de la colchoneta tienen forma de triángulo rectángulo. ¿Cuánto plástico se necesita para cubrir los dos lados triangulares?

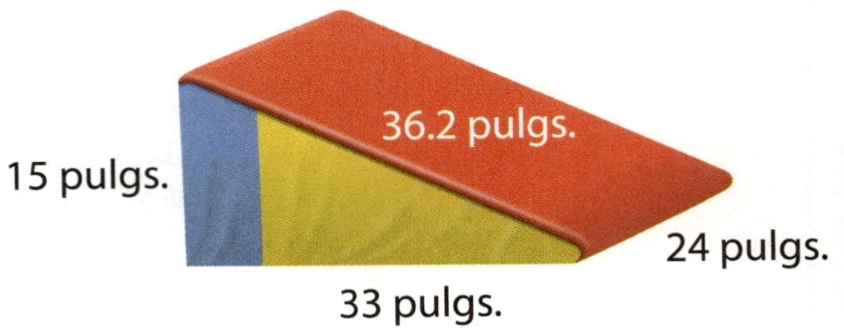

11. ¿Cuál es el área del lado rectangular rojo de la colchoneta?

12. **Razonamiento de orden superior** El área de un triángulo es 36 cm^2. Da tres conjuntos de dimensiones posibles del triángulo y explica si también puedes dar la longitud de los lados del triángulo.

13. **Sentido numérico** Un triángulo tiene una base de 2 m y una altura de 4 m. Halla el área del triángulo en milímetros cuadrados.

14. **Álgebra** El triángulo *GHK* tiene una área de 117 cm^2. Escribe y resuelve una ecuación para hallar la altura, *h,* del triángulo *GHK*.

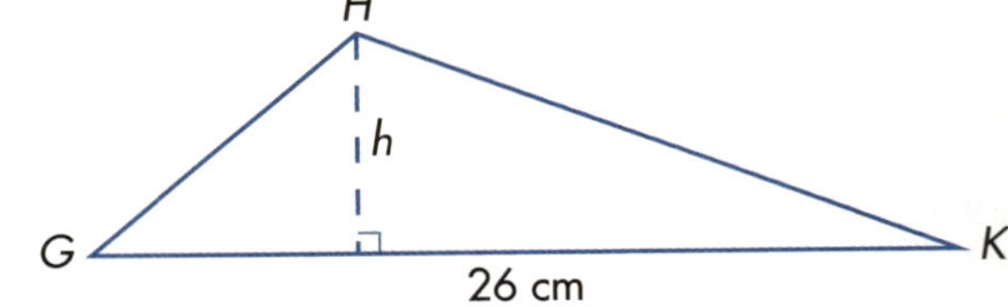

© **Evaluación de *Common Core***

15. La Sra. Perkins pidió a sus estudiantes que rotularan una base, *b,* y su altura correspondiente, *h*. Usa los siguientes triángulos para mostrar tres maneras posibles de hacerlo.

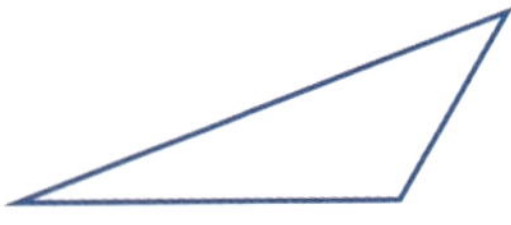 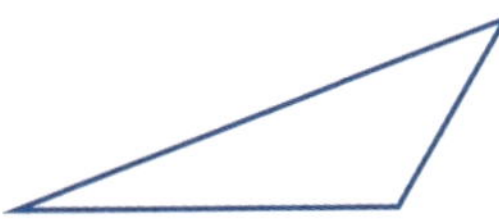 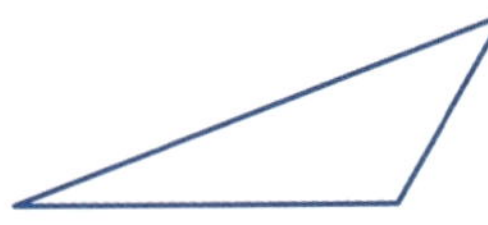

Nombre ____________________

En el básquetbol europeo, en 2010 se cambió la forma de la zona de un trapecio a un rectángulo. El diagrama muestra la forma de la zona antes de 2010 con el contorno en azul. ¿Cómo descompondrías esa figura para hallar su área? **Resuelve este problema de la manera que prefieras.**

Puedo...

hallar el área de cuadriláteros especiales.

Estándares de contenido 6.G.A.1, 6.EE.A.2c
Prácticas matemáticas PM.1, PM.2, PM.3, PM.7

¡Vuelve atrás! PM.7 Usar la estructura ¿Cómo puedes descomponer la cometa en figuras que conoces para hallar su área? Explícalo.

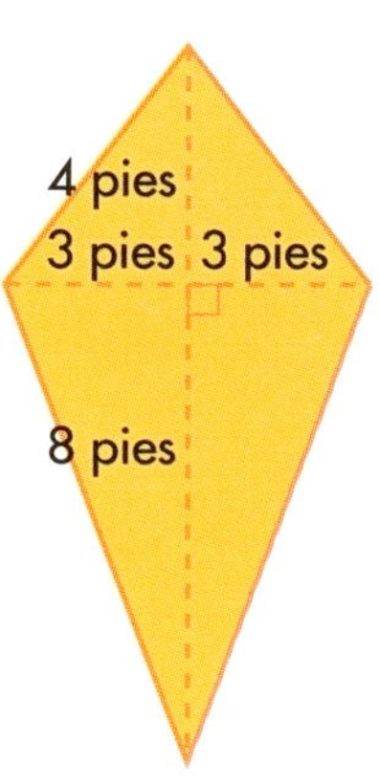

Pregunta esencial ¿Cómo se puede hallar el área de cuadriláteros especiales?

A

El prado tiene forma de trapecio. Un trapecio es un cuadrilátero que tiene un solo par de lados opuestos paralelos. ¿Cuál es el área del prado?

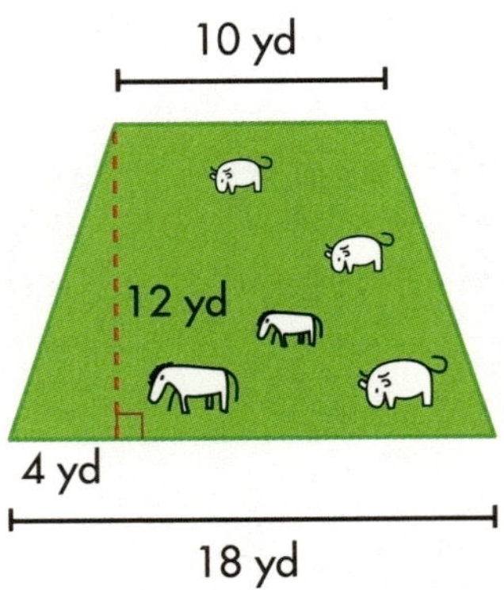

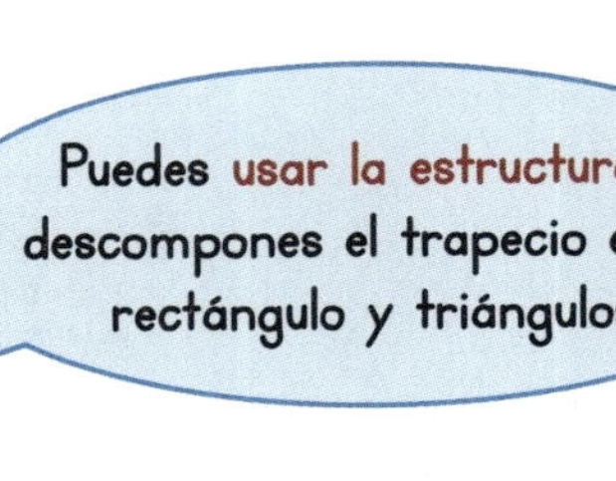

B Descompón el trapecio en un rectángulo y dos triángulos. Halla la longitud de las bases o alturas que falten.

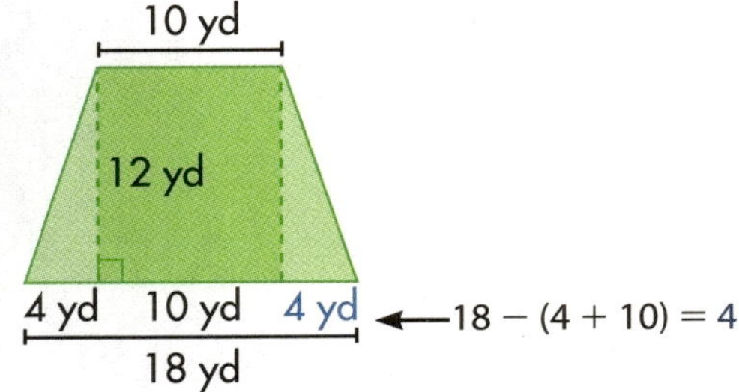

C Halla el área de cada figura.

Cada triángulo

$$A = \tfrac{1}{2}bh = \tfrac{1}{2} \times 4 \times 12$$

$$= 24 \text{ yd}^2$$

Rectángulo

$$A = \ell a = 12 \times 10$$

$$= 120 \text{ yd}^2$$

D Suma el área de los triángulos y del rectángulo.

$$
\begin{array}{r}
24 \\
24 \\
+\ 120 \\
\hline
168
\end{array}
$$

El área del prado es 168 yd^2.

¡Convénceme! © **PM.1 Entender y perseverar** ¿Cómo descompondrías este trapecio para hallar su área? Halla el área del trapecio.

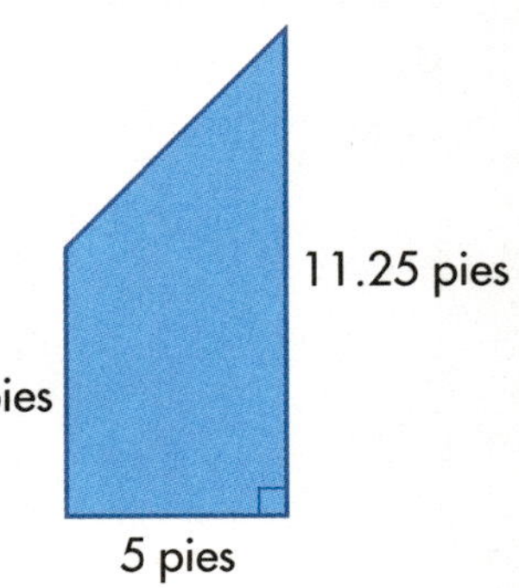

© Pearson Education, Inc. 6

Otro ejemplo

Jackson tiene un trozo de tela con un área de 298 cm^2.
¿Tiene suficiente tela para hacer la cometa que se muestra?

Una **cometa** es un cuadrilátero con dos pares de lados
adyacentes de igual longitud.

Para hallar el área de la cometa, divídela en dos triángulos idénticos.

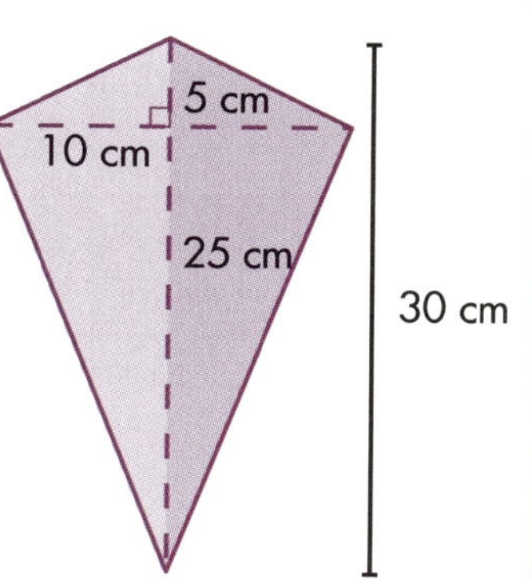

$A = \frac{1}{2}bh$

$A = \frac{1}{2} \cdot 30 \cdot 10$

$A = 150 \text{ cm}^2$

El área es $2 \times 150 = 300$ cm^2.
Jackson no tiene suficiente tela
para hacer la cometa.

☆ Práctica guiada *

¿Lo entiendes?

1. Traza una recta para dividir el prado de la
página anterior en dos triángulos. ¿Cuáles
son las medidas de las bases y las alturas
de los dos triángulos?

2.  **PM.3 Construir argumentos** En Otro
ejemplo, ¿cómo usarías 4 triángulos para
hallar el área de la cometa?

¿Cómo hacerlo?

Halla el área de las figuras en los
Ejercicios **3** y **4.**

3.

4.

☆ Práctica independiente ☆

Halla el área de las figuras en los Ejercicios **5** a **7.**

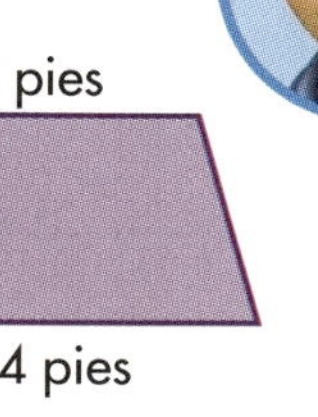

5.

6.

7.

☆ Prácticas matemáticas y resolución de problemas

8. **© PM.2 Razonar** Mary está haciendo un patrón con 14 baldosas como la que se muestra. ¿Cuál es el área del patrón completo?

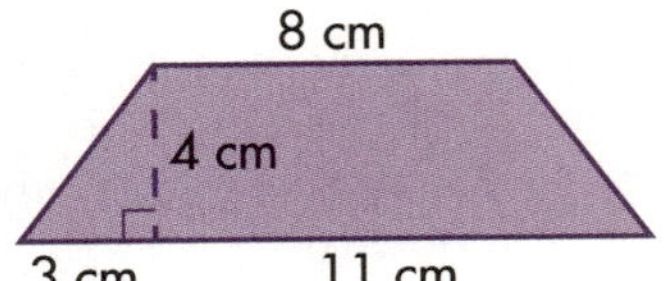

9. **© PM.7 Usar la estructura** Sam y Sandy prepararon 2 pizzas y cortaron cada pizza en 8 porciones del mismo tamaño. En total, comieron $\frac{5}{8}$ de las porciones de pizza. ¿Cuántas porciones de pizza quedan? Explica cómo lo sabes.

10. **Razonamiento de orden superior** Un artesano quiere construir este violín. Necesita conocer el área del frente del violín. ¿Cómo podría usar las medidas que se muestran para hallar el área? Usa tu estrategia para hallar el área del frente del violín.

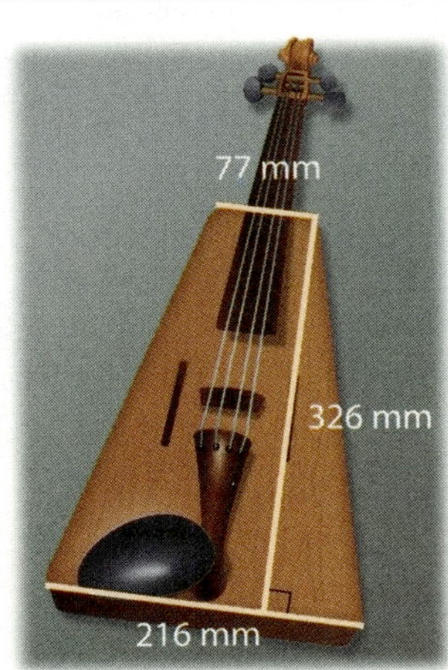

© Evaluación de *Common Core*

11. Marique está haciendo una mesa grande con forma de trapecio y debe calcular su área. El lado más largo de la mesa mide dos veces el ancho de la mesa.

Parte A

Escribe en los recuadros los números de las dimensiones que faltan.

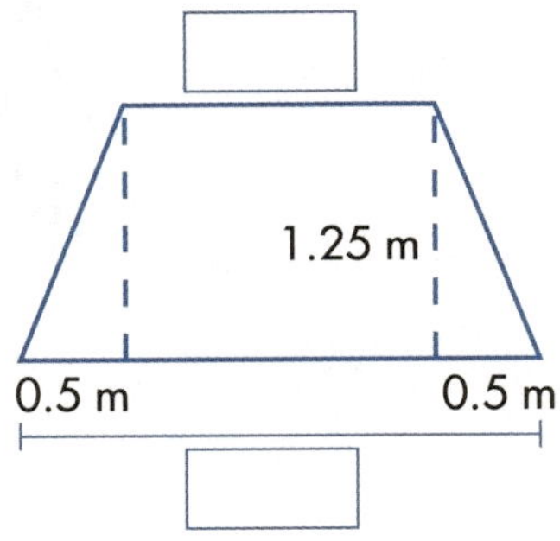

Parte B

¿Cuál es el área de la mesa?

© Pearson Education, Inc. 6

Tarea y práctica 13-3

Área de los cuadriláteros especiales

¡Revisemos!

Halla el área del trapecio.

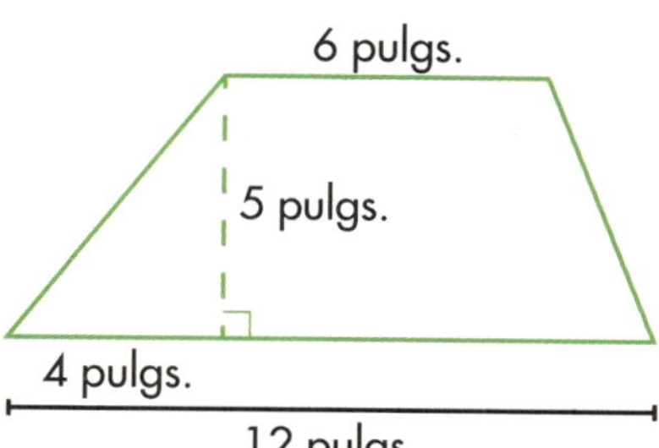

Puedes descomponer un trapecio en un rectángulo y dos triángulos.

Traza rectas para formar un rectángulo y dos triángulos. Rotula todas las medidas.

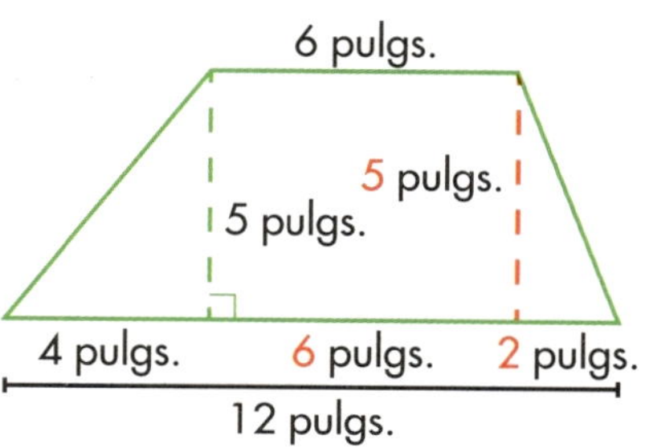

Halla el área de cada parte.

Triángulo: $A = \frac{1}{2}bh = \frac{1}{2}(4 \times 5) = 10$ pulgs.^{2}

Rectángulo: $A = la = 6 \times 5 = 30$ pulgs.^{2}

Triángulo: $A = \frac{1}{2}bh = \frac{1}{2}(5 \times 2) = 5$ pulgs.^{2}

Suma las áreas de cada parte.

10 pulgs.^{2} + 30 pulgs.^{2} + 5 pulgs.^{2} = 45 pulgs.^{2}

El área del trapecio es 45 pulgs.^{2}

Halla el área de las figuras en los Ejercicios **1** a **6**.

1.
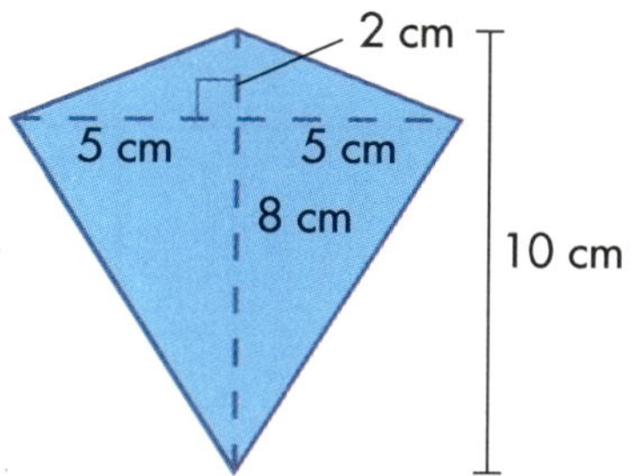

2.
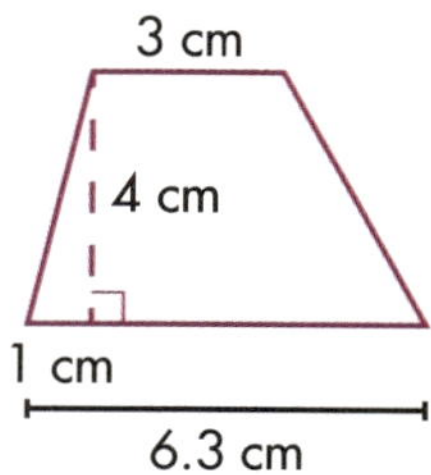

3.
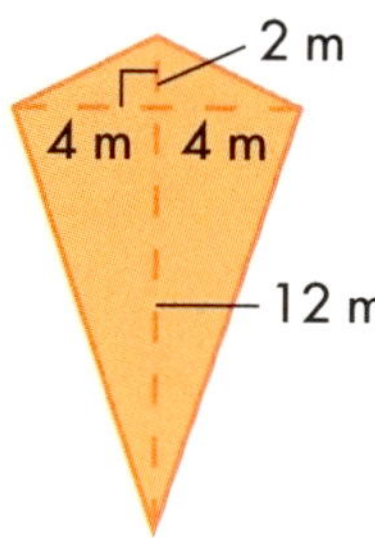

4.
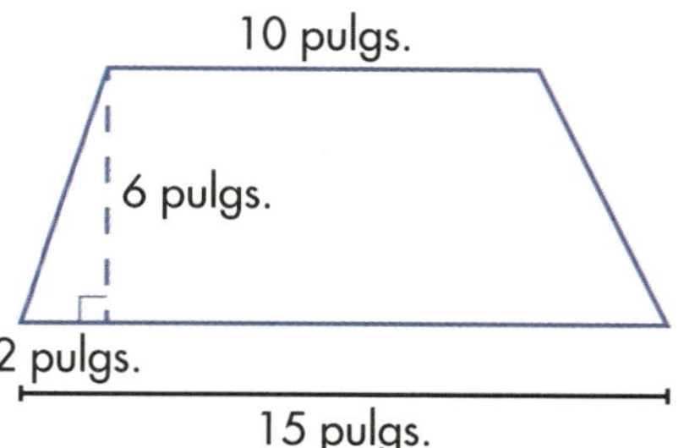

5.
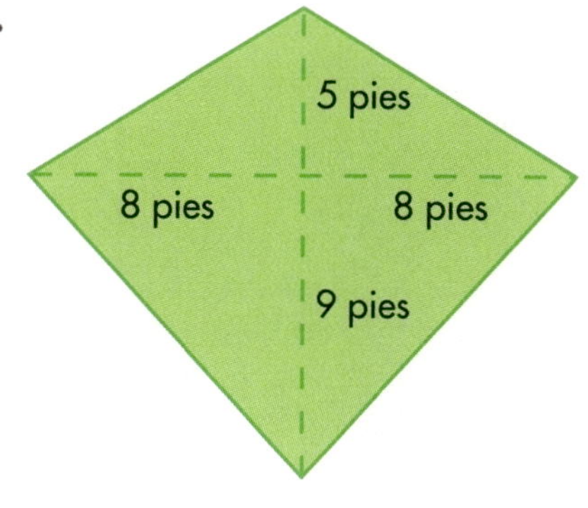

6.
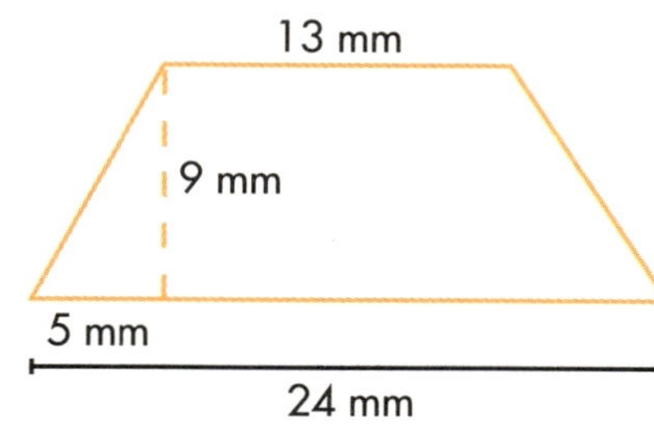

7. **© PM.3 Construir argumentos** Joshua llevará esta cometa al Festival de Cometas de Zilker. Quiere saber el área para ver si tiene la posibilidad de ganar el concurso de la cometa más grande. ¿Tiene Joshua suficiente información para hallar el área de la cometa? Explícalo.

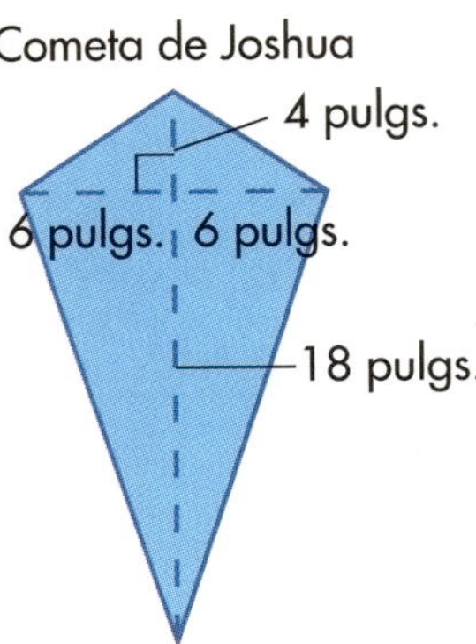

8. **Razonamiento de orden superior** María tiene la cometa que se muestra. Sin calcular el área, ¿cómo puedes saber si la cometa de María es más grande o más pequeña que la de Joshua? Explica tu razonamiento.

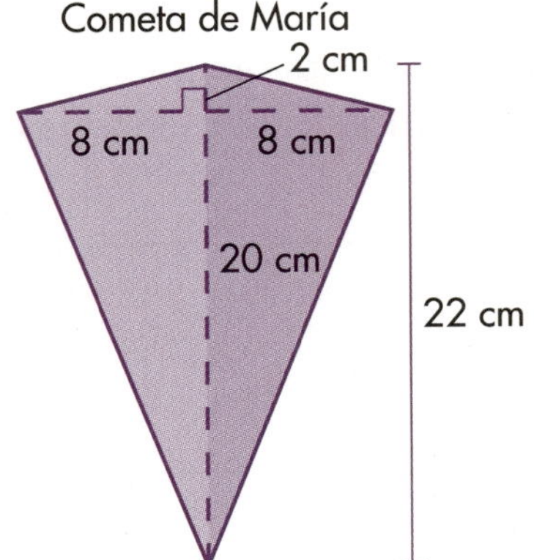

9. **A-Z Vocabulario** Ben hizo este dibujo para mostrar las dimensiones de cada ladrillo de su patio. Las partes sombreadas tienen un área combinada de 88 cm². Eso es el 50 __________ , o la mitad, del área de superficie total de cada ladrillo.

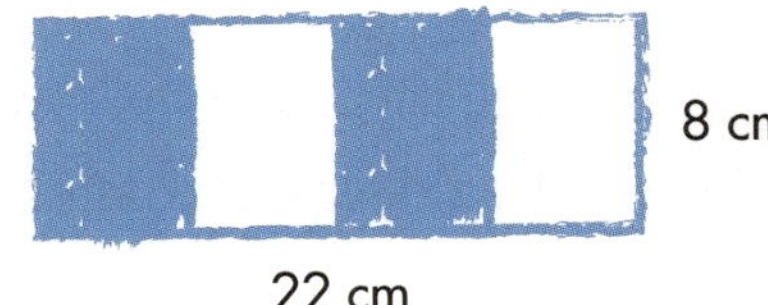

© Evaluación de *Common Core*

10. Haley dibuja el diseño del siguiente toldo. Las dos secciones triangulares son triángulos isósceles idénticos.

Parte A

Escribe en los recuadros los números de las dimensiones que faltan.

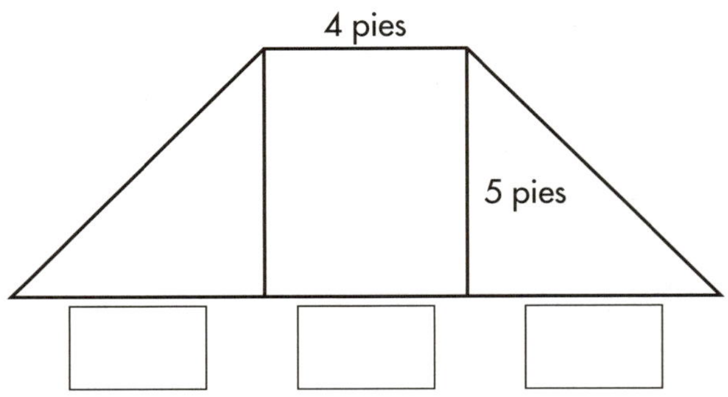

Parte B

¿Cuál es el área total del toldo?

© Pearson Education, Inc. 6

Nombre _______________________

Gabrielle quiere usar fieltro para cubrir el piso de una habitación y el pasillo de su casa de muñecas. Midió la habitación y el pasillo y los dibujó abajo. ¿Cuántos trozos de fieltro de 8.5 pulgs. × 11 pulgs. necesita Gabrielle para la habitación y el pasillo? *Resuelve este problema de la manera que prefieras.*

Puedo...
hallar el área de los polígonos.

Estándares de contenido 6.G.A.1, 6.EE.A.2c
Prácticas matemáticas PM.1, PM.4, PM.6, PM.7

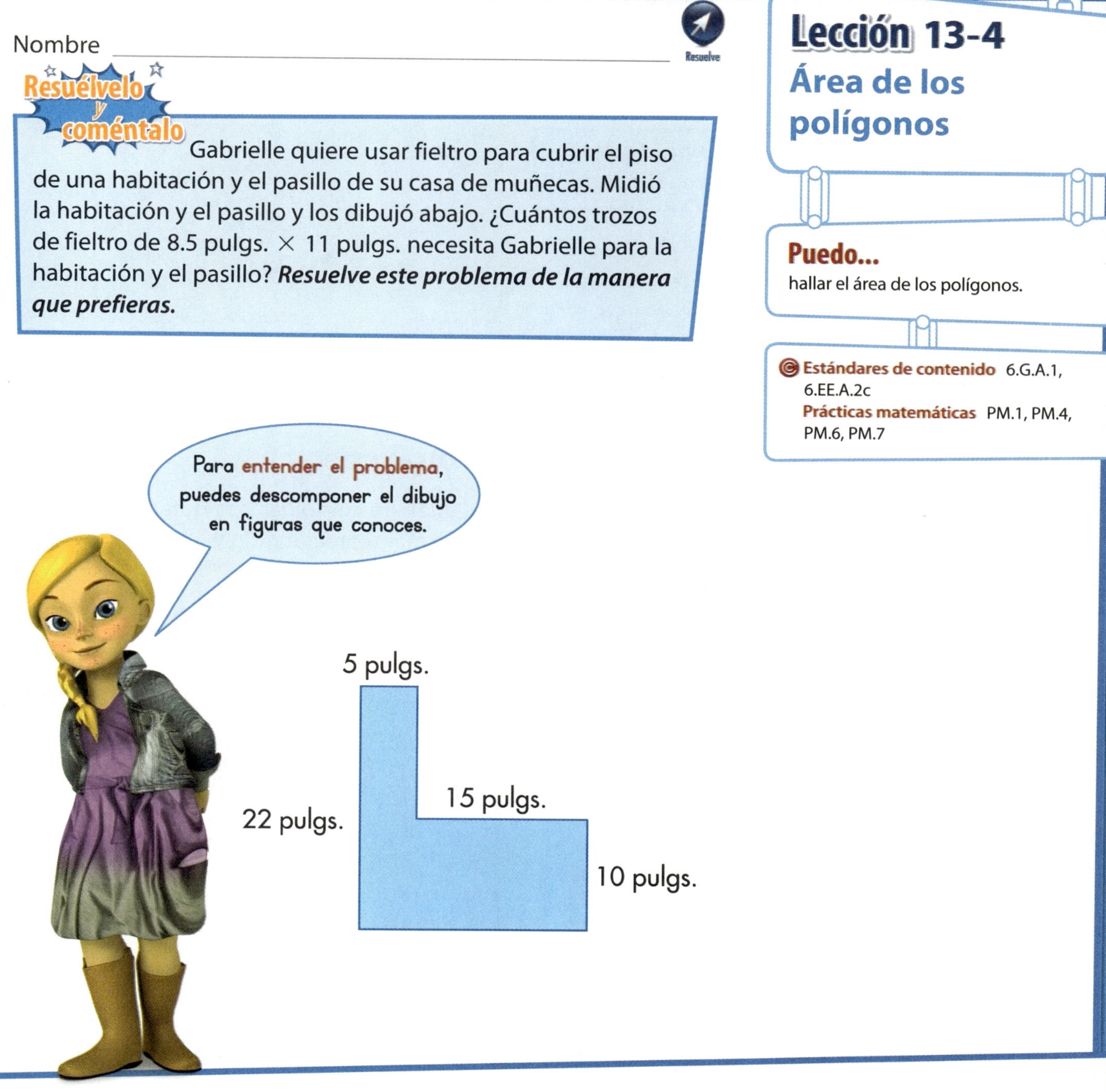

¡Vuelve atrás! **PM.7 Usar la estructura** Muestra cómo hallar el área del polígono de otra manera.

Pregunta esencial **¿Cómo se puede hallar el área de los polígonos?**

A

Denise está construyendo un patio como el que se muestra en el diagrama. ¿Cuál es el área del patio?

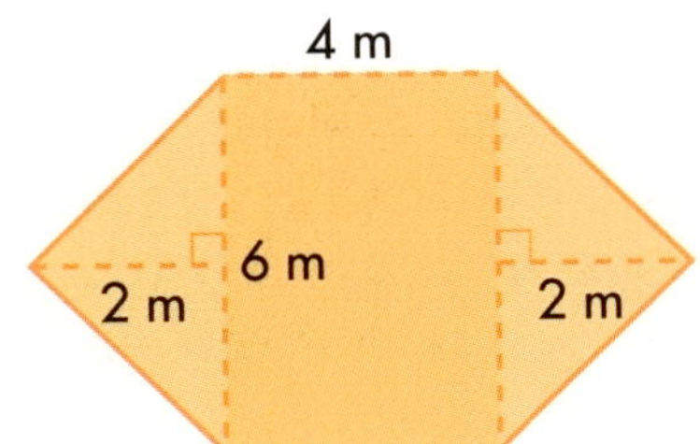

Puedes descomponer el polígono en figuras que conoces o mover sus partes para formar un rectángulo.

B ## Una manera

Descompón el polígono en un rectángulo y dos triángulos idénticos. Luego halla el área de cada figura.

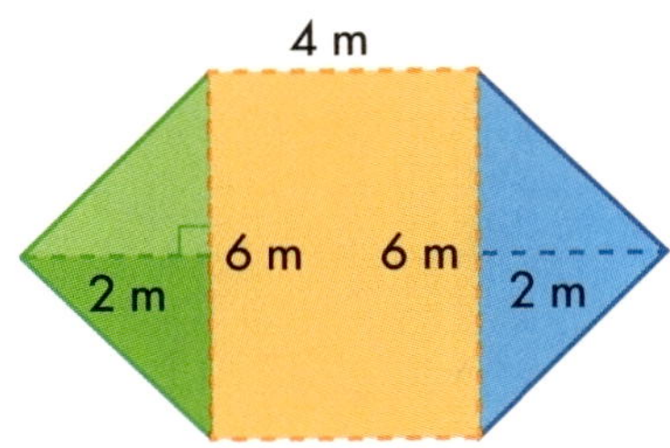

Cada triángulo

$A = \frac{1}{2}bh = \frac{1}{2}(6 \cdot 2)$

$= 6 \text{ m}^2$

Rectángulo

$A = \ell a = 6 \cdot 4$

$= 24 \text{ m}^2$

Suma las áreas: $6 + 6 + 24 = 36$.

El área del patio es 36 m^2.

C ## Otra manera

Vuelve a combinar las figuras para formar un rectángulo y luego halla su área.

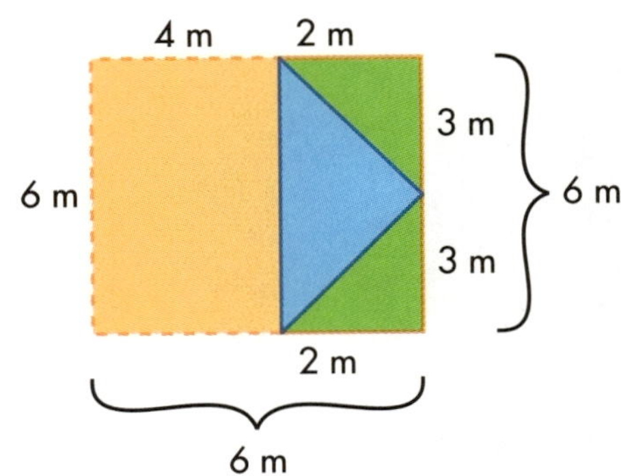

$A = \ell a$

$= 6 \cdot 6 = 36 \text{ m}^2$

El área del patio es 36 m^2.

¡Convénceme! © **PM.4 Representar con modelos matemáticos** Para hallar el área del patio, Shari dibujó un rectángulo alrededor del polígono y luego restó el área de los 4 triángulos pequeños que se formaron en cada esquina. Muestra cómo halló Shari el área del patio.

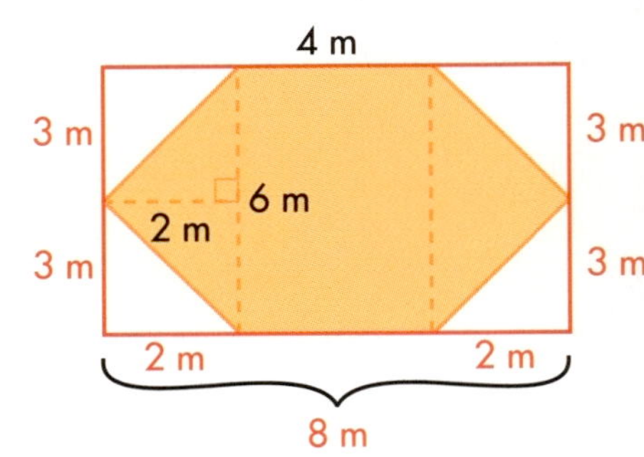

   © Pearson Education, Inc. 6

☆ Práctica guiada *

¿Lo entiendes?

1. Mira la flecha del Ejercicio 3. ¿Cómo puedes descomponer la flecha en figuras conocidas para hallar su área?

2. Describe una manera de usar la resta para hallar el área de la figura del Ejercicio 4.

¿Cómo hacerlo?

Halla el área de las figuras en los Ejercicios **3** y **4**.

3.

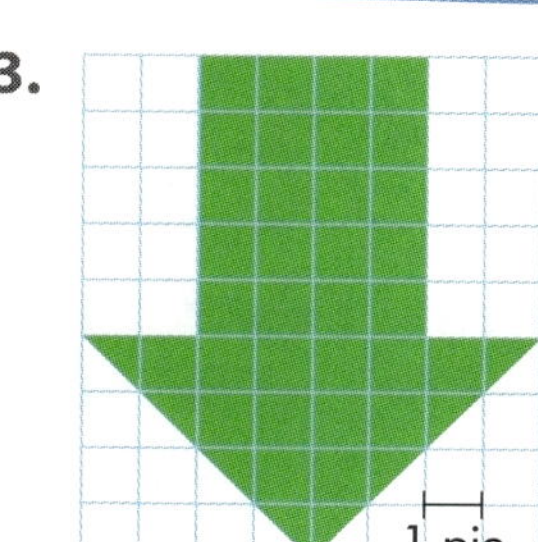

4.

☆ Práctica independiente

Halla el área de los polígonos en los Ejercicios **5** a **8**.

5.

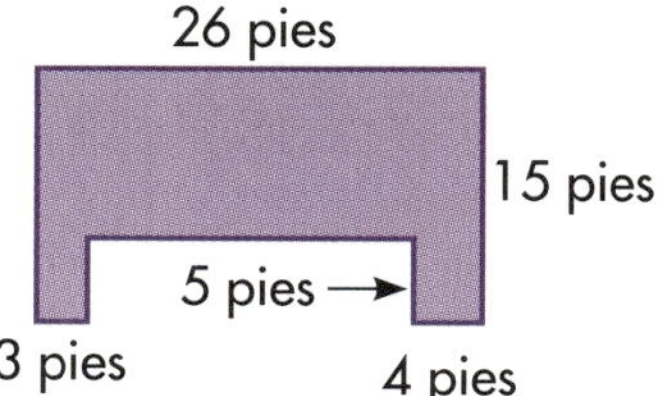

6.

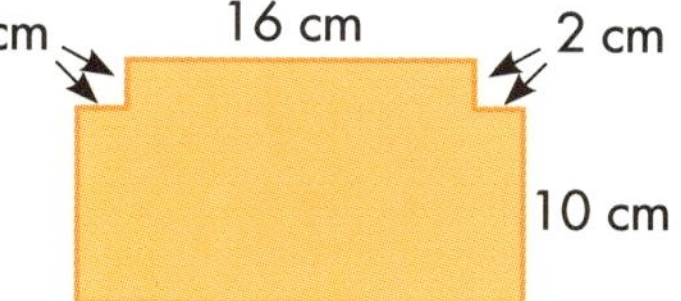

7.

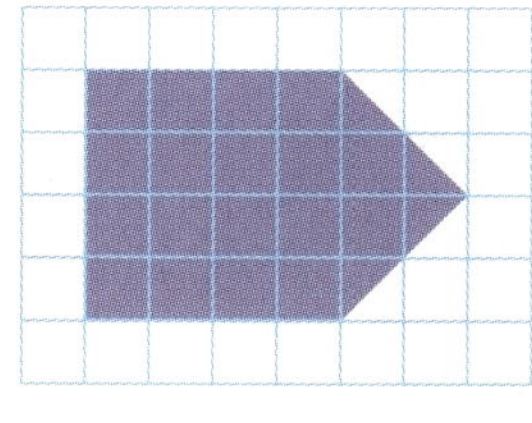

☐ = 1 m²

8.

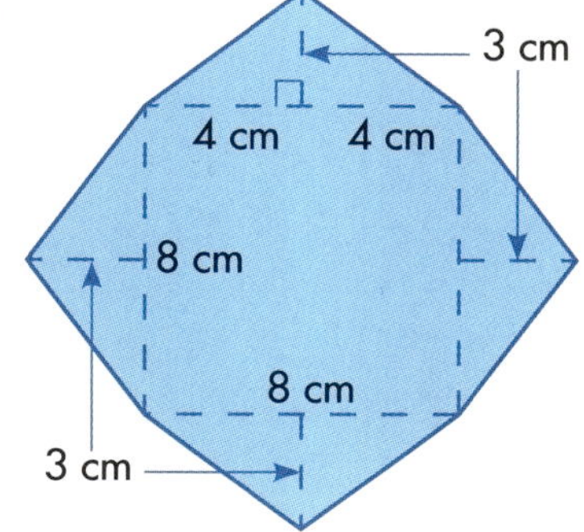

9. ⓒ **PM.6 Hacerlo con precisión** Diego está diseñando una sala de ejercicios en su casa. ¿Cuántos pies cuadrados de revestimiento de caucho necesitará para cubrir el piso? El producto se vende en yardas cuadradas. ¿Cuántas yardas cuadradas debe comprar? Explícalo.

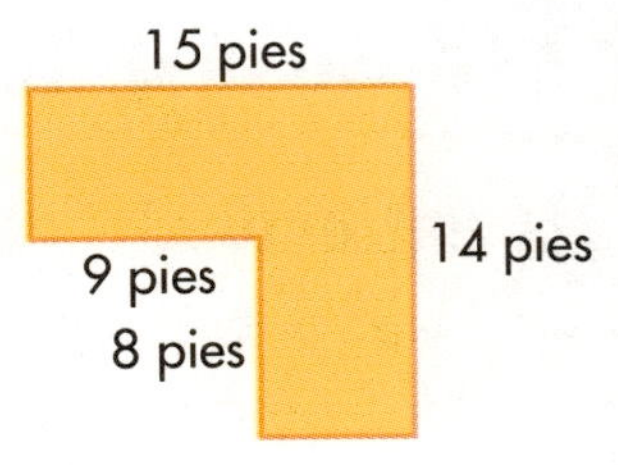

10. Razonamiento de orden superior Isabella tiene tres tarjetas rectangulares que miden 4 pulgadas por 5 pulgadas. ¿Cómo puede ordenar las tarjetas, sin superponerlas, para formar un polígono más grande con el menor perímetro posible? ¿Cómo se relaciona el área del polígono con el área combinada de las tres tarjetas?

11. Álgebra Un juguete para apilar para niños de prekínder tiene un bloque con la forma que se muestra. El área del orificio es 12.56 pulgs.^{2}. Escribe una ecuación para hallar el área, A, de la cara superior del bloque.

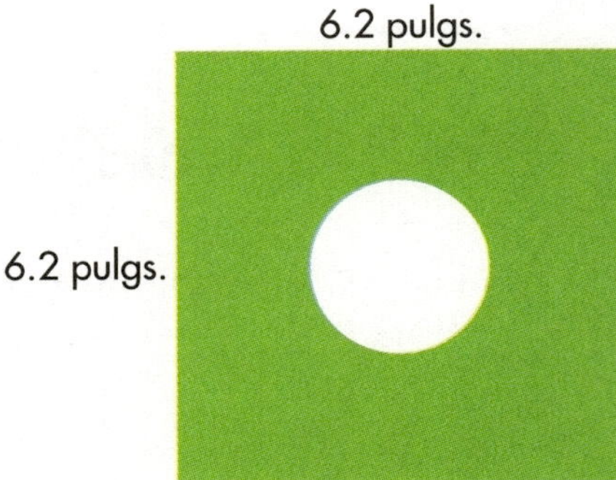

12. ¿Qué expresión puede usarse para hallar el área del polígono?

Ⓐ $(2 \times 5) + (6 \times 4)$

Ⓑ $(5 \times 2) + 2 \cdot \frac{1}{2}(3 \times 4)$

Ⓒ $(6 \times 5) - (3 \times 4)$

Ⓓ $(6 \times 9) - (3 \times 4)$

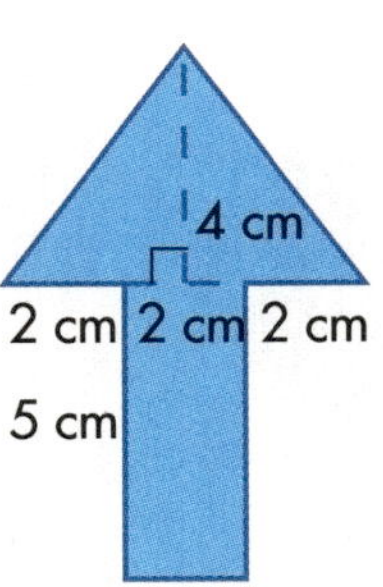

© Pearson Education, Inc. 6

**Tarea y práctica
13-4**

Área de los polígonos

¡Revisemos!

Un camino alrededor de un jardín mide 8 metros por 7 metros. El jardín mide 4 metros por 3 metros. ¿Cuál es el área del camino?

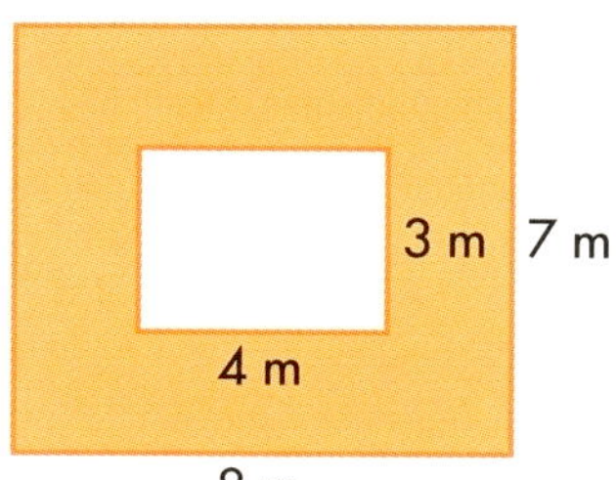

Puedes descomponer las figuras de más de una manera para comprobar tu respuesta.

Paso 1

Halla el área del jardín y el camino juntos.

Camino y jardín juntos:
$A = \ell a$
$A = 8 \times 7$
$A = 56 \text{ m}^2$

Paso 2

Halla el área del jardín y luego resta.

Jardín:
$A = \ell a$
$A = 4 \times 3$
$A = 12 \text{ m}^2$

El área del camino es $56 - 12 = 44 \text{ m}^2$.

Halla el área de los polígonos en los Ejercicios **1** a **4**.

1.

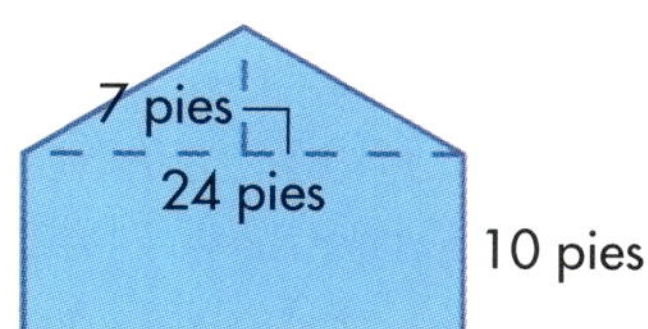

2.

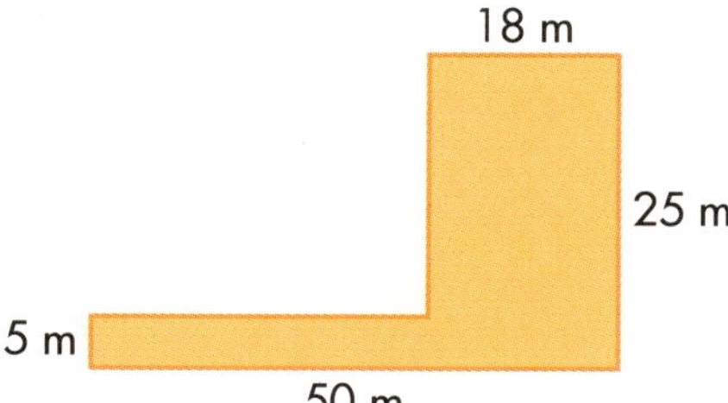

3.

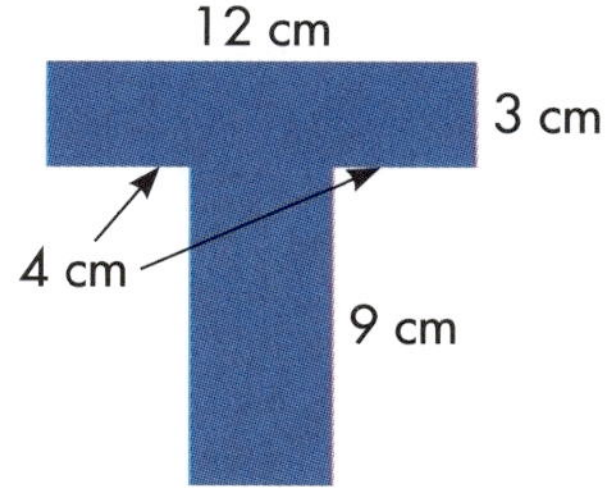

4.

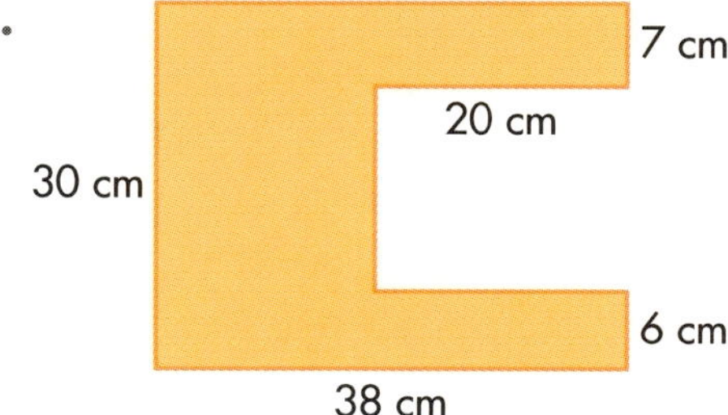

5. **© PM.6 Hacerlo con precisión** Jasmine y su papá están diseñando un jardín. El jardín tendrá pasto y un estanque de peces en una esquina. ¿Cuál es el área cubierta de pasto? Justifica tu respuesta.

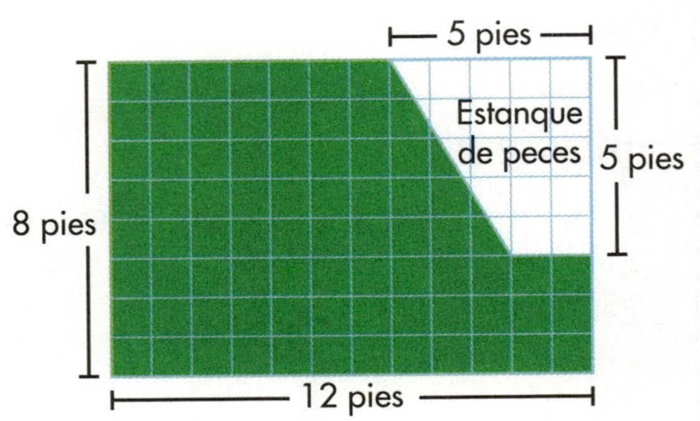

6. **Matemáticas y Ciencias** El ingeniero de la ciudad planea colocar un drenaje para agua de tormentas en un jardín público. El espacio verde del jardín se llenará de piedras y plantas como ayuda para purificar el agua. ¿Cuál es el área del espacio que se llenará con plantas y piedras?

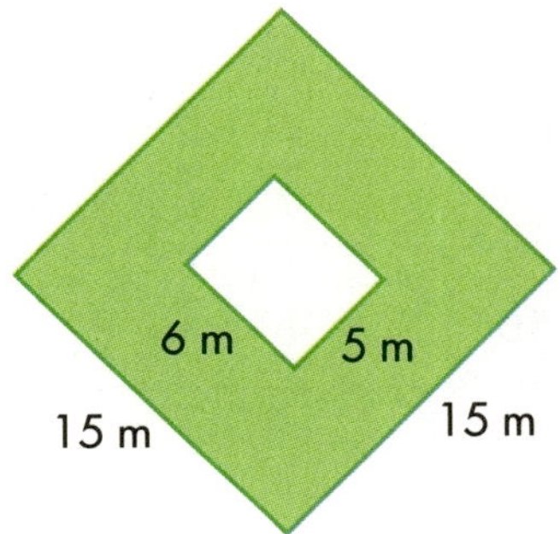

7. **© PM.4 Representar con modelos matemáticos** Carlos está colocando azulejos en una encimera que tiene orificios idénticos para un fregadero doble, como se muestra abajo. Escribe una ecuación que podrías usar para hallar el área, *A*, que Carlos cubrirá con azulejos. Luego halla el área.

8. **© PM.1 Entender y perseverar** Amelia crea tarjetas de felicitaciones originales pegando pequeños trozos de cinta de colores en las tarjetas. Tiene una cinta de $3\frac{1}{2}$ pulgs. de ancho por $1\frac{1}{2}$ pies de longitud. Si divide el área de la cinta en cuadrados de $\frac{1}{2}$ pulg., ¿cuántos cuadrados tendrá?

9. **Razonamiento de orden superior** Oscar y Liz están pintando una valla. Oscar pinta 75 pies cuadrados en una hora. Liz pinta 18 pies cuadrados en 15 minutos. Liz dice que ella pinta más rápido. ¿Estás de acuerdo? Explícalo.

© Evaluación de *Common Core*

10. ¿Qué expresión puede usarse para hallar el área del polígono?

   Ⓐ $(10 \times 14) - (7 \times 5)$

   Ⓑ $(2 \times 10) + (5 \times 10) + (14 \times 10)$

   Ⓒ $(6 \times 14) + (2 \times 10) + (5 \times 10)$

   Ⓓ $(10 \times 4) + (2 \times 4) + (5 \times 4)$

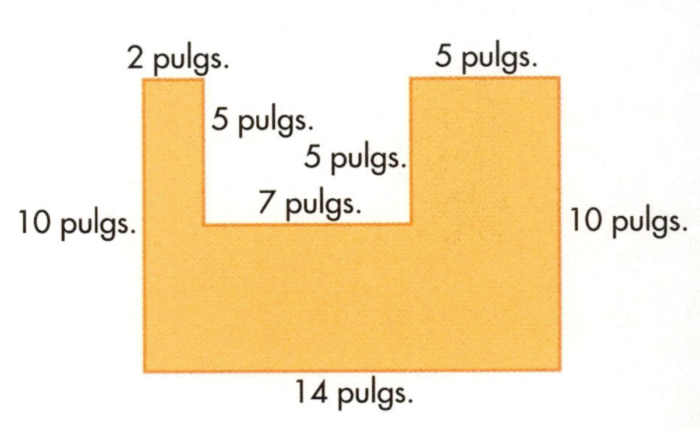

© Pearson Education, Inc. 6

Resuélvelo y coméntalo

En el plano de coordenadas, se dibujó el plano de un jardín ornamental. Cada unidad representa 1 pie. El área de pasto del plano tiene la forma de un pentágono cuyos vértices son (4, 1), (1, 1), (−1, −1), (1, −5) y (3, −4). Si se plantan 80 gramos de semillas por pie cuadrado, ¿qué cantidad de semillas necesita comprar el paisajista?

Lección 13-5
Polígonos en el plano de coordenadas

Puedo...
hallar el área de polígonos en un plano de coordenadas.

Estándares de contenido 6.G.A.3, 6.G.A.1, 6.SN.C.6c, 6.SN.C.8
Prácticas matemáticas PM.1, PM.2, PM.4, PM.7

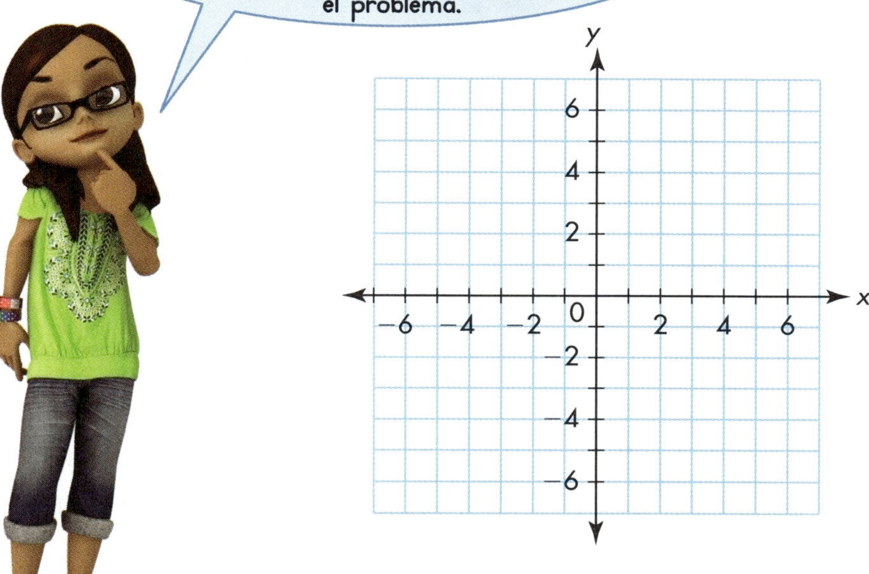

¡Vuelve atrás! **PM.1 Entender y perseverar** El polígono de la derecha fue descompuesto en tres triángulos como se muestra. ¿Puedes usar esos triángulos para hallar el área del espacio morado? Explícalo.

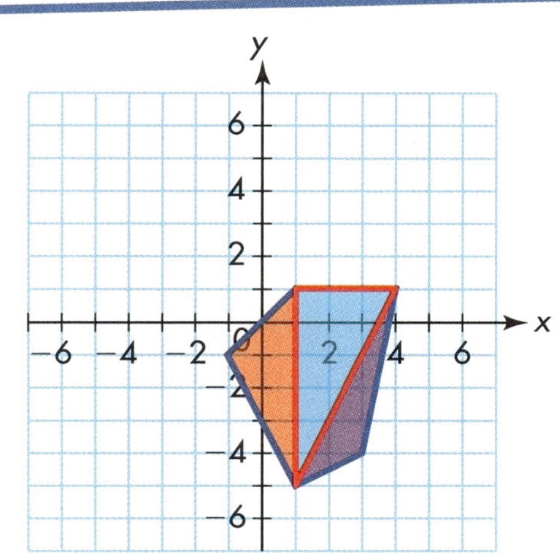

¿Cómo se puede hallar el área de un polígono en el plano de coordenadas?

A

Se dibujó el plano de un escenario nuevo para la escuela en un plano de coordenadas. Cada cuadrado representa 1 metro cuadrado.

Un experto en pisos recomienda colocar piso de bambú en el escenario. ¿Cuánto bambú se necesitará para el piso, en metros cuadrados?

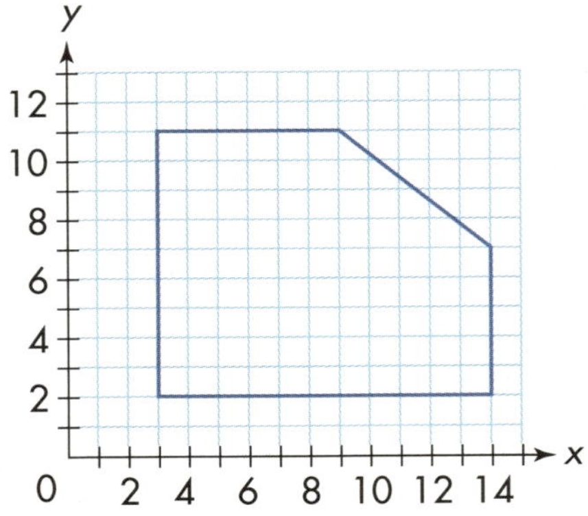

B Halla el área del polígono. Descompón el polígono y halla las dimensiones necesarias.

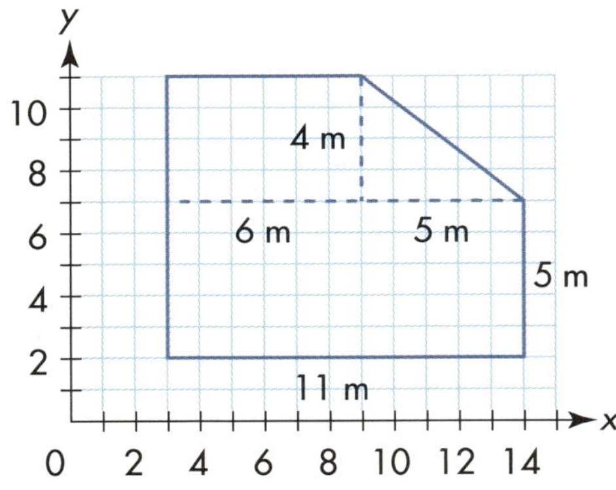

C Halla las áreas del triángulo y los rectángulos.

Triángulo rectángulo

$A = \frac{1}{2}bh$
$= \frac{1}{2} \cdot 5 \cdot 4 = 10 \text{ m}^2$

Rectángulos

$A = \ell a$
$= 6 \cdot 4 = 24 \text{ m}^2$
$A = \ell a$
$= 11 \cdot 5 = 55 \text{ m}^2$

Suma las áreas: $10 + 24 + 55 = 89$.

La escuela necesita 89 m² de piso de bambú para el escenario.

¡Convénceme! © **PM.1 Entender y perseverar** Janie descompuso el polígono en un rectángulo y un trapecio. Muestra cómo podría usar Janie este dibujo para hallar el área del escenario.

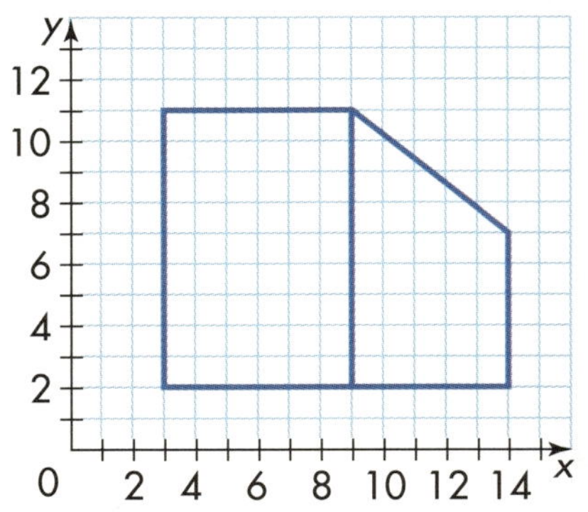

© Pearson Education, Inc. 6

Amigo de práctica · Herramientas · Evaluación

⭐ Práctica guiada *

¿Lo entiendes?

1. Vuelve a mirar el plano del jardín ornamental de Resuélvelo y coméntalo. ¿Cómo puedes usar el valor absoluto para hallar la altura de la figura?

2. © **PM.4 Representar con modelos matemáticos** Describe otra manera de descomponer el plano del escenario de la página anterior en un trapecio y un rectángulo. Usa coordenadas para describir la recta que puedes trazar.

¿Cómo hacerlo?

Halla el área de los polígonos en unidades cuadradas en los Ejercicios **3** y **4.**

3.
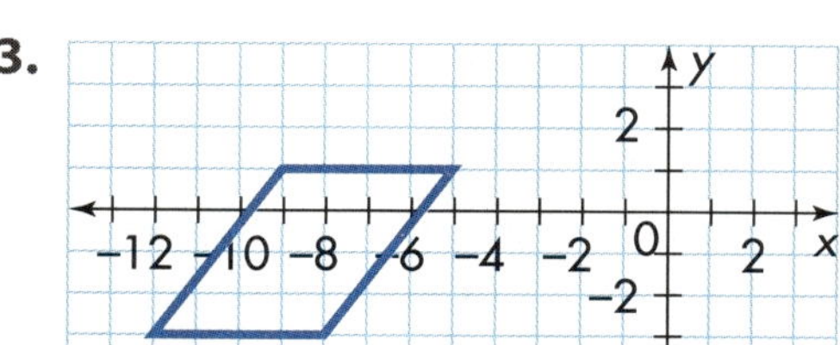

4. Un polígono con vértices en (6, 2), (9, 5), (12, 2), (12, −4) y (6, −4)
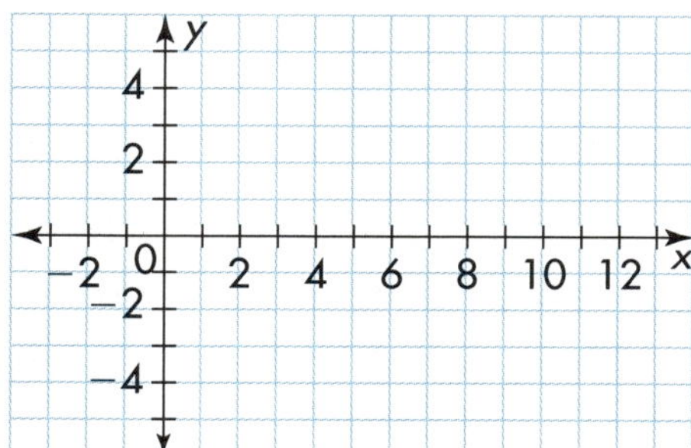

⭐ Práctica independiente

Halla el área de los polígonos en unidades cuadradas en los Ejercicios **5** a **7.**

5.
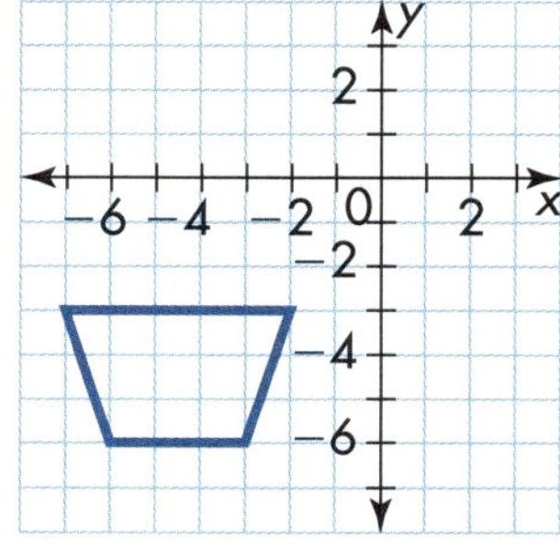

6.
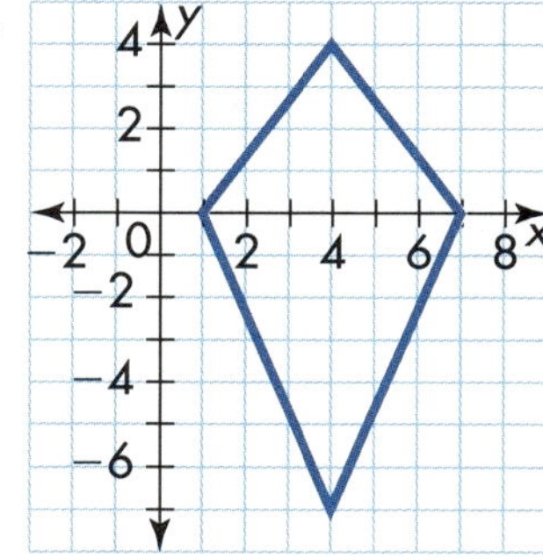

7. Un polígono con vértices en (16, 1), (14, 1), (14, −5), (12, −5), (12, 1), (10, 1), (10, 3) y (16, 3)
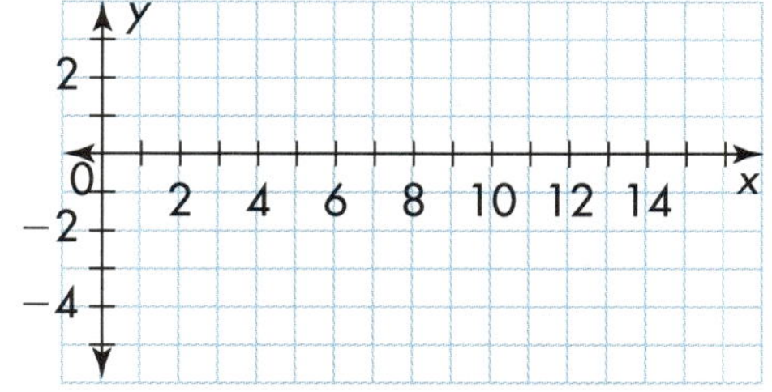

Usa el diagrama de la derecha para resolver los Ejercicios **8** a **10**.

8. David dibujó este diagrama de un marco que hará. Cada cuadrado representa 1 pulgada cuadrada. ¿Cuál es el área del marco?

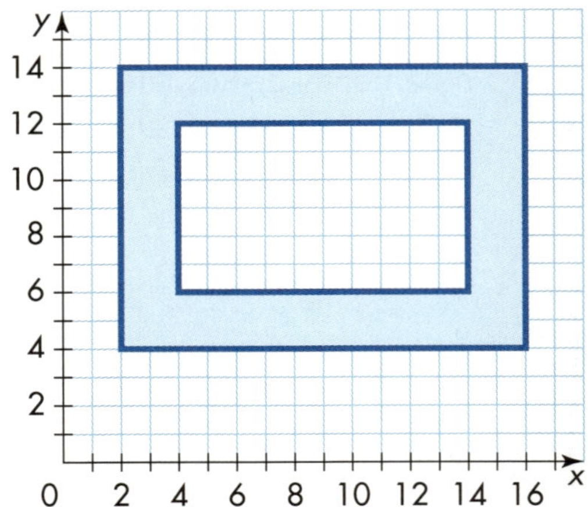

9. **A-Z Vocabulario** Los puntos que marcó David para hacer el diagrama están ubicados en el primer __________ del plano de coordenadas.

10. © **PM.7 Usar la estructura** ¿Cómo hallarías el área del marco sin descomponerlo en figuras más pequeñas?

11. **Razonamiento de orden superior** En el plano de coordenadas, dibuja tres polígonos diferentes que cumplan con estos criterios.

   • Cada polígono tiene un área de 20 unidades cuadradas.
   • Un polígono tiene dos de sus vértices en (2, 2) y (−3, −2).
   • Un polígono es un triángulo.
   • Un polígono es un paralelogramo.

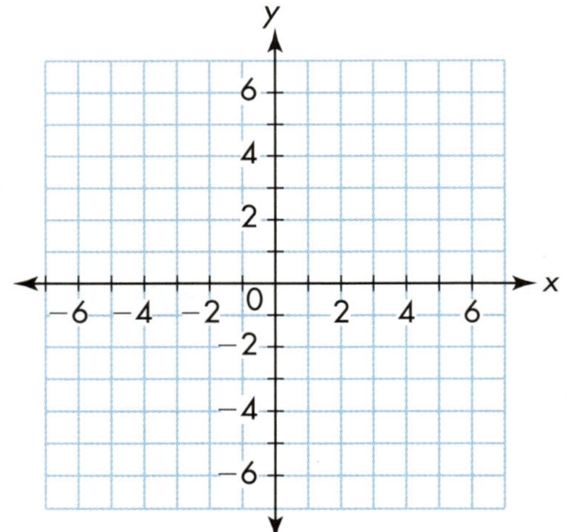

© **Evaluación de *Common Core***

12. ¿Cuál es el área del polígono de la derecha?

   Ⓐ   86 unidades cuadradas

   Ⓑ   78 unidades cuadradas

   Ⓒ   70 unidades cuadradas

   Ⓓ   68 unidades cuadradas

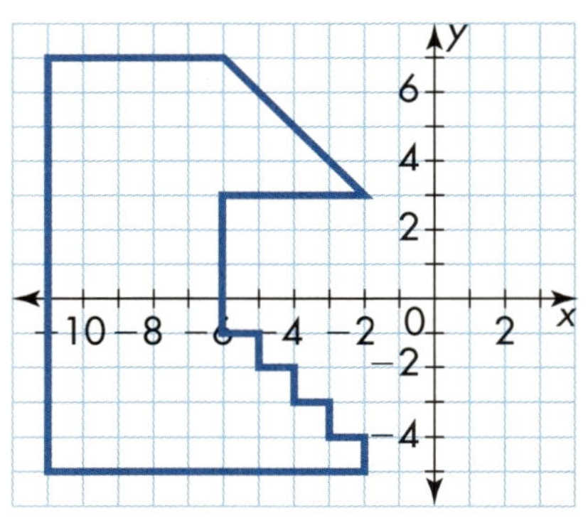

© Pearson Education, Inc. 6

Tarea y práctica 13-5

Polígonos en el plano de coordenadas

¡Revisemos!

Halla el área del trapecio.

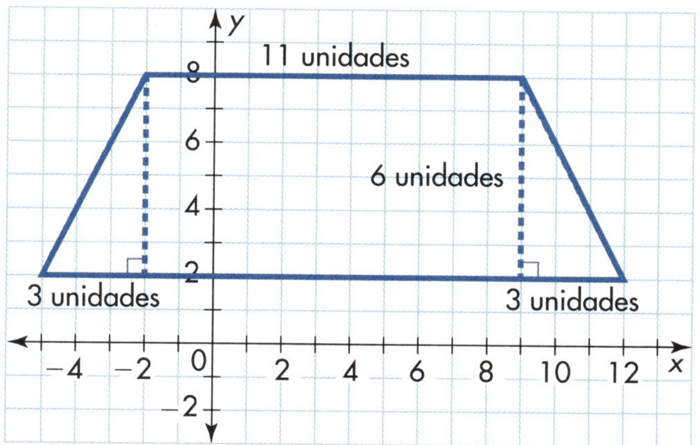

El trapecio se descompone en 2 triángulos rectángulos y un rectángulo.

Puedes transformar el polígono en un rectángulo moviendo uno de los triángulos al lado opuesto de la figura. Luego puedes contar los cuadrados o usar la fórmula del área para hallar el área del rectángulo.

$A = \ell \cdot a$
$= 14 \cdot 6 = 84$

El área del trapecio es 84 unidades cuadradas.

También puedes usar fórmulas para hallar el área de los triángulos y del rectángulo.

Área de los triángulos rectángulos
$A = \frac{1}{2}bh$
$= \frac{1}{2} \cdot 3 \cdot 6 = 9$ unidades cuadradas

Área del rectángulo
$A = \ell a$
$= 11 \cdot 6 = 66$ unidades cuadradas

Suma las áreas: $9 + 9 + 66 = 84$.

El área del trapecio es 84 unidades cuadradas.

Halla el área de los polígonos en unidades cuadradas en los Ejercicios **1** y **2**.

1.

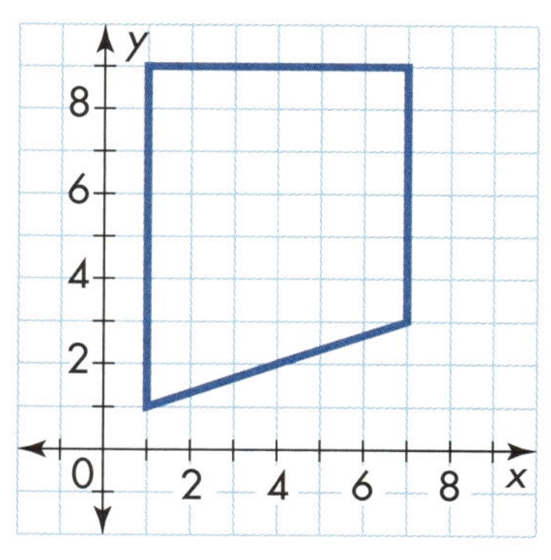

2.

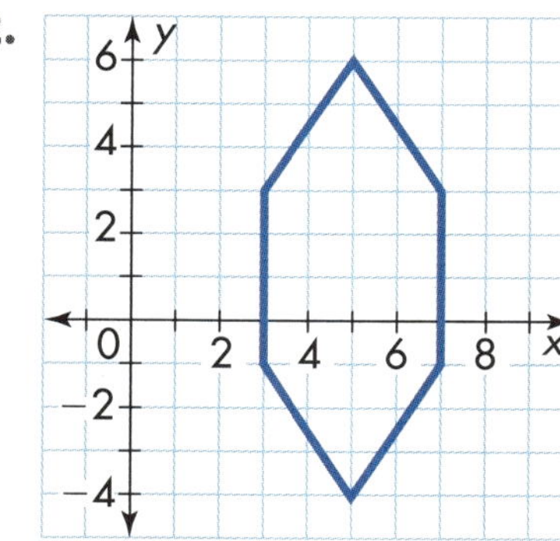

3. Abriana dibujó el contorno de un banderín que está haciendo. Los vértices del banderín están en $(-3, 5)$, $(3, 5)$, $(3, -1)$ y $(-3, -6)$. Dibuja el banderín en el plano de coordenadas. ¿Cuál es el área del dibujo del banderín?

4. © **PM.2 Razonar** Abriana quiere que el borde superior del banderín mida 3 pies. Usa la misma escala para hallar la longitud del lado más largo del banderín. Muestra tu trabajo.

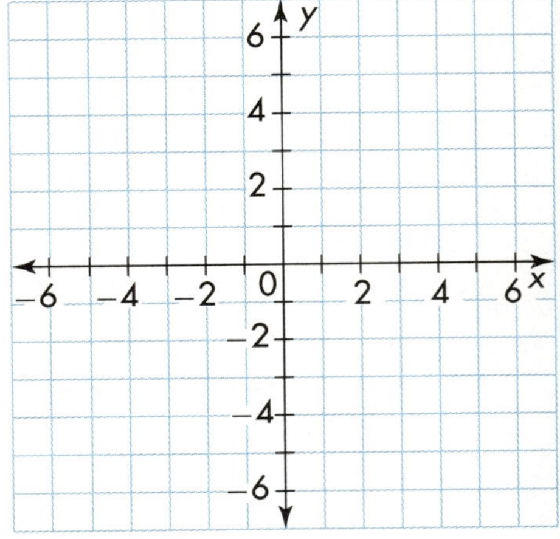

5. **Razonamiento de orden superior** La Sra. Viana necesita comprar semillas de pasto para su jardín. Dibujó un diagrama del jardín. Cada cuadrado representa 1 yarda cuadrada. Cinco libras de semillas alcanzan para sembrar 100 yardas cuadradas de pasto. Las semillas se venden en bolsas de 2 libras. ¿Cuántas bolsas de semillas necesita la Sra. Viana?

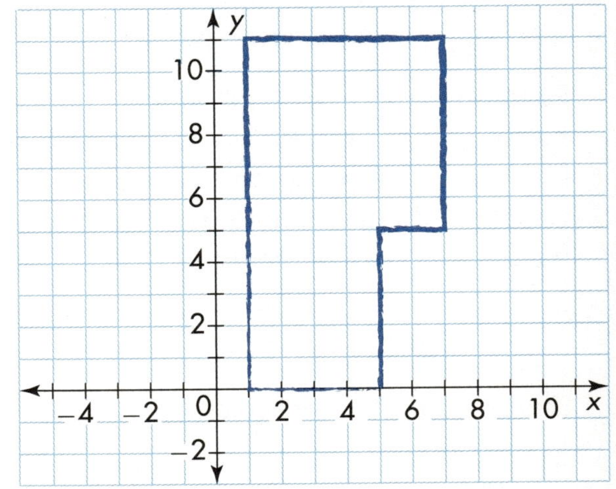

© **Evaluación de *Common Core***

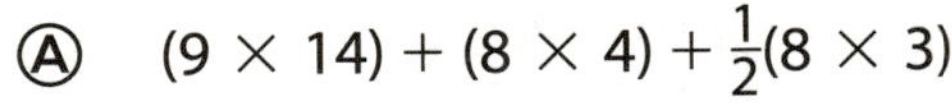

6. Un polígono tiene vértices en $(-4, 8)$, $(5, 8)$, $(5, 2)$, $(9, 2)$, $(12, -6)$ y $(-4, -6)$. Grafica el polígono en el plano de coordenadas. ¿Qué expresión puede usarse para hallar el área de este polígono?

   Ⓐ $(9 \times 14) + (8 \times 4) + \frac{1}{2}(8 \times 3)$

   Ⓑ $(8 \times 14) + (9 \times 4) + \frac{1}{2}(9 \times 3)$

   Ⓒ $(9 \times 14) + (8 \times 4) + (8 \times 3)$

   Ⓓ $(9 \times 14) + (8 \times 4) + \frac{1}{4}(8 \times 3)$

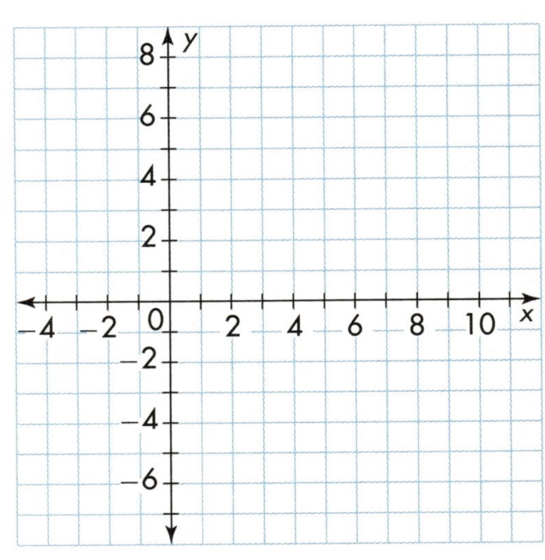

© Pearson Education, Inc. 6

Nombre _______________________

Resuélvelo y coméntalo

Se muestran los puntos $A(0, -2)$ y $B(0, 4)$ en el plano de coordenadas. Ubica y marca las coordenadas de dos puntos, C y D, para que tanto el triángulo ABC como el triángulo ABD tengan un área de 18 unidades cuadradas. Explica cómo hallaste los puntos.

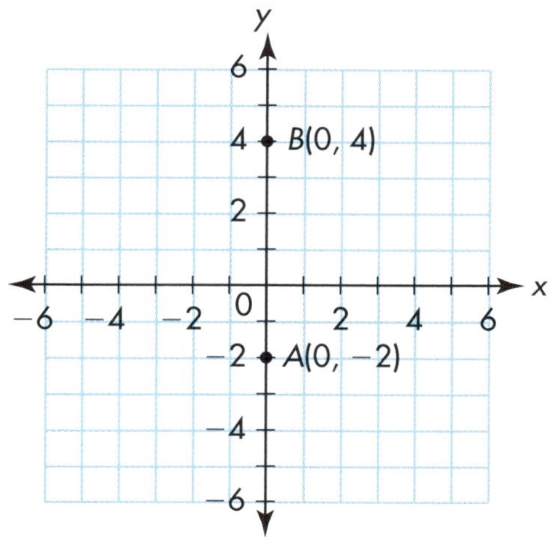

Lección 13-6
Buscar y usar la estructura

Puedo...
buscar y usar la estructura de los polígonos para resolver problemas.

Prácticas matemáticas PM.7, PM.1, PM.2, PM.3, PM.6
Estándares de contenido 6.G.A.1, 6.G.A.3, 6.SN.C.6c, 6.SN.C.8

Hábitos de razonamiento

¡Razona correctamente! Estas preguntas te pueden ayudar.

- ¿Qué patrones puedo ver y describir?

- ¿Puedo ver las expresiones y los objetos de una manera diferente?

- ¿Cómo puedo usar los patrones para resolver el problema?

¡Vuelve atrás! **PM.7 Usar la estructura** Usa la estructura del plano de coordenadas y los triángulos para hallar un punto E de forma tal que el triángulo ABE también tenga un área de 18 unidades cuadradas.

Pregunta esencial ¿Cómo se puede buscar y usar la estructura?

A

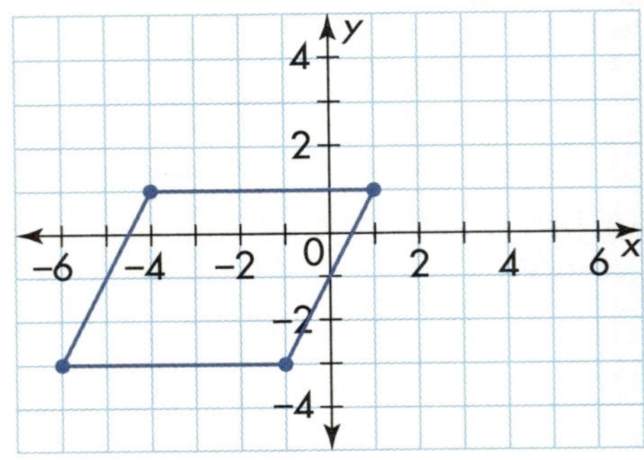

En el plano de coordenadas se muestra la forma de un parque regional. Los urbanistas le piden al diseñador otro diseño con forma de paralelogramo que tenga la misma área y tantos de los vértices originales que se muestran como sea posible. ¿Cuáles son las coordenadas de los vértices del nuevo diseño con forma de paralelogramo?

¿Qué necesito hacer para resolver el problema?

Necesito usar la estructura del plano de coordenadas para hallar un paralelogramo con la misma área y tantos vértices originales como sea posible.

Este es mi razonamiento...

B ### ¿Cómo puedo usar la estructura para resolver el problema?

Puedo

- buscar y describir patrones.

- describir la relación entre los objetos.

- usar las características del patrón para crear o ampliar un patrón.

C

Sé que un paralelogramo se puede descomponer en dos triángulos y luego se lo puede volver a armar para formar un paralelogramo diferente.

Puedo usar triángulos para formar un nuevo paralelogramo como se muestra.

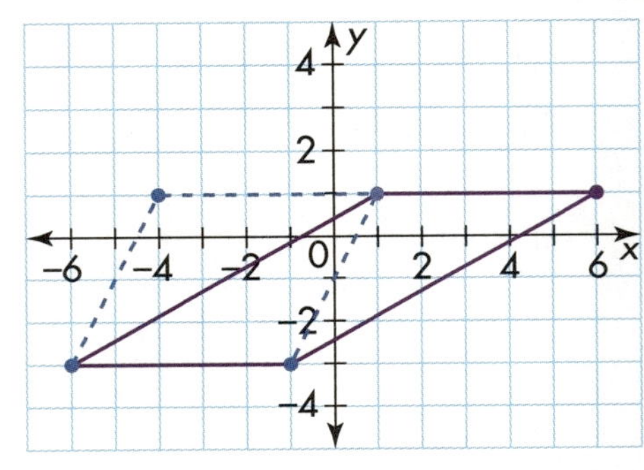

Tanto el diseño original como el diseño nuevo son paralelogramos.

Las coordenadas de los vértices del nuevo diseño con forma de paralelogramo son $(1, 1)$, $(6, 1)$, $(-1, -3)$ y $(-6, -3)$.

¡Convénceme! © **PM.7 Usar la estructura** El equipo de urbanistas del parque regional está preocupado por el presupuesto. Los urbanistas le piden al diseñador otro diseño con forma de paralelogramo que tenga la mitad del área y que use tantos de los vértices originales que se muestran como sea posible. ¿Cuáles son las coordenadas de los vértices del nuevo diseño con forma de paralelogramo?

© Pearson Education, Inc. 6

Amigo de práctica · Herramientas · Evaluación

 Práctica guiada *

© PM.7 Usar la estructura

El Sr. Lin está diseñando su jardín. Comenzó con un rectángulo. Quiere cambiar la forma del jardín y transformarlo en un paralelogramo que tenga la misma área pero ningún ángulo recto. Quiere usar tres de los vértices originales. ¿Cuáles podrían ser las coordenadas de los vértices del nuevo diseño con forma de paralelogramo?

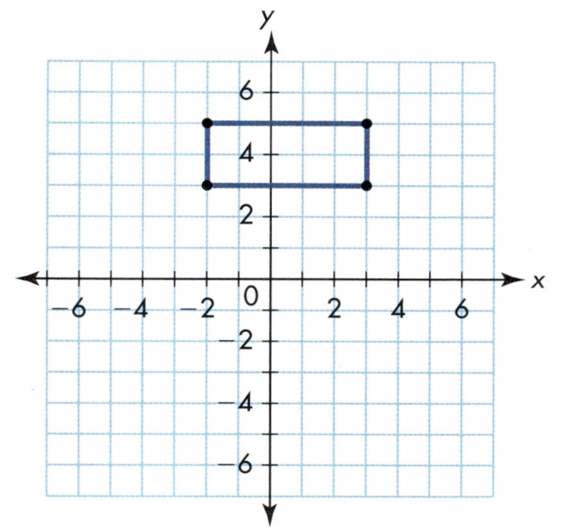

1. ¿Qué sabes acerca de la estructura de los rectángulos y los paralelogramos que pueda ayudarte a resolver este problema?

2. ¿Cómo puedes usar la estructura para hallar las coordenadas del paralelogramo?

☆ Práctica independiente

© PM.7 Usar la estructura

Diane está construyendo un patio rectangular cuya área mide dos veces el área del triángulo que se muestra. ¿Cuáles podrían ser las coordenadas del nuevo patio si Diane usa tantos vértices del triángulo como sea posible?

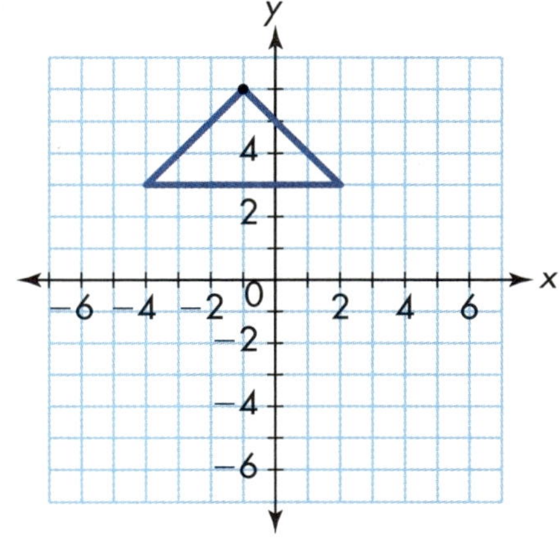

3. ¿Qué sabes acerca de los triángulos y su estructura que pueda ayudarte a resolver este problema?

4. ¿Cómo puedes usar la estructura para formar un rectángulo y hallar las coordenadas?

Prácticas matemáticas y resolución de problemas

Parasoles triangulares

Oscar está creando parasoles con forma de triángulo. En el plano de coordenadas se muestra el triángulo del diseño básico. Ubica el punto *V* con el que se formará un triángulo con la mitad del área del triángulo *RST*. Ubica un segundo punto, *W,* con el que se formará el triángulo *RSW* con el doble de área que el triángulo *RST*.

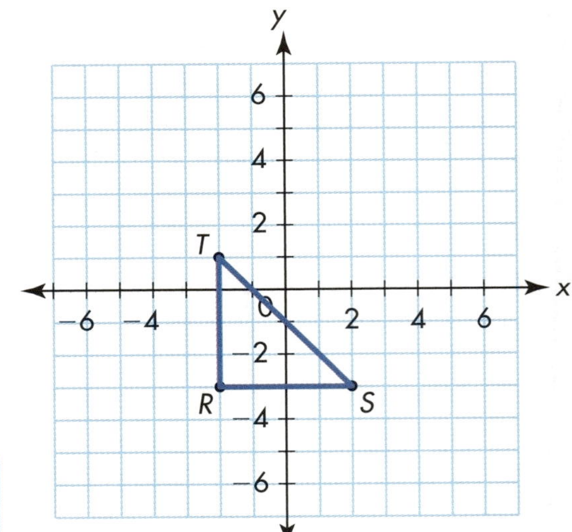

5. **PM.1 Entender y perseverar** ¿Qué necesitas hallar en este problema?

6. **PM.7 Usar la estructura** ¿Cómo puedes usar la fórmula del área de un triángulo como ayuda para decidir dónde marcarás el punto *V*?

7. **PM.2 Razonar** ¿Cómo te ayuda el plano de coordenadas a ubicar el punto *W*?

8. **PM.6 Hacerlo con precisión** ¿Cómo puedes comprobar tus respuestas?

© Pearson Education, Inc. 6

Tarea y práctica 13-6

Buscar y usar la estructura

¡Revisemos!

En el plano de coordenadas se muestra un rectángulo. Usa dos vértices del rectángulo y un punto en el primer cuadrante para formar un triángulo que tenga la misma área que el rectángulo.

¿Cómo puedes buscar y usar la estructura?

- Puedo ubicar las figuras en el plano de coordenadas y describirlas.

- Puedo usar las características del plano de coordenadas para ampliar el dibujo y resolver el problema.

Explica cómo puedes usar la estructura para resolver el problema.

- Puedo trazar la diagonal del rectángulo de $(-5, 5)$ a $(-1, -1)$ para descomponer el rectángulo y formar dos triángulos con áreas iguales.

- El punto en $(3, 5)$ junto con $(-5, 5)$ y $(-1, -1)$ forma un triángulo con un área igual a la del rectángulo original.

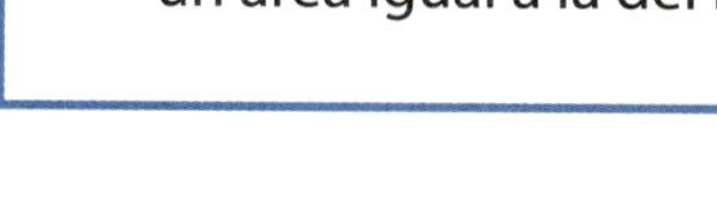

© PM.7 Usar la estructura

Usa el rectángulo para formar un triángulo isósceles que tenga un área de 12 unidades cuadradas.

1. ¿Cómo puedes usar la relación entre los rectángulos y los triángulos como ayuda para resolver el problema?

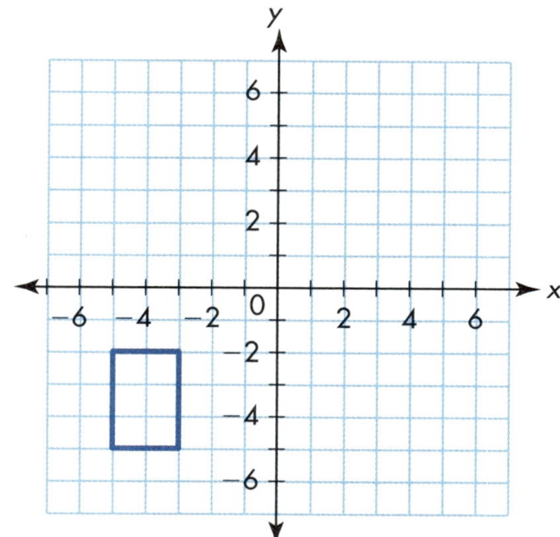

2. ¿Cómo puedes usar la estructura del plano de coordenadas para hallar un triángulo con un área de 12 unidades cuadradas?

Reconstrucción Un contratista necesita cambiar la configuración de la entrada de un edificio. Quiere que el área de la nueva entrada triangular mida 15 pies². El triángulo del plano de coordenadas muestra la entrada actual. Cada cuadrado representa 1 pie cuadrado. Usa el diagrama para hallar una manera de crear una nueva entrada.

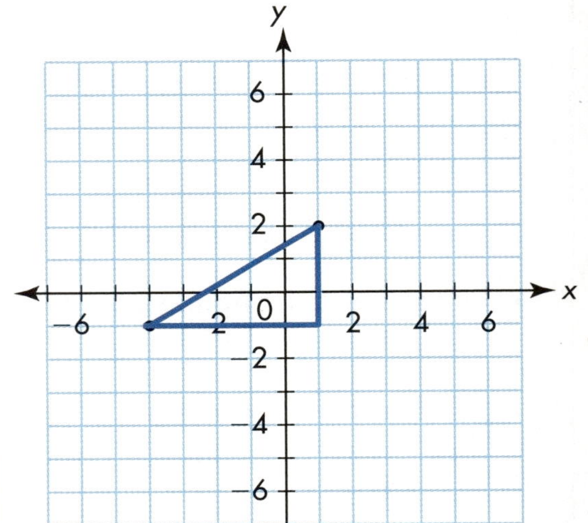

3. PM.1 Entender y perseverar ¿Cómo puedes usar el diagrama para explorar posibles soluciones del problema?

4. PM.3 Construir argumentos ¿El área de la entrada nueva será mayor o menor que el área de la entrada actual? Explica cómo lo sabes.

5. PM.7 Usar la estructura Halla coordenadas para una posible entrada nueva. Explica cómo puedes usar la forma y las dimensiones de la entrada actual como ayuda para ubicar esas coordenadas.

6. PM.6 Hacerlo con precisión ¿Cómo puedes comprobar tus respuestas?

    © Pearson Education, Inc. 6

Puedo...
sumar y restar números decimales de varios dígitos.

© **Estándar de contenido**
6.SN.B.3

Salida				
3.13 + 7.404	30.6 − 0.79	3.443 − 0.92	6.2 + 3.13	13.2 − 4.94
5.01 − 1.45	1.081 + 22.2	5.34 − 1.7	4.37 + 3.809	0.91 + 1.98
16 − 7.324	1.12 + 0.09	9.4 + 3.03	26 − 1.85	7.1 − 6.32
10 − 2.754	8.28 − 7.43	30 + 1.04	12.16 + 8.03	1.2 + 6.02
9.4 − 3.18	1.262 + 4.05	2.34 + 13.2	15.03 − 9.487	0.4 + 7.35

Meta

Lista de palabras

- altura
- área
- base
- cometa
- paralelogramo
- rombo
- trapecio
- triángulo

Comprender el vocabulario

Escoge el mejor término de la Lista de palabras. Escríbelo en el espacio en blanco.

1. Un ________________ tiene lados opuestos que son paralelos y todos los lados tienen la misma longitud.

2. Un cuadrilátero con un solo par de lados paralelos es un ________________.

3. La distancia perpendicular desde la base de un polígono hasta un vértice opuesto es la ________________ del polígono.

4. Una ________________ tiene dos pares de lados adyacentes que tienen la misma longitud.

5. Escribe *siempre, a veces* o *nunca*.

   El *área* ________________ se mide en unidades cuadradas.

   Un *paralelogramo* ________________ tiene ángulos rectos.

   La *altura* de un triángulo ________________ es mayor que la *base*.

Haz referencia al paralelogramo en los Ejercicios **6** a **8**. Escribe V si el enunciado es *verdadero* o F si es *falso*.

________ **6.** La *altura* del paralelogramo es perpendicular a su *base*.

________ **7.** El *área* del paralelogramo es 13.5 pulgs.^{2}.

________ **8.** La *base* del paralelogramo mide 9 pulgadas.

Usar el vocabulario al escribir

9. Describe cómo hallar el área del cuadrilátero. Usa al menos 5 palabras de la Lista de palabras.

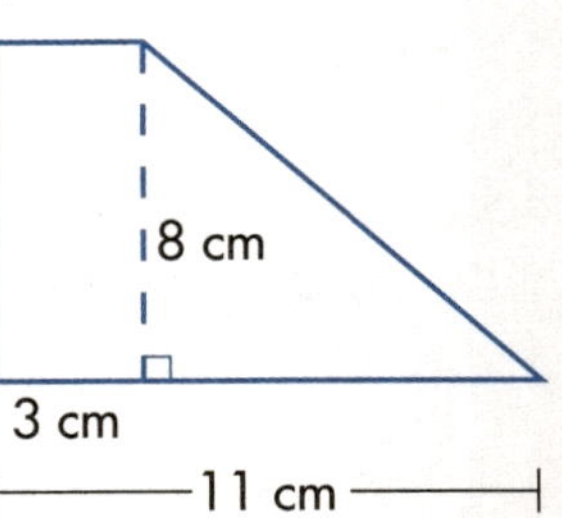

© Pearson Education, Inc. 6

Grupo A   páginas 659 a 664, 665 a 670

Usa estas fórmulas para hallar el área de las figuras.

Paralelogramo y rombo: $A = bh$

Triángulo: $A = \frac{1}{2}bh$

$A = bh$
$A = 12 \cdot 8$
$A = 96$ pies^2

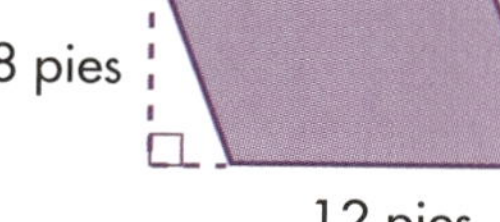

8 pies

12 pies

$A = bh$
$A = 8 \cdot 7.9$
$A = 63.2$ m^2

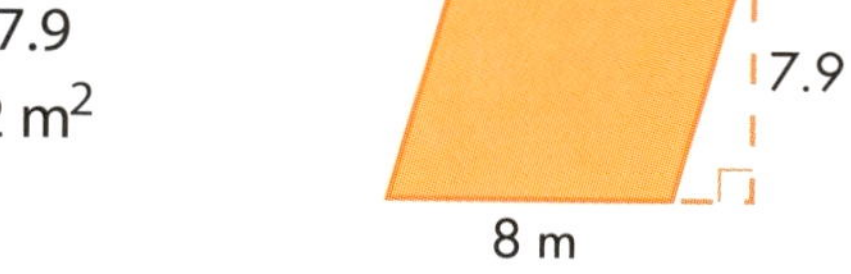

7.9 m

8 m

$A = \frac{1}{2}bh$
$A = \frac{1}{2}(26 \cdot 20)$
$A = 260$ cm^2

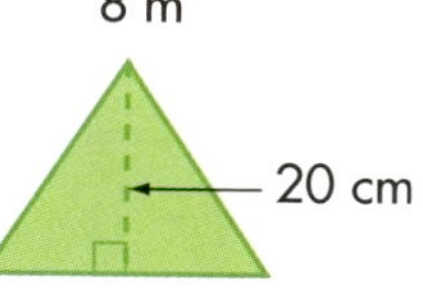

20 cm

26 cm

Recuerda que el área se mide en unidades cuadradas.

Halla el área de las figuras.

1.
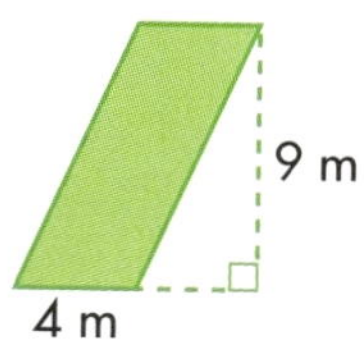
9 m

4 m

2.
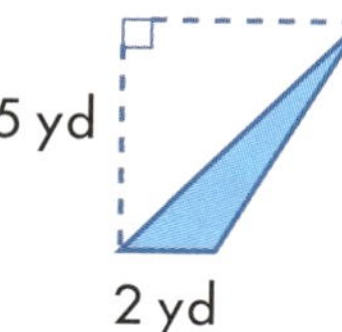
5 yd

2 yd

3.
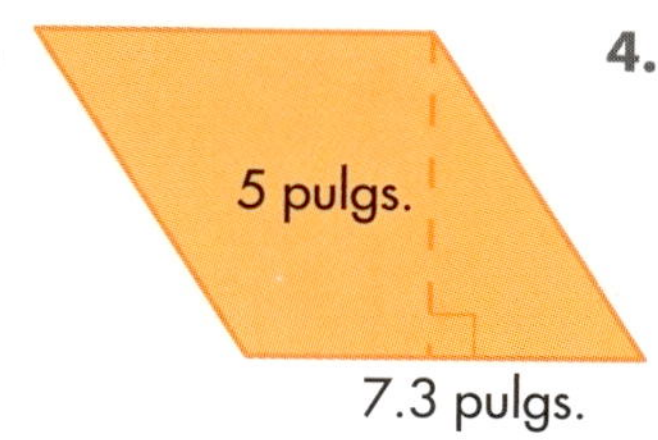
5 pulgs.

7.3 pulgs.

4.
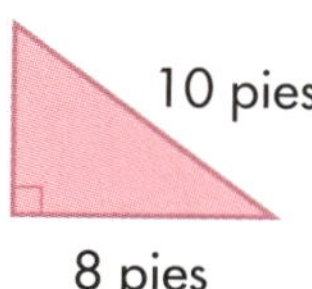
6 pies
10 pies

8 pies

5. Rombo
$b = 14\frac{1}{2}$ cm
$h = 9$ cm

6. Triángulo
$b = 12$ pulgs.
$h = 8.5$ pulgs.

Grupo B   páginas 671 a 676

Un trapecio es un cuadrilátero que tiene un solo par de lados paralelos. Puedes hallar el área de un trapecio dividiéndolo en un rectángulo y triángulos.

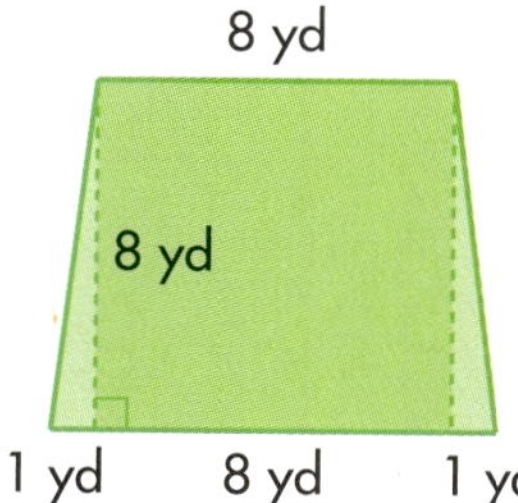

8 yd

8 yd

1 yd   8 yd   1 yd

10 yd

$\frac{1}{2}(1 \times 8) = 4$
$\frac{1}{2}(1 \times 8) = 4$
$8 \times 8 = 64$
$4 + 4 + 64 = 72$ yd^2

Una cometa es un cuadrilátero con 2 pares de lados adyacentes de igual longitud. Puedes hallar el área de una cometa dividiéndola en 2 triángulos que tienen la misma área.

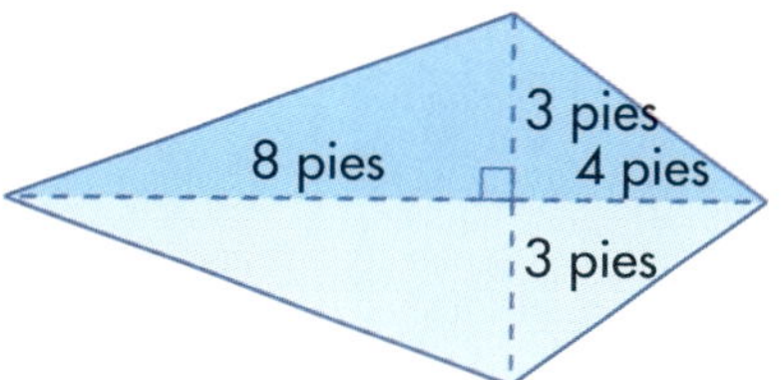

8 pies
3 pies
4 pies
3 pies

$\frac{1}{2}[(8 + 4) \times 3] = 18$
$\frac{1}{2}[(8 + 4) \times 3] = 18$
$18 + 18 = 36$ pies^2

Recuerda que puedes descomponer figuras en rectángulos y triángulos para hallar el área.

1.
6 cm
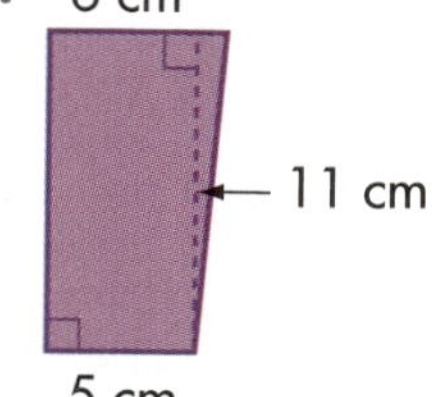
11 cm

5 cm

2.
13 m
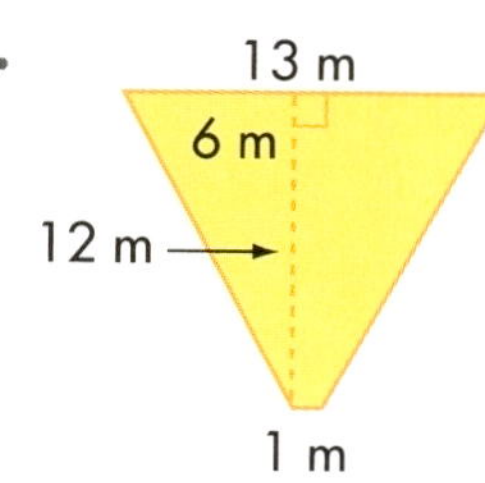
6 m
12 m

1 m

3.
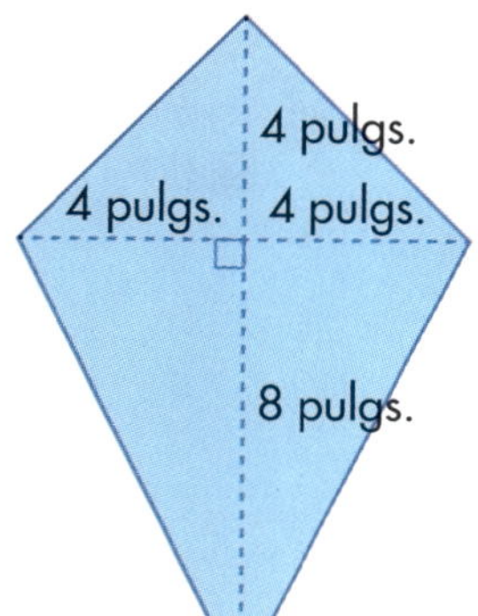
4 pulgs.
4 pulgs.   4 pulgs.
8 pulgs.

4.
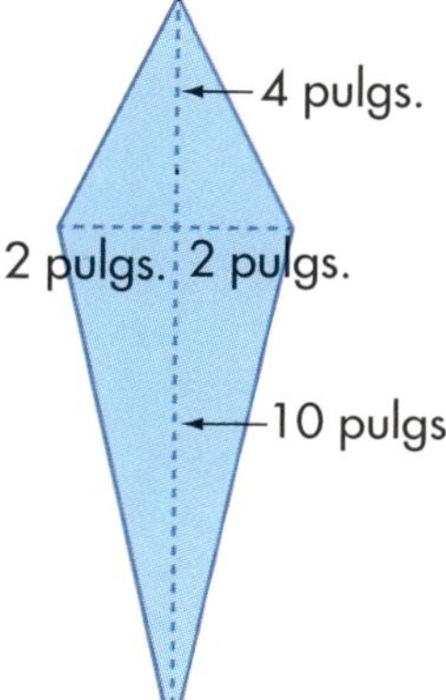
4 pulgs.
2 pulgs.   2 pulgs.
10 pulgs.

Para hallar el área de un polígono irregular, descompón el polígono en partes más pequeñas, halla el área de cada parte y luego suma las áreas.

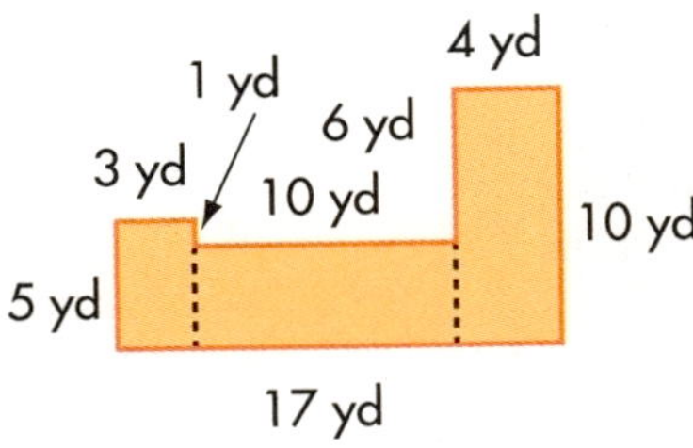

Área $= (3 \times 5) + (10 \times 4) + (4 \times 10)$

$ = 15 + 40 + 40 = 95\ \text{yd}^2$

Recuerda que puedes usar valores absolutos para hallar una distancia en el plano de coordenadas.

1.

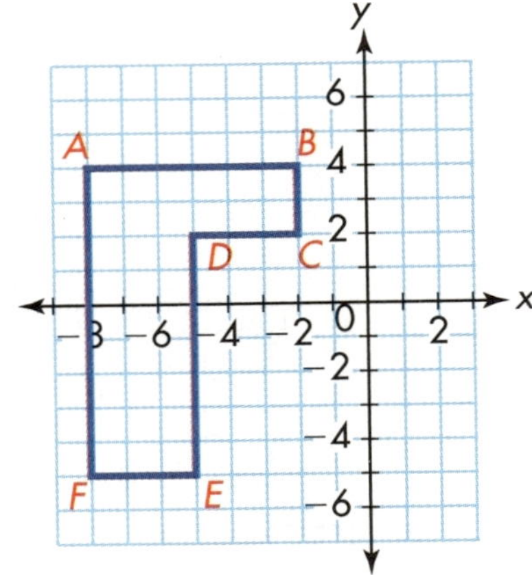

Piensa en tus respuestas a estas preguntas como ayuda para **usar la estructura.**

Hábitos de razonamiento

- ¿Qué patrones puedo ver y describir?

- ¿Cómo puedo usar los patrones para resolver el problema?

- ¿Puedo ver las expresiones y los objetos de una manera diferente?

Recuerda que puedes usar lo que sabes acerca del plano de coordenadas para resolver problemas de área.

Nina quiere transformar un paralelogramo en dos paralelogramos más pequeños del mismo tamaño. ¿Cuáles podrían ser las coordenadas de los vértices de uno de los paralelogramos nuevos?

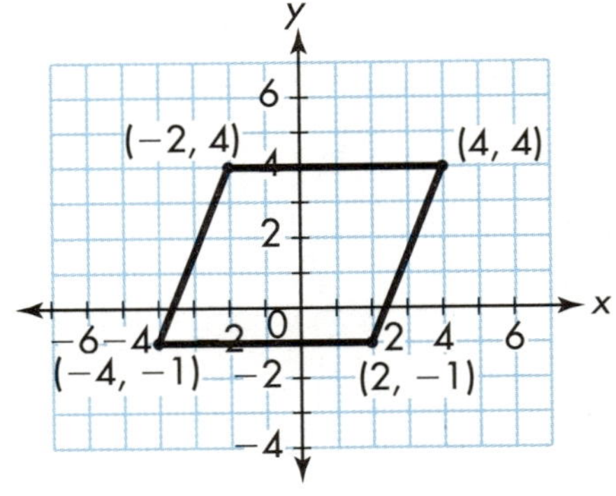

1. ¿Qué patrones ves?

2. Resuelve el problema.

© Pearson Education, Inc. 6

© **Evaluación**

1. Caroline está haciendo una bandera triangular con una base de 10 pulgadas y una altura de 8 pulgadas. ¿Cuál es el área de la bandera?

Ⓐ 18 pulgs.^{2}

Ⓑ 40 pulgs.^{2}

Ⓒ 80 pulgs.^{2}

Ⓓ 160 pulgs.^{2}

2. Se ordenaron dos figuras como se muestra. ¿Qué opción puede usarse para hallar el área de la figura amarilla?

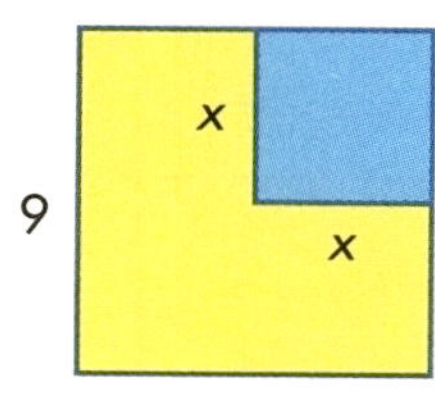

☐ $9^2 - x^2$

☐ $(9 - x)^2$

☐ $2(9) + 2(9 - x)$

☐ $9^2 + x^2$

☐ $x(9 - x) + 9(9 - x)$

3. Adrián halló el área de la figura. ¿Qué expresión podría haber usado? Marca todas las que se apliquen.

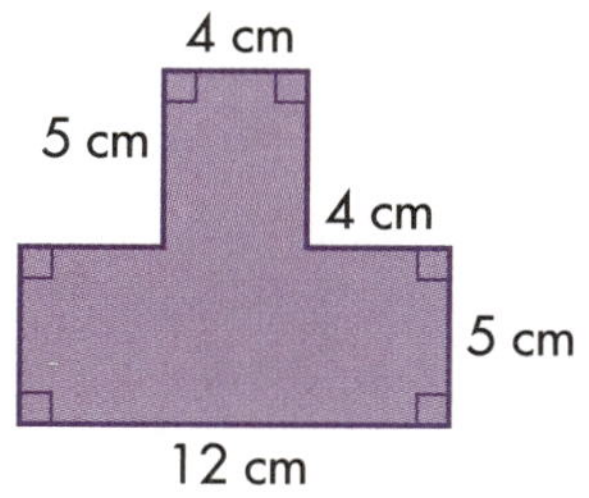

☐ $2(3 \times 5) + (4 \times 10)$

☐ $(4 \times 5) + (5 \times 12)$

☐ $2(5 \times 4) + (4 \times 10)$

☐ $(4 \times 10) + (5 \times 12)$

4. ¿Qué ecuación puede usarse para hallar A, el área del paralelogramo que se muestra?

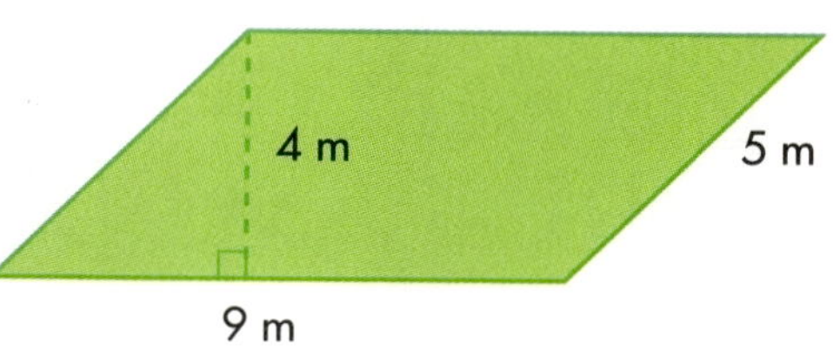

Ⓐ $A = 5 \times 9$

Ⓑ $A = 4 \times 9$

Ⓒ $A = \frac{1}{2} \times 5 \times 9$

Ⓓ $A = \frac{1}{2} \times 4 \times 9$

5. Usa los puntos que se muestran como vértices de un triángulo rectángulo con un área de 28 unidades cuadradas. Identifica un tercer vértice posible del triángulo. Justifica tu respuesta.

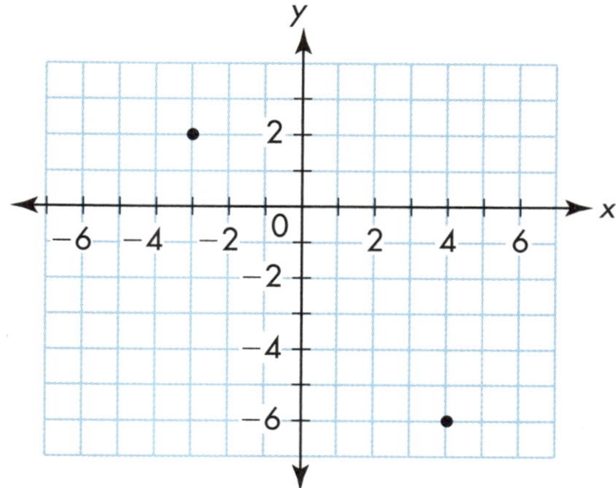

6. Lisa dibujó una flecha en el plano de coordenadas como se muestra. ¿Cuál es el área de la flecha? Muestra tu trabajo.

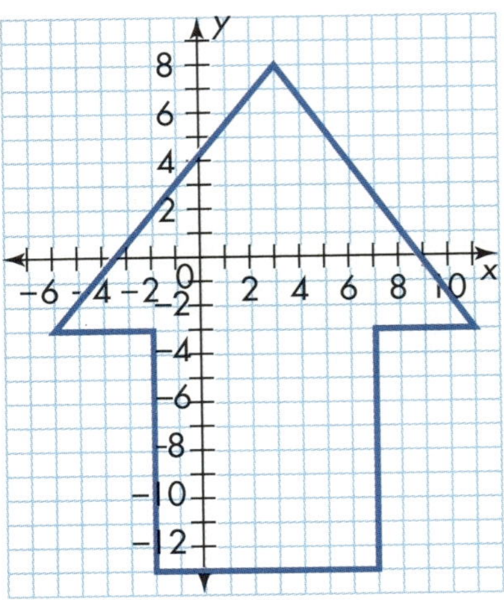

8. Jake hizo el siguiente dibujo de una cometa que quiere construir.

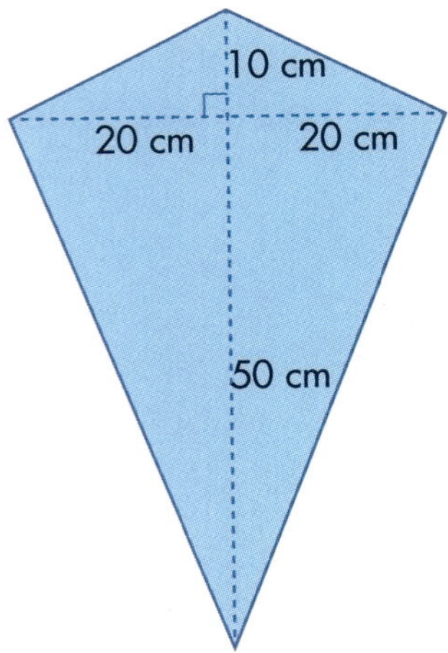

Parte A

¿Cuál será el área de la cometa de Jake? Explica cómo hallaste la respuesta.

Parte B

¿Podrías haber usado otra estrategia para hallar el área de la cometa? Explícalo.

7. Un área de juego tiene forma de trapecio. El lado más corto del área de juego y su ancho tienen la misma dimensión. Escribe los números en los recuadros para mostrar las dimensiones que faltan. ¿Cuál es el área del área de juego?

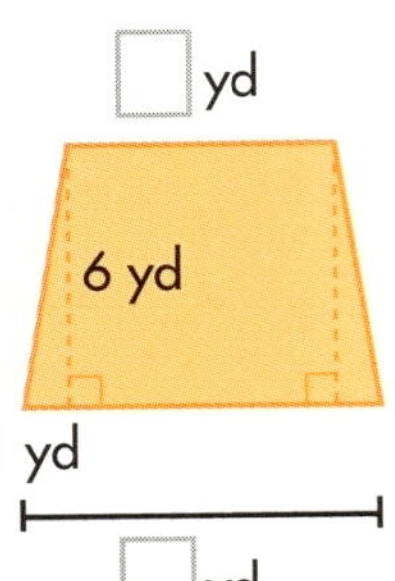

9. El Sr. Aufleger está pintando el aguilón triangular del techo de su casa. Si la base del triángulo es 16 pies y la altura es 6 pies, ¿cuál es el área del aguilón?

© Pearson Education, Inc. 6

El mural

Rafael pintará un mural en una pared de un centro comunitario.
La pared es rectangular y mide 14 pies de altura y 32 pies de longitud.
Rafael dibujó el diseño de su mural en el plano de coordenadas.

1. Rafael necesita hallar el área de cada sección del mural para determinar cuánta pintura necesita.

Sección del mural	Área (pies^2)
Verde	
Morada	
Amarilla	

Parte A

Describe la estrategia que usarás para hallar el área total de las secciones pintadas de cada color.

Parte B

Halla el área total de las secciones pintadas de cada color. Completa la tabla de arriba. Muestra tu trabajo.

2. El centro comunitario proporcionará la pintura para el mural. Cada lata cubre 32 pies cuadrados. ¿Cuántas latas de cada color de pintura necesitará Rafael?

3. El concejo municipal decide que se pinte un mural en otra pared del centro. Crea un diseño con las siguientes características:

- Debe cubrir los 14 pies por 32 pies de la pared rectangular.
- Debe tener al menos tres secciones de color, pero no más de cinco.
- Debe tener una sección con un área de 100 pies cuadrados.
- Debe tener al menos 3 polígonos distintos, incluidos un trapecio o una cometa.

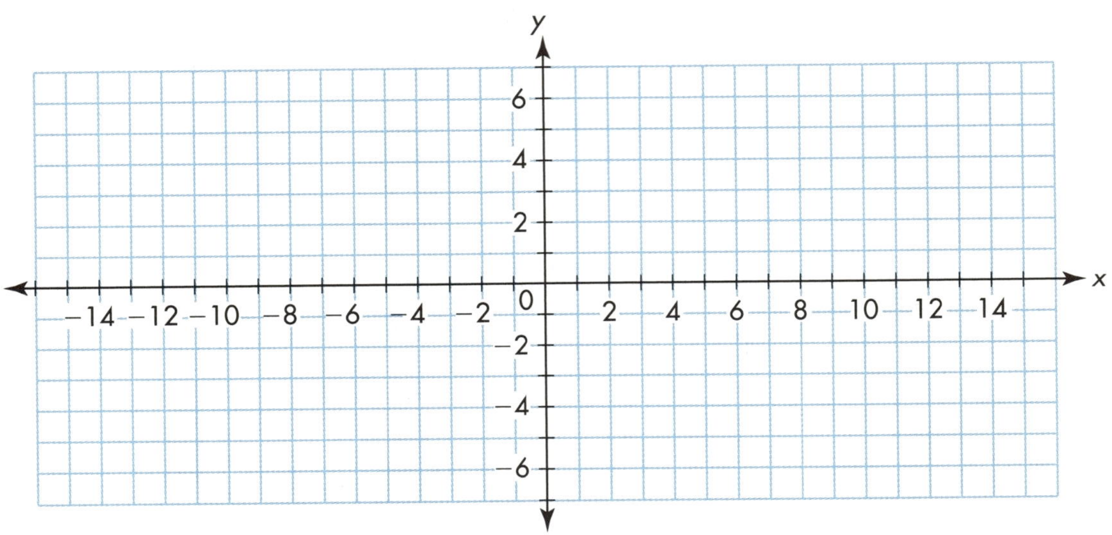

4. Completa la tabla para mostrar el área de cada sección de tu mural. Asegúrate de incluir el color de cada sección en la tabla.

Sección del mural	Área (pies cuadrados)

© Pearson Education, Inc. 6

Resolver problemas de área total y volumen

Pregunta esencial: ¿Qué significa área total y cómo se puede hallar? ¿Qué significa volumen y cómo se puede hallar?

Recursos digitales

Resuelve   Aprende   Glosario   Amigo de práctica

Herramientas   Evaluación   Ayuda   Juegos

Proyecto de Matemáticas y Ciencias: Tamaño de las células

Investigar Usa la Internet u otros recursos para aprender sobre la forma de una célula vegetal. Investiga el rango de longitudes de una célula vegetal en micrómetros o en micrones.

Diario: Escribir un informe Incluye lo que averiguaste. En tu informe, también:

- escoge 3 valores del rango de longitudes de las células vegetales que hallaste.

- dibuja un modelo plano de la superficie de la célula vegetal y rotula las longitudes que escogiste.

- calcula el área total y el volumen de tu célula.

Repasa lo que sabes

Vocabulario

Escoge el mejor término del recuadro.
Escríbelo en el espacio en blanco.

- área
- fórmula
- perímetro
- volumen

1. El _______________ es la distancia alrededor de una figura.

2. La cantidad de unidades cuadradas necesarias para cubrir una superficie o una figura es el _______________ de la figura.

3. El _______________ es la cantidad de unidades cúbicas necesarias para llenar una figura sólida.

Área

Halla el área de las figuras.

4.

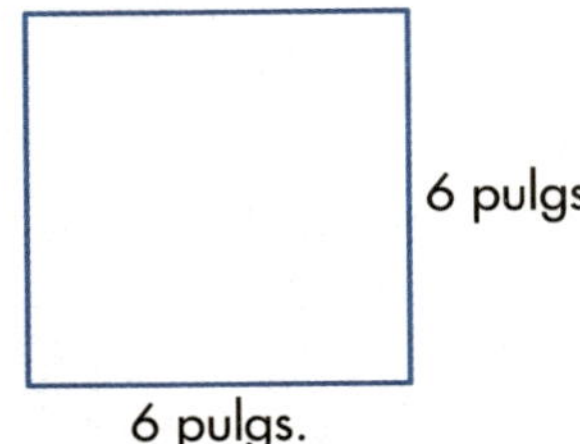

5.

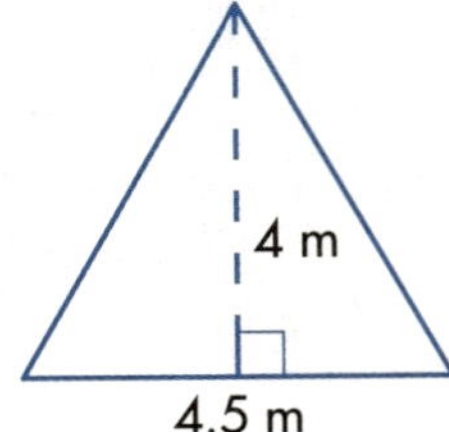

6.

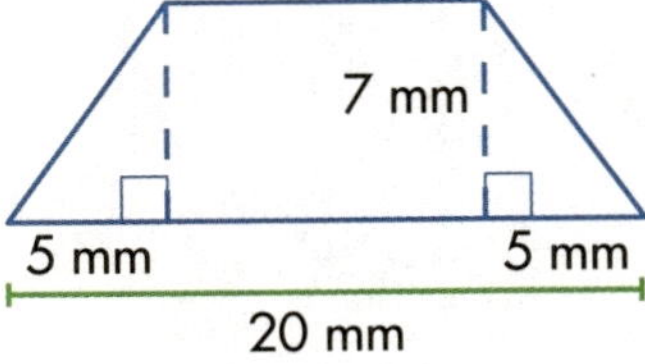

7. Triángulo
$b = 12$ pies
$h = 7$ pies

8. Triángulo
$b = 14$ cm
$h = 18$ cm

9. Rectángulo
$l = 8$ yd
$a = 4.5$ yd

Multiplicación

Halla los productos.

10. 5.8×12 _______

11. 9.5×1.4 _______

12. $14 \times 7.25 \times 2.5$ _______

13. $\frac{3}{4} \times \frac{1}{2}$ _______

14. $1\frac{1}{2} \times \frac{1}{4}$ _______

15. $2\frac{1}{3} \times 2\frac{1}{4} \times 1\frac{3}{8}$ _______

Fórmulas

16. ¿En qué se parecen y en qué se diferencian las fórmulas para obtener el área de un triángulo y de un rectángulo? Explícalo.

© Pearson Education, Inc. 6

Mis tarjetas de palabras

Usa los ejemplos de las palabras de las tarjetas para ayudarte a completar las definiciones que están al reverso.

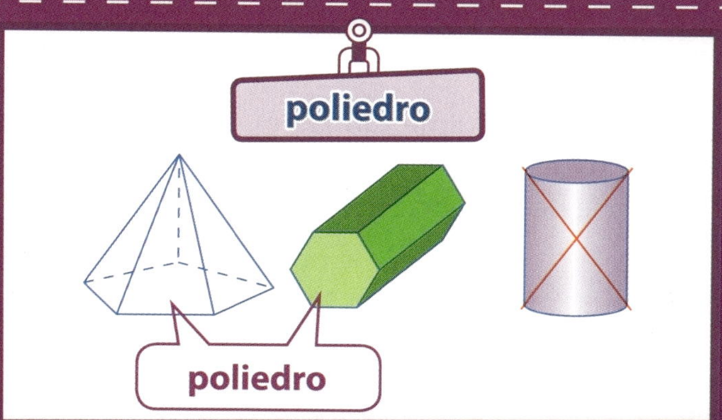

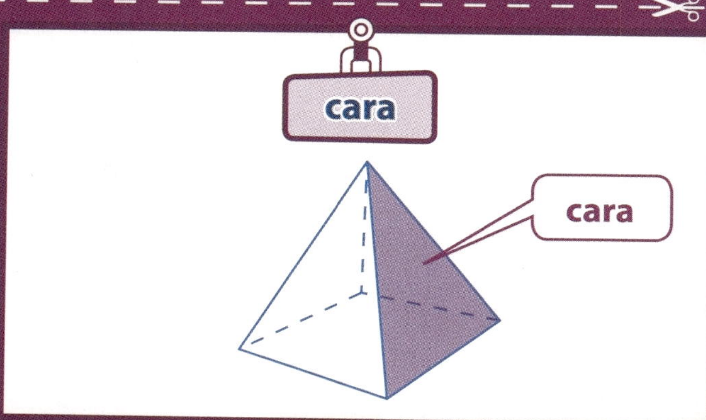

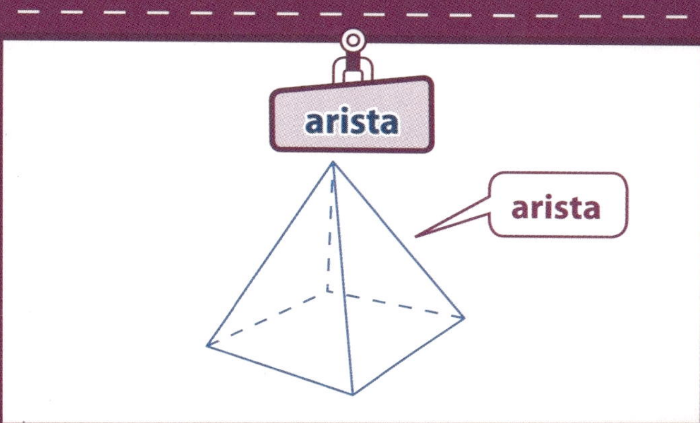

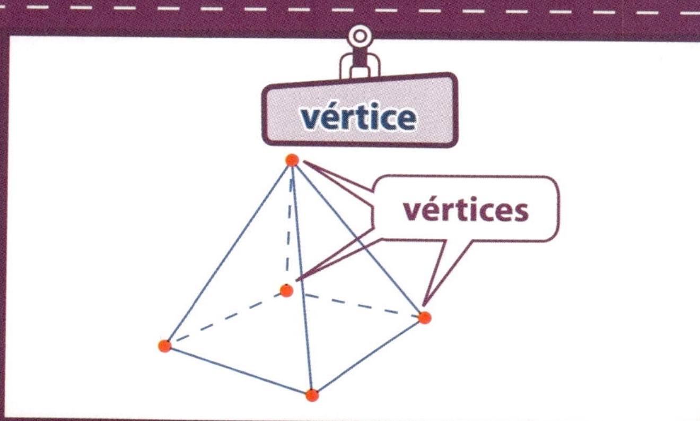

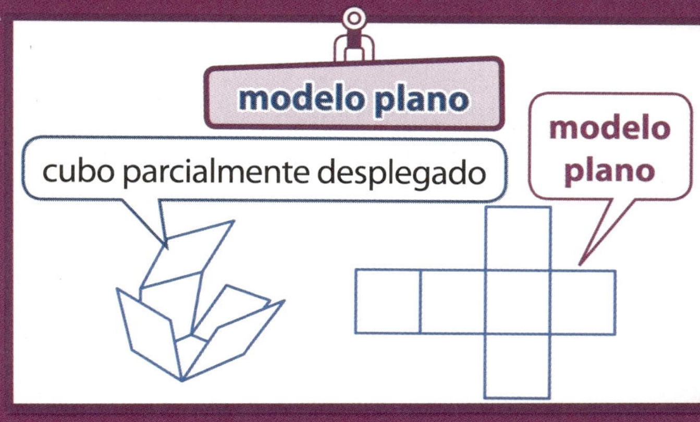

Mis tarjetas de palabras

Completa cada definición. Para ampliar lo que aprendiste, escribe tus propias definiciones.

Una superficie plana de una figura tridimensional es una

__________________.

Una figura tridimensional compuesta de caras planas con forma de polígono se llama

__________________.

El punto donde se unen dos o más aristas es un __________________.

El segmento de recta donde se intersecan dos caras es una __________________.

Un patrón de figuras planas que forma un sólido cuando se pliega es un

__________________.

© Pearson Education, Inc. 6

Lección 14-1
Figuras sólidas y modelos planos

¿Cómo se vería la caja de galletas para perros si estuviera plana y desplegada? Dibuja un diagrama para representar la caja desplegada de galletas P-Runas. Traza líneas punteadas donde se pliega la figura y dibuja un contorno sólido alrededor de la figura. El lado de cada cuadrado de la cuadrícula representa 1 pulgada.

Puedo...
identificar modelos planos de figuras sólidas.

Estándar de contenido 6.G.A.4
Prácticas matemáticas PM.2, PM.4, PM.6, PM.7, PM.8

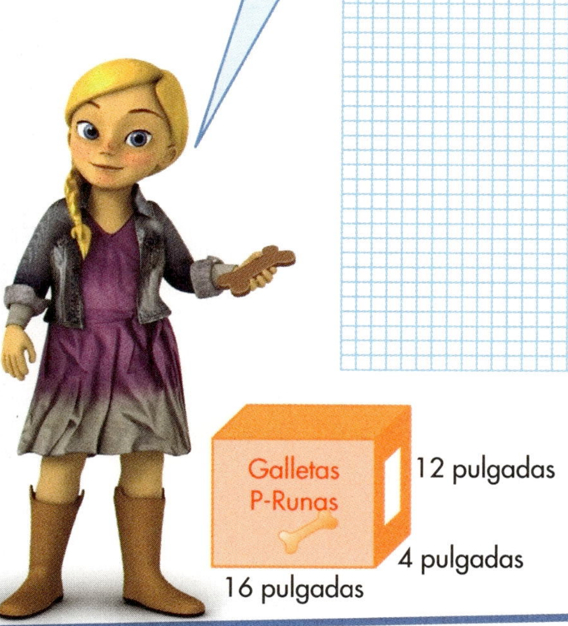

¡Vuelve atrás! **PM.2 Razonar** Describe cómo podrías haber dibujado el diagrama de otra manera.

Pregunta esencial ¿Cómo se pueden clasificar los sólidos?

A

Un **poliedro** es una figura tridimensional hecha de superficies planas con forma de polígono llamadas **caras**. El segmento de recta donde se intersecan dos caras se llama **arista**. El punto donde se unen varias aristas se llama **vértice**.

¿Cómo puedes clasificar un poliedro?

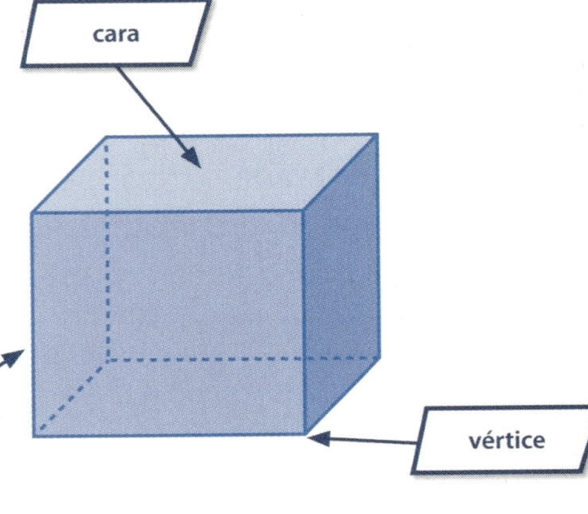

B **Prismas**

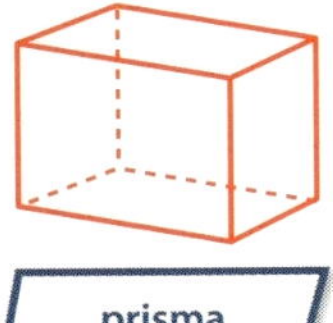

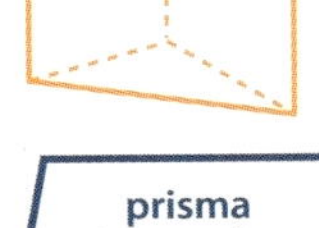

- Los prismas tienen caras poligonales.
- Los prismas tienen dos bases con forma de polígono que son idénticas y paralelas.
- Los prismas reciben su nombre según la forma de las bases.

C **Pirámides**

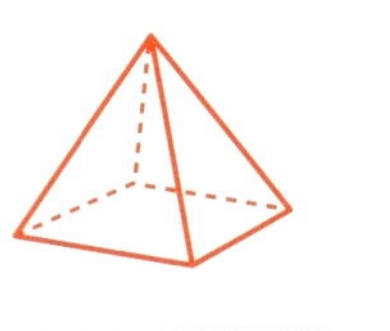

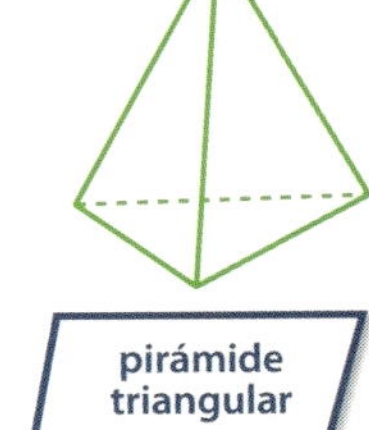

- Las pirámides tienen una base.
- Las pirámides reciben su nombre según la forma de la base.
- Las pirámides tienen caras triangulares.

¡Convénceme! © **PM.8 Generalizar** ¿Qué atributos de una figura sólida debes identificar para clasificarla como un poliedro?

© Pearson Education, Inc. 6

Otro ejemplo

Un modelo plano es un patrón de figuras que, cuando se pliega, forma un sólido. ¿Cómo puedes identificar un sólido mirando su modelo plano?

El modelo plano muestra tres pares de caras rectangulares idénticas.

Piensa en desplegar una caja para hacer un modelo plano. Este es un modelo plano de un prisma rectangular.

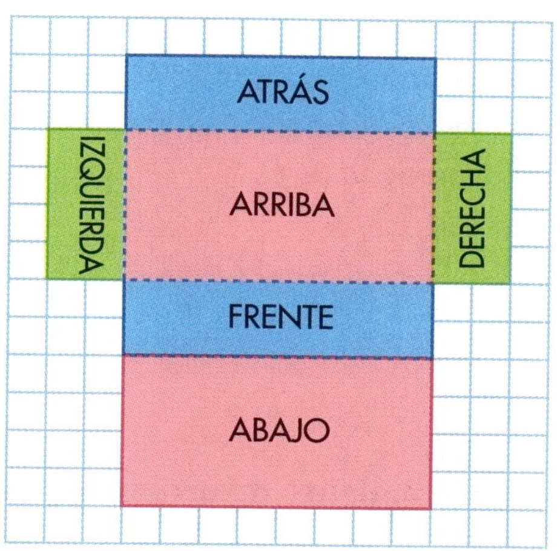

☆ Práctica guiada *

¿Lo entiendes?

1. **PM.7 Usar la estructura** Explica la diferencia entre un vértice y una arista.

2. **PM.6 Hacerlo con precisión** Explica la diferencia entre una pirámide y un prisma.

¿Cómo hacerlo?

Identifica los sólidos por su modelo plano en los Ejercicios **3** y **4.**

3.
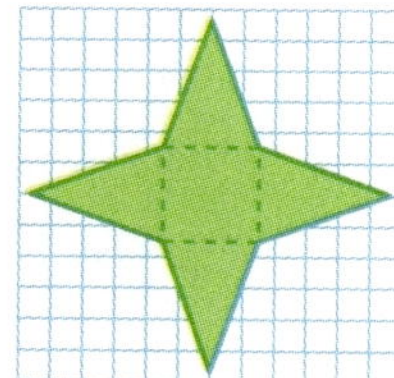

4.
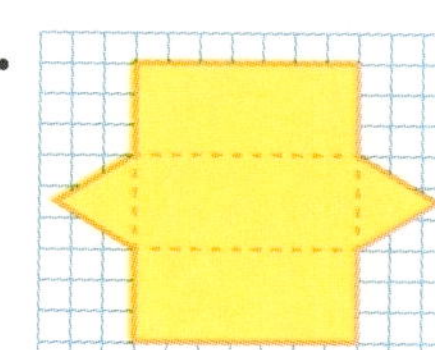

☆ Práctica independiente

Identifica los sólidos por su modelo plano en los Ejercicios **5** a **7.**

5.
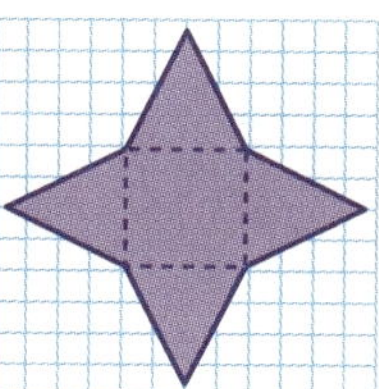

6.
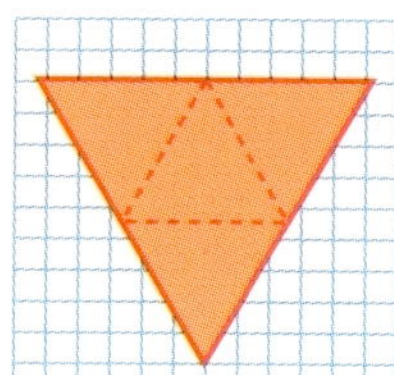

7.
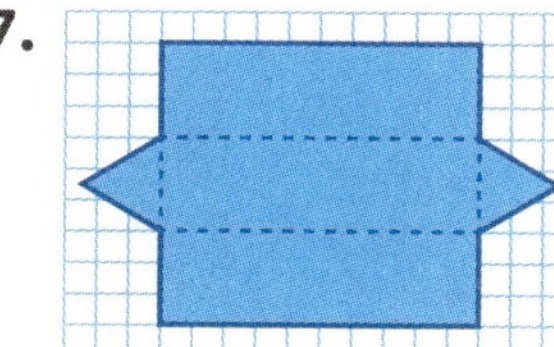

Puedes encontrar otro ejemplo en el Grupo A, página 739.

Prácticas matemáticas y resolución de problemas

8. © **PM.7 Buscar relaciones** El matemático suizo Leonhard Euler y el matemático francés René Descartes descubrieron un patrón en la cantidad de aristas, vértices y caras de los poliedros. Completa la tabla. Describe un patrón de la tabla.

Poliedro	Caras (C)	Vértices (V)	C + V	Aristas (A)
Pirámide triangular				
Pirámide rectangular				
Prisma triangular				
Prisma rectangular				

9. **Razonamiento de orden superior** Escribe una ecuación que relacione la cantidad de aristas con la cantidad de caras y vértices.

10. **A-Z Vocabulario** Usa la ecuación que escribiste en el Ejercicio 9 para hallar la cantidad de *vértices* de un cubo que tiene 12 aristas y 6 caras.

---

11. ¿Qué prisma se puede hacer con el modelo plano de la derecha?

© **Evaluación de *Common Core***

12. Dibuja un modelo plano de una pirámide cuadrangular cuya base mida 2 unidades de largo y la altura de cada cara triangular mida 5 unidades.

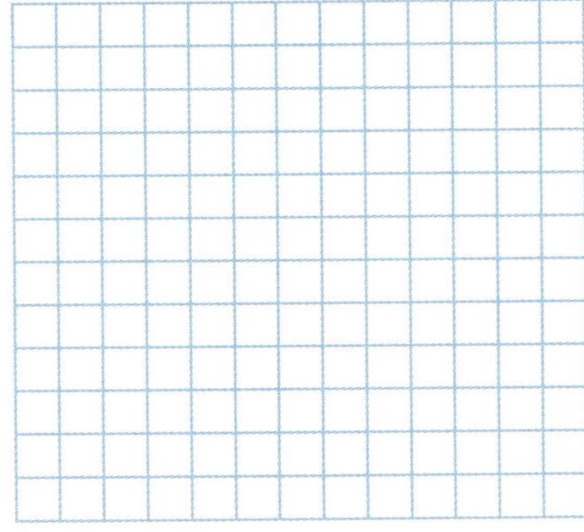

© Pearson Education, Inc. 6

Tarea y práctica 14-1
Figuras sólidas y modelos planos

¡Revisemos!

¿Cómo puedes clasificar un poliedro y dibujar el modelo plano? Las caras de un poliedro son las superficies planas con forma de polígono. Las caras se intersecan en la arista. Las aristas se unen en el vértice.

Un modelo plano representa un poliedro cuando está desplegado.

Poliedro	Prismas	Pirámides
Bases	Dos bases con forma de polígono, idénticas y paralelas	Una base con forma de polígono
Se clasifican según	La forma de las bases	La forma de la base
Caras	Paralelogramos	Triángulos
Rectangulares		
Triangulares		
Ejemplos de modelos planos	Prisma triangular	Pirámide triangular

Identifica los sólidos por sus modelos planos en los Ejercicios **1** a **3**.

1.

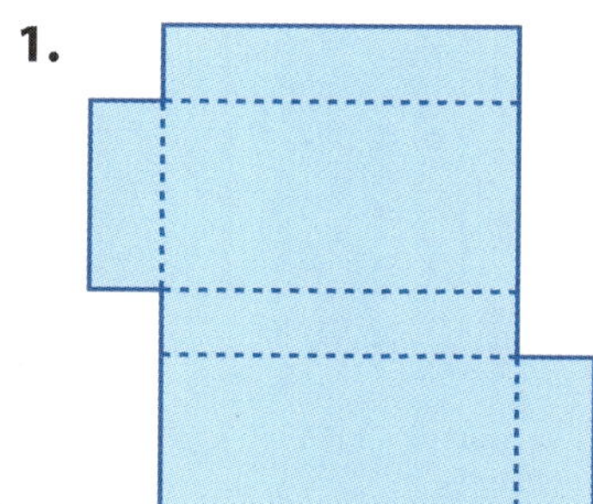

2.

3.

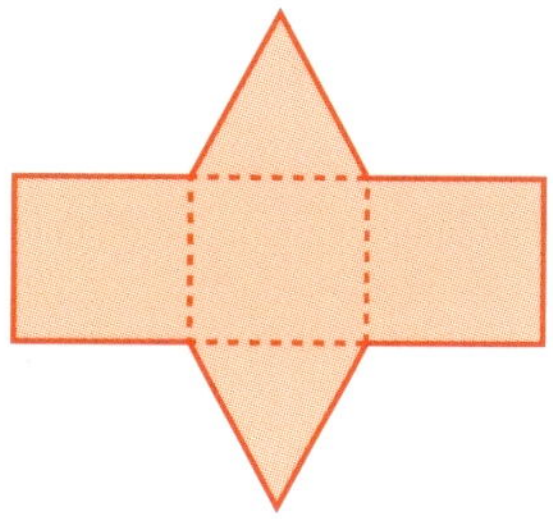

4. Clasifica el poliedro. Nombra todos los vértices, las aristas y las caras.

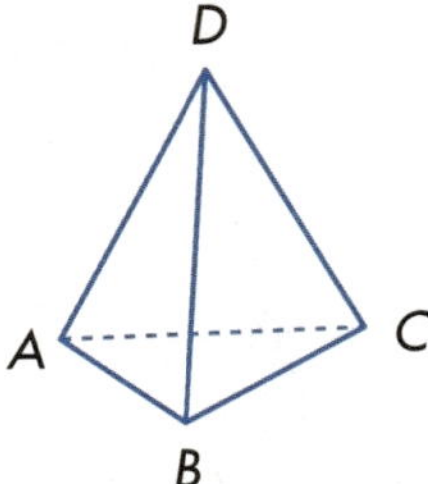

5. Razonamiento de orden superior Si la parte superior de una caja de lápices mide 8 pulgadas por 3 pulgadas y el lado mide 3 pulgadas por 2 pulgadas, ¿puedes hallar las dimensiones del frente de la caja? Explícalo.

6. © **PM.7 Usar la estructura** Un sólido puede tener varios modelos planos. El modelo plano de la derecha se puede plegar para hacer un sólido. Identifica el sólido que forma. Luego, dibuja un modelo plano diferente para formar ese sólido.

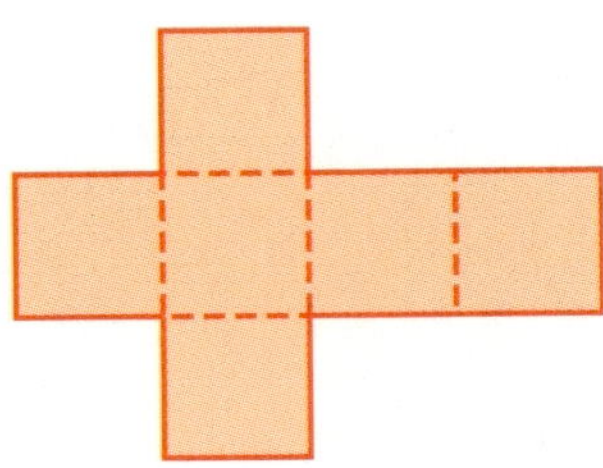

© **Evaluación de *Common Core***

7. Una pirámide cuadrangular mide 4 unidades de largo y la altura de cada cara triangular es 3 unidades. Dibuja un modelo plano que represente la pirámide.

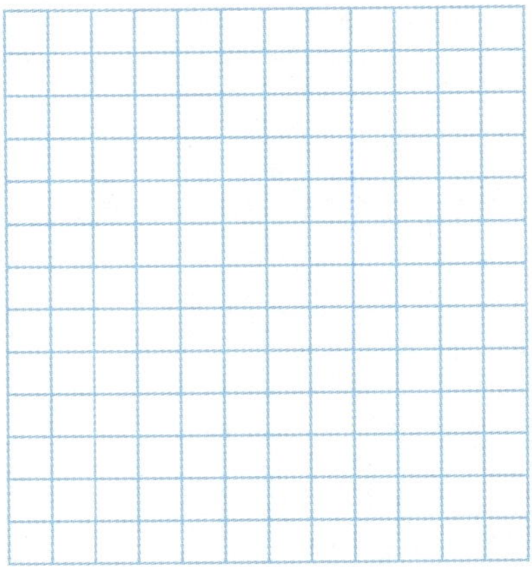

© Pearson Education, Inc. 6

Resuélvelo y coméntalo

Marianne encargó un paquete de cajas de envíos que tienen forma de cubo. Cuando llega el pedido, Marianne halla piezas planas de cartón, como se muestra en la ilustración. ¿Cuál es la menor cantidad de cartón que se necesita para hacer cada caja? Explica cómo lo sabes. *Resuelve este problema de la manera que prefieras.*

Resuelve

Lección 14-2
Área total de los prismas

Puedo...
hallar el área total de los prismas.

Estándares de contenido 6.G.A.4, 6.EE.A.2a, 6.EE.A.2c, 6.EE.B.6
Prácticas matemáticas PM.1, PM.2, PM.3, PM.5, PM.8

9 pulgs.

9 pulgs.

9 pulgs.

9 pulgs.

9 pulgs.

9 pulgs.

¡Vuelve atrás! **PM.1 Entender y perseverar** Supón que Marianne solo tiene una hoja grande de papel verde que mide 15 pulgadas por 30 pulgadas. ¿Tendrá suficiente papel para cubrir todas las caras de la caja? Explica cómo lo sabes.

Pregunta esencial ¿Cómo se puede hallar el área total de un prisma?

A

Kelly quiere cubrir una caja de zapatos con papel decorativo para hacer una caja para guardar sus fotos. ¿Cuánto papel necesitará para cubrir la caja?

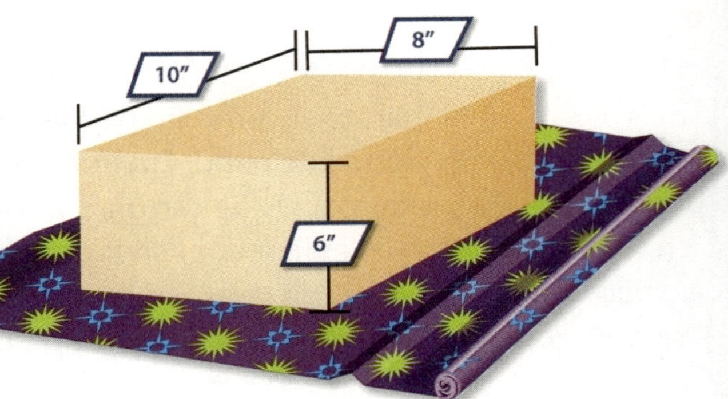

B **Una manera**

Dibuja un modelo plano de la caja de zapatos y halla el área de cada cara. Luego, suma las áreas.

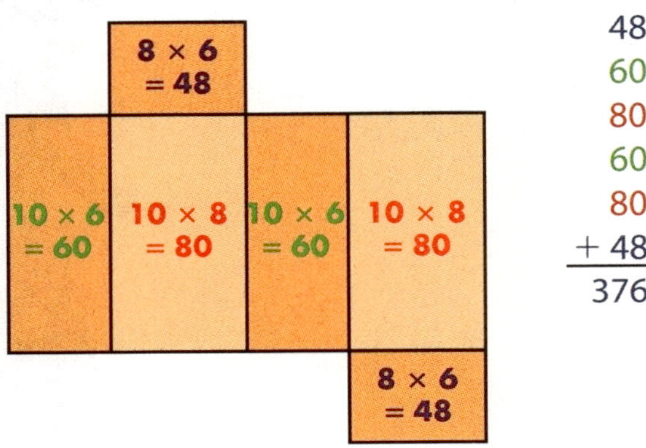

$$
\begin{aligned}
48 \\
60 \\
80 \\
60 \\
80 \\
+\ 48 \\
\hline
376
\end{aligned}
$$

Kelly necesita 376 pulgadas cuadradas de papel para cubrir la caja.

C **Otra manera**

Usa una fórmula para hallar el área total (AT) de la caja de zapatos.

longitud (l) = 10 pulgadas

ancho (a) = 8 pulgadas

altura (h) = 6 pulgadas

$AT = 2(la) + 2(ah) + 2(lh)$

$\quad = 2(80) + 2(48) + 2(60)$

$\quad = 376$ pulgs.^{2}

Kelly necesita 376 pulgadas cuadradas de papel para cubrir la caja.

¡Convénceme! © **PM.Generalizar** Si conoces el área de la parte superior, el frente y un lado de un prisma rectangular, ¿puedes hallar el área total de la figura entera? Explícalo.

© Pearson Education, Inc. 6

Otro ejemplo

Dibuja un modelo plano del prisma triangular y halla el área de cada cara. Luego, suma las áreas.

Área de las bases triangulares
$$A = \tfrac{1}{2}bh = \tfrac{1}{2}(12)(9) = 54 \text{ cm}^2$$

Área de la parte inferior
$$A = \ell a = 12(18) = 216 \text{ cm}^2$$

Área de la parte posterior
$$A = \ell a = 9(18) = 162 \text{ cm}^2$$

Área del lado de la pendiente
$$A = \ell a = 18(15) = 270 \text{ cm}^2$$

$$AT = 2(54) + 216 + 162 + 270 = 756 \text{ cm}^2$$

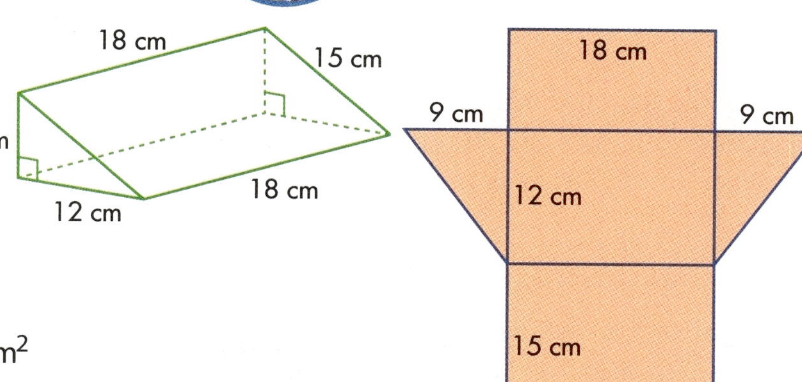

Práctica guiada *

¿Lo entiendes?

1. © **PM.3 Construir argumentos** ¿Podrías usar la fórmula del área total de un prisma rectangular para hallar el área total de un cubo? Explícalo.

¿Cómo hacerlo?

2. Usa un modelo plano para hallar el área total de esta vela.

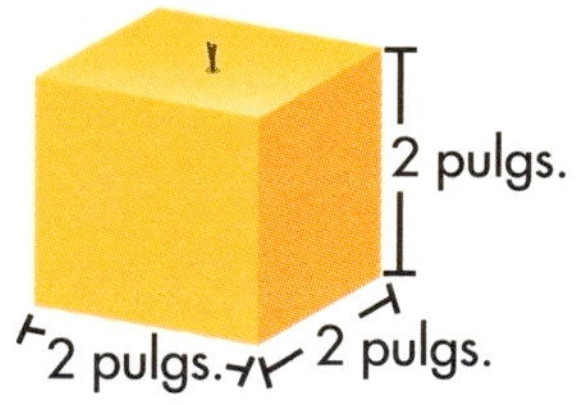

Práctica independiente

Halla el área total de los prismas en los Ejercicios **3** a **5**.

3.
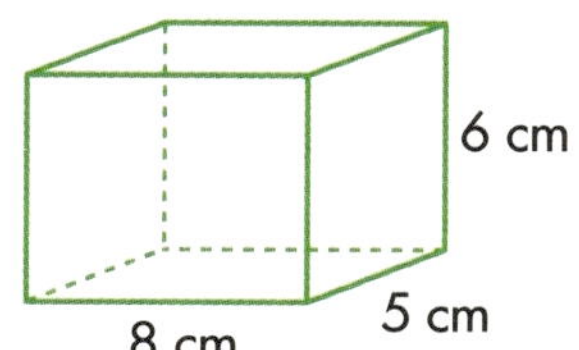

4.
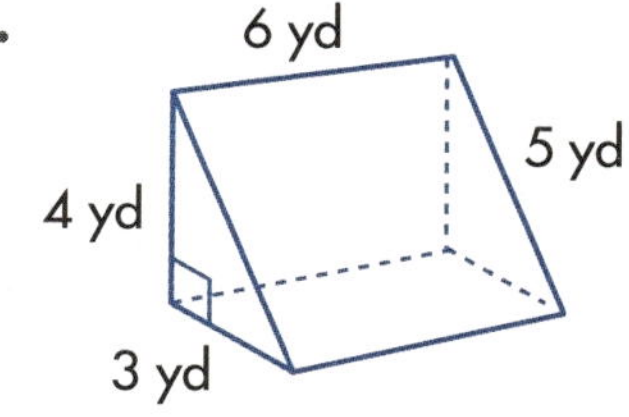

5.
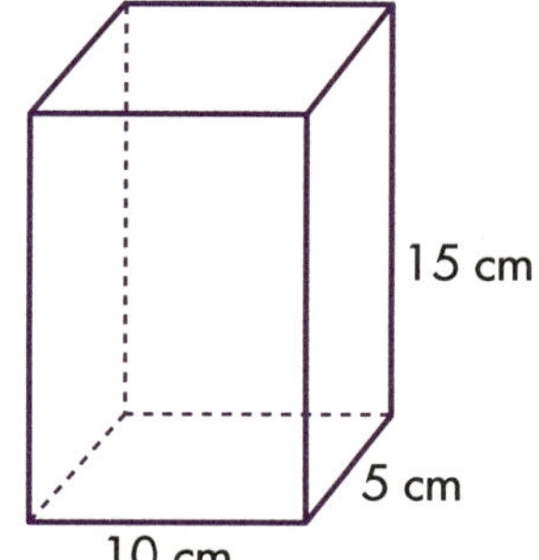

6. Kali quiere construir la pajarera de la derecha. Para eso, compró una lámina de madera prensada de 24 pulgadas por 48 pulgadas. ¿Kali tiene madera suficiente para hacer la pajarera? Explícalo.

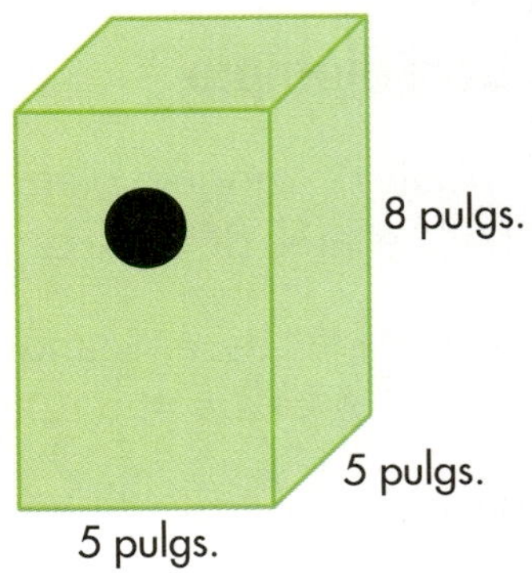

7. © **PM.2 Razonar** Kali decide pintar la pajarera. Tiene una pinta de pintura que cubre 32.5 pies^2 de la superficie. ¿Cómo puedes saber sin calcular si Kali tiene pintura suficiente?

8. Álgebra Usa la fórmula $AT = 2\ell a + 2\ell h + 2ah$ para hallar el área total de un prisma rectangular que tiene una longitud, ℓ, de 2.3 pulgadas, un ancho, a, de 1.1 pulgadas y una altura, h, de 3 pulgadas.

9. © **PM.1 Entender y perseverar** Justine quiere envolver una caja que tiene forma de prisma rectangular. La caja mide 28 pulgadas de altura y tiene una base cuadrada cuyos lados miden 2 pulgadas cada uno. ¿Cuánto papel usará Justine?

10. Razonamiento de orden superior
Margaret quiere cubrir con tela de algodón un apoyapiés que tiene forma de prisma rectangular. El apoyapiés mide 18 pulgadas por 12 pulgadas por 10 pulgadas. Margaret tiene 1 yarda cuadrada de tela. ¿Puede cubrir completamente el apoyapiés? Explícalo.

11. El área de un triángulo es 54 pulgadas cuadradas. ¿Cuál es la altura del triángulo si la base mide 18 pulgadas? Explica cómo hallaste la altura.

© **Evaluación de *Common Core***

12. ¿Cuál es el área total de un prisma rectangular que tiene una altura de 2 pies, una longitud de 4.2 pies y un ancho de 2.5 pies?

© Pearson Education, Inc. 6

Tarea y práctica 14-2

Área total de los prismas

¡Revisemos!

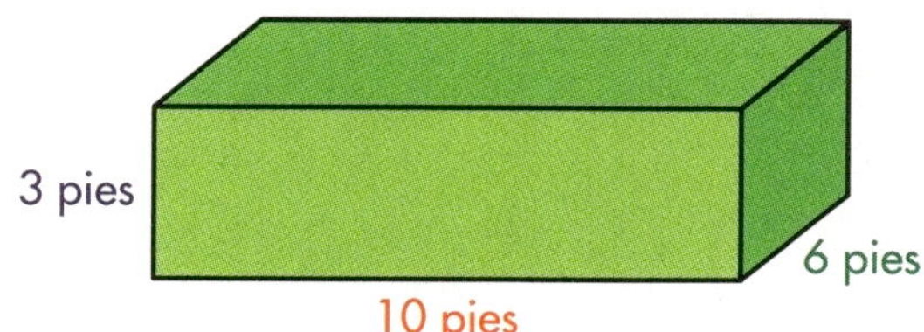

Prisma rectangular

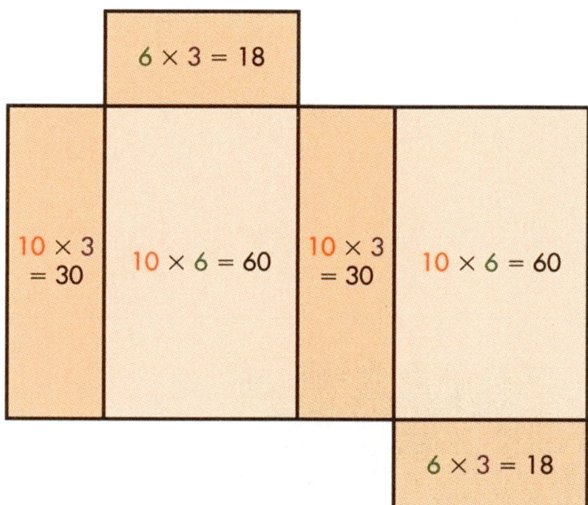

$$AT = 2(la) + 2(ah) + 2(lh)$$
$$= 2(10)(6) + 2(6)(3) + 2(10)(3)$$
$$= 2(60) + 2(18) + 2(30)$$
$$= 216 \text{ pies}^2$$

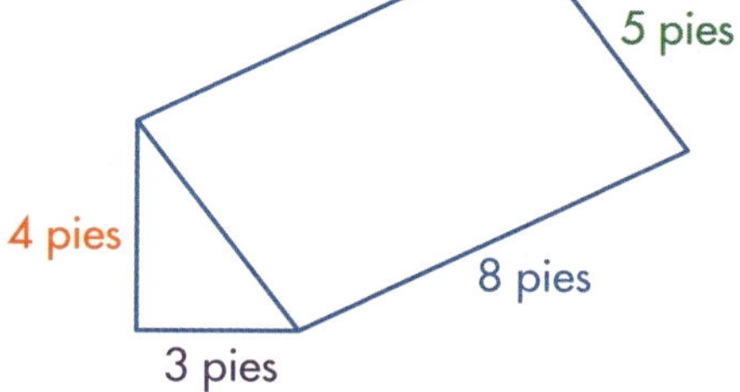

Prisma triangular

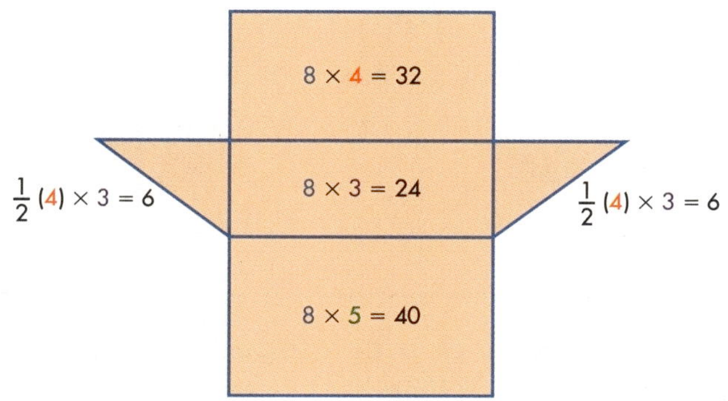

$$AT = 2\left[\left(\frac{1}{2}\right)(4)(3)\right] + [(8)(4) + (8)(3) + (8)(5)]$$
$$= 2(6) + 32 + 24 + 40 = 108$$
$$= 108 \text{ pies}^2$$

Halla el área total de los prismas en los Ejercicios **1** a **3**.

1.

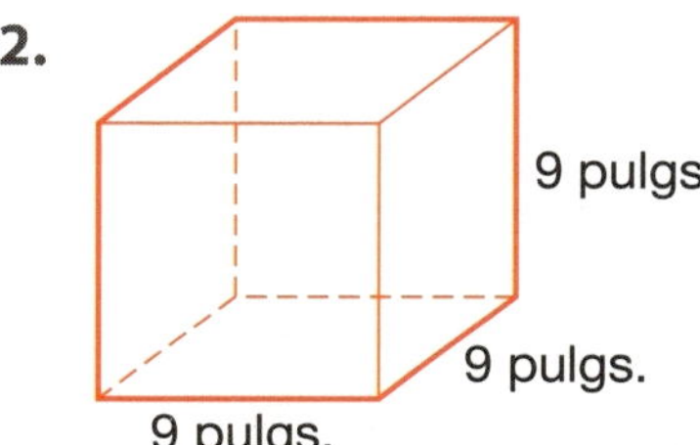

2.

3.

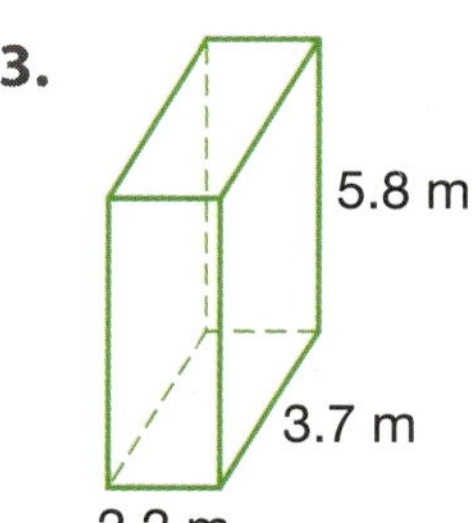

4. Completa el área de los azulejos de colores.

	Color	Tamaño del azulejo	Área
DATOS	Negro	4 pulgs. $\times$ 4 pulgs.	
	Rojo	2 pulgs. $\times$ 2 pulgs.	
	Verde	8 pulgs. $\times$ 8 pulgs.	

5. © **PM.1 Entender y perseverar** Mora quiere recubrir con azulejos la superficie de una caja rectangular que mide 24 pulgadas de largo, 16 pulgadas de ancho y 8 pulgadas de altura. Si Mora usa solo azulejos verdes, ¿cuántos azulejos necesitará?

6. Si Mora usa solo azulejos negros, ¿cuántos azulejos necesitará?

7. © **PM.2 Razonar** ¿Cuántos azulejos rojos juntos tienen la misma área que 6 azulejos verdes juntos?

8. Álgebra Emilio gastó $21 en la feria estatal. Gastó $3 en la entrada y compró 12 boletos para los juegos. Resuelve la ecuación $12b + 3 = 21$ para hallar el costo de cada boleto.

9. Razonamiento de orden superior Alexa dibuja y rotula el diagrama para representar los organizadores de archivos que se muestran. Alexa quiere cubrir con papel decorativo la parte exterior y la parte de abajo de los organizadores. Explica cómo puede usar su modelo para hallar la cantidad mínima de papel que necesitará.

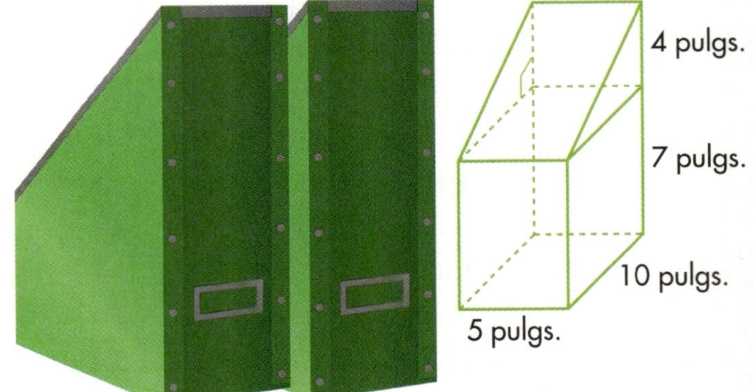

© **Evaluación de *Common Core***

10. ¿Cuál es el área total de un prisma rectangular que tiene una longitud de 2.8 metros, un ancho de 4.3 metros y una altura de 6.2 metros?

© Pearson Education, Inc. 6

Resuélvelo y coméntalo

La valla que rodea la casa de Marci tiene puntas decorativas con forma de pirámides cuadrangulares cada 6 pies. Marci pinta los lados de cada punta de diferente color. ¿Cuánto del área total debe pintar Marci? **Resuelve este problema de la manera que prefieras.**

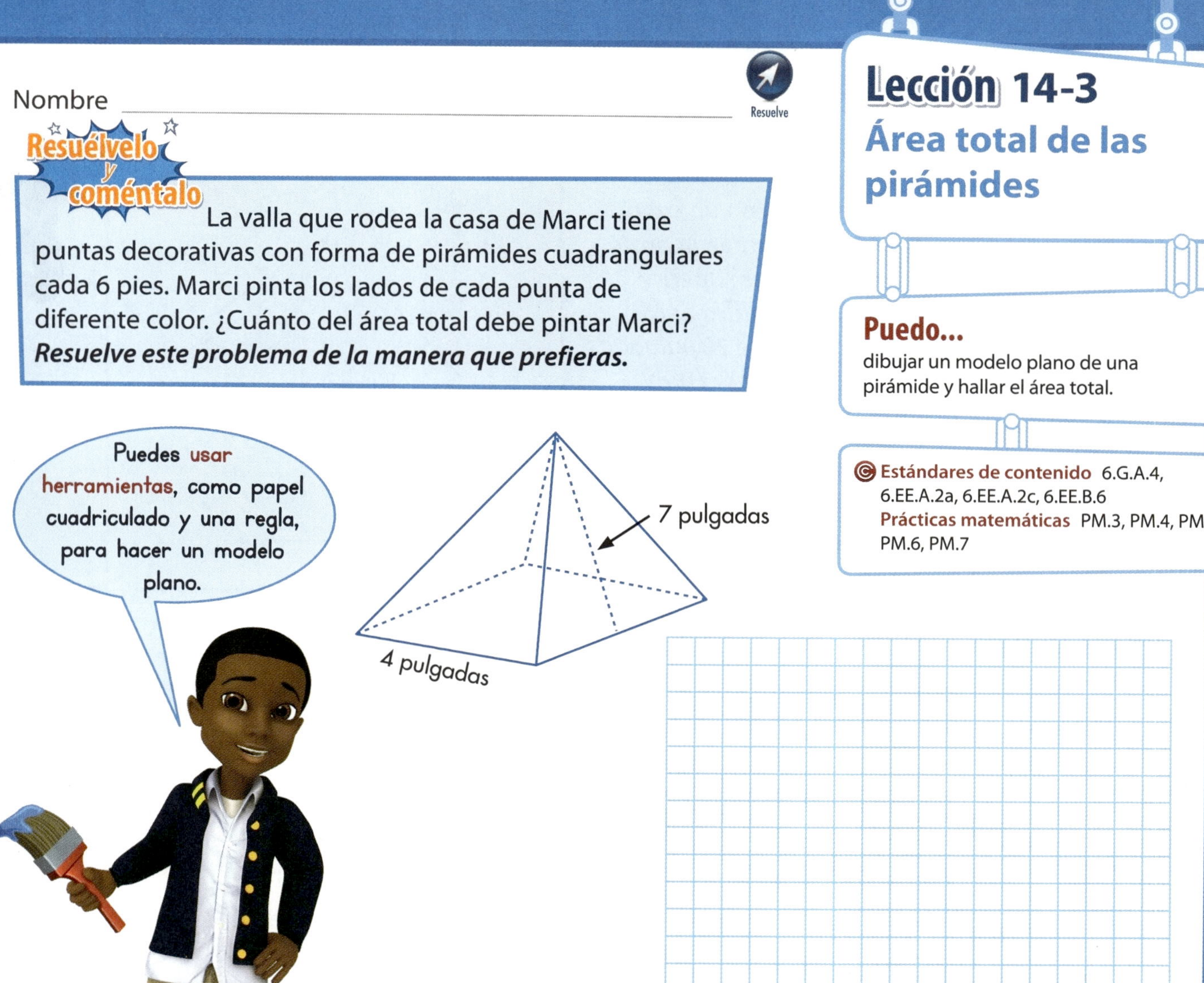

Lección 14-3
Área total de las pirámides

Puedo...
dibujar un modelo plano de una pirámide y hallar el área total.

Estándares de contenido 6.G.A.4, 6.EE.A.2a, 6.EE.A.2c, 6.EE.B.6
Prácticas matemáticas PM.3, PM.4, PM.5, PM.6, PM.7

¡Vuelve atrás! © **PM.7 Usar la estructura** La valla del patio trasero también tiene puntas con forma de pirámide. Estas puntas tienen 2 pulgadas más en cada lado de la base cuadrangular, y los lados triangulares miden 7 pulgadas de altura. ¿Cuánta pintura necesita Marci para cubrir todos los lados de una de estas puntas de valla?

¿Cómo se puede hallar el área total de una pirámide?

A

Maxwell hizo un modelo de una casa con un cubo en la base y una pirámide cuadrangular en la parte superior. Maxwell quiere pintar la parte superior de la casa de otro color. Un tubo de pintura para manualidades cubre aproximadamente 20 pulgadas cuadradas. ¿Cuántos tubos de pintura necesita Maxwell para cubrir la parte superior de su modelo?

B ## Una manera

Dibuja un modelo plano de la pirámide cuadrangular. Luego, halla la suma del área de la base y las caras.

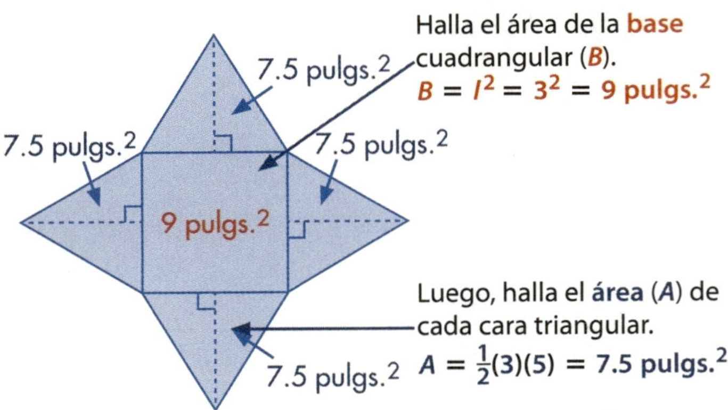

Halla el área de la **base** cuadrangular (*B*).
$B = l^2 = 3^2 = 9$ pulgs.²

Luego, halla el **área** (*A*) de cada cara triangular.
$A = \frac{1}{2}(3)(5) = 7.5$ pulgs.²

$AT = 9 + 7.5 + 7.5 + 7.5 + 7.5 = 39$ pulgs.²

Maxwell necesita 2 tubos de pintura para manualidades.

C ## Otra manera

Como todos los lados de la base de la pirámide tienen la misma longitud, puedes usar la fórmula $AT = B + (cA)$ para hallar el área total (*AT*) de esta pirámide.

B = área de la base de la pirámide, 9

c = cantidad de caras, 4

A = área de cada cara triangular, 7.5

Evalúa la fórmula.

$$AT = B + (c \times A)$$
$$AT = 9 + (4 \times 7.5)$$
$$AT = 39 \text{ pulgs.}^2$$

Maxwell necesita 2 tubos de pintura para manualidades.

¡Convénceme! © **PM.6 Hacerlo con precisión** Supón que Maxwell también quiere pintar 5 de los 6 lados de la parte de abajo de su modelo. ¿Cuántos tubos de pintura para manualidades necesita para cubrir el modelo? Explícalo.

© Pearson Education, Inc. 6

Otro ejemplo

¿Cómo puedes hallar el área total de una pirámide que tiene un triángulo equilátero como base?

Dibuja un modelo plano.

Halla el área de cada **triángulo** (**T**).

$$T = \frac{1}{2}(5)(4.33) = 10.825 \text{ cm}^2$$

Luego, halla el área total (AT) multiplicando el área de un triángulo por 4.

$$AT = 4T$$

$$AT = 4 \times 10.825 = 43.3$$
$$= 43.3 \text{ cm}^2$$

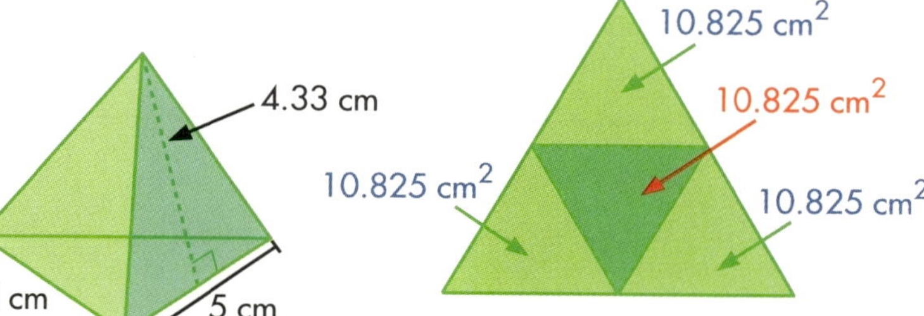

⭐ Práctica guiada *

¿Lo entiendes?

1. Cada lado de la base de una pirámide cuadrangular mide 4 pulgadas y la altura de cada cara triangular mide 5 pulgadas. Dibuja un modelo plano de la pirámide y halla el área total.

¿Cómo hacerlo?

2. Dibuja un modelo plano de la pirámide triangular y úsalo para hallar el área total.

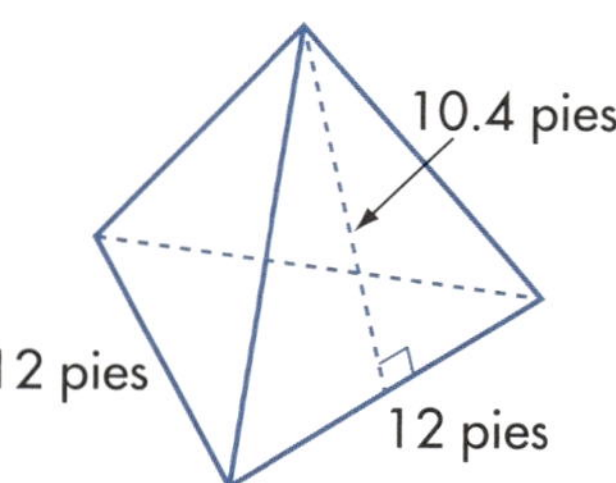

⭐ Práctica independiente

Halla el área total de las pirámides en los Ejercicios **3** a **5**.

3.

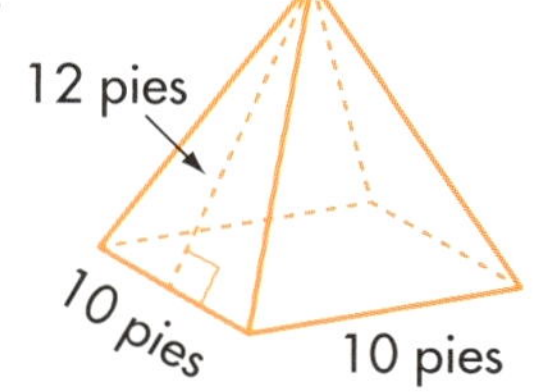

4.

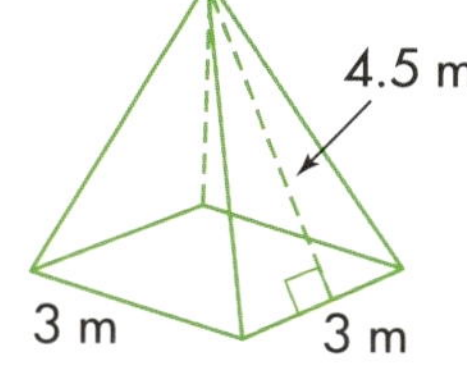

5.

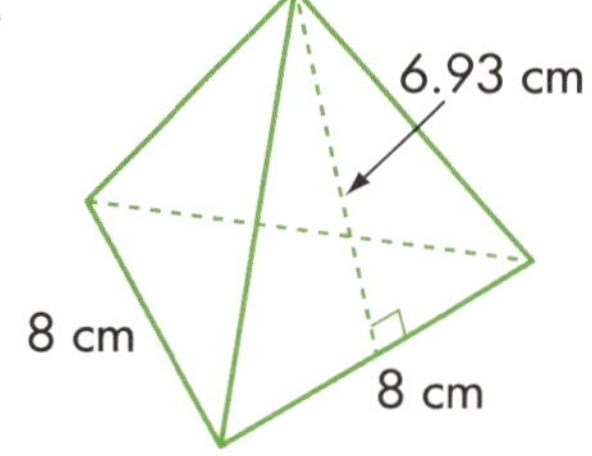

Puedes encontrar otro ejemplo en el Grupo B, página 739.

6. © **PM.4 Representar con modelos matemáticos** Ken dibujó una pirámide cuadrangular y su modelo plano para representar una sombrilla de patio. Completa el modelo plano con las medidas que faltan.

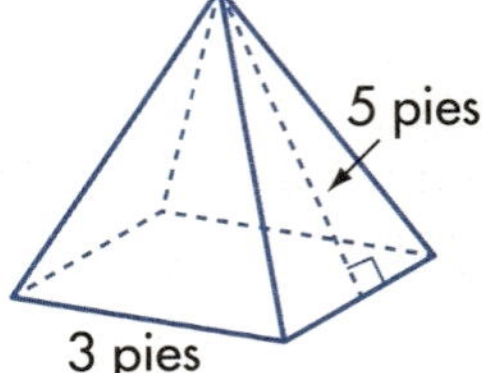

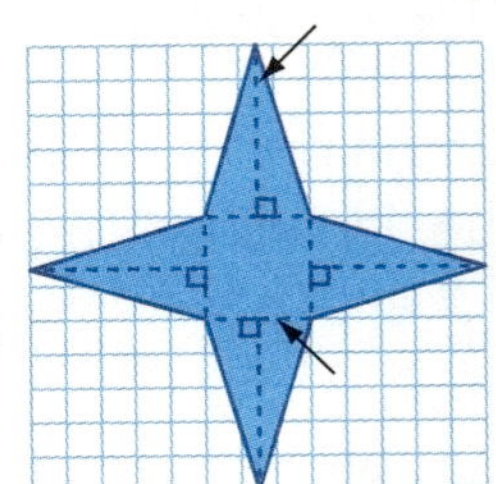

7. Usa el modelo plano para hallar la cantidad de tela que necesita Ken para hacer la sombrilla.

8. Álgebra El área de este triángulo es 48 pies². ¿Cuál es la altura?

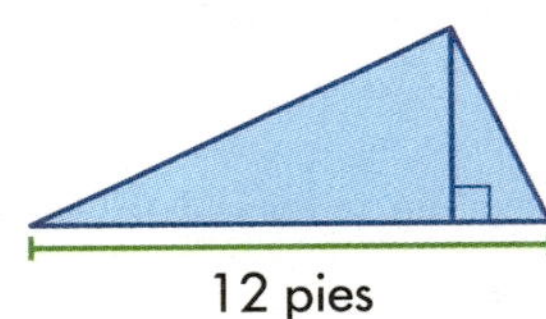

9. Razonamiento de orden superior La base de una pirámide puede ser cualquier polígono. ¿Cuántas superficies tiene una pirámide pentagonal? Describe la forma de las superficies.

10. Sentido numérico ¿De qué dos maneras puedes representar el número 125 usando el número 5?

11. ⒶⓏ **Vocabulario** ¿Qué término se usa para describir cualquier punto donde se unen tres o más aristas?

© Evaluación de *Common Core*

12. ¿Qué modelo plano representa una pirámide?

Ⓐ 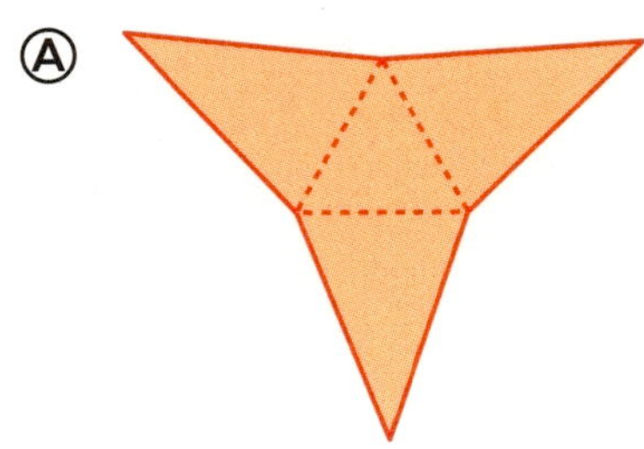

Ⓑ 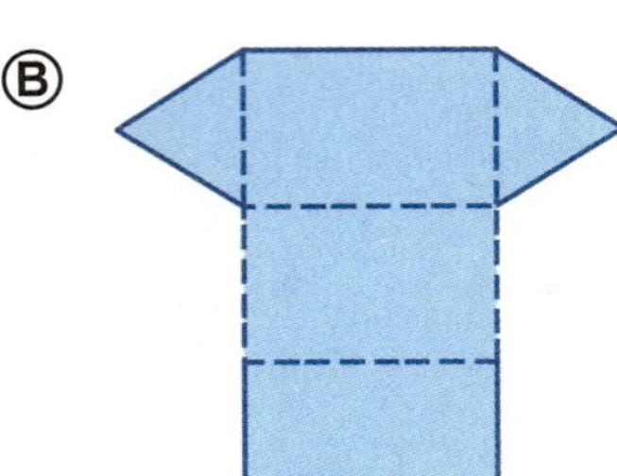

Ⓒ 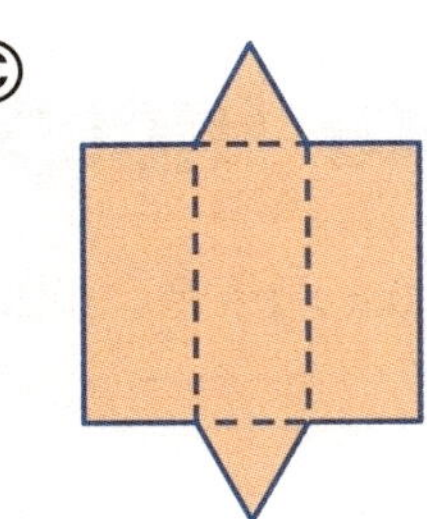

Tarea y práctica 14-3

Área total de las pirámides

¡Revisemos!

Dibuja un modelo plano para representar la siguiente pirámide cuadrangular. Luego, usa el modelo para hallar el área total de la pirámide.

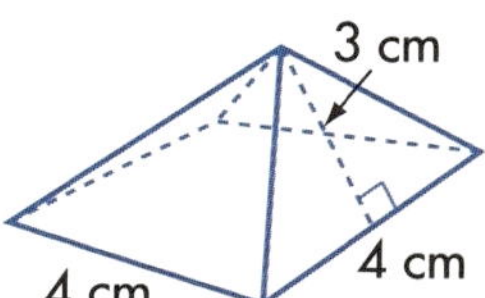

Paso 1

Dibuja un modelo plano.

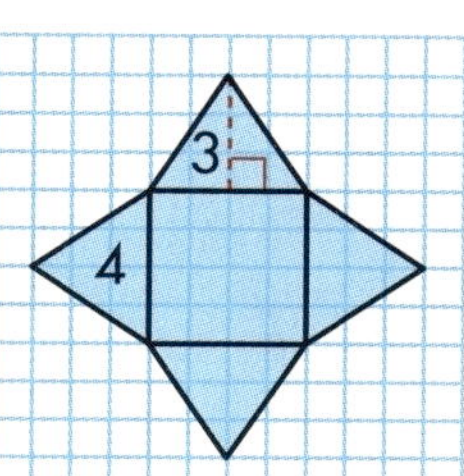

Paso 2

Halla el área de la base y de las caras.

Área de la base cuadrangular:
$$A = \ell a$$
$$= 4 \cdot 4 = 16 \text{ cm}^2$$

Área de cada cara triangular:
$$A = \frac{1}{2}bh$$
$$= \frac{1}{2} \cdot 4 \cdot 3$$
$$= 6 \text{ cm}^2$$

Paso 3

Suma las áreas para hallar el área total.

$$16 + 6 + 6 + 6 + 6 = 40 \text{ cm}^2$$

Dibuja los modelos planos para hallar el área total de las pirámides en los Ejercicios **1** y **2**.

1.

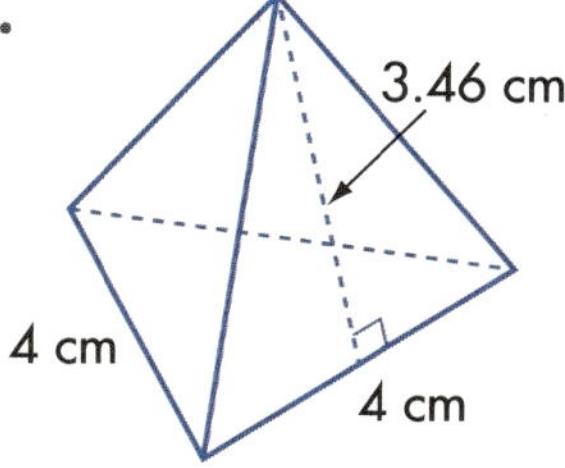

2.

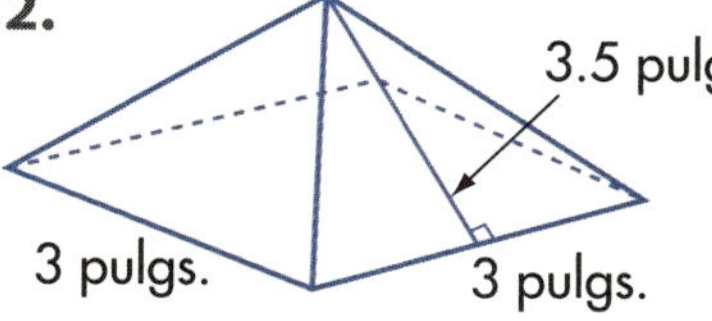

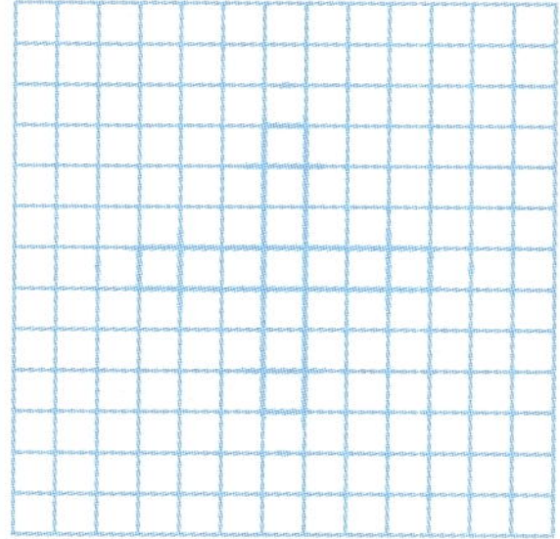

3. **Matemáticas y Ciencias** La Gran Pirámide de Guiza, en Egipto, es una pirámide cuadrangular. Las dimensiones originales, según los cálculos de algunos científicos, son las que se muestran en la pirámide de la derecha. ¿Cuál es el área total de esta pirámide famosa?

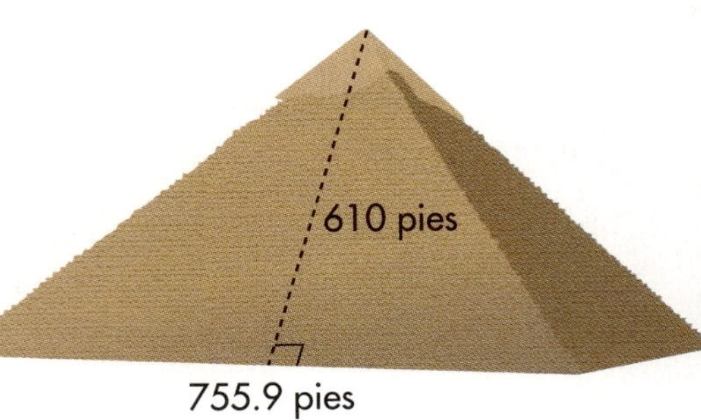

4. © **PM.4 Representar con modelos matemáticos** Usa la cuadrícula para representar la pirámide. ¿Qué tipo de pirámide es?

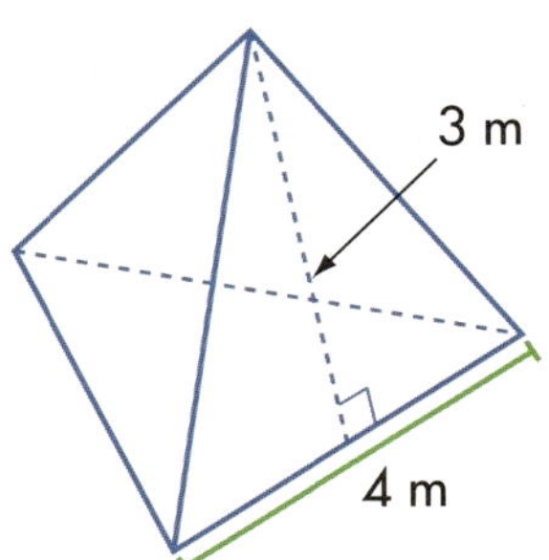

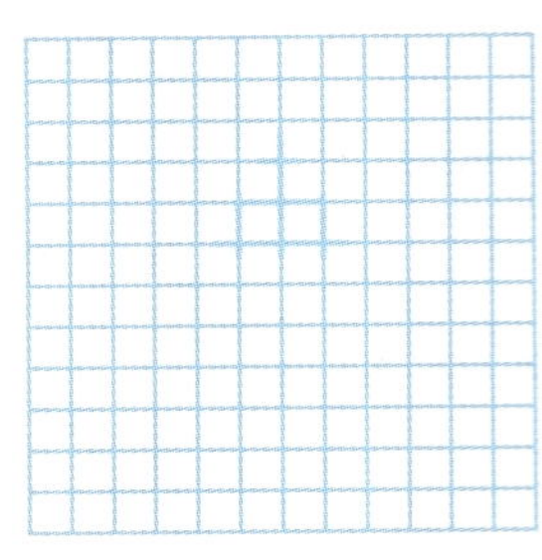

5. © **PM.3 Construir argumentos** Las siguientes pirámides tienen las mismas dimensiones. Construye un argumento para explicar cómo sabes qué pirámide tiene el área total mayor sin hacer el cálculo.

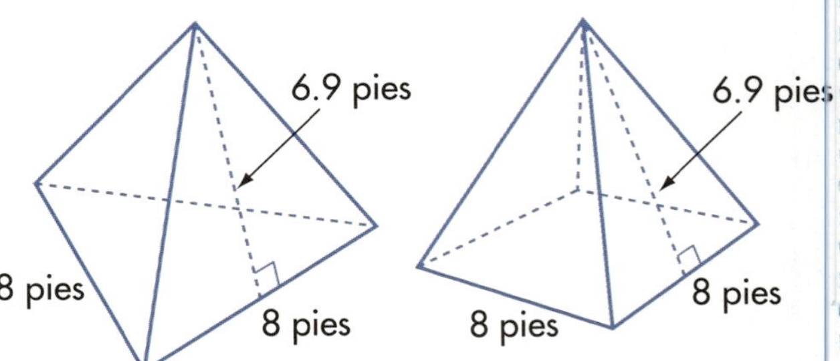

6. **Razonamiento de orden superior** Halla el área total de la pirámide rectangular de la derecha.

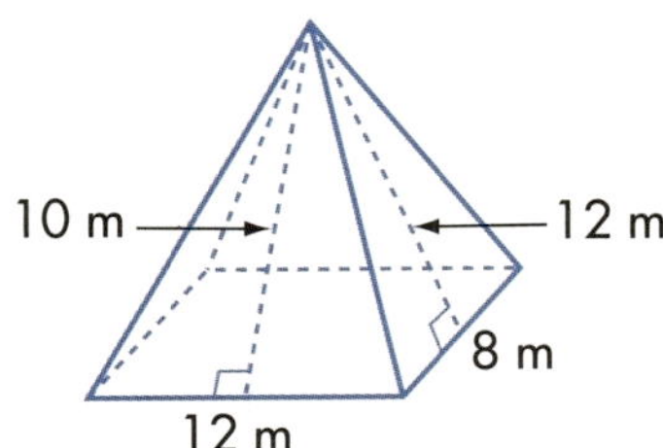

© **Evaluación de *Common Core***

7. ¿Qué modelo plano representa la pirámide con la mayor área total?

Ⓐ 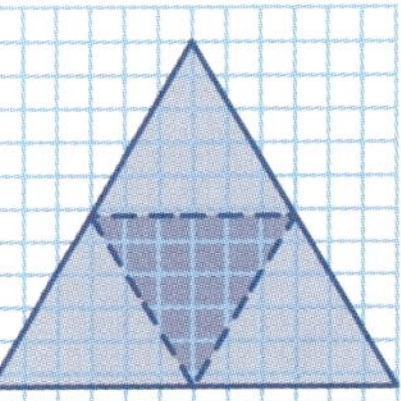

Ⓑ 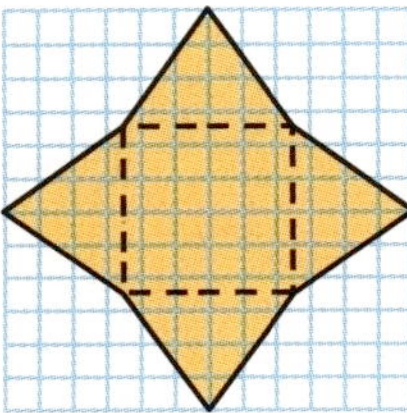

Ⓒ 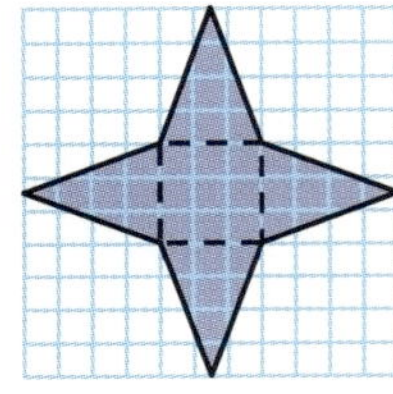

© Pearson Education, Inc. 6

Resuélvelo y coméntalo

Un prisma rectangular tiene las dimensiones que se muestran. ¿Cuál es el volumen de ese prisma rectangular? Usa cubos de $\frac{1}{2}$ pulgada para hallar el volumen.

Lección 14-4

Volumen con longitudes de aristas fraccionarias

Puedo...
hallar el volumen de un prisma rectangular con longitudes de aristas fraccionarias.

Estándares de contenido 6.G.A.2, 6.EE.A.2a, 6.EE.A.2c, 6.EE.B.6
Prácticas matemáticas PM.1, PM.2, PM.3, PM.6, PM.7, PM.8

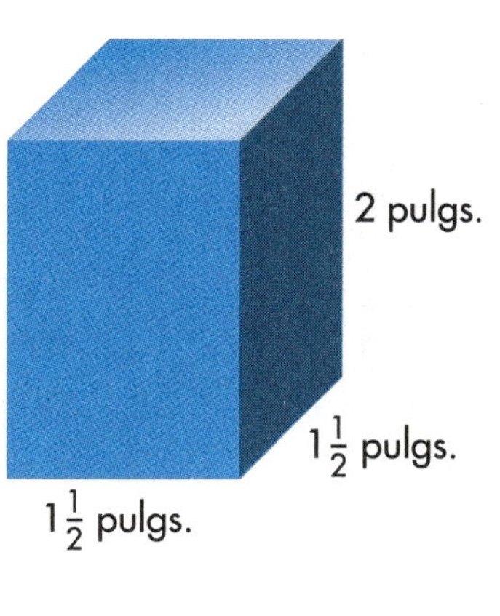

¡Vuelve atrás! **PM.2 Razonar** Sabes cómo usar la fórmula $V = \ell a h$ para hallar el volumen de un prisma rectangular con longitudes de aristas que son números enteros. Usa la fórmula para hallar el volumen del prisma de arriba. ¿En qué se parece este volumen al que hallaste usando el modelo?

Pregunta esencial **¿Cómo se puede hallar el volumen de un prisma rectangular con longitudes de aristas fraccionarias?**

A

¿Cuál es el volumen del prisma rectangular?

$1\frac{1}{2}$ pulgs.

$2\frac{1}{2}$ pulgs.

$2\frac{1}{2}$ pulgs.

B Paso 1

Halla la cantidad de cubos de $\frac{1}{2}$ pulgada que llenarán el prisma rectangular.

Caben cinco cubos de $\frac{1}{2}$ pulgada a lo largo de cada arista de $2\frac{1}{2}$ pulgadas del prisma.

Por tanto, la capa inferior tiene 5×5, o 25 cubos.

El prisma tiene 3 cubos de altura; por tanto, hay 25×3, o 75 cubos en el prisma.

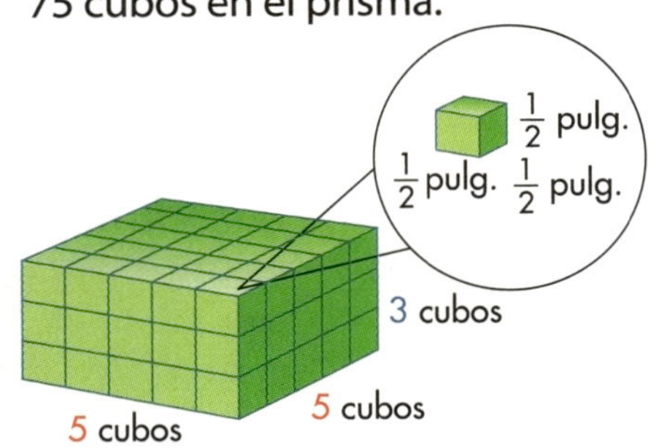

C Paso 2

Halla el volumen de cada cubo pequeño de $\frac{1}{2}$ pulgada usándolo para llenar un cubo de unidad.

Hay 4 cubos pequeños en la capa inferior del cubo de unidad, y el cubo de unidad mide 2 cubos pequeños de altura.

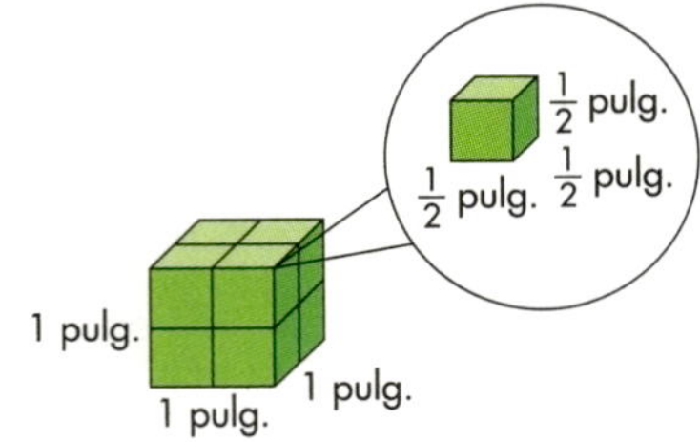

Hay 4×2, u 8 cubos pequeños en el cubo de unidad. Por tanto, cada cubo de $\frac{1}{2}$ pulg. tiene $\frac{1}{8}$ del volumen de un cubo de unidad, o $\frac{1}{8} \times 1$ pulg.$^3 = \frac{1}{8}$ de pulg.^{3}.

D Paso 3

Halla el volumen del prisma.

Multiplica el volumen de cada cubo de $\frac{1}{2}$ pulg. por la cantidad total de cubos que llenan el prisma.

El volumen del prisma rectangular es $75 \times \frac{1}{8}$ de pulg.$^3 = \frac{75}{8} = 9\frac{3}{8}$ pulgs.^{3}.

¡Convénceme! © **PM.8 Generalizar** Usa el ejemplo de arriba para mostrar que también puedes usar la fórmula $V = \ell a h$ para hallar el volumen de un prisma rectangular con longitudes de aristas fraccionarias.

© Pearson Education, Inc. 6

Amigo de práctica   Herramientas   Evaluación

☆ Práctica guiada *

¿Lo entiendes?

1. ¿En qué se parece hallar el volumen de un prisma rectangular con longitudes de aristas fraccionarias a hallar el volumen de un prisma rectangular con longitudes de aristas que son números enteros?

2. © **PM. 3 Construir argumentos** Explica cómo hallar la cantidad de cubos de $\frac{1}{2}$ pulgada que hay en un prisma rectangular te ayuda a hallar la cantidad de cubos de unidad que hay en un prisma rectangular.

¿Cómo hacerlo?

Indica cuántos cubos de cada tamaño pueden llenar un cubo de 1 pulgada en los Ejercicios **3** y **4**.

3. Arista $= \frac{1}{3}$ de pulg.   **4.** Arista $= \frac{1}{4}$ de pulg.

Halla el volumen de los prismas rectangulares en los Ejercicios **5** y **6**. Muestra tu trabajo.

5.
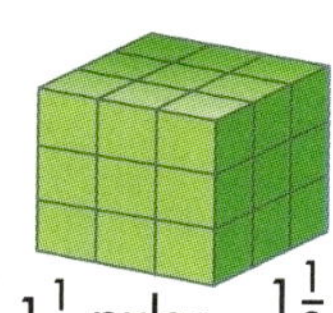

6.
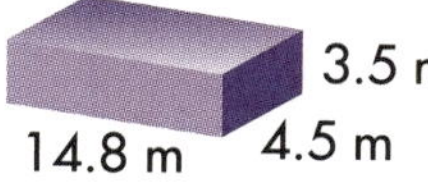

☆ Práctica independiente

Halla el volumen de los prismas rectangulares en los Ejercicios **7** a **10**.

7.
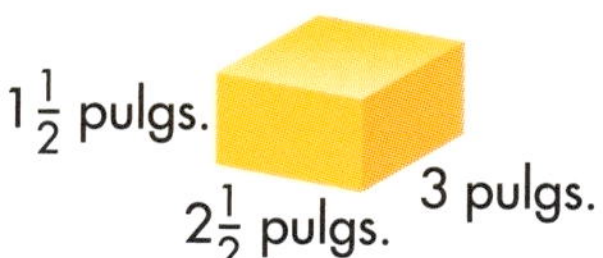

8.
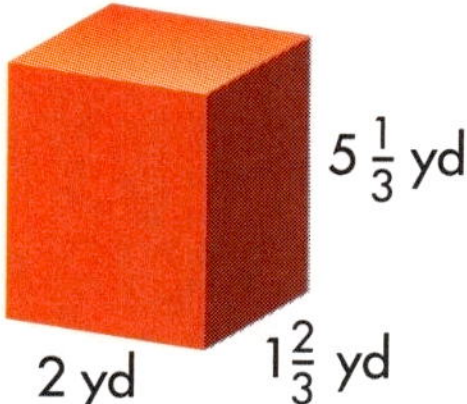

9.
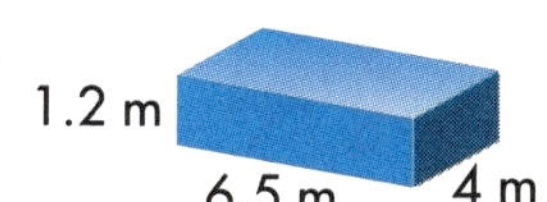

10.
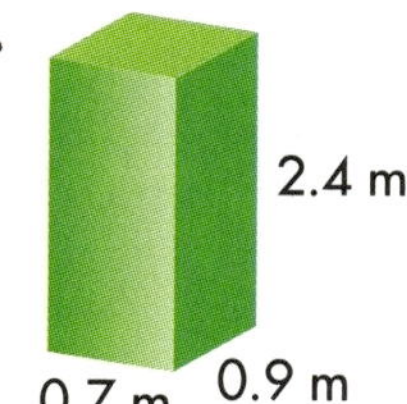

11. © **PM.7 Usar la estructura** Sandy tiene dos cajas con las dimensiones que se muestran. Quiere usar la caja de mayor volumen para enviar un regalo a una amiga. ¿Qué caja debería usar Sandy? Explícalo.

	Longitud	Ancho	Altura
Caja A	$7\frac{1}{2}$ pulgs.	2 pulgs.	$11\frac{1}{2}$ pulgs.
Caja B	9 pulgs.	$2\frac{1}{4}$ pulgs.	$8\frac{1}{2}$ pulgs.

12. **Álgebra** El volumen de una caja grande es 84 yd^3. El ancho es $2\frac{2}{3}$ yd y la altura es $4\frac{2}{3}$ yd. ¿Cuál es la longitud de la caja?

13. **Razonamiento de orden superior** Una caja cubre un área de $8\frac{3}{4}$ pulgs.^{2} cuando está apoyada sobre la base. El volumen de la caja es $74\frac{3}{8}$ pulgs.^{3}. ¿Puedes hallar el área total de la caja? Explica tu razonamiento.

14. **Matemáticas y Ciencias** Un lingote de oro tiene una forma similar a la de un prisma rectangular. Un lingote estándar mide aproximadamente 7 pulgs. $\times$ $3\frac{5}{8}$ pulgs. $\times$ $1\frac{3}{4}$ pulgs. Si el valor del oro es $1,313 por onza, aproximadamente ¿cuánto vale un lingote de oro? Usa la fórmula $p \approx 11.15n$, donde p es el peso en onzas y $n =$ volumen en pulgadas cúbicas, para hallar el peso en onzas. Explica cómo hallaste la respuesta. Explica tu respuesta.

© **Evaluación de Common Core**

15. Halla el volumen del prisma.

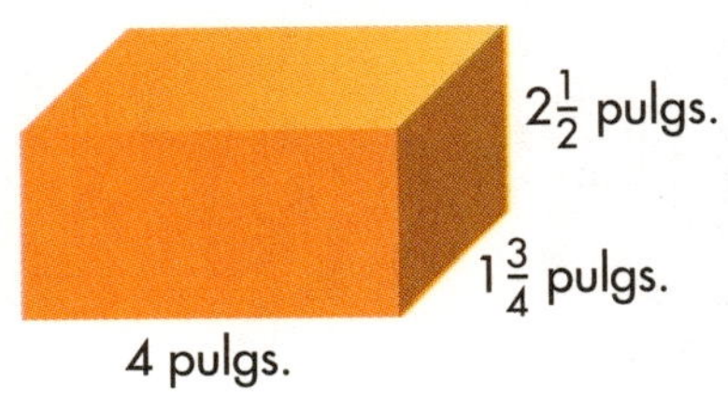

Ayuda   Amigo de   Herramientas   Juegos
práctica

Tarea y práctica 14-4

Volumen con longitudes de aristas fraccionarias

¡Revisemos!

¿Cuál es el volumen del prisma rectangular del diagrama?

$1\frac{1}{2}$ pulgs.

$3\frac{1}{2}$ pulgs.

$2\frac{1}{2}$ pulgs.

Recuerda que el volumen de un prisma rectangular es igual al área de la base multiplicada por la altura.

Paso 1

Determina el tamaño de cubo que usarás y halla cuántos necesitarás para llenar un cubo de 1 pulgada. Las medidas se dan en medias pulgadas; por tanto, usa un cubo de $\frac{1}{2}$ pulgada. Ocho cubos de $\frac{1}{2}$ pulgada pueden llenar un cubo de 1 pulgada.

Paso 2

Halla la cantidad de cubos de $\frac{1}{2}$ pulgada que necesitas para llenar el prisma. El prisma mide cinco cubos de $\frac{1}{2}$ pulgada de ancho, siete cubos de $\frac{1}{2}$ pulgada de largo y tres cubos de $\frac{1}{2}$ pulgada de altura. Multiplica $5 \times 7 \times 3 = 105$; ciento cinco cubos de $\frac{1}{2}$ pulgada llenan el prisma.

Paso 3

Halla el volumen. Divide 105 por 8 porque hay ocho cubos de $\frac{1}{2}$ pulgada en cada cubo de 1 pulgada. $105 \times \frac{1}{8} = 13\frac{1}{8}$.

El volumen del prisma es $13\frac{1}{8}$ pulgs.^{3}.

Halla el volumen de los prismas rectangulares en los Ejercicios **1** a **6**.

1.

$3\frac{1}{3}$ yd

$1\frac{2}{3}$ yd

6 yd

2.

$2\frac{1}{4}$ pulgs.

3 pulgs.

$2\frac{1}{4}$ pulgs.

3.

$3\frac{1}{2}$ pies

$2\frac{1}{2}$ pies

$5\frac{1}{2}$ pies

4.

$1\frac{1}{2}$ pulgs.

10 pulgs.

$3\frac{1}{2}$ pulgs.

5.

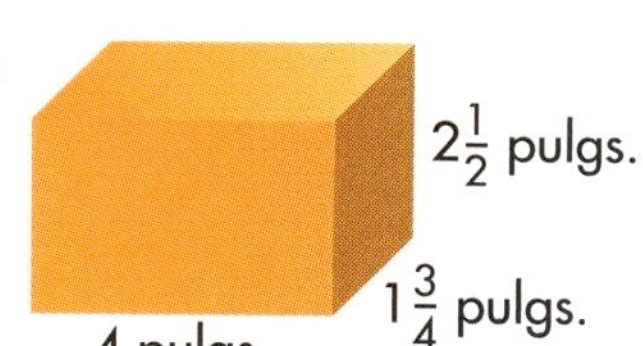

$2\frac{1}{2}$ pulgs.

$1\frac{3}{4}$ pulgs.

4 pulgs.

6. longitud $= 5\frac{1}{4}$ cm

ancho $= 3\frac{3}{4}$ cm

altura $= 2$ cm

7. **© PM.1 Entender y perseverar** Marita usa la bandeja para hornear pan de maíz. Quedan $\frac{3}{4}$ de pulgada de espacio en la parte superior de la bandeja cuando el pan se termina de hornear. ¿Cuál es el volumen del pan de maíz que hizo Marita?

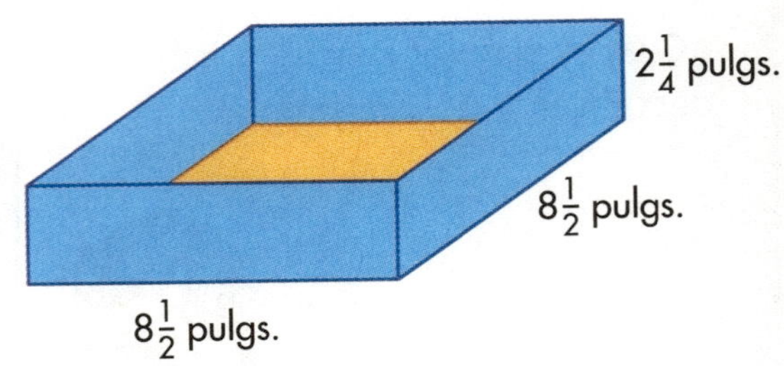

8. **© PM.3 Construir argumentos** Marita quiere cortar el pan de maíz en cuadrados de $1\frac{1}{2}$ pulgadas. ¿Puede hacerlo? Explícalo.

9. **© PM.6 Hacerlo con precisión** La caja de un juguete tiene forma de cubo, y cada arista mide 3 pies de largo. ¿Cuánta tela se necesita para cubrir todas las superficies externas de la caja?

10. El arenero de un área de juego mide 3.5 metros de ancho, 2.5 metros de largo y 0.3 metros de profundidad. Está completamente lleno de arena. ¿Cuál es el volumen de la arena del arenero?

11. **Razonamiento de orden superior** Halla el volumen de los dos prismas rectangulares que se describen en la tabla. Si divides por 2 cada dimensión del prisma más grande, ¿cómo es el nuevo volumen en comparación con el original? Muestra tu trabajo.

Longitud	Ancho	Altura	Volumen
5 pulgs.	$4\frac{1}{2}$ pulgs.	6 pulgs.	
$2\frac{1}{2}$ pulgs.	$2\frac{1}{4}$ pulgs.	3 pulgs.	

© **Evaluación de** *Common Core*

12. Halla el volumen del prisma.

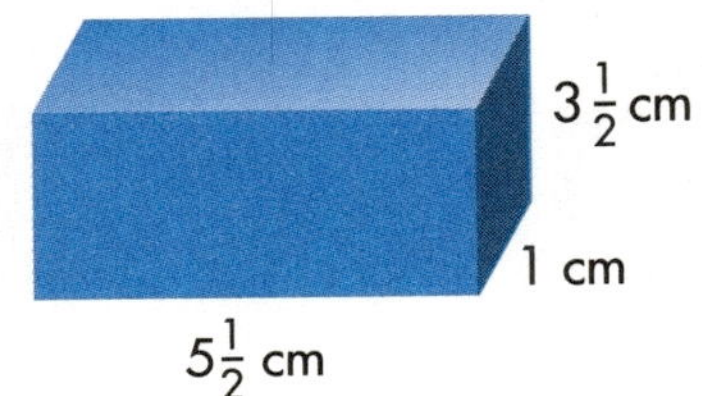

© Pearson Education, Inc. 6

Nombre _______________

El programa de juegos La Hora de Ganar acaba de plantear un desafío: diseñar una caja cuya capacidad sea 120 cubos de una pulgada cuidando el medio ambiente lo más posible. Diseña tu caja usando la menor cantidad de cartón posible. Indica cuánto cartón necesitarás para construir tu caja.

Lección 14-5
Razonar

Puedo...
razonar para resolver problemas.

Prácticas matemáticas PM.2, PM.3, PM.4, PM.7
Estándares de contenido 6.G.A.2, 6.G.A.4, 6.EE.A.2a, 6.EE.A.2c, 6.EE.B.6

Hábitos de razonamiento

¡Razona correctamente! Estas preguntas te pueden ayudar.

- ¿Qué significan los números y los símbolos del problema?

- ¿Cómo están relacionados los números o las cantidades?

- ¿Cómo puedo representar un problema verbal usando dibujos, números o ecuaciones?

¡Vuelve atrás! **PM.2 Razonar** Molly construye una caja con una base de 2 pulgadas por 5 pulgadas. ¿Cómo puedes usar las dimensiones de la base para hallar la altura mínima que debe tener la caja de Molly para que pueda contener 120 cubos de una pulgada?

Pregunta esencial ## ¿Cómo se puede razonar para resolver problemas?

A

Amanda está construyendo una casita para su perro Ralph. Ya terminó el techo, pero todavía tiene que hacer las paredes. Amanda planea usar un pedazo de madera que mide 6 pies por 4 pies para construir los cuatro lados. ¿Cómo puede cortar la madera para hacer las paredes de la casita?

¿Qué tengo que hacer para resolver el problema?

Tengo que hallar una manera de cortar la madera para hacer las paredes de la casita del perro.

B **¿Cómo puedo razonar para resolver este problema?**

Puedo

- identificar las cantidades que conozco.

- hacer un dibujo para mostrar relaciones.

- considerar las unidades del problema.

- aplicar lo que sé sobre el área total y las medidas.

C

Sé que Amanda tiene un pedazo de madera que mide 6 pies por 4 pies. Amanda cortará la madera para hacer cuatro lados rectangulares de una casita para perros.

Cada lado debe tener la misma altura. Los lados opuestos deben tener las mismas dimensiones.

Puedo hacer un dibujo para mostrar una manera de cortar la madera.

Amanda puede cortar la madera en cuatro partes, cada una de 2 pies por 3 pies.

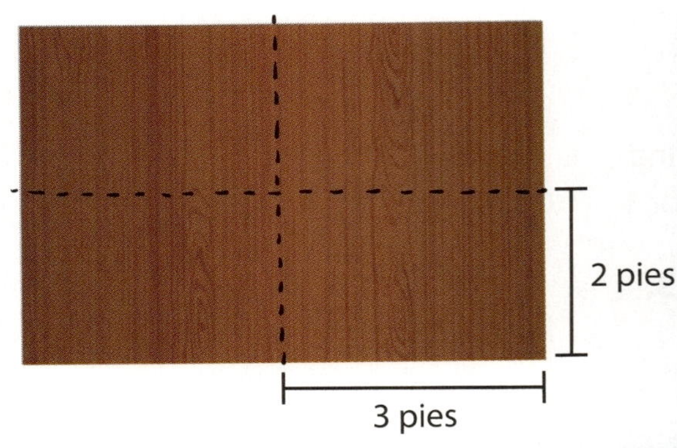

¡Convénceme! **© PM.2 Razonar** Si las medidas que usó Amanda para los lados fueran 1 pie por 6 pies, ¿cómo cambiaría el área total de las paredes de la casita en comparación con la casita que se hizo antes?

© Pearson Education, Inc. 6

Amigo de práctica Herramientas Evaluación

☆ Práctica guiada *

© PM.2 Razonar

El Sr. Jenkins pondrá azulejos en la base y los lados de un cubo de 15 centímetros para hacer un portalápices. El Sr. Jenkins puede cortar los azulejos para que no queden huecos. Los azulejos vienen en cajas de 20.

5 cm

5 cm

1. ¿Cómo puedes usar lo que sabes sobre modelos planos y área total para hallar el área total que cubrirá el Sr. Jenkins?

2. ¿Cuántas cajas de azulejos debe comprar el Sr. Jenkins? Explícalo.

☆ Práctica independiente ☆

© PM.2 Razonar

Nina quiere cubrir con papel de colores una caja de regalo que mide 9 pulgadas por 12 pulgadas por 3 pulgadas. Cada hoja de papel mide 9 por 12 pulgadas.

3. Dibuja un modelo plano para representar la caja de regalo.

4. ¿Cuál es la menor cantidad de hojas de papel que puede usar Nina para cubrir la caja? Explica cómo lo sabes.

Prácticas matemáticas y resolución de problemas

Envío de figuras

La ferretería Boltz tiene 60 cajas de productos listas para embalar en un contenedor de envíos. Las cajas tienen forma de cubo, y las aristas miden $\frac{1}{2}$ pie. Para mantenerse dentro del presupuesto de envío, las 60 cajas deben caber en un contenedor con dimensiones internas de 2 pies de largo, $1\frac{1}{2}$ pies de ancho y $2\frac{1}{2}$ pies de altura. Usa las siguientes reglas para decidir cómo se podrían embalar las cajas para que coincidan con las dimensiones del contenedor.

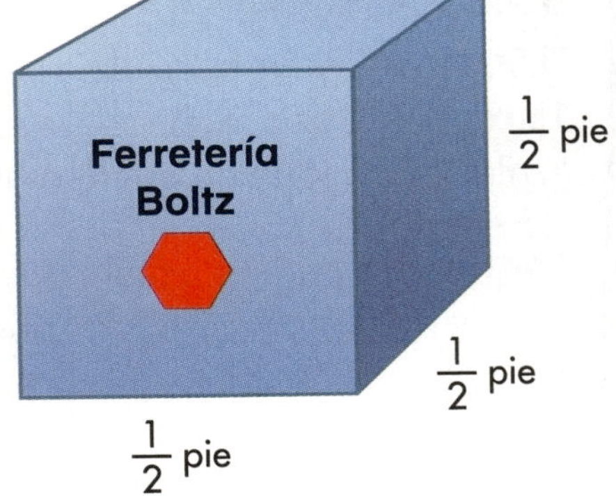

- Las cajas se pueden acomodar en 5 o 6 capas.
- Cada capa puede tener 10 o 12 cajas.

5. **PM.7 Usar la estructura** ¿Cómo te puede ayudar a resolver el problema buscar patrones? Explícalo.

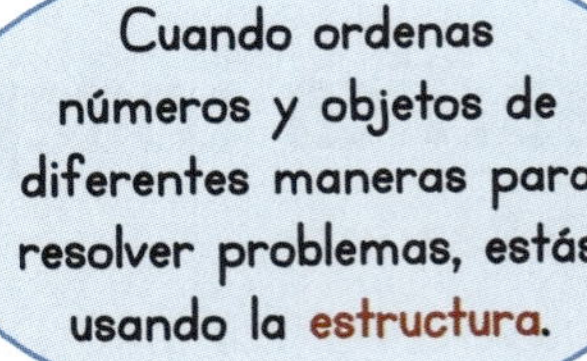

6. **PM.3 Construir argumentos** ¿Cómo puedes decidir si hay que acomodar las cajas en 5 o en 6 capas?

7. **PM.2 Razonar** ¿Cómo puedes embalar las cajas en el contenedor para cumplir los requisitos de envío? ¿Hay más de una respuesta correcta? Explica tu razonamiento.

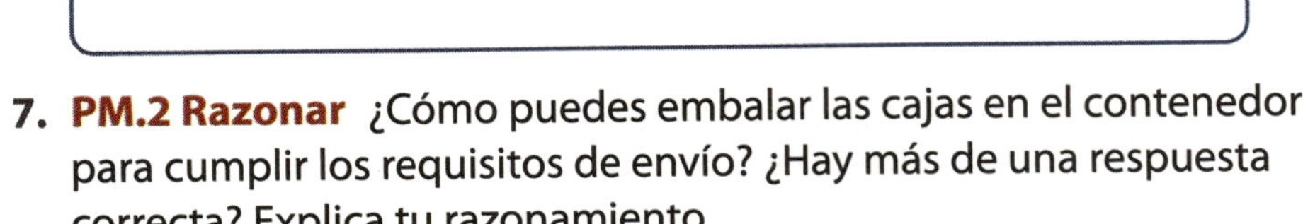

© Pearson Education, Inc. 6

¡Revisemos!

Mitch está haciendo una escultura en forma de pirámide cuadrangular con una lámina de metal que mide 1 pie de ancho y 3 pies de largo. ¿Tiene suficiente metal para hacer la escultura piramidal que se muestra? Explica cómo lo sabes.

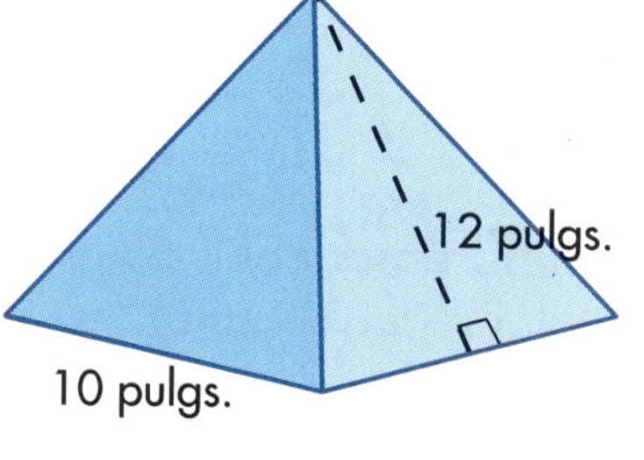

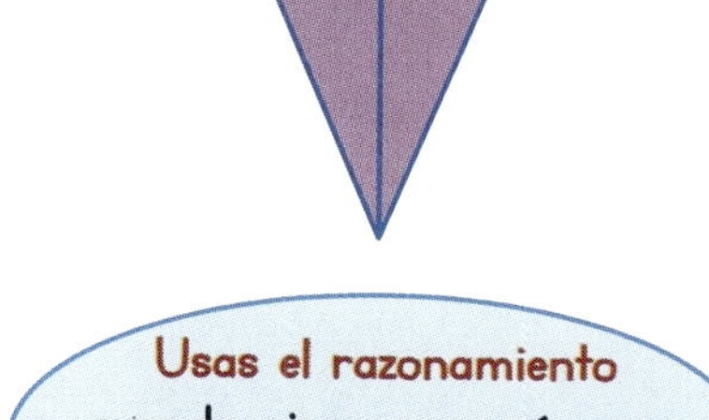

Indica cómo puedes razonar para resolver el problema.

- Puedo identificar cantidades conocidas y convertir unidades.

- Puedo hacer un dibujo para mostrar relaciones.

- Puedo aplicar lo que sé sobre el área total.

Resuelve el problema. Explica tu razonamiento.

El área total de la lámina de metal es $36 \times 12 = 432$ pulgs.^{2}. El área de la base es 100 pulgs.^{2}. El área de cada cara es 60 pulgs.^{2}. El área total de la escultura es $100 + 4(60) = 100 + 240 = 340$ pulgs.^{2}. Mitch tiene suficiente metal para hacer la pirámide.

© **PM.2 Razonar**

La familia Miller construye una pared para el jardín poniendo ladrillos en el marco. Los ladrillos tienen dimensiones de 2 pulgadas por 8 pulgadas por 4 pulgadas.

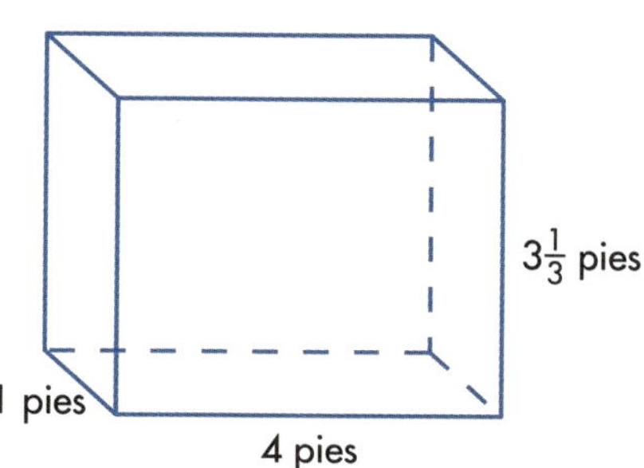

1. Describe cómo hallar la cantidad de ladrillos que se necesitan para llenar la capa inferior del marco. Haz un dibujo para ayudarte.

2. ¿Cuántos ladrillos necesitan los Miller para construir la pared?

Presupuesto

John es constructor. Le pidieron que hiciera una
estimación, o presupuesto, para cubrir de tejas
esta glorieta.

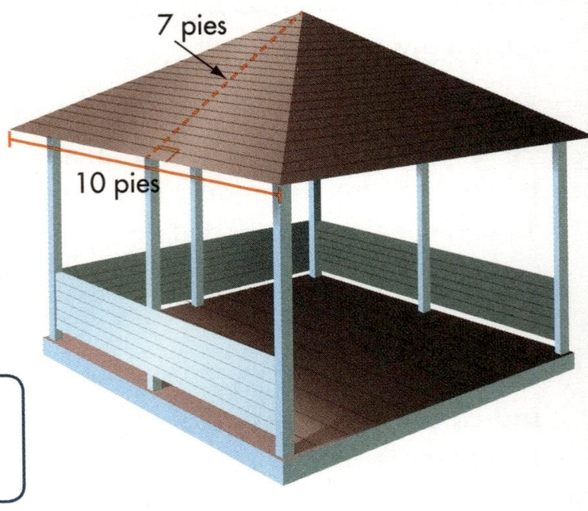

3. PM.4 Representar con modelos matemáticos
¿Cómo puede John usar un poliedro como modelo
del techo?

4. PM.7 Usar la estructura Para dar una estimación precisa, John debe
hallar el área que cubrirá con tejas. Dibuja un modelo plano para
representar el techo y úsalo para hallar el área que debe cubrir John.

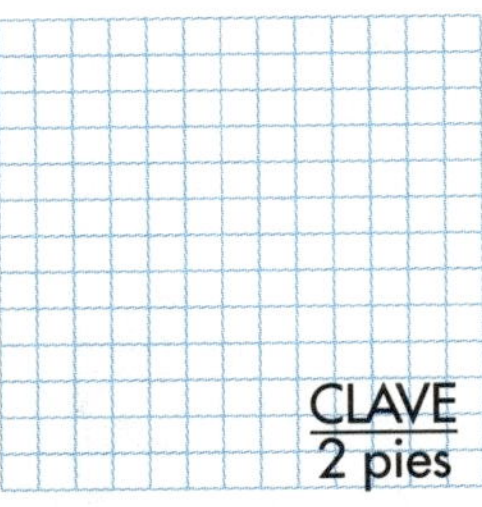

5. PM.3 Evaluar el razonamiento El asistente de John dice que hay
un error porque John no incluyó en sus cálculos el área de la base
de la pirámide. Evalúa ese razonamiento. ¿Estás de acuerdo con que
John cometió un error? Explícalo.

6. PM.2 Razonar Las tejas que usa John vienen en paquetes que cubren
33 pies^2 y cuestan \$29.25 cada uno. Los materiales adicionales cuestan
aproximadamente \$100. John también hizo una estimación del costo
de mano de obra, a una tasa de 2 veces el costo de los materiales, y
agregó a la estimación una tarifa del 20% del costo total del trabajo.
¿Qué presupuesto recomendarías a John que pase por el trabajo?

     © Pearson Education, Inc. 6

Nombre _______________________

Apunta y cuenta

Trabaja con un compañero. Necesitan papel y lápiz. Cada uno escoge un color diferente: celeste o azul.

El Compañero 1 y el Compañero 2 apuntan a uno de los números negros al mismo tiempo. Ambos dividen el número mayor por el número menor.

Si la respuesta está en el color que escogiste, puedes anotar una marca de conteo. Sigan la actividad hasta que uno de los compañeros tenga doce marcas de conteo.

Puedo...

dividir números enteros de varios dígitos.

Estándar de contenido
6.SN.B.2

Compañero 1

10,656
8,428
3,612
4,214
7,776

222 R6	196	89 R62	38 R40
113 R34	44 R78	84	82 R68
98	180 R36	240 R28	123 R78
103 R7	304 R16	49	120 R14
58 R38	108	90 R36	148
42	247 R35	117 R4	50 R12

Compañero 2

35
72
86
43
94

Marcas de conteo del Compañero 1

Marcas de conteo del Compañero 2

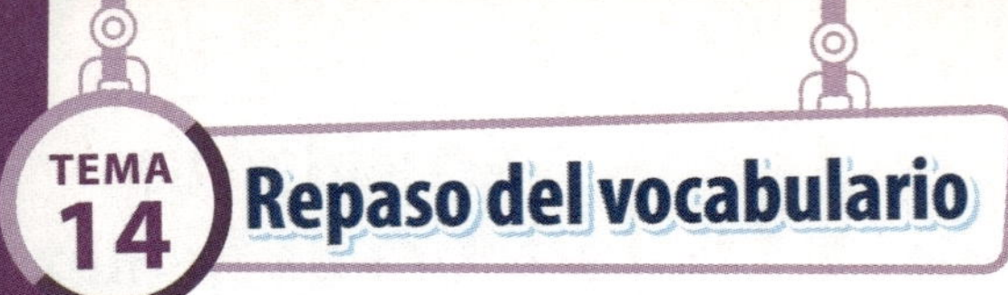

Repaso del vocabulario

Glosario

Lista de palabras

- arista
- cara
- modelo plano
- pirámide
- poliedro
- prisma
- vértice

Comprender el vocabulario

Escoge el mejor término de la Lista de palabras. Escríbelo en el espacio en blanco.

1. Una ______________ es un segmento de recta donde se intersecan dos caras de un sólido.

2. El ______________ de un sólido es el punto donde se unen varias aristas.

3. La ______________ de un sólido es plana y tiene forma de polígono.

Traza una línea desde los *modelos planos* en la columna A al nombre del *poliedro* que representan en la columna B.

Columna A

Columna B

4.

pirámide cuadrangular

5.

prisma triangular

6.

pirámide triangular

Usar el vocabulario al escribir

7. Compara los dos sólidos. Usa al menos 5 términos de la Lista de palabras.

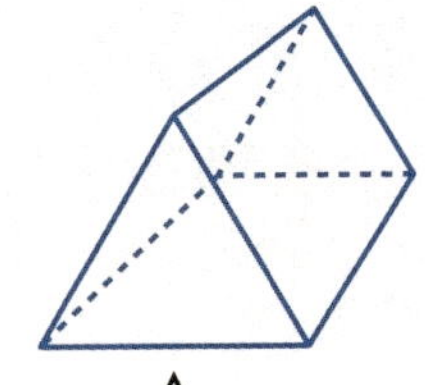

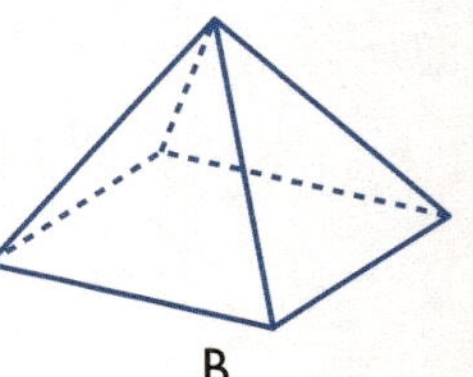

© Pearson Education, Inc. 6

Grupo A páginas 707 a 712

Para clasificar un poliedro, primero determina si es un prisma o una pirámide. Luego, usa la forma de la base para identificarlo.

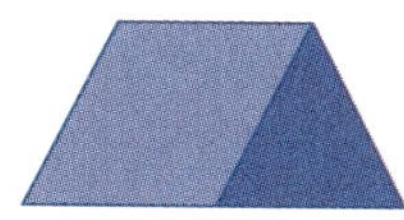

Esta figura tiene dos bases paralelas congruentes; por tanto, es un prisma. Las bases son triángulos; por tanto, es un **prisma triangular.**

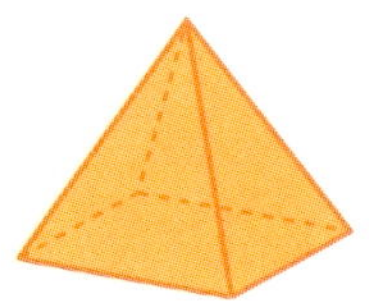

Esta figura tiene una base, y las aristas están unidas en un punto fuera de la base; por tanto, es una pirámide. La base es un cuadrado y las caras son triángulos; por tanto, es una **pirámide cuadrangular.**

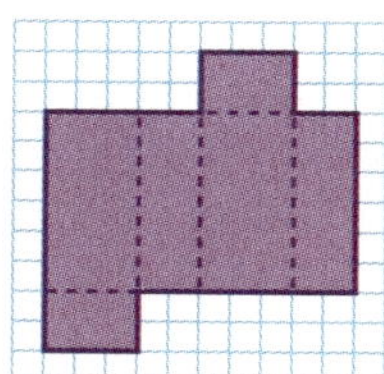

Un **modelo plano** muestra cómo se vería un poliedro "desplegado", con todas sus superficies sobre un plano. Este es un modelo plano de un prisma rectangular.

Recuerda que un prisma tiene dos bases idénticas y una pirámide tiene una base.

Dibuja un modelo plano de la pirámide que se muestra.

1.

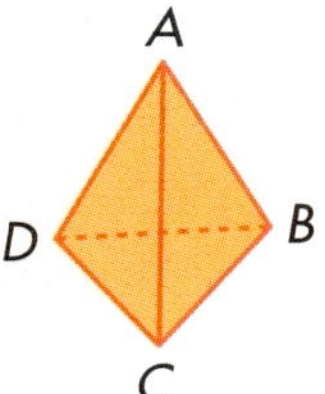

Clasifica los poliedros que representan los modelos planos.

2.

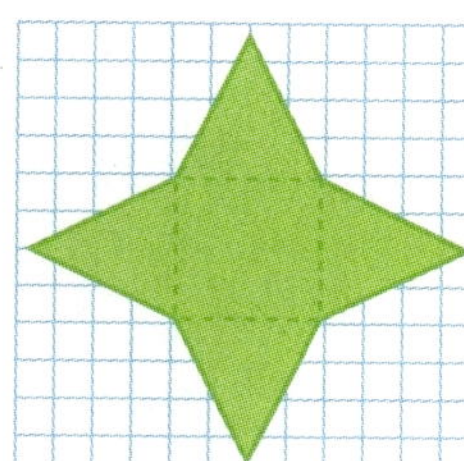

3.

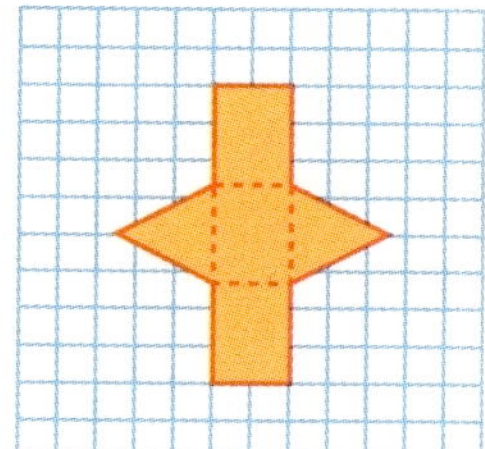

Grupo B páginas 713 a 718, 719 a 724

Para hallar el área total (*AT*) de un poliedro, puedes dibujar un modelo plano y, luego, sumar las áreas de las caras.

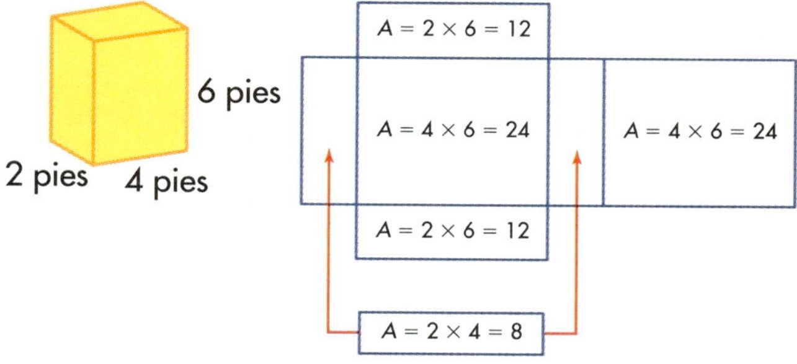

$AT = 12 + 8 + 24 + 12 + 24 + 8 = 88$ pies^2

También puedes usar una fórmula.

$AT = 2(\ell a) + 2(ah) + 2(\ell h)$
$= 2(8) + 2(12) + 2(24)$
$= 16 + 24 + 48$
$= 88$ pies^2

El área total del prisma es 88 pies^2.

Recuerda que el área total se mide en unidades cuadradas.

Halla el área total de los sólidos.

1.

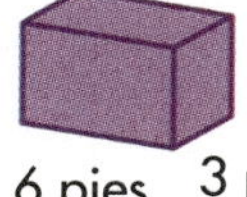

2.

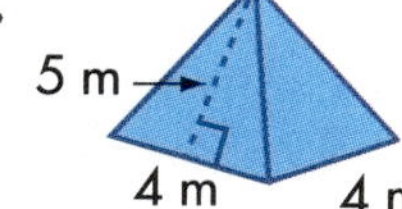

Halla el área total de los prismas.

3. Prisma rectangular
$\ell = 12$ pulgs.
$a = 7$ pulgs.
$h = 3$ pulgs.

4. Prisma triangular
$b = 9$ m
$h = 12$ m
$\ell = 12$ m
$a = 15$ m

Halla el volumen del prisma rectangular.

Paso 1 Halla la cantidad de cubos pequeños de $\frac{1}{4}$ de pulg. que llenarán el prisma.

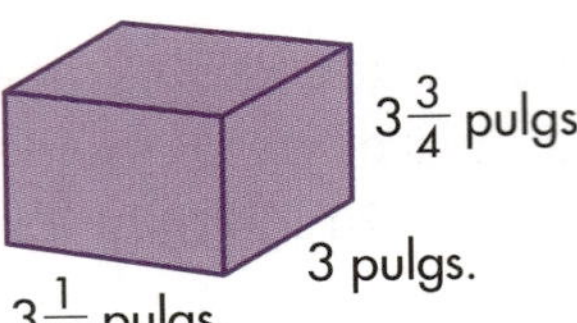

14 cubos pequeños de $\frac{1}{4}$ de pulg. caben a lo largo del lado de $3\frac{1}{2}$ pulgs.

12 cubos pequeños de $\frac{1}{4}$ de pulg. caben a lo largo del lado de 3 pulgs.

15 cubos pequeños de $\frac{1}{4}$ de pulg. caben a lo largo del lado de $3\frac{3}{4}$ pulgs.

$14 \cdot 12 \cdot 15 = 2{,}520$ cubos pequeños de $\frac{1}{4}$ de pulg. llenarán el prisma.

Paso 2 Halla el volumen de un cubo pequeño de $\frac{1}{4}$ de pulg.

$$V = \ell a h = \frac{1}{4} \cdot \frac{1}{4} \cdot \frac{1}{4} = \frac{1}{64} \text{ de pulg.}^3$$

Paso 3 Halla el volumen del prisma.

$$2{,}520 \cdot \frac{1}{64} \text{ de pulg.}^3 = 39\frac{3}{8} \text{ pulgs.}^3$$

También puedes usar una fórmula.

$$V = \ell a h = 3\frac{1}{2} \text{ pulgs.} \times 3 \text{ pulgs.} \times 3\frac{3}{4} \text{ pulgs.}$$
$$= 39\frac{3}{8} \text{ pulgs.}^3$$

Recuerda que el volumen se mide en unidades cúbicas.

Halla el volumen de los prismas rectangulares.

1.

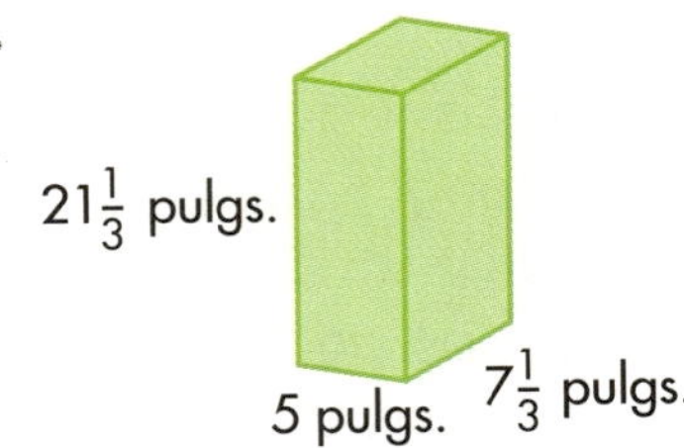

2.

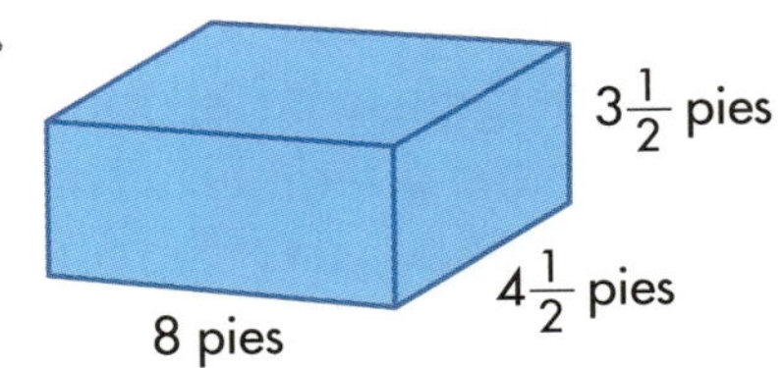

3.

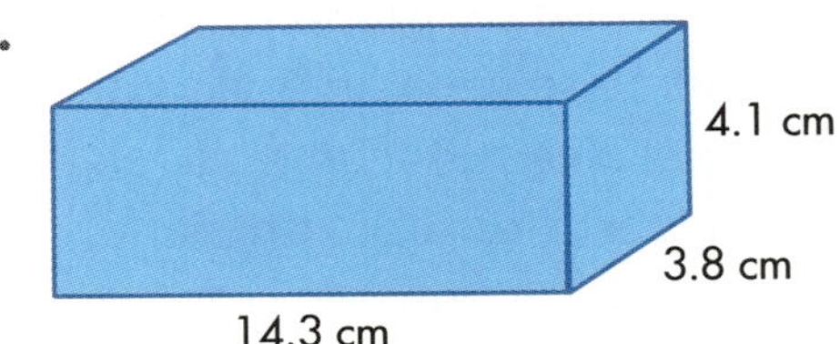

Piensa en estas preguntas para ayudarte a **razonar de manera abstracta y cuantitativa.**

Hábitos de razonamiento

- ¿Qué significan los números y los símbolos del problema?

- ¿Cómo están relacionados los números o las cantidades?

- ¿Cómo puedo representar un problema verbal usando dibujos, números o ecuaciones?

Recuerda que puedes razonar para resolver el problema.

Kylie enviará 4 bloques de arcilla rectangulares. Cada bloque mide 4 pulgs. de largo, 3 pulgs. de ancho y 2 pulgs. de altura.

1. ¿Cómo están relacionados los números del problema?

2. ¿Qué cantidad mínima de cartón necesita Kylie para hacer la caja de envío?

    © Pearson Education, Inc. 6

1. ¿Qué opción se puede usar para hallar el volumen de un prisma rectangular que tiene una longitud de 7.5 centímetros, un ancho de 2 centímetros y una altura de 4.2 centímetros?

☐ $V = 15 + 4.2$

☐ $V = 15 \times 4.2 \times 4.2$

☐ $V = 15 \times 4.2$

☐ $V = 7.5 \times 2 \times 4.2$

☐ $V = (7.5 + 2) \times 4.2$

2. ¿Cuál es el área total del prisma triangular que se muestra?

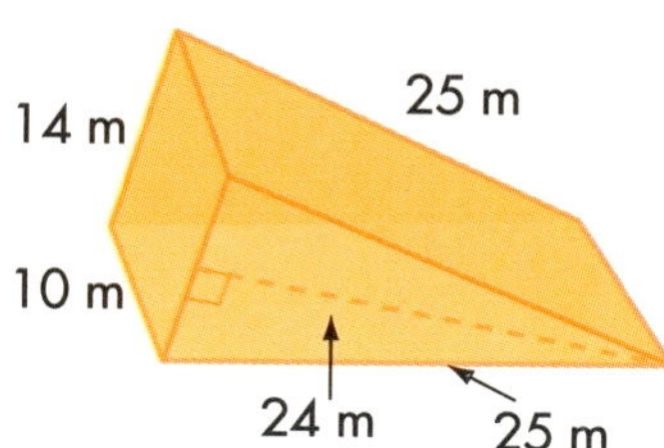

Ⓐ 558 m^2

Ⓑ 976 m^2

Ⓒ $1,680 \text{ m}^2$

Ⓓ $1,750 \text{ m}^2$

3. El siguiente prisma se llenará con cubos pequeños de $\frac{1}{2}$ pie. ¿Cuántos cubos pequeños se necesitan para llenar completamente el prisma?

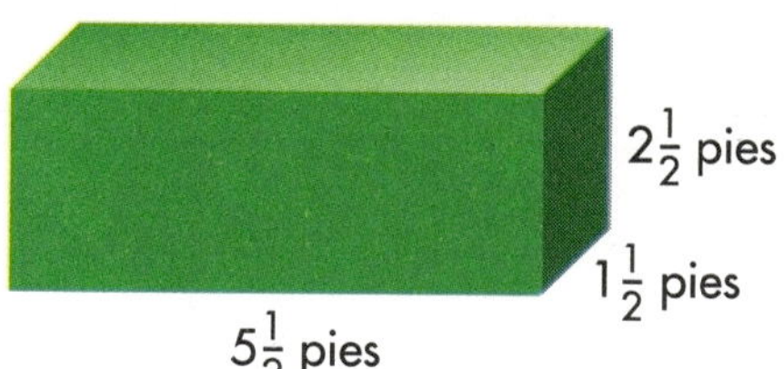

4. La siguiente es una pirámide cuadrangular.

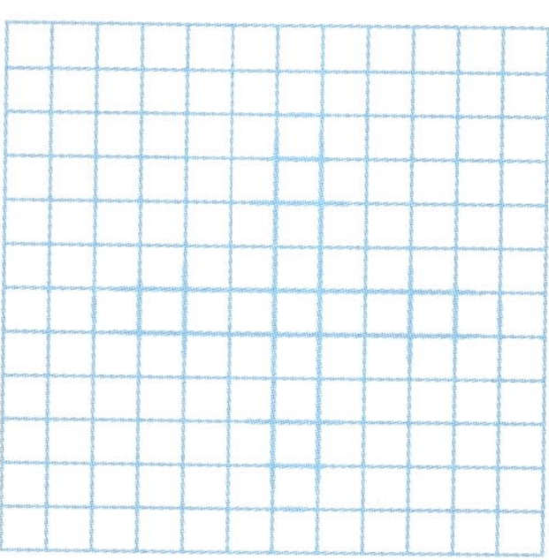

Parte A

Dibuja un modelo plano para representar la pirámide.

Parte B

¿Cuál es el área total de la pirámide?

5. El siguiente modelo plano representa un recipiente. ¿Qué figura sólida representa? ¿Cuántos vértices tiene el recipiente?

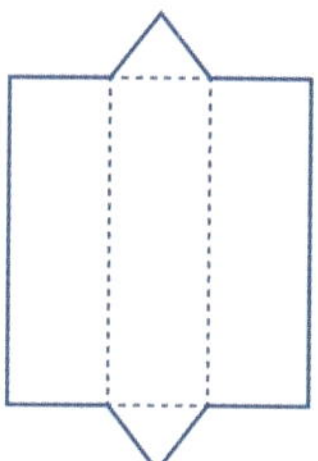

6. Halla la altura de un prisma rectangular que tiene las siguientes medidas:

Volumen: 383.04 m^3
Longitud: 10.5 m
Ancho: 7.6 m

7. El siguiente es un modelo plano de una caja. ¿Cuál es el área total de la caja?

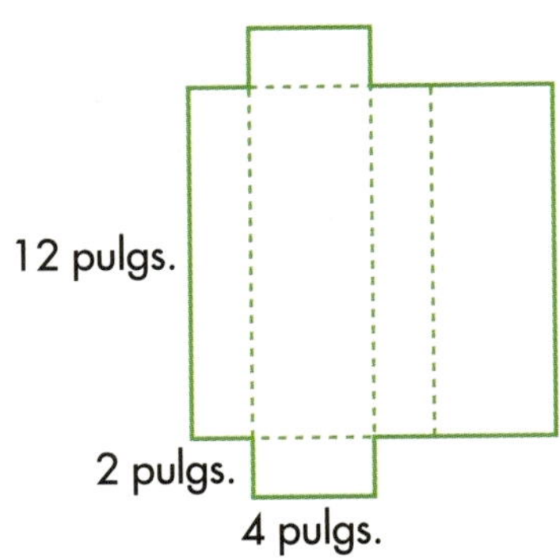

8. Stephan tiene una madera que mide 18 pulgadas de largo y 12 pulgadas de ancho. Stephan quiere hacer una bandeja con lados de 2 pulgadas de altura. Maurice dice que puede hacer una bandeja que tenga una base de $10\frac{1}{2}$ pulgadas por $10\frac{1}{2}$ pulgadas. ¿Tiene razón? Explica tu razonamiento.

9. ¿Cuál es el volumen de este prisma rectangular? Muestra tu trabajo.

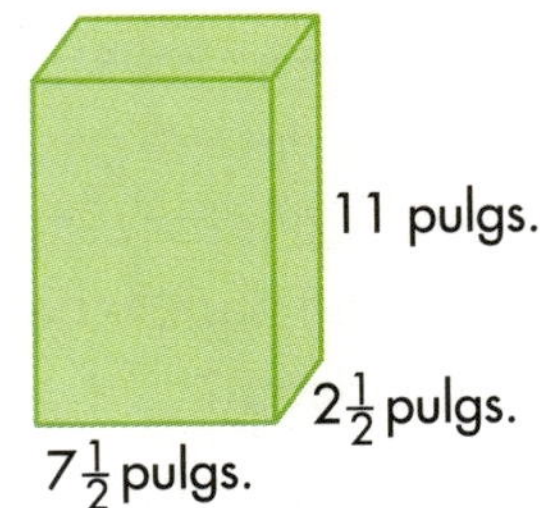

© Pearson Education, Inc. 6

Nombre ______________________________

TEMA 14

Evaluación del rendimiento

Inflables

Katie trabaja en una compañía que diseña casitas inflables para niños. El diagrama muestra el diseño de Katie para una nueva casita inflable.

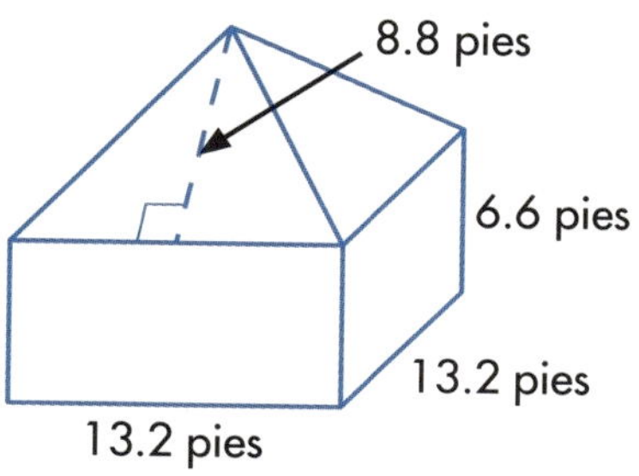

1. Un requisito de la casita inflable es que tenga un volumen de al menos 1,150 $pies^3$. ¿La casita de Katie cumple ese requisito? Justifica tu conclusión.

2. Katie debe escoger el material para cubrir todas las superficies de la casita. Dibuja un modelo plano que muestre las superficies de la casa inflable.

3. Katie usará vinilo para hacer las superficies. ¿Cuánto vinilo necesitará para la casa inflable?

4. Katie puede escoger el color del vinilo que usará para la casa inflable. Cada lado debe estar hecho de una lámina de vinilo sólida de 14 pies por 14 pies.

Color	Costo por lámina
Amarillo	$712.50
Azul	$716.00
Verde	$716.00
Rosado	$720.50
Morado	$720.50
Anaranjado	$712.50
Plateado	$725.00

Parte A

¿Cuántas láminas de vinilo necesitará? Explica tu razonamiento.

Parte B

El presupuesto total para el vinilo es $5,000. ¿Qué colores recomendarías a Katie para cada parte? ¿Cuál es el costo total del vinilo?

    © Pearson Education, Inc. 6

Medidas de tendencia central y de variabilidad

Pregunta esencial: ¿Cómo se puede describir una distribución de datos? ¿Cómo se pueden describir los datos con un solo número?

Proyecto de Matemáticas y Ciencias: Temperaturas atmosféricas

Investigar Usa Internet u otros recursos para hallar una gráfica que muestre cómo cambia la temperatura con la altitud en las capas de la atmósfera terrestre.

Diario: Escribir un informe Incluye lo que averiguaste. En tu informe, también:

- crea una tabla de las temperaturas máxima y mínima de cada una de las cuatro capas más cercanas a la superficie de la Tierra.

- calcula el promedio de cada par de valores. Luego, calcula el promedio de los cuatro valores promedio.

- describe qué tan útil es cada promedio para describir los datos de cada capa y de la atmósfera en su totalidad.

Repasa lo que sabes

🔵 Vocabulario

Escoge el mejor término del recuadro.
Escríbelo en el espacio en blanco.

- datos
- encuesta
- gráfica de barras
- tabla de conteo

1. Los _________________ son información recopilada.

2. Recopilar información haciendo la misma pregunta a una cantidad de personas y anotando sus respuestas es hacer una _________________.

3. Usa la longitud de las barras para mostrar y comparar los datos de una _________________.

Resumir datos

Usa el siguiente conjunto de datos para responder las preguntas.

Cantidad de mensajes de texto que envió Henry por día
6, 12, 2, 6, 3, 4, 2, 5, 6

4. ¿Cuál es el menor valor?

5. ¿Cuál es el mayor valor?

6. ¿Qué números se repiten?

7. ¿Cuántos mensajes de texto envió Henry en total?

Analizar datos

Usa la gráfica para responder las preguntas sobre el rendimiento de un estudiante en las pruebas.

8. ¿Cuántos puntos más que en la Prueba 1 obtuvo en la Prueba 3?

9. ¿Cuáles son las dos pruebas que tienen la menor diferencia en la calificación? ¿Cuál es la diferencia?

10. ¿Cuál es la mayor diferencia en las calificaciones? ¿Cómo lo sabes?

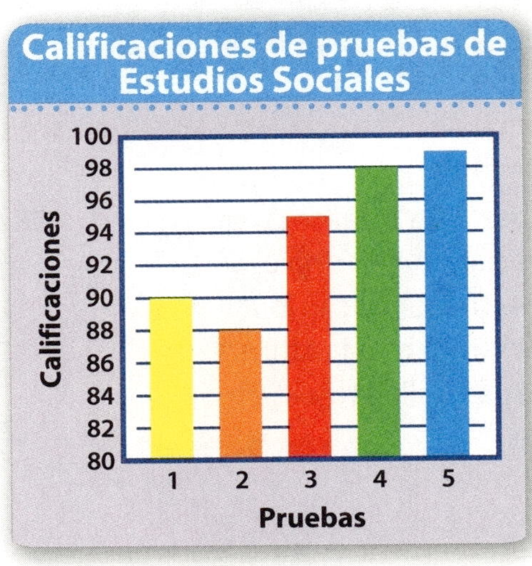

© Pearson Education, Inc. 6

Mis tarjetas de palabras

Usa los ejemplos de las palabras de las tarjetas para ayudarte a completar las definiciones que están al reverso.

---

pregunta estadística

¿Cuántas mascotas tiene la maestra?

¿Cuántas mascotas tiene cada uno de los estudiantes de mi clase?

---

media

7, 8, 4, 3, 6, 8

$7 + 8 + 4 + 3 + 6 + 8 = 36$

$36 \div 6 = 6$

La media es 6.

Halla la suma. Divide por la cantidad de valores del conjunto.

---

mediana

10, 8, 4, 3, 6, 8

3, 4, 6, 8, 8, 10

La mediana está en la mitad entre 6 y 8.

La mediana es 7.

Ordena los números. Halla el número del medio.

---

moda

7, 8, 4, 3, 6, 8

Hay dos números 8. Los otros números ocurren una sola vez.

La moda es 8.

Halla la cantidad que ocurre con mayor frecuencia.

---

rango

7, 8, 4, 3, 6, 8

$8 - 3 = 5$

El rango es 5.

Halla la diferencia entre el mayor y el menor valor.

Para calcular la _________________ de un conjunto de datos, halla la suma de todos los valores y divide por la cantidad de valores del conjunto.

Una pregunta que anticipa que habrá una variedad de respuestas distintas se llama _________________________________.

El valor que ocurre con mayor frecuencia en un conjunto de datos es la _____________.

El número del medio de un conjunto de datos ordenados es la _________________.

La diferencia entre el mayor y el menor valor de un conjunto de datos es el _________________________________.

© Pearson Education, Inc. 6

Resuélvelo y coméntalo

La Sra. Jackson escribió una pregunta en el pizarrón. Luego, recopiló las respuestas de los estudiantes a la pregunta y las anotó en una tabla de conteo. ¿Qué pregunta pudo haber hecho? ¿Hay más de una respuesta posible a la pregunta? Explícalo.

Cantidad de libros leídos el último mes	
0				
1	ЖЖ
2	ЖЖ	
3					
4			
5		

Lección 15-1
Preguntas estadísticas

Puedo...
identificar y escribir preguntas estadísticas.

Ⓒ **Estándares de contenido** 6.EP.A.1, 6.EP.B.4
Prácticas matemáticas PM.1, PM.2, PM.8

¡Vuelve atrás! Ⓒ **PM.2 Razonar** Supón que la Sra. Jackson quiere saber qué cantidad de tiempo pasaron sus estudiantes al aire libre la tarde anterior. ¿Qué pregunta puede hacer a cada estudiante para recopilar los datos?

Pregunta esencial · ¿Cómo se pueden identificar y escribir preguntas estadísticas?

A

El Sr. Borden hizo una pregunta a sus estudiantes y anotó los datos en la tabla. ¿Qué opción es una pregunta estadística que pudo haber hecho el Sr. Borden?

- ¿Cuál es el área de una hoja de cuaderno de $8\frac{1}{2}"\times 11"$?
- ¿Cuántas hojas de papel usaron la semana pasada?
- ¿Usó Bill una hoja de cuaderno para escribir su informe sobre un libro?

Hojas de papel usadas la semana pasada	
Cantidad de hojas	Cantidad de estudiantes
5	I
10	I
15	II
20	IIII
25	ⱶⱵ I
30	ⱶⱵ

B Los estudiantes del Sr. Borden pueden responder a la pregunta "¿Cuántas hojas de papel usaron la semana pasada?" de varias maneras; por tanto, es una pregunta estadística.

Las preguntas "¿Cuál es el área de una hoja de cuaderno de $8\frac{1}{2}"\times 11"$?" y "¿Usó Bill una hoja de cuaderno para escribir su informe sobre un libro?" tienen una sola respuesta correcta; por tanto, no son preguntas estadísticas.

C Puedes mostrar los datos de la tabla de conteo en una gráfica de barras.

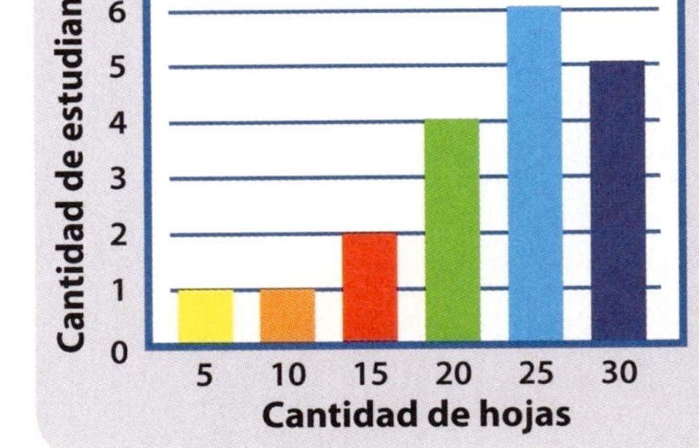

¡Convénceme! © **PM.8 Generalizar** ¿Es la pregunta "¿Cuál fue la temperatura máxima el 8 de marzo del año pasado?" una pregunta estadística? Explícalo.

© Pearson Education, Inc. 6

☆ Práctica guiada *

¿Lo entiendes?

1. Escribe una pregunta estadística sobre las películas que vieron tus compañeros de clase el mes pasado. Luego, describe cómo mostrar los datos.

2. © **PM.2 Razonar** El Sr. Borden quiere saber a qué distancia viven sus estudiantes de la escuela. ¿Qué pregunta estadística se podría hacer antes de recopilar estos datos?

¿Cómo hacerlo?

Indica si cada pregunta es *estadística* o *no estadística* en los Ejercicios **3** a **6**.

3. ¿En qué mes es tu cumpleaños?

4. ¿Sue usa lentes?

5. ¿Quién es el presidente actual de los Estados Unidos?

6. ¿Cuál es la estatura de los estudiantes de sexto grado?

☆ Práctica independiente

Escribe una pregunta estadística que podrías usar para recopilar información sobre cada tema en los Ejercicios **7** y **8**.

7. Cantidad de mascotas que tienen tus compañeros de clase

8. Altura de distintas plantas de interior

9. Kim preguntó a sus compañeros: *¿Cuántos hermanos o hermanas tienes?* Recopiló las siguientes respuestas: 0, 1, 2, 1, 2, 0, 3, 1, 0, 5, 5, 1, 3, 1, 0, 2, 4, 1, 3, 0. Haz un diagrama de puntos para mostrar los datos.

10. **PM.1 Entender y perseverar** ¿Qué pregunta estadística se pudo haber hecho para recopilar los datos que se muestran en el diagrama de puntos?

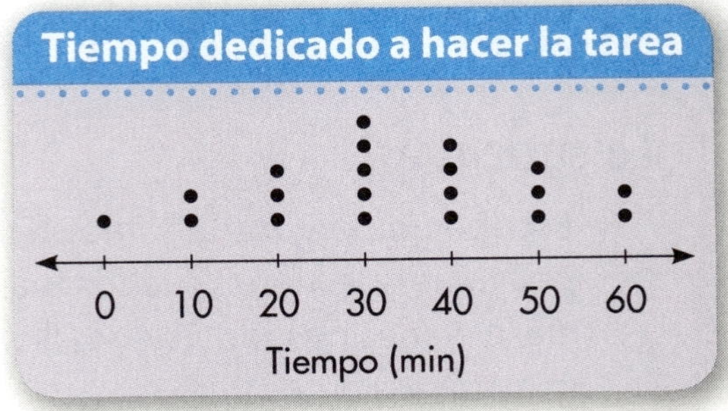

11. **Razonamiento de orden superior** Si los datos del diagrama de puntos muestran cuántos minutos dedicaron los estudiantes a hacer la tarea la noche anterior, ¿cuántas horas en total dedicaron estos estudiantes a hacer la tarea? ¿Un estudiante típico de este grupo dedica más o menos de 30 minutos a la tarea?

12. **A-Z Vocabulario** Wyatt dice que una *pregunta estadística* debe tener una respuesta numérica. ¿Estás de acuerdo con Wyatt? Explícalo.

Evaluación de *Common Core*

13. La Sra. Williams hizo las siguientes dos preguntas a los estudiantes de su clase:

¿Cuántos dígitos tiene un número telefónico, incluido el código de área? ¿Cuántos días de una semana típica dedican algo de tiempo a mirar televisión?

Parte A

¿Cuál de las preguntas que hizo la Sra. Williams es una pregunta estadística? Explícalo.

Parte B

A continuación se muestran los resultados de la pregunta estadística que hizo la Sra. Williams. Haz una gráfica de barras para mostrar los datos.

2 3 0 5 4 1 2 3 7 2
1 6 0 2 2 1 3 4 3 4

© Pearson Education, Inc. 6

Tarea y práctica 15-1
Preguntas estadísticas

¡Revisemos!

¿Puedes identificar y escribir una pregunta estadística y, luego, mostrar los datos recopilados?

Para identificar y escribir preguntas estadísticas, determina si la pregunta que le quieres hacer a un grupo de personas tiene varias respuestas diferentes.

¿Cuántas monedas de 5¢ hay en un dólar? — **No estadística**

¿Qué ex presidente de los Estados Unidos aparece en la moneda de 5¢? — **No estadística**

¿Cuántas monedas de 5¢ llevas en la mochila? — **Estadística**

Puedes usar una tabla para anotar las respuestas. Luego, haz un diagrama de puntos o una gráfica de barras para mostrar los datos.

Cantidad de monedas de 5¢ en las mochilas de los estudiantes

Cantidad de monedas de 5¢	Cantidad de estudiantes
0	II
1	IIII I
2	II
3	II
4	II

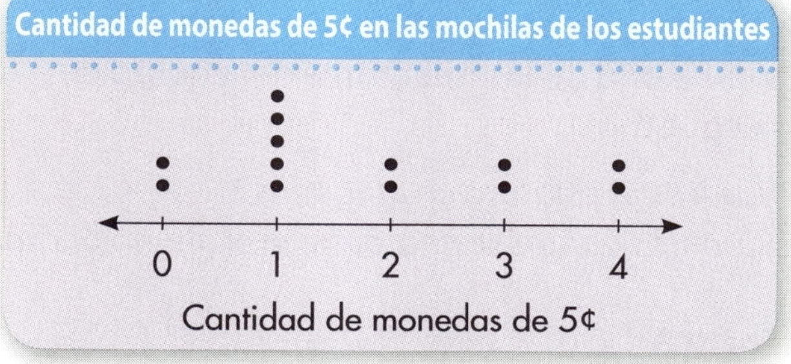

Indica si cada pregunta es *estadística* o *no estadística* en los Ejercicios **1** y **2**.

1. ¿Cuánto tiempo tardan los estudiantes de sexto grado en almorzar?

2. ¿Cuándo comienzan las vacaciones de verano en la escuela primaria Carver?

3. Escribe una pregunta estadística que puedes hacer para recopilar datos sobre el costo de una comida en un restaurante.

4. Dean preguntó a sus compañeros: "¿Cuántas manzanas comiste la semana pasada?" Obtuvo las siguientes respuestas: 7, 5, 5, 5, 7, 3, 2, 1, 0, 0, 4, 3, 2, 1, 0, 7, 5, 6, 7, 0, 2, 2, 1, 4. Haz un diagrama de puntos para mostrar los datos.

5. ¿Qué pregunta estadística puede haber hecho Tessa a sus compañeros para recopilar los datos que se muestran en la gráfica de barras?

6. Razonamiento de orden superior Las personas que tienen *heterocromía* tienen los ojos de color diferente entre sí. En la clase de Tessa hay un estudiante que tiene heterocromía. ¿Cómo puedes mostrar que el estudiante tiene un ojo azul y el otro color café en el diagrama de barras? Explica tu razonamiento.

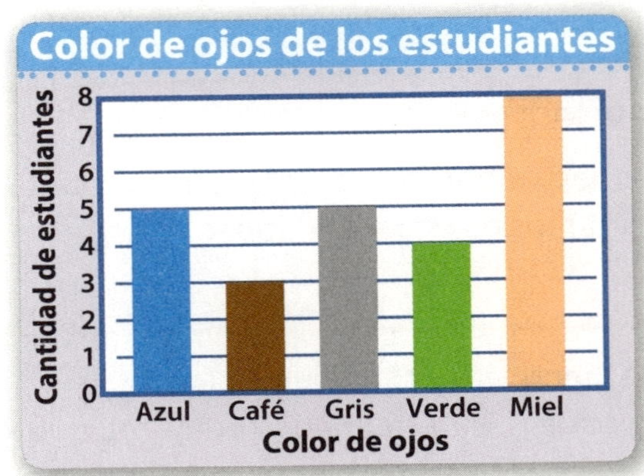

Ⓒ Evaluación de *Common Core*

7. Charles hizo las siguientes dos preguntas a cada uno de los miembros del equipo de básquetbol:

¿Cuál es tu estatura en pulgadas?
¿Cuántos puntos se anotaron en el último partido?

Parte A

¿Cuál de las preguntas que hizo Charles es una pregunta estadística? Explícalo.

Parte B

A continuación se muestran los resultados de la pregunta estadística que hizo Charles. Haz un diagrama de puntos para mostrar los datos.

68	70	73	74	72	74	75	76
70	71	73	72	73	70	73	74

© Pearson Education, Inc. 6

Resuélvelo y coméntalo

El equipo de softbol de Dustin anotó 3, 5, 2, 4 y 6 carreras en la primera serie de 5 partidos. En la segunda serie de 5 partidos, anotaron la misma cantidad de carreras en cada partido. La cantidad total de carreras anotadas en la segunda serie de 5 partidos igualó la cantidad de carreras anotadas en la primera serie de 5 partidos. ¿Cuántas carreras anotó el equipo de Dustin en cada partido de la segunda serie? **Resuelve este problema de la manera que prefieras.**

Lección 15-2
Media

Puedo...
hallar la media de un conjunto de datos y reconocer su valor como medida de tendencia central.

Ⓒ **Estándares de contenido** 6.EP.A.3, 6.EP.B.5c
Prácticas matemáticas PM.2, PM.3, PM.6, PM.8

¡Vuelve atrás! Ⓒ **PM.8 Generalizar** El equipo de básquetbol de Antonio anotó 244 puntos en 4 partidos. Repite la estrategia que usaste en el problema de arriba para hallar la cantidad de puntos que anotó en promedio el equipo de Antonio en cada partido.

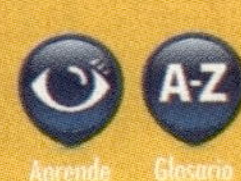

A

Carla participa en una liga de bolos. ¿Cuál es la media, o el promedio, del puntaje final de los cinco jugadores de su equipo?

La  *media, o el promedio, es la suma de todos los valores de un conjunto de datos dividida por la cantidad total de valores de datos del conjunto.*

9	10	PUNTAJE FINAL
86	95	95
80	87	87
77	84	84
74	81	81
75	83	83

B Paso 1

Suma los puntajes finales del conjunto de datos.

```
  2
  95
  87
  84
  81
+ 83
─────
 430
```

La suma de los puntajes finales de los cinco jugadores es 430.

C Paso 2

Divide la suma por la cantidad de valores que tiene el conjunto de datos.

430 ÷ 5 puntajes

```
       86
   5)430
    − 40
    ─────
      30
     − 30
     ─────
       0
```

La media, o el promedio, de los puntajes finales es 86.

¡Convénceme! © **PM.6 Hacerlo con precisión** El jugador que menos puntos anota en el equipo de Carla está enfermo y no juega la semana siguiente. El jugador que lo reemplaza obtiene 151 puntos en el partido. Los otros jugadores obtienen los mismos puntajes que la semana anterior. ¿Cuál es la nueva media de los puntajes finales del equipo? Muestra cómo lo sabes.

Amigo de práctica Herramientas Evaluación

☆ Práctica guiada *

¿Lo entiendes?

1. Chester obtuvo 84, 88 y 80 puntos en sus 3 primeras pruebas de Matemáticas. ¿Cómo puedes hallar su calificación media, o promedio, en estas pruebas?

2. ¿Cuál es la calificación media de Chester?

3. © **PM.2 Razonar** Imagina que Chester obtiene 90 puntos en la siguiente prueba. Sin hacer cálculos, ¿su calificación media aumentará, disminuirá o se mantendrá igual? Explica cómo lo sabes.

¿Cómo hacerlo?

Usa los siguientes datos acerca de los estudiantes de tres clases en los Ejercicios **4** y **5**.

Maestro	Niños	Niñas
Sra. Green	15	14
Sr. Nesbit	12	12
Sra. Jackson	12	16

4. ¿Cuál es la cantidad media de niños en las tres clases? ¿Cuál es la cantidad media de niñas en las tres clases?

5. ¿Cuál es la cantidad media de estudiantes en las tres clases?

☆ Práctica independiente

Usa los datos de la tabla para hallar las medias en los Ejercicios **6** y **7**.

6. Notas técnicas de los jueces

7. Notas de los jueces por la presentación

8. Halla las notas combinadas, o puntaje total, que otorgó cada uno de los 7 jueces. Anota tus respuestas en la tabla.

Puntajes de un patinador artístico estadounidense			
Juez	Notas técnicas	Notas por la presentación	Puntajes totales
A	5.9	5.4	
B	5.8	5.7	
C	5.8	5.6	
D	5.6	5.3	
E	5.9	5.5	
F	5.6	5.3	
G	6.0	5.7	

9. ¿Cuál es la puntuación total media otorgada por los jueces?

Usa la tabla en los Ejercicios **10** a **13**.

10. Matemáticas y Ciencias ¿Cuál es la temperatura mínima promedio pronosticada para los cinco días?

11. ¿Cuál es la temperatura máxima promedio pronosticada para los cinco días?

12. ¿Qué porcentaje de las temperaturas máximas pronosticadas es mayor de 50 °F?

Temperaturas pronosticadas		
Día	Mínima (°F)	Máxima (°F)
Lunes	42	55
Martes	44	57
Miércoles	45	60
Jueves	34	45
Viernes	40	50

13. Razonamiento de orden superior El pronóstico para el miércoles cambia luego a una máxima de 70 °F. Sin calcular la nueva media, describe cómo cambia esto la media de la temperatura máxima para los 5 días. ¿Cómo lo sabes?

14. © PM.3 Evaluar el razonamiento María dice que la media de las puntuaciones 7, 8, 3, 0, 2 es 5, porque sumó las puntuaciones y las dividió por 4. ¿Tiene razón? Explica por qué.

© Evaluación de *Common Core*

15. Escoge *Verdadero* o *Falso* en los Enunciados a a d. Usa los datos de la tabla.

Cantidad de carros que pasan por la intersección	
Hora	Carros
6 a. m.	15
7 a. m.	27
8 a. m.	37
9 a. m.	29
10 a. m.	12

a. La cantidad media de carros que pasan por la intersección cada hora desde las 6 *a. m.* a las 10 *a. m.* es 25.

○ Verdadero   ○ Falso

b. Si se quitaran los datos para las 10 *a. m.*, la media aumentaría en 3 carros.

○ Verdadero   ○ Falso

c. Si 2 carros menos hubieran pasado por la intersección entre las 6 *a. m.* y las 10 *a. m.*, la media disminuiría en 2 carros.

○ Verdadero   ○ Falso

d. Otra mañana, la media de la cantidad de carros que pasaron por la intersección fue 22. En total fueron 10 carros menos durante estas horas.

○ Verdadero   ○ Falso

Tarea y práctica 15-2

Media

¡Revisemos!

Eduardo entrevistó a 7 de sus amigos para saber cuántos libros leyó cada uno durante el mes. La tabla muestra los datos. ¿Cuál es la cantidad media de libros que leyeron los amigos de Eduardo?

Libros leídos	
Amigo	**Cantidad de libros leídos**
Jean	2
Raúl	3
Sally	8
Jonathan	5
Haley	6
Kristen	3
Owen	1

Paso 1 Suma la cantidad de libros que leyó cada amigo.

$2 + 3 + 8 + 5 + 6 + 3 + 1 = 28$

Paso 2 Divide la suma por la cantidad de amigos.

$28 \div 7 = 4$

La cantidad media de libros que leyeron los 7 amigos es 4.

Halla la media de los datos dados en los Ejercicios **1** a **4.**

1. Cantidad de mascotas en 6 familias
3, 0, 2, 4, 2, 1

2. Calificaciones de pruebas: 89, 88, 82, 93

3. Cantidad de aplicaciones en los teléfonos inteligentes de cinco amigos: 42, 42, 23, 75, 64

4. Cantidad de estudiantes en 3 escuelas intermedias: 285, 336, 327

Usa los datos sobre los salarios semanales de los empleados en dos empresas pequeñas en los Ejercicios **5** y **6.**

Empresa A: $500, $510, $530, $510, $550
Empresa B: $450, $440, $440, $470, $800

5. ¿Cuál es la media del salario semanal en cada empresa?

6. Cuatro de los 5 empleados de la Empresa B recibieron un aumento de $40 cada uno. Después de los aumentos, ¿cuánto mayor es la media de los salarios de la Empresa B que los de la Empresa A? Explica cómo resolviste el problema.

Dinero que recaudó cada estudiante para un viaje con la banda									
$24.50	$18.25	$5.75	$48.00	$32.50	$12.80	$22.90	$35.00	$18.75	$16.25

7. ¿Cuál es la cantidad media recaudada por los estudiantes?

8. Razonamiento de orden superior ¿Cuánto más dinero tienen que recaudar los 10 estudiantes para aumentar la media a $25.00? Explica cómo lo sabes.

9. Álgebra Los estudiantes quieren recaudar $300. ¿Qué porcentaje, p, del dinero recaudaron hasta ahora? Escribe y resuelve una ecuación. Redondea tu respuesta al porcentaje entero más cercano.

10. © PM.2 Razonar Dos estudiantes aún no han entregado su dinero. ¿Cuánto dinero necesita recaudar cada uno de los dos estudiantes para alcanzar el objetivo de $300? Explica tu razonamiento.

© Evaluación de *Common Core*

11. Escoge *Verdadero* o *Falso* en los Enunciados a a d. Usa los datos que se muestran sobre la cantidad de películas que vio cada estudiante de la Sra. Joseph.

Cantidad de películas que vio cada estudiante este mes									
3	9	2	3	1	0	4	2	4	2

a. La cantidad media de películas vistas es 3.

○ Verdadero   ○ Falso

b. Si el estudiante que vio 0 películas hubiera visto 3 películas, la media de la clase sería 3.

○ Verdadero   ○ Falso

c. Si la maestra, que vio 10 películas, se incluyera en el grupo, la media aumentaría a 4.

○ Verdadero   ○ Falso

d. Al final del mes todos los estudiantes vieron una película más en clase. Esto aumentó la media en 1.

○ Verdadero   ○ Falso

Nombre _______________

Resuélvelo y coméntalo

Se entrevistó a ocho estudiantes sobre la cantidad de horas que dedican por semana a leer por diversión. Ordena los valores de sus respuestas de menor a mayor. ¿Cuál es el valor del medio del conjunto de datos? ¿Cuál es el valor que ocurre con mayor frecuencia?

Puedo...
identificar la mediana, la moda y el rango de un conjunto de datos.

Estándares de contenido 6.EP.B.5c, 6.EP.A.3
Prácticas matemáticas PM.1, PM.3, PM.6, PM.7, PM.8

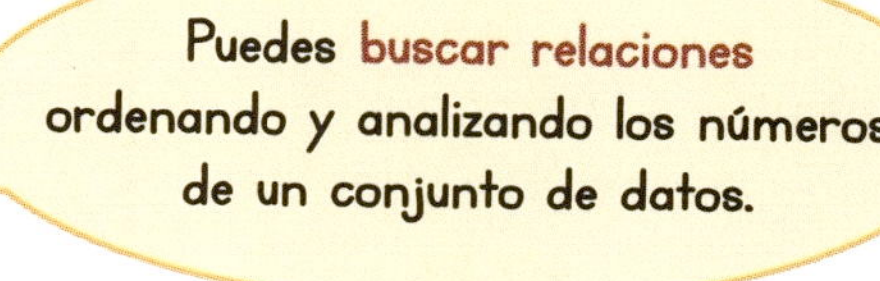

¡Vuelve atrás! **PM.3 Evaluar el razonamiento** Jamal dice que el valor del medio en un conjunto de datos puede ser también el número que ocurre con más frecuencia. Evan dice que Jamal está equivocado. ¿Quién tiene razón? Explícalo.

¿Cómo se pueden usar la mediana, la moda y el rango para resumir datos?

A

Trey está descargando canciones para su colección de música personal. Hace una lista de estilos musicales y del tiempo de reproducción total en minutos de cada estilo. ¿Cómo puede resumir todo el conjunto de datos con un número?

Colección de música de Trey	
Estilos musicales	**Minutos**
Blues	62
Clásica	72
Country	61
Gospel	67
Jazz	67
Bandas de sonido de películas	63
Popular	59

DATOS

B Halla la **mediana**.

La mediana es el valor del dato del medio; por tanto, es una medida de tendencia central.

Haz una lista de los valores de los datos en orden de menor a mayor.

59, 61, 62, **63**, 67, 67, 72

La mediana del tiempo de reproducción es 63 minutos.

C Halla la **moda**.

La moda, que también es una medida de tendencia central, es el valor que ocurre con más frecuencia.

59, 61, 62, 63, **67**, **67**, 72

El valor 67 ocurre dos veces en el conjunto de datos. El resto de valores ocurre una sola vez.

La moda, o el tiempo de reproducción que ocurre con mayor frecuencia, es 67 minutos.

D Halla el **rango**.

El rango es la diferencia entre el mayor valor y el menor valor. Es una medida de variabilidad.

Identifica el menor y el mayor valor en la lista ordenada.

59, 61, 62, 63, 67, 67, **72**

Resta

$72 - 59 = 13$

El rango de los tiempos de reproducción es 13 minutos.

¡Convénceme! © **PM.1 Entender y perseverar** Trey cometió un error cuando anotó los minutos de las pistas de bandas de sonido de películas y música *gospel*. Sus datos corregidos muestran 60 minutos para bandas de sonido de películas y 62 minutos para música *gospel*. ¿Cuáles son la mediana y la moda del conjunto de datos corregido?

© Pearson Education, Inc. 6

☆ Práctica guiada *

¿Lo entiendes?

1. ¿Por qué es importante ordenar los datos para hallar la mediana?

2. ¿Qué indica un rango grande acerca de los valores del conjunto de datos? ¿Qué indica un rango pequeño?

3. ¿Por qué calculas el promedio de los dos números del medio para hallar la mediana de un conjunto de datos que tiene una cantidad de datos par?

¿Cómo hacerlo?

Usa la tabla de datos en los Ejercicios **4** a **7.**

DATOS

Calificaciones de pruebas

76, 92, 88, 76, 88, 75, 93, 92, 68, 88, 77, 84

4. Ordena las calificaciones de menor a mayor.

5. Encierra en un círculo los dos números del medio de los datos. ¿Cuál es la mediana de los datos?

6. Subraya los números que aparecen con más frecuencia. ¿Cuál es la moda de los datos?

7. ¿Cuál es el rango de los datos?

☆ Práctica independiente

Usa la tabla de datos en los Ejercicios **8** a **11.**

DATOS

Estados a los que viajó o donde vivió cada estudiante

1, 3, 5, 2, 5, 2, 10, 7, 1, 2, 4, 1, 2, 7, 12

8. Ordena los datos de menor a mayor.

9. ¿Cuáles son la mediana, la moda y el rango de los datos?

10. El estudiante que viajó a 3 estados visitó tres nuevos estados durante unas vacaciones. ¿Cambiar el 3 por un 6 hace que la mediana cambie? Si cambia, ¿cómo lo hace?

11. ¿Cambiar el 3 por un 6 hace que la moda cambie? Si cambia, ¿cómo lo hace?

Usa la tabla de datos en los Ejercicios **12** a **14.**

12. ¿Cuáles son la mediana, la moda y el rango de estos datos?

13. ¿Cuál es la media de la cantidad de lunas de los 8 planetas, redondeada al número entero más cercano?

14. **Matemáticas y Ciencias** El planeta enano Plutón antes era considerado un planeta. Si incluyes las lunas de Plutón en los datos, la mediana es 5. ¿Cuántas lunas tiene Plutón? Explica tu razonamiento.

DATOS	Cantidad de lunas conocidas de los planetas	
	Mercurio	0
	Venus	0
	Tierra	1
	Marte	2
	Júpiter	50
	Saturno	53
	Urano	27
	Neptuno	13

15. © **PM.6 Hacerlo con precisión** ¿Cómo puedes distinguir la diferencia entre un modelo plano de un prisma triangular y el modelo plano de una pirámide triangular?

16. **Razonamiento de orden superior** ¿La mediana es siempre, a veces o nunca uno de los valores de datos? Explícalo.

17. A-Z **Vocabulario** ¿Qué término se usa para describir la diferencia entre el mayor y el menor valor de un conjunto de datos?

18. © **PM.3 Evaluar el razonamiento** Lewis piensa que como los datos 5, 0, 4, 0, 0 tienen una moda de 0, los datos no tienen moda. Evalúa el razonamiento de Lewis.

© **Evaluación de *Common Core***

19. Usa la tabla de datos para hallar las medidas estadísticas en los Ejercicios a a d.

a. media

b. mediana

c. moda

d. rango

DATOS	Costo de *snowboards* ($) en la tienda de esquí
	265, 237, 325, 281, 265, 252, 494, 273

     © Pearson Education, Inc. 6

**Tarea y práctica
15-3**

**Mediana, moda
y rango**

¡Revisemos!

Carlos encuestó a 10 amigos sobre cuánto tiempo miran televisión. La tabla muestra sus datos. Carlos quiere resumir los datos usando la mediana, la moda y el rango.

DATOS

Cantidad de horas frente al televisor en una semana	
Juan	7
Tyrone	10
Abigail	16
Lateisha	9
Helen	12
Albert	21
Tim	14
Josh	8
Anita	13
Henry	15

Para hallar cada medida, primero ordena los valores de los datos de menor a mayor.

7, 8, 9, 10, 12, 13, 14, 15, 16, 21

Halla la mediana: Como hay una cantidad par de valores de datos, halla el promedio de los dos valores del medio, 12 y 13.

$$\frac{12 + 13}{2} = \frac{25}{2} = 12.5$$

Halla la moda: Cada número aparece una sola vez. Los datos no tienen moda.

Halla el rango: Resta para hallar la diferencia entre el menor y el mayor valor de los datos.

$$21 - 7 = 14$$

La mediana de los datos es 12.5, no hay moda, y el rango es 14.

Usa la tabla de datos en los Ejercicios **1** a **5.**

1. Ordena los datos de menor a mayor.

2. ¿Cuál es la mediana y la moda de los datos?

3. ¿Cómo hallas el rango de los datos? ¿Cuál es el rango de este conjunto de datos?

4. Un periódico quería resumir los datos sin incluir Alaska y Hawái. ¿Cómo afecta esto a la mediana?

5. ¿Cómo afecta a la moda y al rango borrar los datos de Alaska y Hawái?

DATOS

Parques nacionales en los estados del Oeste	
Alaska	23
Arizona	22
California	26
Colorado	13
Hawái	7
Idaho	6
Montana	8
Nevada	3
Nuevo México	13
Oregón	6
Utah	13
Washington	13
Wyoming	7

DATOS

Distancias de salto en largo (m) en la competencia de atletismo de la escuela intermedia Parker

5.46, 5.92, 2.95, 5.06, 4.1, 5.45, 5.07, 5.06, 5.9

6. **A-Z Vocabulario** ¿Cuál es la mediana? ¿Cómo hallas la mediana de este conjunto de datos?

7. ¿Cuáles son la moda y el rango de los datos?

8. Hubo un competidor más que saltó 5.89 metros. ¿Cuáles son ahora la mediana, la moda y el rango de los datos?

9. **Razonamiento de orden superior** Si el décimo competidor saltara 1.01 metros, ¿qué medida cambiaría más: la mediana, la moda o el rango? Explícalo.

10. **© PM.8 Generalizar** ¿El rango es igual a uno de los valores de datos a veces, siempre o nunca? Explícalo.

11. **Sentido numérico** La mediana de las calificaciones de 7 pruebas es 8. Las calificaciones en 6 de las pruebas son 12, 10, 10, 8, 7 y 5. Escribe tres números posibles para la calificación de la prueba que falta.

© Evaluación de *Common Core*

12. Usa la tabla de datos para hallar las medidas estadísticas en los Ejercicios a a d.

   a. media

   b. mediana

   c. moda

   d. rango

DATOS

Lugares históricos nacionales en los estados del Sur	
Alabama	37
Florida	43
Georgia	48
Kentucky	30
Luisiana	53
Misisipi	39
Tennessee	30

© Pearson Education, Inc. 6

Resuélvelo y coméntalo

En la familia Brown hay 5 niños. La mediana de sus estaturas es $58\frac{1}{2}$ pulgadas. El rango de sus estaturas es 14 pulgadas. ¿Cuál podría ser la estatura de cada uno de los niños?

Prácticas matemáticas y resolución de problemas

Lección 15-4
Entender y perseverar

Puedo...
entender los problemas y seguir trabajando si no puedo seguir adelante.

© **Prácticas matemáticas** PM.1, PM.2, PM.6, PM.7
Estándares de contenido 6.EP.A.3, 6.EP.A.2

Hábitos de razonamiento

¡Razona correctamente! Estas preguntas te pueden ayudar.

- ¿Qué necesito hallar?
- ¿Qué sé?
- ¿Cuál es mi plan para resolver el problema?
- ¿Qué más puedo intentar si no puedo seguir adelante?
- ¿Cómo puedo comprobar si mi solución tiene sentido?

¡Vuelve atrás! © **PM.1 Entender y perseverar** ¿Cómo te ayuda conocer la mediana y el rango a resolver el problema? Explica tu razonamiento.

Pregunta esencial ¿Cómo se pueden entender los problemas y perseverar para resolverlos?

A

Una tienda vende 5 tipos de leche en envases de un galón. Todos los precios son diferentes. Haz una lista de precios posibles para los 5 tipos de leche.

¿Qué tengo que hacer?

Tengo que entender el problema antes de decidir qué estrategia usar. Si no puedo seguir adelante, tengo que perseverar hasta hallar los precios posibles de los 5 tipos de leche.

Este es mi razonamiento...

B ### ¿Cómo puedo **entender este problema y resolverlo**?

Puedo

- identificar lo que sé y lo que tengo que hallar.

- identificar cómo se relacionan las cantidades.

- escoger e implementar una estrategia apropiada.

- comprobar que mi trabajo y mi respuesta tengan sentido.

C

La media es el precio promedio de los 5 tipos diferentes de leche. Por tanto, el total de los 5 tipos de leche tiene que ser 5 por el promedio: $5 \times \$3.29 = \$16.45$.

Puedo probar con 5 precios diferentes que sumen en total $16.45. Puedo hacer que el número del medio sea igual que el precio promedio de $3.29.

Prueba con estos precios posibles: $3.10, $3.20, $3.29, $3.36, $3.50.

Comprueba si el total es $16.45. Si no es igual a ese precio, usa la diferencia para ajustar uno de los precios.

El total es correcto.

Estos son precios posibles para los 5 tipos de envases de leche: $3.10, $3.20, $3.29, $3.36, $3.50.

¡Convénceme! © **PM.1 Entender y perseverar** Usa una estrategia diferente para hallar otra respuesta posible para el problema.

© Pearson Education, Inc. 6

☆ Práctica guiada*

© PM.1 Entender y perseverar

Hay 7 girasoles en el jardín de Tess. Tess dice que la moda de la altura de sus girasoles es 70 pulgadas, la mediana es 68 pulgadas y el rango es 10 pulgadas. ¿Cuáles son algunas alturas posibles de los 7 girasoles?

1. ¿Qué estrategia puedes usar para entender y resolver el problema?

2. ¿Cuáles son algunas alturas posibles de los 7 girasoles? ¿Cómo sabes si tu respuesta tiene sentido?

☆ Práctica independiente

© PM.1 Entender y perseverar

La cantidad media de pasajeros en un vuelo diario de Tampa a Miami es 82. La capacidad máxima del avión es 102 pasajeros. ¿Cuáles son algunas cantidades posibles de pasajeros en el vuelo para los últimos 5 días?

3. ¿Cómo puedes usar la información del problema como ayuda para resolverlo?

4. Haz una lista de cantidades posibles de pasajeros del vuelo de Tampa a Miami en los últimos 5 días. Muestra tu trabajo.

5. Explica cómo sabes que tu respuesta tiene sentido.

© Evaluación de rendimiento de *Common Core*

Juegos mecánicos

A la derecha se muestran las medidas estadísticas del tiempo que esperan 8 personas en la fila para el juego mecánico "Remolino". Dos personas esperan en la fila la misma cantidad de tiempo. Haz una lista de los tiempos de espera posibles para el juego mecánico.

mediana del tiempo de espera: 38 minutos
rango de los tiempos de espera: 32 minutos

6. PM.1 Entender y perseverar ¿Qué sabes y qué tienes que hallar para resolver el problema?

7. PM.2 Razonar ¿Cómo puedes usar la relación entre las cantidades del problema para hacer una lista?

8. PM.2 Razonar Haz una lista de los tiempos posibles de espera. Luego, explica por qué tu lista tiene sentido.

© Pearson Education, Inc. 6

Tarea y práctica 15-4
Entender y perseverar

¡Revisemos!

Seis perros de la pradera tienen una longitud media de 30 centímetros. El más largo y el más corto tienen una diferencia de 5 centímetros. ¿Cuáles son 6 longitudes posibles de los perros de la pradera?

¿Cómo puedo entender y resolver el problema?

- Sé que hay 6 perros de la pradera.
  Longitud media = 30 cm
  Rango de longitudes = 5 cm

- Puedo hacer un plan para resolver el problema e implementarlo. Puedo usar los valores de la media y el rango para determinar 3 de las 6 longitudes. Luego, puedo probar con tres valores más como las longitudes posibles de los otros perros.

- Puedo comprobar que mi trabajo y mi respuesta tienen sentido.

Este es mi plan para resolver el problema:

Multiplico 30 cm por 6 para hallar la longitud total de los perros de la pradera.

6×30 cm $= 180$ cm

Uso la media, 30 cm, como una de las longitudes.

Escojo dos valores a uno u otro lado de la media con una diferencia de 5: $28 + 5 = 33$; por tanto, voy a usar 28 cm y 33 cm como la menor y la mayor longitud.

Hallo tres números más que den como resultado una suma de 180 cuando se los suma a 28, 30 y 33.

Longitudes posibles en centímetros:

$28 + 28 + 30 + 30 + 31 + 33 = 180$

La longitud media es 30 cm y el rango es 5 cm; por tanto, se comprueba mi respuesta.

© PM.1 Entender y perseverar

El Sr. Austin recorrió su estado. Durante el paseo de 9 días, la cantidad media de millas que condujo por día fue 96. En cada uno de tres días condujo 82 millas. Esta es la moda. ¿Cuáles son algunas distancias posibles que el Sr. Austin pudo haber conducido cada uno de los 9 días?

1. ¿Cómo puedes usar la cantidad media de millas y la moda para entender el problema y planear una estrategia?

2. Usa tu estrategia para resolver el problema. Explica por qué tu respuesta tiene sentido. Muestra tu trabajo.

Venta de patio

Joely vende 7 de sus viejos juguetes en la venta de patio que hacen sus padres. A la derecha se muestran la mediana y la media de los precios. Ninguno de los juguetes tiene el mismo precio. Haz una lista de precios posibles de los juguetes.

3. **PM.1 Entender y perseverar** ¿Cómo puedes usar la información dada para elaborar una estrategia?

media de los precios de venta: $0.25
mediana de los precios de venta: $0.30

4. **PM.7 Usar la estructura** Aplica tu estrategia para hallar precios posibles de los juguetes. Explica tu razonamiento.

Cuando usas la estructura para resolver un problema, buscas relaciones entre las cantidades y las usas. Hacer una lista de las cantidades o ponerlas en una tabla te puede ayudar.

5. **PM.2 Razonar** Sin calcular, ¿es posible que la media y la mediana de tu lista de juguetes se mantengan iguales si Joely quita uno de los juguetes de la venta de patio antes de venderlo? Explícalo.

   © Pearson Education, Inc. 6

Emparéjalo

Trabaja con un compañero. Señala una pista y léela.

Mira los problemas de la parte de abajo de la página y busca un problema que coincida con la pista. Escribe la letra o el símbolo de la pista en la casilla junto al problema que coincide con la pista.

Halla un problema para cada pista.

Puedo...

sumar, restar, multiplicar y dividir números decimales.

Estándar de contenido
6.SN.B.3

Pistas

O Redondeado al número entero más cercano, la respuesta es 292.

Y La respuesta está entre 293 y 293.5.

A La respuesta es la mayor de todas.

R La respuesta tiene un 1 en la posición de las milésimas.

U La respuesta es un múltiplo de 20.

S La respuesta es un número entero impar.

M El resultado tiene el mismo dígito en las unidades y las centésimas.

♥ La respuesta está entre 300 y 305.

15.239 + 278.26	300 − 8.362	15.7 × 19.4	128.34 ÷ 0.46
348 ÷ 1.45	148.26 + 148.3	2.63 × 125.6	504.06 − 220.079

Lista de palabras

- datos
- media
- mediana
- moda
- pregunta estadística
- rango

Comprender el vocabulario

Escoge el mejor término de la Lista de palabras. Escríbelo en el espacio en blanco.

1. La _____________ es el valor que ocurre con más frecuencia en un conjunto de datos.

2. Una _____________ anticipa una variedad de respuestas diferentes.

3. La suma de todos los valores de un conjunto de datos dividido por la cantidad total de valores del conjunto es la _____________.

4. Para hallar el _____________ de un conjunto de datos, tienes que conocer el menor y el mayor valor.

5. El valor del medio en un conjunto de datos ordenados es la _____________.

Encierra en un círculo la *mediana* de los conjuntos de datos.

6. 10, 15, 20, 25, 28, 30, 30, 40, 50

7. 8, 12, 12, 15, 16, 18, 22, 24, 32

El conjunto de datos muestra las edades de los voluntarios de un centro de vida silvestre. Escribe V si la oración es *verdadera* o F si es *falsa*.

47, 12, 16, 12, 52, 30, 13

8. _______ El *rango* de edades es 40 años.

9. _______ La *mediana* de las edades es 12.

10. _______ La *moda* de las edades es 12.

11. _______ La *media* de las edades es 26.

Usar el vocabulario al escribir

12. Alicia ganó las siguientes cantidades cuidando mascotas: $8, $36, $15, $43, $28. Explica cómo describirías los datos. Usa al menos 4 palabras de la Lista de palabras en tu explicación.

© Pearson Education, Inc. 6

Grupo A páginas 749 a 754

Ramón les hizo la siguiente pregunta a sus compañeros: "¿Cuánto tiempo, a la hora más cercana, pasas en línea por semana?".

Su pregunta anticipa una variedad de respuestas de sus compañeros; por tanto, se puede usar para responder la pregunta estadística "¿Cuántas horas a la semana pasan en línea mis compañeros?".

Ramón hizo el siguiente diagrama de puntos para mostrar los datos numéricos que recopiló.

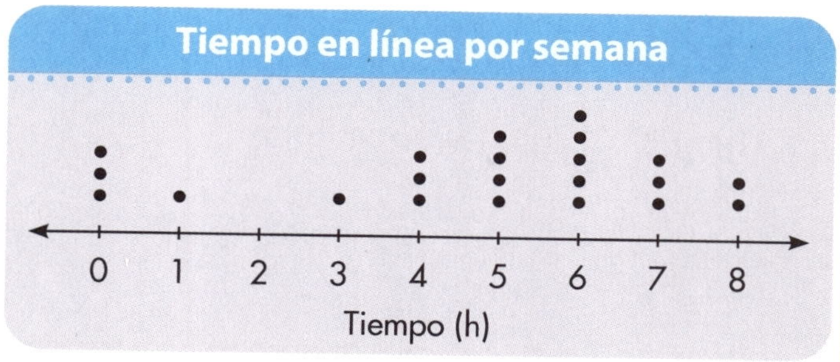

Refuerzo

Recuerda que las preguntas estadísticas anticipan que habrá distintas respuestas en los datos.

Indica si cada pregunta es estadística o no en los Ejercicios **1** a **3.**

1. ¿Cuántas estaciones hay en un sistema de subterráneos?

2. ¿Cómo califican los pasajeros de un sistema de subterráneos la calidad del servicio, en una escala del 1 al 10?

3. ¿Cuántos pasajeros viajan en cada una de las líneas Verde, Azul, Roja y Anaranjada del sistema de subterráneos por día?

Grupo B páginas 755 a 760

Halla la media del conjunto de datos.

Cantidad de cometas vendidas				
12	10	15	18	15

La media es la suma de todos los datos de un conjunto dividido por la cantidad total de valores del conjunto de datos.

$(12 + 10 + 15 + 18 + 15) \div 5$
$= 70 \div 5 = 14$

La media es 14.

Recuerda que debes dividir por la cantidad de valores del conjunto de datos, aun si uno o más de los valores es cero.

Halla la media de los conjuntos de datos en los Ejercicios **1** a **8.**

1. 3, 6, 9

2. 5, 12, 0, 7

3. 9, 11, 22, 25, 38

4. 95, 87, 63, 0, 88, 87

5. 500, 0, 350, 750, 0

6. 28, 27, 26, 28, 23, 21, 22, 28, 22

7. 46, 52, 49, 55, 48, 57, 47, 54

8. 1.25, 2.5, 3.75, 1.75, 2

Grupo C páginas 761 a 766

Halla la mediana, la moda y el rango del siguiente conjunto de datos.

DATOS	**Puntos totales del juego**
	129 : 124 : 128 : 120 : 124

La **mediana** es el número del medio en un conjunto de datos que está ordenado numéricamente.

$$120, 124, 124, 128, 129$$

La **moda** es el número que ocurre con más frecuencia. La moda es 124.

$$120, 124, 124, 128, 129$$

El **rango** es la diferencia entre el mayor y el menor número de un conjunto de datos.

$$129 - 120 = 9$$

Recuerda que debes ordenar los valores de los datos de menor a mayor antes de comenzar. La mediana es una medida de tendencia central. La moda es el valor de los datos que ocurre con más frecuencia. El rango describe la dispersión de un conjunto de datos y es una medida de variabilidad.

Halla la mediana, la moda y el rango de los conjuntos de datos en los Ejercicios **1** a **5.**

1. 2, 5, 5

2. 11, 13, 13, 11, 13

3. 27, 26, 25, 24

4. 100, 200, 500, 300, 500

5. 1.4, 1.3, 1.1, 1.4, 1.9, 1.8, 1.7, 1.4

Grupo D páginas 767 a 772

Piensa en tus respuestas a estas preguntas como ayuda para **entender y perseverar** cuando resuelves problemas.

Hábitos de razonamiento

- ¿Qué necesito hallar?

- ¿Qué sé?

- ¿Cuál es mi plan para resolver el problema?

- ¿Qué más puedo intentar si no puedo seguir adelante?

- ¿Cómo puedo comprobar si mi solución tiene sentido?

Recuerda que debes usar la información para resolver el problema.

Jennifer cosechó 5 calabazas. Anotó esta información estadística.
- Media de los pesos = 25 libras
- Calabaza más pequeña = 7 libras
- Rango de pesos = 30 libras

Haz una lista de los pesos posibles de las calabazas.

1. ¿Qué tienes que hallar?

2. ¿Cuál es el peso de la calabaza más pesada?

3. Haz una lista de los pesos de las 5 calabazas que coincida con la información dada.

4. ¿Cómo puedes comprobar tu respuesta?

© Pearson Education, Inc. 6

1. Escoge Verdadero o Falso para las oraciones 1a a 1d.

Cantidad de días que los estudiantes hacen la tarea por semana									
2	5	6	1	4	3	6	5	3	5

1a. La cantidad media de días que los estudiantes hacen la tarea es 4.

○ Verdadero   ○ Falso

1b. Si los estudiantes que hicieron la tarea 1 día hubieran hecho la tarea 5 días, la media sería 4.5.

○ Verdadero   ○ Falso

1c. Si otro estudiante que hizo la tarea 4 días a la semana se incluyera en los datos, la media se mantendría igual.

○ Verdadero   ○ Falso

1d. Si todos los estudiantes hicieran la tarea un día más, la media aumentaría a 5.5.

○ Verdadero   ○ Falso

2. ¿Cómo sabes que este diagrama de puntos muestra las respuestas a una pregunta estadística?

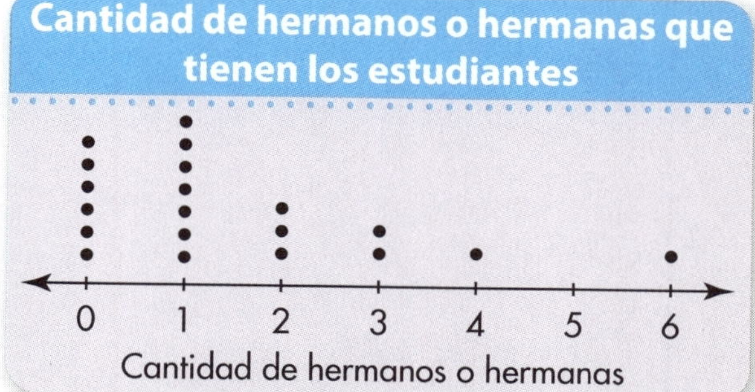

Ⓐ Se muestran varios datos.

Ⓑ Todos los valores de los datos son iguales.

Ⓒ Los datos son numéricos.

Ⓓ Se hizo la misma pregunta a todos los estudiantes.

3. A continuación hay una lista de las edades de diez niños. Escoge Sí o No en las oraciones 3a a 3d.

7, 6, 8, 6, 8, 7, 8, 7, 8, 6

3a. El rango es 3.
○ Sí   ○ No

3b. La mediana y la moda son 7.
○ Sí   ○ No

3c. La mediana es 7 y la moda es 8.
○ Sí   ○ No

3d. La mediana es 8 y la moda es 7.
○ Sí   ○ No

4. El precio medio de cinco libros es $82 y el rango de precios es $16. ¿Cuáles son los precios posibles de los libros? Marca todas las que se apliquen.

☐ $82, $82, $82, $82, $98

☐ $90, $90, $74, $74, $74

☐ $83, $83, $72, $84, $88

☐ $82, $82, $88, $76, $82

☐ $82, $84, $90, $80, $74

5. Chad obtuvo las siguientes calificaciones en las pruebas:

70, 85, 100, 87, 80, 70, 95, 91

Escribe el término correcto en cada casilla para que las desigualdades sean verdaderas.

| media   mediana   moda   rango |

media < [ ]   moda > [ ]

6. Un entrenador hizo las siguientes dos preguntas a cada miembro del equipo de campo traviesa:

¿Qué distancia corrió Tony durante la práctica?
¿Cuántas millas corriste el domingo?

Parte A

¿Qué pregunta aporta datos que se pueden usar para responder una pregunta estadística? Explícalo.

Parte B

Los resultados de la pregunta estadística se muestran a continuación, en millas corridas.

3 7 4 0 2 3 4 3 2 5 3 1 4 2 5 4 1 3

Haz un diagrama de puntos para mostrar los datos. Describe una cosa que muestran los datos.

7. ¿Es la pregunta "¿Cuántos gatos vendió la tienda de mascotas el sábado?" un buen ejemplo de una pregunta estadística? Explica tu razonamiento.

8. A continuación se hace una lista de los estudiantes que hay en distintas clases de yoga.

8 10 7 9 5 8 10 12 10

Compara la media, la moda y el rango del conjunto de datos. ¿Cuál es el valor mayor? Muestra tu trabajo.

9. Suzanne anotó la distancia que montó en su bicicleta cada semana durante 5 semanas. La mediana de la distancia fue 32 kilómetros. El rango de las distancias fue 18 kilómetros. Suzanne montó una cantidad de kilómetros distinta cada semana. ¿Cuáles pueden ser las distancias que montó Suzanne en su bicicleta cada semana? Explica tu estrategia para hallar las distancias posibles.

© Pearson Education, Inc. 6

Nombre _______________________________

Los estudiantes de la escuela Fairview apoyan muchos servicios de la
comunidad local. Como parte de su proyecto para recaudar fondos, la banda
de música vende el DVD de la temporada de futbol americano del campeonato
de la escuela.

1. Antes de hacer el DVD, la banda quería saber si se vendería. Hicieron
   encuestas en dos períodos de almuerzo. En las tablas se muestran
   los resultados.

DATOS

Primera encuesta	
Cantidad de DVD	Estudiantes
0	8
1	24
2	18

Total de estudiantes encuestados: 50

DATOS

Segunda encuesta	
Cantidad de DVD	Estudiantes
0	14
1	54
2	32

Total de estudiantes encuestados: 100

¿Qué pregunta estadística se pudo haber hecho? ¿Qué hace que la pregunta
sea una buena pregunta estadística?

2. Las siguientes listas muestran la cantidad de DVD que se vendieron por día
   durante los primeros diez días de venta: 30, 21, 28, 23, 25, 23, 26, 23, 20, 21.

   Parte A

   Haz un diagrama de puntos con los datos.

   Parte B

   Describe lo que muestran los datos.

3. Halla la media, la mediana, la moda y el rango de los datos de los primeros diez días de venta. Explica de qué manera el diagrama de puntos te ayuda a hallar algunos de estos valores.

4. Los DVD se venderán durante 3 días más. El Sr. Collins, el líder de la banda, fijó una meta de 26 más para la cantidad media de ventas diarias.

Evalúa si la meta del Sr. Collins es razonable o si se debe modificar. Si se debe modificar, indica tu propia meta. Justifica tu respuesta.

© Pearson Education, Inc. 6

Mostrar y resumir datos

Pregunta esencial: ¿Cómo se usan las gráficas para representar datos y responder a preguntas?

Recursos digitales

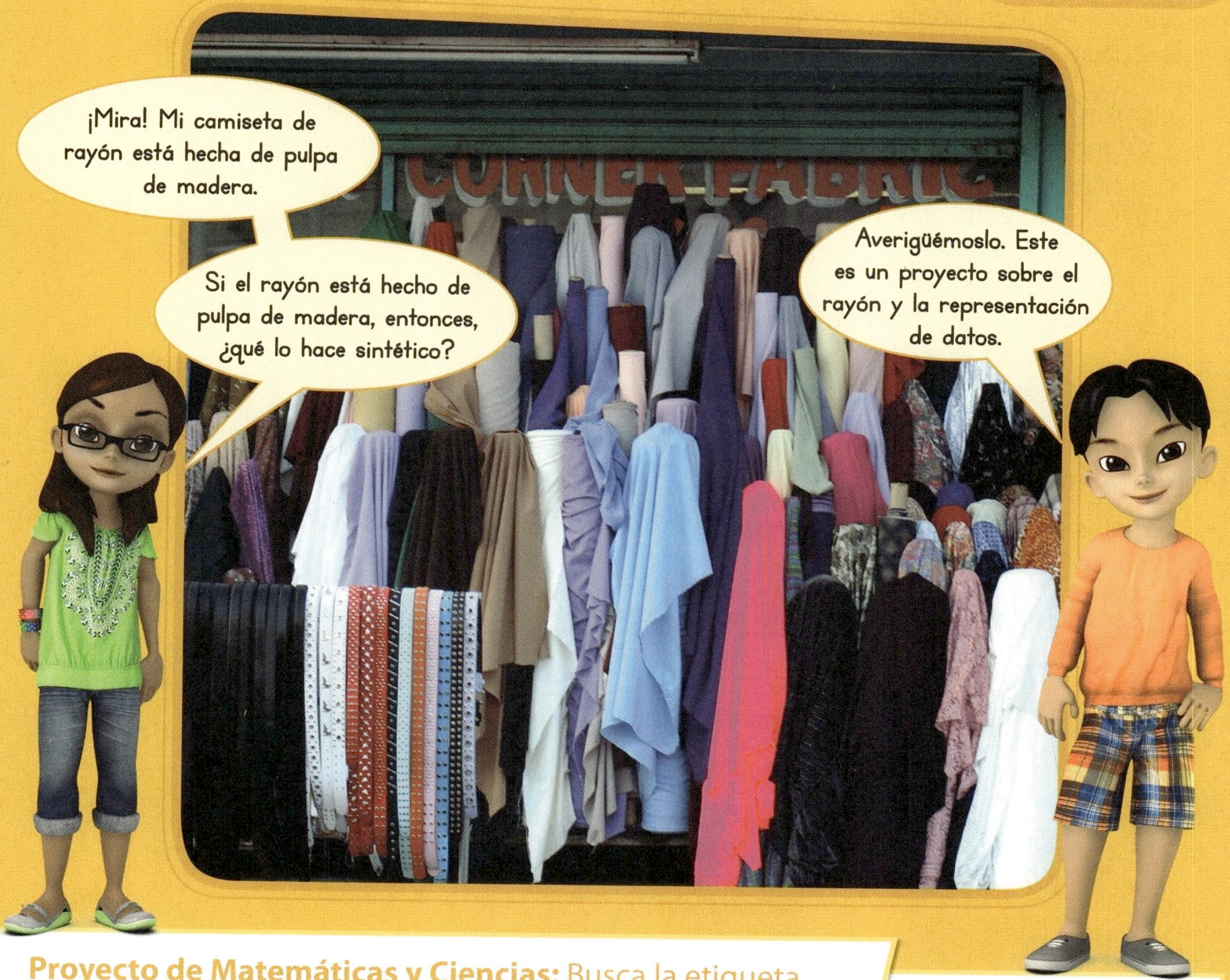

Proyecto de Matemáticas y Ciencias: Busca la etiqueta

Investigar Usa la Internet u otras fuentes para aprender más sobre el rayón. ¿Cuándo y por qué fue inventado? ¿Cómo se usa el rayón hoy en día? Reúne datos para comparar los precios de las camisetas de rayón con los de las de seda. Halla el costo de al menos 20 camisetas de cada tela.

Diario: Escribir un informe Incluye lo que averiguaste. En tu informe, también:

- representa los datos usando dos diagramas de cajas, uno para los precios de las camisetas de rayón y otro para los precios de las camisetas de seda. Haz los diagramas de caja sobre la misma recta numérica.

- halla la media, la mediana y el rango entre cuartiles (REC) de cada conjunto de datos. Usa estos valores para resumir el impacto del rayón en la sociedad.

Repasa lo que sabes

A-Z Vocabulario

Escoge el mejor término del recuadro y escríbelo
en el espacio en blanco.

- media
- mediana
- moda
- rango
- valor extremo

1. Halla el ______________ de un conjunto de datos
restándole el valor más bajo al valor más alto.

2. Un valor muy alto o muy bajo con pocos valores
a su alrededor es un ______________.

3. El promedio de los valores de un conjunto de datos es la ______________.

4. El valor del medio de un conjunto de datos es la ______________.

Mediana, media, moda y rango

Usa los datos sobre la cantidad de veces que los estudiantes montaron en bicicleta
el mes pasado.

Cantidad de veces que los estudiantes montaron en bicicleta
2, 4, 5, 11, 16, 12, 25, 16, 15, 26, 10, 16, 2, 15

5. ¿Cuál es la mediana, la media, la moda y el rango de los datos?

6. El estudiante que usó la bicicleta 5 veces volvió a contar y dijo que fueron
6 veces. ¿El cambio de 5 a 6 cambia la mediana? ¿Por qué?

Analizar los datos

7. La tabla muestra la cantidad de minutos por día que pasaron algunos estudiantes
haciendo tareas domésticas. ¿Cuál de las opciones representa el valor mayor?

Minutos por día haciendo tareas domésticas
20, 25, 45, 20, 30, 40, 30, 25, 20, 15, 35, 40

Ⓐ Media   Ⓑ Mediana   Ⓒ Moda   Ⓓ Rango

© Pearson Education, Inc. 6

Mis tarjetas de palabras

Usa los ejemplos de las palabras de las tarjetas para ayudarte a completar las definiciones que están al reverso.

A-Z Glosario

tabla de frecuencias

Promedio de temperaturas diarias

Temp(°F)	Conteo	Frecuencia
36–40	I	1
41–45	IIII	4
46–50	HHH II	7

histograma

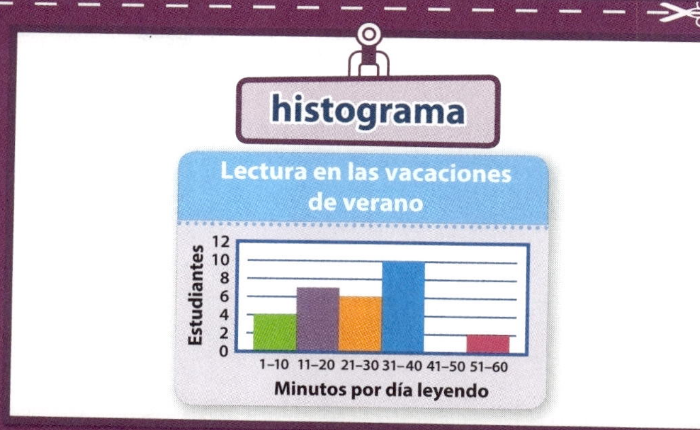

diagrama de caja

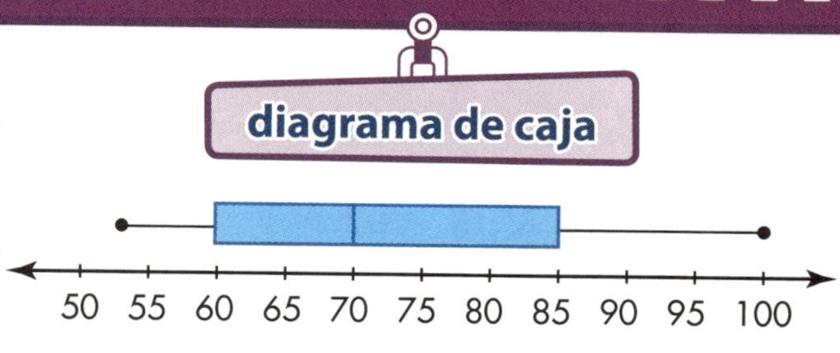

cuartiles

7, 7, 9, 10, 10, 11, 13, 13, 13, 14, 15, 15, 17, 18, 22

Primer cuartil   Segundo cuartil   Tercer cuartil

desviación absoluta

DATOS

Valor	Media	Desviación absoluta
26	24	$\lvert 26 - 24 \rvert = 2$
24	24	$\lvert 24 - 24 \rvert = 0$
22	24	$\lvert 24 - 22 \rvert = 2$

desviación absoluta media (DAM)

$$\frac{\text{suma de la desviación absoluta del conjunto de datos}}{\text{cantidad de datos del conjunto}} = \text{desviación absoluta media (DAM)}$$

$$\frac{2 + 0 + 2}{3} = \frac{4}{3} = 1.\overline{3}$$

rango entre cuartiles (REC)

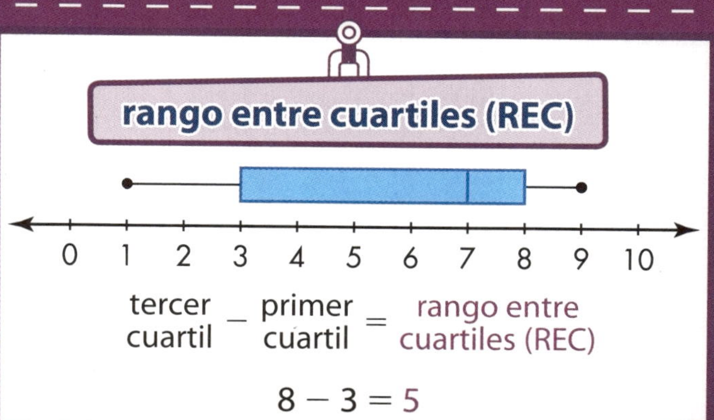

$$\text{tercer cuartil} - \text{primer cuartil} = \text{rango entre cuartiles (REC)}$$

$$8 - 3 = 5$$

distribución de los datos

Medidas de tendencia central	Medidas de variación de la dispersión
Media = 30	REC (33 − 26) = 7
Mediana = 32	DAM = 4
Moda = 33	

Completa cada definición. Para ampliar lo que aprendiste, escribe tus propias definiciones.

Una gráfica que usa barras para mostrar la frecuencia de rangos o grupos iguales de datos es un

_______________________.

Una _______________________ muestra la cantidad de veces que un valor o varios aparecen en un conjunto de datos.

Los valores que dividen un conjunto de datos en cuatro partes iguales son

_______________________.

Un _______________________ muestra una distribución de valores sobre una recta numérica.

La media de las desviaciones absolutas de un conjunto de datos

es la _______________________

_______________________.

La distancia entre los valores y la media es

la _______________________.

La manera en la que están ordenados los valores es la

_______________________.

El _______________________

_______________________ es la diferencia entre el tercer cuartil y el primero.

© Pearson Education, Inc. 6

Resuélvelo y coméntalo

Los estudiantes de una clase de sexto grado anotaron la cantidad de letras de sus nombres y apellidos. ¿Cuál fue la longitud más común? ¿Y la longitud menos común? *Haz una tabla para resolver este problema.*

Cantidad de letras en los nombres y apellidos de los estudiantes de sexto grado

15, 11, 14, 8, 10, 15, 17, 16, 19, 12, 13, 12, 14,
15, 11, 16, 9, 12, 13, 10

Resuelve

Lección 16-1
Tablas de frecuencias e histogramas

Puedo...

hacer y analizar tablas de frecuencias e histogramas.

© **Estándares de contenido** 6.EP.B.4, 6.EP.B.5a
Prácticas matemáticas PM.1, PM.2, PM.4, PM.6, PM.7

¡Vuelve atrás! © **PM.7 Buscar relaciones** ¿Cómo te ayuda organizar los datos para ver la cantidad de letras que aparecen con más frecuencia? Explícalo.

A

El Sr. Maxwell cronometró al equipo de atletismo en una carrera de 2 millas. Quiere organizar los datos en una **tabla de frecuencias**. Una tabla de frecuencias muestra la cantidad de veces que aparecen uno o varios valores en un conjunto de datos. ¿Cómo puede hacer una tabla de frecuencias el Sr. Maxwell?

DATOS	Tiempos					
	16:45	14:25	18:40	16:03	15:12	19:15
	17:14	14:02	16:52	15:18	17:49	17:55

B Organiza los datos en una tabla de frecuencias.

Tiempos de carrera	Conteo	Frecuencia
14:00–15:59	IIII	4
16:00–17:59	HHT I	6
18:00–19:59	II	2

C Usa la tabla de frecuencias para hacer un histograma.

Un **histograma** es una gráfica que usa barras para mostrar la frecuencia de grupos o rangos iguales de datos.

Paso 1 Ponle un título a la gráfica.

Paso 2 Escoge la escala del eje vertical.

Paso 3 Haz una lista de los intervalos de tiempo a lo largo del eje horizontal.

Paso 4 Grafica los datos dibujando una barra para cada intervalo.

¡Convénceme! © **PM.2 Razonar** ¿En qué se parecen y en qué se diferencian las tablas de frecuencias y los histogramas?

© Pearson Education, Inc. 6

☆ Práctica guiada *

¿Lo entiendes?

1. Mira el histograma de la página anterior. ¿Qué indica la barra más alta?

2. ¿Cuántos corredores tienen tiempos de 18 minutos o más?

¿Cómo hacerlo?

3. ¿Cómo cambiaría la apariencia del histograma un intervalo de 3 minutos? Explícalo.

☆ Práctica independiente

Usa los datos de la tabla en los Ejercicios **4** a **9**.

¿Cuántas canciones tienes en tu reproductor MP3?
125, 289, 115, 203, 192, 178, 256, 248, 165, 233, 147, 209, 225, 184, 156, 201, 143, 125, 263, 210

4. Completa la siguiente tabla de frecuencias para la cantidad de canciones en los reproductores MP3.

Rango de canciones	Conteos	Frecuencia
100–149		
150–199		
200–		
–		

5. Usa tu tabla de frecuencias para completar el histograma.

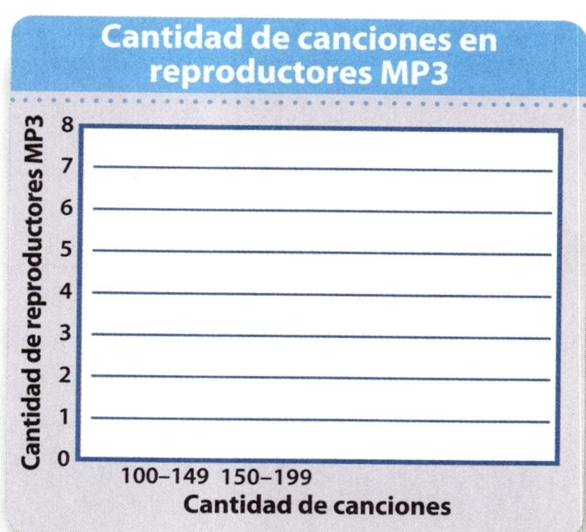

6. ¿Cuántas personas tienen entre 150 y 199 canciones en sus reproductores MP3?

7. ¿Más de la mitad de los reproductores MP3 tienen menos de 149 canciones?

8. ¿La mayor cantidad de canciones en los reproductores MP3 está entre 200 y 249?

9. ¿Hay más reproductores MP3 que tengan entre 200 y 249 canciones que reproductores que tengan entre 150 y 199 canciones?

Usa los datos de la tabla en los Ejercicios **10** a **12.**

Tiempos de frenado de una bicicleta (en segundos)

15, 25, 11, 8, 10, 21, 18, 23, 19, 9,
14, 16, 24, 18, 10, 16, 24, 18, 9, 14

10. © **PM.2 Razonar** Todd quiere saber cuántas personas tardaron 20 segundos o más para frenar una bicicleta de manera segura. Para mostrar esto, ¿sería mejor una tabla de frecuencias o un histograma? Explícalo.

11. **Razonamiento de orden superior** Cuando organiza los datos, ¿qué intervalo debe usar Todd? Explica cómo tomaste la decisión.

12. © **PM.4 Representar con modelos matemáticos** Haz una tabla de frecuencias y un histograma para los datos.

Tiempo (en segundos)	Conteos	Frecuencia

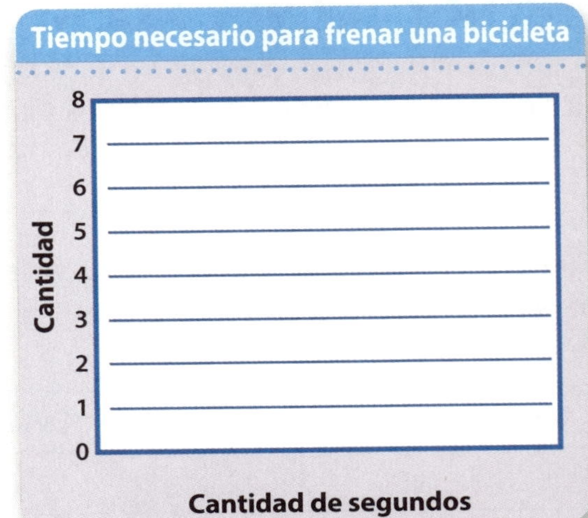

© **Evaluación de Common Core**

13. Lisa anotó el tiempo que tardó en hacer su tarea todas las noches durante un mes.

Usa el histograma para escoger todos los enunciados verdaderos que describan los datos de Lisa.

☐ Lisa trabajó en su tarea durante una hora una sola vez.

☐ Durante más de medio mes, Lisa tardó menos de 30 minutos por noche en hacer la tarea.

☐ La mayor cantidad de tiempo que tardó en hacer la tarea por noche fue entre 15 y 29 minutos.

☐ Las veces que Lisa tardó entre 15 y 29 minutos fueron más que las veces en que tardó entre 30 y 59 minutos.

   © Pearson Education, Inc. 6

Tarea y práctica
16-1
Tablas de frecuencias e histogramas

¡Revisemos!

Maia anotó la cantidad de bolsas de palomitas de maíz que vendió por día en la feria.

Hacer una tabla de frecuencias te ayudará a organizar los datos. Puedes usar la tabla de frecuencias para hacer un histograma.

Bolsas de palomitas de maíz

62, 65, 58, 31, 64, 58, 66, 68, 56, 67, 68, 51

Representa los datos en una tabla de frecuencias y en un histograma.

Haz una tabla de frecuencias

Bolsas	Conteo	Frecuencia
30–39	I	1
40–49		0
50–59	IIII	4
60–69	ᵬᵬᵬ II	7

Haz un histograma

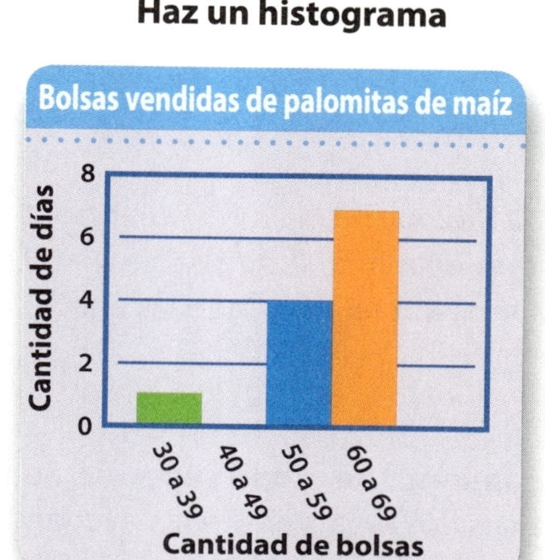

Usa los datos de la tabla en los Ejercicios **1** y **2**.

Ventas anuales de boletos para el evento de patinaje sobre hielo							
72	81	88	51	90	89	85	74
87	100	80	99	87	96	99	84
84	86	94	88	91	85	78	90

1. Completa la siguiente tabla de frecuencias para la cantidad de boletos vendidos para el evento.

Boletos vendidos	Conteos	Frecuencia
45–54		
55–64		
65–74		
75–84		
85–94		
95–104		

2. Usa la tabla de frecuencias para completar el histograma.

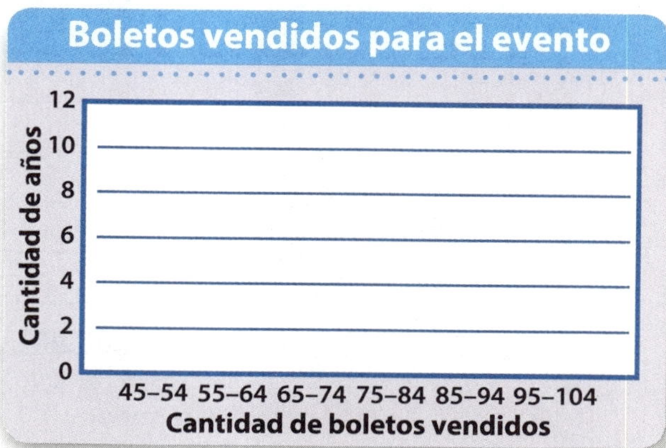

Edad de los jugadores en el minigolf				
14	7	6	24	15
9	19	25	10	17
51	8	21	48	12

3. **Sentido numérico** Cuando Lilah terminó de hacer el histograma, un grupo de cinco personas comenzó a jugar. Ella quiere incluir sus edades, que son 12, 12, 16, 26 y 48. ¿Cómo debe cambiar el histograma Lilah para incluir estas edades?

4. **© PM.2 Razonar** Una tarde, Lilah anotó las edades de los jugadores de minigolf que había a las 3:00. ¿Cómo cambiarían sus datos si hubiera anotado las edades a las 7:00 *p. m.?*

5. **Razonamiento de orden superior** Supón que una persona de 65 años lleva a sus dos nietas de 5 años a jugar minigolf. ¿Cómo puede ajustar los intervalos Lilah para incluir esas edades?

© Evaluación de *Common Core*

6. Todos los días durante un mes, Bo se cronometró a sí mismo para ver cuántos tiros libres podía lanzar en 60 segundos.

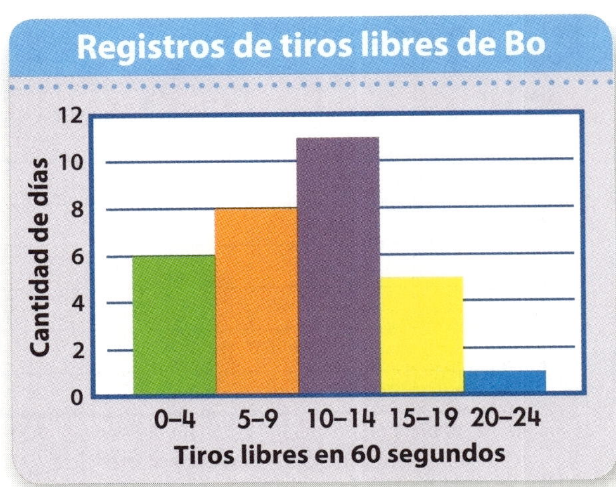

Usa el histograma para escoger todos los enunciados verdaderos que describan los datos de Bo.

☐ Lanzó entre 15 y 19 tiros libres 6 veces.

☐ Más de la mitad del mes Bo lanzó más de 10 tiros.

☐ La mayor cantidad de tiros lanzados en 60 segundos estuvo entre 10 y 14.

☐ Hubo más ocasiones en las que Bo lanzó menos de 10 tiros que ocasiones en las que lanzó más de 14 tiros.

© Pearson Education, Inc. 6

Un inspector de calidad de una planta procesadora de alimentos recolectó datos sobre la cantidad de pasas envasadas en cajas pequeñas. Halla el mínimo, el máximo y la mediana de los datos. Luego, halla la mediana de la primera y segunda mitad de los datos. *Resuelve este problema de la manera que prefieras.*

Lección 16-2
Diagramas de caja

Puedo...
hacer y analizar diagramas de caja.

Estándar de contenido 6.EP.B.4
Prácticas matemáticas PM.1, PM.2, PM.3, PM.4, PM.5

Conteo de pasas en cajas pequeñas

27, 29, 27, 25, 25, 27, 32, 30, 28, 32, 26, 31

¡Vuelve atrás! **PM.3 Construir argumentos** ¿Qué crees que muestran la mediana de los datos y la mediana de la primera y la segunda mitad de los datos? Explícalo.

Pregunta esencial | **¿Cómo se puede hacer un diagrama de caja?**

A

Helen quiere mostrar las longitudes de 15 pescados. ¿Cómo puede usar los datos para hacer un diagrama de caja?

Longitud de los pescados (pulgs.)		
7	9	10
7	13	13
10	15	15
18	11	13
22	14	17

B Halla la mediana, el mínimo y el máximo de los valores de los datos.

7, 7, 9, 10, 10, 11, 13, 13, 13, 14, 15, 15, 17, 18, 22

mínimo   mediana   máximo

Halla la mediana de cada mitad.

7, 7, 9, 10, 10, 11, 13, 13, 13, 14, 15, 15, 17, 18, 22

Primer cuartil   Segundo cuartil   Tercer cuartil

Los **cuartiles** son valores que dividen un conjunto de datos en cuatro partes iguales.

C Dibuja el diagrama de caja.

Muestra una recta numérica con una escala apropiada, una caja entre el primer y tercer cuartil y un segmento vertical que muestre la mediana.

Dibuja segmentos que se extiendan desde la caja hasta los valores mínimos y máximos.

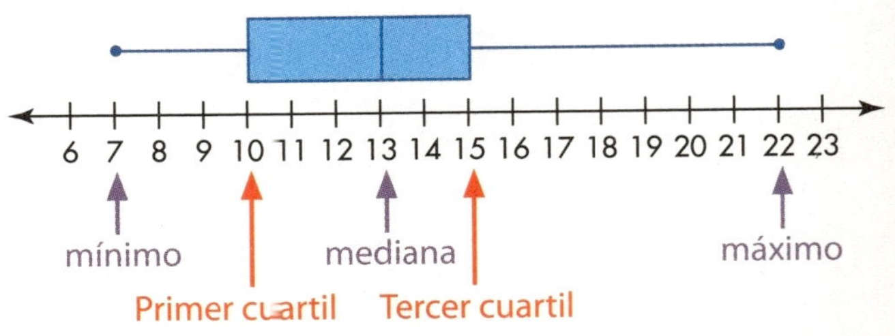

¡Convénceme! © **PM.2 Razonar** Escribe dos conclusiones sobre los datos mostrados en el diagrama de caja anterior.

© Pearson Education, Inc. 6

☆ Práctica guiada *

¿Lo entiendes?

Los resultados de los exámenes de Sara fueron 79, 75, 82, 90, 73, 82, 78, 85 y 78. Usa los datos en los Ejercicios **1** a **5**.

1. ¿Qué escala convendría usar en una recta numérica que incluya los resultados de Sara?

2. ¿Qué valores se incluyen dentro de la caja de un diagrama de caja?

¿Cómo hacerlo?

3. Halla la mediana.

4. Halla el primer y el tercer cuartil.

5. Dibuja un diagrama de caja que muestre la distribución de los resultados de los exámenes de Sara.

☆ Práctica independiente

Usa los datos dados para responder las preguntas en el Ejercicio **6.**

6. El diagrama de caja muestra datos de los jonrones que bateó un jugador de las ligas mayores en 9 temporadas.

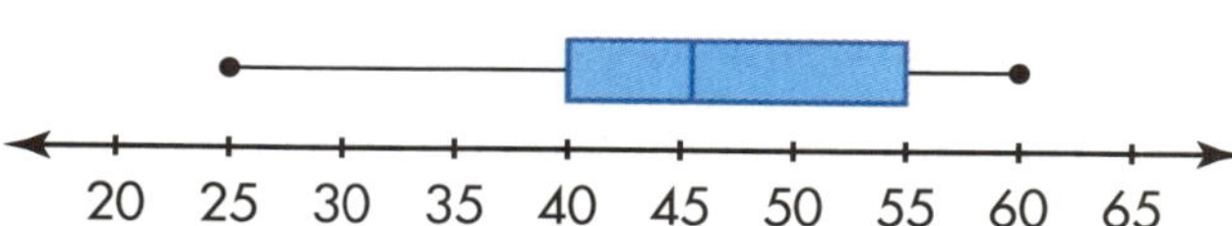

a. ¿Cuál es la cantidad máxima de jonrones que bateó el jugador en las temporadas mostradas?

b. ¿Y cuál es la cantidad mínima de jonrones que bateó?

c. ¿Cuál es el primer cuartil?

d. ¿Cuál es el tercer cuartil?

Dibuja diagramas de cajas usando los datos provistos en los Ejercicios **7** y **8.**

7. Tiempos en segundos en carrera corta de los estudiantes que intentaron entrar al equipo de atletismo:

44, 40, 40, 42, 49, 43, 41, 47, 54, 48, 42, 52, 48

8. Resultados de los exámenes de Ciencias:

73, 78, 66, 61, 85, 90, 99, 76, 64, 70, 72, 72, 93, 81

9. © **PM.2 Razonar** Los precios de las acciones de una compañía eléctrica durante 9 días redondeado al dólar más cercano fueron los siguientes: $16, $17, $16, $16, $18, $18, $21, $22, $19.

Usa un diagrama de caja para determinar cuántos dólares más por acción fue el precio del tercer cuartil comparado con el precio del primer cuartil.

10. Matemáticas y Ciencias El pronóstico de la temperatura para Topeka, Kansas, para los próximos 8 días muestra las siguientes máximas por día en grados Fahrenheit: 29, 31, 24, 26, 29, 35, 27, 32.

Si el pronóstico es preciso, ¿cuál será el promedio de la temperatura máxima redondeado al grado más cercano?

11. © **PM.4 Representar con modelos matemáticos**
El entrenador Henderson midió las velocidades en millas por hora de los lanzamientos durante la primera entrada de un partido de beisbol de una escuela intermedia de la siguiente manera.

DATOS

**Velocidad de los lanzamientos
(en millas por hora)**

45.3 47 48.1 51.3 55.8 61.1 48.5 60.7 49

Dibuja un diagrama de caja para mostrar los datos y escribe dos conclusiones sobre los datos mostrados en el diagrama de caja.

12. Razonamiento de orden superior Alana hizo este diagrama de caja para representar la asistencia a clase durante el mes pasado. Sin ver los valores, ¿qué conclusiones puedes sacar sobre si la asistencia fue alta o baja? Explícalo.

© **Evaluación de *Common Core***

13. Usa los datos dados para completar el diagrama de caja.

Las edades de los estudiantes de la clase de gimnasia de Caryn son las siguientes:

DATOS

Edad de los estudiantes

12 11 9 18 10 11 7 16 14 11 6

Escoge números del recuadro para completar el diagrama de caja.

6   8   9   11   12   14   16   18

© Pearson Education, Inc. 6

Tarea y práctica 16-2

Diagramas de caja

¡Revisemos!

Fabián hizo un diagrama de caja para registrar la cantidad de puntos anotados en la primera mitad de 11 partidos de básquetbol.

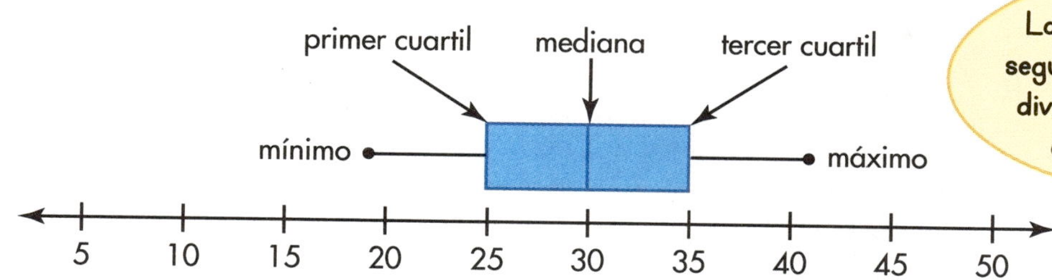

Fabián puede usar el diagrama de caja para responder preguntas sobre el conjunto de datos.

Usa los datos provistos para responder las preguntas en los Ejercicios **1** y **2**.

1. En un torneo de bolos, Sofía obtuvo los siguientes puntajes:

   167, 178, 193, 196, 199, 199, 203, 209, 217, 220, 221.

   a. ¿Cuál es la mediana?

   b. ¿Cuál es el primer cuartil?

   c. ¿Cuál es el tercer cuartil?

   d. Dibuja un diagrama de caja para los datos.

   e. Escribe dos conclusiones sobre los datos mostrados en el diagrama de caja.

2. Sabrina cultivó flores. En una competencia con otros cultivadores, obtuvo los siguientes puntajes: 7, 10, 10, 6, 7, 8, 8, 7, 9.

   a. ¿Cuál es la mediana?

   b. ¿Cuál es el primer cuartil?

   c. ¿Cuál es el tercer cuartil?

   d. Dibuja un diagrama de caja para los datos.

   e. Escribe dos conclusiones sobre los datos mostrados en el diagrama de caja.

3. **Álgebra** David obtuvo una combinación de 411 puntos en cinco exámenes de matemáticas. Escribe una ecuación de multiplicación para representar el promedio de la puntuación de los exámenes.

4. **Razonamiento de orden superior** Terence hizo un diagrama de caja para mostrar la cantidad de puntos anotados en los partidos de futbol americano. Sin ver los valores, ¿qué parte de los puntos están en el rango representado por la caja?

5. **© PM.5 Usar herramientas apropiadas** Cristina les preguntó a 20 compañeros de clase cuántas botellas de agua beben por semana. Quiere saber cuántos beben entre 20 y 25 botellas. ¿Debe usar un diagrama de caja, un diagrama de puntos o un histograma para mostrar los datos? Explica tu razonamiento.

6. **© PM.4 Representar con modelos matemáticos**

El restaurante de Samuel llevó la cuenta de las ventas durante 9 días como se muestra a continuación.

$1,074, $1,482, $1,209, $1,391, $1,360, $1,442, $1,569, $1,601, $1,315

a. Dibuja un diagrama de caja para las cifras de las ventas.

b. ¿Entre qué dos cifras se encuentra la mitad media de las ventas del restaurante de Samuel?

© Evaluación de *Common Core*

7. Usa los datos provistos para completar el diagrama de caja.

Shantay lanzó 10 veces un par de cubos numéricos numerados del 1 al 6. La siguiente tabla muestra las sumas de los números de los cubos en cada lanzamiento.

Suma de los pares de cubos numéricos lanzados
11   3   9   5   10   7   7   6   7   6

Escoge números del recuadro para completar el diagrama de caja.

3	5	6	7	8	9	10	11

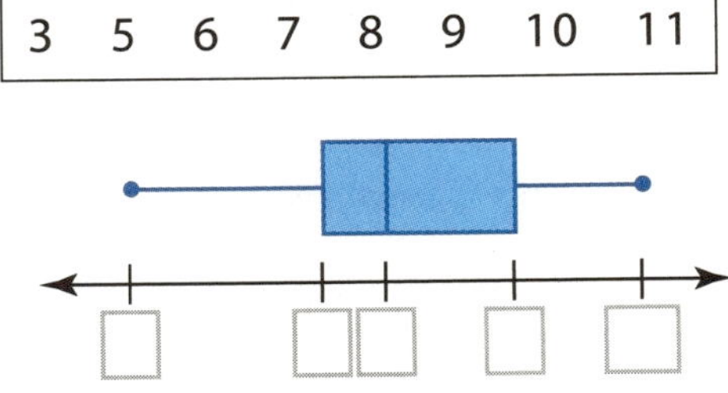

© Pearson Education, Inc. 6

Resuélvelo y coméntalo

Supón que reuniste datos sobre la cantidad de letras del nombre de 11 personas. La mediana de la longitud de los nombres es 6 letras. Haz dos diagramas de puntos posibles que se puedan usar para mostrar los datos de manera que en uno los datos varíen poco y en el otro varíen mucho. **Resuelve este problema de la manera que prefieras.**

Lección 16-3
Medidas de variabilidad

Puedo...
usar medidas de variabilidad para describir un conjunto de datos.

Estándares de contenido 6.EP.B.4, 6.EP.B.5c
Prácticas matemáticas PM.2, PM.3

¡Vuelve atrás! © **PM.3 Construir argumentos** Describe la distribución de los datos que realizaste y comenta la dispersión y la agrupación de los datos.

Pregunta esencial

¿Cómo se puede describir la variabilidad de los datos con un número?

A

El centro de los datos de las calificaciones de Ann en las pruebas de Matemáticas se puede describir usando un solo número.

Mediana = 88   Media = 86

¿Cómo puede un solo número describir cuánto varían con respecto a la media las calificaciones de Ann?

DATOS

Calificaciones de las pruebas de Matemáticas de Ann (%)	
82	99
76	73
92	90
88	88

B

Paso 1

Halla la desviación absoluta, la distancia entre cada valor y la media. Puedes hallar la desviación absoluta de la media calculando el valor absoluto de la diferencia entre estos números.

DATOS

Calificación	Desviación absoluta
73	$\|86 - 73\| = 13$
76	$\|86 - 76\| = 10$
82	$\|86 - 82\| = 4$
88	$\|88 - 86\| = 2$
88	$\|88 - 86\| = 2$
90	$\|90 - 86\| = 4$
92	$\|92 - 86\| = 6$
99	$\|99 - 86\| = 13$

C

Paso 2

Halla la desviación absoluta media (DAM), la media de las desviaciones absolutas de un conjunto de datos. Suma las desviaciones absolutas y divide por la cantidad de valores del conjunto.

$$\frac{13 + 10 + 4 + 2 + 2 + 4 + 6 + 13}{8}$$

$$= \frac{54}{8} = 6.75$$

cantidad de calificaciones

Generalmente, las calificaciones de las pruebas de Ann variaron 6.75 puntos de la media.

¡Convénceme! © **PM.2 Razonar** ¿Puede la DAM ser un valor negativo? Explícalo.

© Pearson Education, Inc. 6

Otro ejemplo

¿Cómo describe el rango entre cuartiles las calificaciones de las pruebas de Ciencias de Ann?

Otra medida de variabilidad es el **rango entre cuartiles (REC)**, que es la diferencia entre el tercer y el primer cuartil.

Dado que al menos la mitad de los valores está en este intervalo, es sencillo ver el rango entre cuartiles usando un diagrama de caja.

El diagrama de puntos muestra las calificaciones de las pruebas de Ciencias de Ann. El rango entre cuartiles es $82 - 79 = 3$.

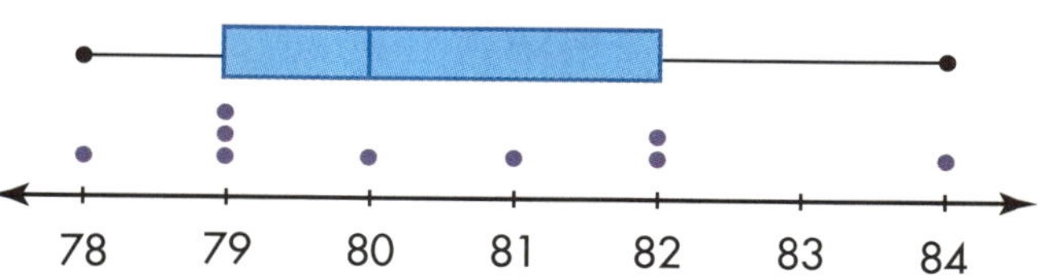

Calificaciones de las pruebas de Ciencias de Ann (%)

Por tanto, al menos la mitad de las calificaciones de las pruebas de Ciencias de Ann están en un intervalo de 3 puntos.

☆ Práctica guiada *

¿Lo entiendes?

1. ¿Qué es lo que indica la DAM sobre la variabilidad de los datos de un conjunto de datos?

2. ¿Qué es lo que indica el REC sobre la variabilidad de los datos de un conjunto de datos?

¿Cómo hacerlo?

Usa el conjunto de datos 4, 5, 5, 6, 7, 8, 8, 10, 10 en los Ejercicios **3** y **4**.

3. Halla la suma de las desviaciones absolutas de la media.

4. Halla la DAM y el REC.

☆ Práctica independiente

Usa la tabla de datos que muestra la cantidad de millas que Jill recorrió en bicicleta durante 9 días en los Ejercicios **5** y **6**.

Millas recorridas en bicicleta		
5	9	11
10	8	6
7	12	4

DATOS

5. Halla la desviación absoluta de la media para estos valores del conjunto: 5, 7, 12.

6. Halla la DAM del conjunto de datos. ¿Qué es lo que indica sobre la cantidad de millas que recorrió Jill en bicicleta?

Usa los datos de la tabla en los Ejercicios **7** a **10.**

7. Matemáticas y Ciencias Los datos muestran las temperaturas registradas durante un experimento. La temperatura de una mezcla química se anotó en grados Fahrenheit cada 5 minutos. ¿Cuál fue la temperatura media de la mezcla?

DATOS	Temperaturas (°F)			
	11	17	20	16
	19	16	15	22

8. © PM.3 Evaluar el razonamiento Dina dijo que la mayor desviación absoluta se hallará en la temperatura más alta, porque debe ser la más lejana de la media. ¿Tiene razón? Explícalo.

9. A-Z Vocabulario ¿Qué término se usa para describir el rango de la mitad del medio del conjunto de datos? Halla ese valor para estos datos.

10. Razonamiento de orden superior ¿Cuál es la DAM para los datos y qué es lo que indica sobre la temperatura de la mezcla química durante el experimento?

© Evaluación de *Common Core*

11. Harlo registró la marea por hora, en pies, durante un período de 8 horas como se muestra a continuación.

Marea (en pies)
3, 7, 11, 15, 20, 31, 39, 42

Parte A

¿Cuál es la DAM para el conjunto de datos?

Parte B

¿El REC es mayor o menor que la DAM? ¿Qué es lo que esto indica sobre la variabilidad de los datos?

¡Revisemos!

¿Cuál es la desviación absoluta media (DAM) de este conjunto de datos?

20, 40, 60, 80, 100

Paso 1

Halla la media de los datos.

$$
\begin{array}{r}
20 \\
40 \\
60 \\
80 \\
+\,100 \\
\hline
300
\end{array}
\qquad
\begin{array}{r}
60 \\
5\overline{)300}
\end{array}
$$

La media es 60.

Paso 2

Halla la desviación absoluta de los valores en el conjunto de datos.

Valor	Desviación absoluta
20	$\lvert 60 - 20 \rvert = 40$
40	$\lvert 60 - 40 \rvert = 20$
60	$\lvert 60 - 60 \rvert = 0$
80	$\lvert 80 - 60 \rvert = 20$
100	$\lvert 100 - 60 \rvert = 40$

Paso 3

Halla la media de las desviaciones absolutas.

$$
\begin{array}{r}
40 \\
20 \\
0 \\
20 \\
+\,40 \\
\hline
120
\end{array}
\qquad
\begin{array}{r}
24 \\
5\overline{)120}
\end{array}
$$

La desviación absoluta media (DAM) es 24.

Completa las tablas para hallar la DAM de los conjuntos de datos en los Ejercicios **1** y **2**.

1.

Valor	Desviación absoluta
10	$\lvert 25 - 10 \rvert =$
15	
20	
30	
50	
DAM $=$	

2.

Valor	Desviación absoluta
125	
138	
275	
178	
236	
90	
DAM $=$	

3. En la caseta de una feria, las personas pagan $1 para lanzar 5 tiros libres y ganan un premio según la cantidad de canastas que anotan. Vera registró en la tabla la cantidad de canastas que anotaron 20 personas en 5 tiros. Completa la tabla de frecuencias.

Cantidad de canastas anotadas	Conteos	Frecuencia
0	III	
1	IIII	
2	IIII I	
3	III	
4	III	
5	II	

4. **Razonamiento de orden superior** Sin hacer los cálculos, ¿cuál crees que será la DAM? Explica tu razonamiento.

5. © **PM.2 Razonar** Vera debe hallar la cantidad media de canastas anotadas. ¿Cómo puedes hallar la media de los datos del conteo?

6. ¿Cuál es la DAM de los datos de Vera? ¿Cuál es el REC?

7. © **PM.3 Construir argumentos** ¿Qué medición, la DAM o el REC, describe qué tan cerca estuvo la cantidad de canastas anotadas de cada persona con respecto a la cantidad de canastas anotadas de otra? Construye un argumento para defender tu respuesta.

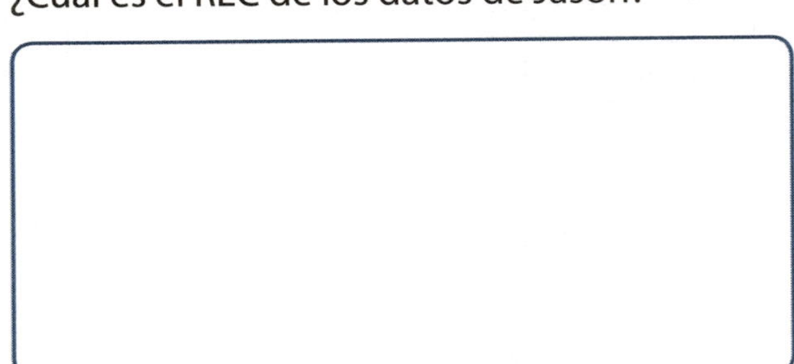

© **Evaluación de** *Common Core*

8. Jason registró la cantidad de horas de luz solar por día durante 7 días como se muestra a continuación.

Horas de luz solar
12, 10, 3, 8, 13, 11, 5

Parte A

¿Cuál es el REC de los datos de Jason?

Parte B

Escribe un enunciado verdadero sobre el REC y sobre la manera en que se relaciona con los datos de Jason.

Resuélvelo y coméntalo

El conjunto de datos muestra el precio de tenis para correr en una tienda. ¿Qué describe mejor el precio típico de los tenis en esta tienda: la media, la mediana o la moda? *Resuelve este problema de la manera que prefieras.*

Precios de los tenis para correr

$60, $50, $90, $50, $50, $75, $80

Puedo...

seleccionar y usar medidas estadísticas apropiadas.

Estándares de contenido 6.EP.B.5c, 6.EP.B.5c
Prácticas matemáticas PM.1, PM.2, PM.3, PM.4, PM.6, PM.7, PM.8

¡Vuelve atrás! **PM.3 Construir argumentos** ¿Qué medida es más probable que use la tienda para hacer publicidad? Explícalo.

Pregunta esencial

¿Qué medida estadística es más útil para describir una situación dada?

A

Gary dice que normalmente obtiene una calificación de 98 en su prueba semanal. ¿Este enunciado describe con precisión su rendimiento general? Justifica tu respuesta usando medidas de tendencia central.

Puedes organizar las calificaciones de Gary usando un diagrama de puntos. Halla la media, la mediana, la moda y los valores extremos.

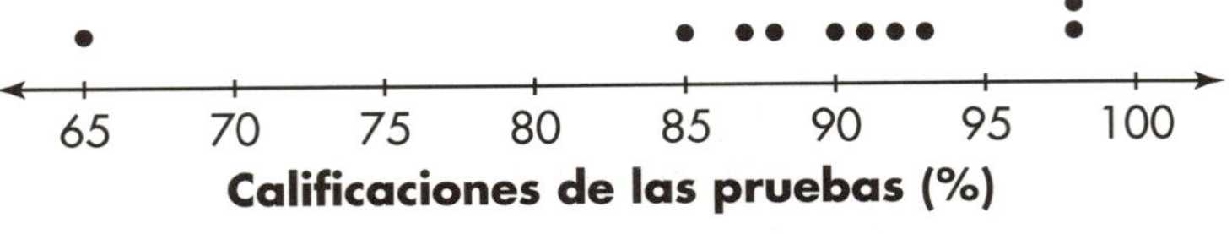

Media: 88.7
Mediana: 90.5
Moda: 98
Valor extremo: 65

B

Busca agrupaciones, espacios vacíos y valores extremos cuando consideres qué indican las medidas de tendencia central sobre las calificaciones de Gary.

- La moda, 98, hace que su calificación típica parezca mejor de lo que realmente es.

- La media, 88.7, se ve afectada por el valor extremo. Hace que su calificación típica parezca más baja de lo que realmente es.

- La mediana, 90.5, está en el medio de la agrupación de sus calificaciones típicas.

C

Saca conclusiones: El enunciado de Gary es engañoso.

La mediana, 90.5, describe mejor su rendimiento.

Incluye el valor extremo y está dentro de la agrupación de sus calificaciones típicas.

¡Convénceme! © **PM.1 Entender y perseverar** ¿Qué medida de tendencia central usó probablemente Gary cuando dijo que normalmente obtenía 98 en sus pruebas semanales? Explícalo.

© Pearson Education, Inc. 6

Amigo de práctica   Herramientas   Evaluación

Otro ejemplo

Cuando se describe la variabilidad de una situación dada, es útil
saber qué medida de variabilidad usar.

Calificaciones de las pruebas	
Gary	**Yoshi**
65	80
85	80
87	82
88	82
90	84
91	84
92	86
93	86
98	88
98	88

DATOS

Usa el rango entre cuartiles (REC)

Usa el REC cuando la *mediana* es la medida de tendencia central apropiada.

Para hallar el REC de las calificaciones de las pruebas de Gary, halla la diferencia entre el tercer y el primer cuartil. $93 - 87 = 6$.

Al menos la mitad de las calificaciones de Gary están entre 87 y 93. Esto describe con precisión la agrupación de sus calificaciones.

Usa la desviación absoluta media (DAM)

Usa la DAM cuando la *media* es la medida de tendencia central apropiada.

Para hallar la DAM de las calificaciones de las pruebas de Yoshi, suma las desviaciones absolutas y divide por la cantidad de valores.

$24 \div 10 = 2.4$.

Las calificaciones de las pruebas de Yoshi normalmente no están a más de 2.4 puntos de su calificación media de 84.

Práctica guiada 

¿Lo entiendes?

1. Los puntajes de un equipo de básquetbol en una temporada fueron 44, 43, 42, 40, 42, 45, 39, 38, 18. ¿La mejor medida de tendencia central para estos datos es la media o la mediana? Explícalo.

¿Cómo hacerlo?

2. Halla la media, la mediana y la moda para los puntajes del Ejercicio 1.

3. Halla la medida de variabilidad que describe mejor el conjunto de datos.

Práctica independiente

Usa los datos para responder las preguntas en los Ejercicios **4** y **5.**

Cinco tiendas diferentes venden un cuarto de galón de leche a uno de los siguientes precios: $1.50, $1.55, $1.80, $1.70, $1.50.

4. ¿Cuáles son la media, la mediana y la moda de estos datos?

5. ¿Qué medida de tendencia central describe mejor estos datos? ¿Qué medida de variabilidad?

La tabla muestra medidas de tendencia central basadas en 5 valores. Usa la tabla para responder las preguntas en los Ejercicios **6** a **9**.

DATOS	Media	Mediana	Moda
	14,000	13,000	12,500

6. **A-Z Vocabulario** ¿Cuál es el término y el valor del número del centro del conjunto de datos?

7. © **PM.1 Entender y perseverar** ¿Qué valor del conjunto de datos aparece al menos dos veces? ¿Puede aparecer 3 veces? Explícalo.

8. **Sentido numérico** ¿Por qué los otros dos números del conjunto de datos deben ser mayores o iguales que 13,000?

9. **Álgebra** ¿Cuánto será la suma de las dos cantidades que quedan, x e y? Escribe una ecuación para mostrar cómo hallar esta suma.

Usa la tabla en los Ejercicios **10** y **11**.

Puntaje de los partidos del equipo de bolos Bravo									
Jessie	150	145	181	235	196	211	204	221	185
Sam	186	187	192	195	194	157	192	162	200

10. © **PM.6 Hacerlo con precisión** La entrenadora tiene que escoger al mejor jugador de bolos para el próximo partido. Si la entrenadora basa su decisión en el jugador con el mejor promedio, ¿a quién debe escoger? Justifica tu respuesta usando medidas de tendencia central.

11. **Razonamiento de orden superior** Si la entrenadora basa su decisión en el jugador que sea más constante, ¿a quién debe escoger? Justifica tu respuesta usando medidas de variabilidad.

© **Evaluación de Common Core**

12. Escoge Verdadero o Falso para los enunciados sobre los datos que se muestran en la tabla.

Puntajes ganadores				
121	159	146	132	149

No hay valores extremos. ☐ Verdadero ☐ Falso

La media describe mejor los puntajes. ☐ Verdadero ☐ Falso

La medida de variabilidad que describe mejor los datos es la DAM: 11.92 puntos. ☐ Verdadero ☐ Falso

¡Revisemos!

Paige registró la cantidad de puntos que anotaron las jugadoras del equipo de básquetbol esta temporada: 28, 30, 28, 30, 40, 30, 34, 32, 32. Halla la medida de tendencia central y la medida de variabilidad que mejor describa la cantidad normal de puntos anotados.

Haz un diagrama de puntos para organizar los datos e identificar cualquier valor extremo.

El valor extremo, 40, distorsiona la media. Esto hace que la mediana, 30, sea una mejor medida del centro de los datos. El rango entre cuartiles (REC) es una medida de variabilidad mejor.

El primer cuartil es 29 y el tercero es 33. El rango entre cuartiles (REC) es 33 − 29 = 4. Al menos la mitad del equipo anotó una cantidad de puntos que no está a más de 4 puntos entre sí.

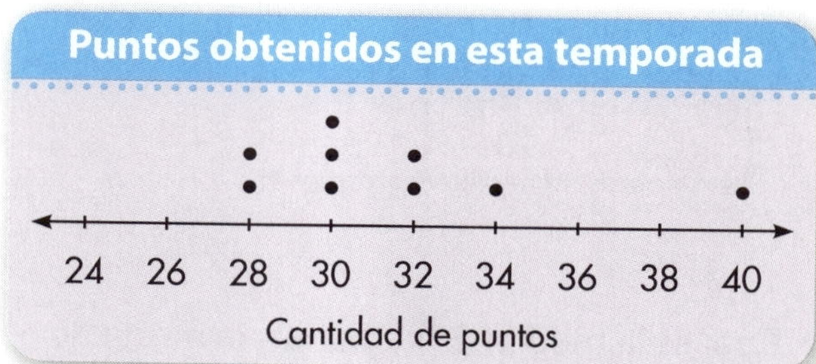

Usa la tabla de datos en los Ejercicios **1** a **4**.

Precio de los monopatines en Deportes Ted							
$125	$135	$130	$140	$135	$154	$135	$130

1. Haz un diagrama de puntos de los datos.

2. ¿Cuál es la media, la mediana y la moda de estos precios? ¿Qué medida describe mejor el centro de estos datos? ¿Por qué?

3. ¿Qué medida usarías para describir la variabilidad de estos datos? Explica tu razonamiento.

4. Describe el centro y la variabilidad de estos precios.

Usa la siguiente tabla en los Ejercicios **5** a **7.**

5. © **PM.4 Representar con modelos matemáticos** Haz un diagrama de puntos para los datos.

DATOS	Puntajes de 9 partidos		
	50	60	80
	65	50	55
	65	70	50

6. ¿Cuál es la media, la mediana y la moda de los datos, redondeadas al número entero no negativo más cercano?

7. © **PM.8 Generalizar** Usa lo que sabes sobre medidas estadísticas para explicar qué medida de tendencia central describe mejor el conjunto de datos.

Usa la tabla de datos en los Ejercicios **8** y **9.**

Precio de 6 marcas de champú					
$1	$2	$4	$6	$7	$20

8. ¿Cuál es el valor extremo en estos datos?

9. © **PM.2 Razonar** ¿Un valor extremo afecta el REC? ¿Un valor extremo afecta la DAM? Explícalo.

© Evaluación de *Common Core*

10. Escoge Verdadero o Falso para los enunciados sobre los datos de jonrones.

Jonrones			
42	31	35	17
43	42	53	57

La mediana es la mejor medida de tendencia central para describir los datos. ☐ Verdadero ☐ Falso

Este conjunto de datos no tiene valores extremos. ☐ Verdadero ☐ Falso

La medida de variabilidad que mejor describe los datos es el REC de 15. ☐ Verdadero ☐ Falso

© Pearson Education, Inc. 6

Resuélvelo y coméntalo

Lanza dos cubos numéricos 20 veces. Haz un diagrama de puntos marcando sobre la recta numérica las sumas que lanzaste. Resume tus datos prestando atención a la forma de los datos y a las medidas de tendencia central y de variabilidad.

2 3 4 5 6 7 8 9 10 11 12

Lección 16-5
Resumir la distribución de datos

Puedo...
resumir conjuntos de datos numéricos.

Estándares de contenido 6.EP.A.2, 6.EP.B.4, 6.EP.B.5b, 6.EP.B.5c
Prácticas matemáticas PM.2, PM.4, PM.6, PM.7, PM.8

¡Vuelve atrás! **PM.7 Usar la estructura** Según los datos que reuniste, ¿qué sumas es más probable que lances? Lanza los cubos numéricos 10 veces más. Marca las sumas y describe los resultados.

¿Cómo se puede resumir una distribución de datos?

A

Se midió el contenido graso en gramos, de una porción ($\frac{1}{6}$ de pizza) de 24 pizzas diferentes de 12 pulgadas.

Los datos se muestran en el diagrama de puntos. ¿Cómo se pueden usar los datos para describir el contenido graso de una porción de pizza?

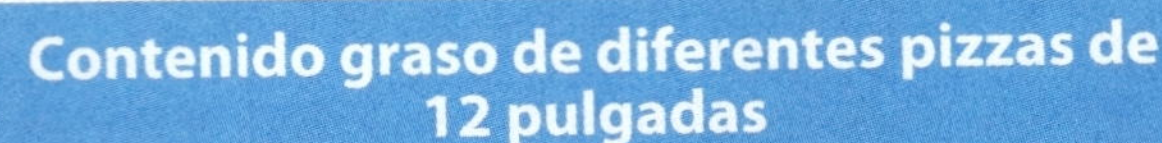
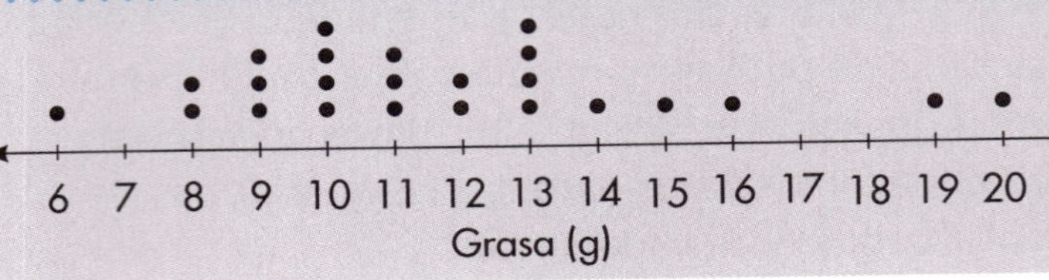

B Para describir una distribución de datos, o la manera en la que están organizados los valores, se evalúan sus medidas de tendencia central y de variabilidad y su forma general.

Medidas de tendencia central
Media = 11.75 g
Mediana = 11 g

Medidas de variabilidad o dispersión
REC (13 − 9.5) = 3.5

C **Forma general**

- La mayoría de los valores están agrupados entre 8 y 13.

- Los valores no son simétricos. Están más dispersos hacia la derecha.

- Hay espacios vacíos en los datos entre 6 y 8 y entre 16 y 19.

El contenido graso de al menos la mitad de las porciones está entre 9.5 g y 13 g, o un intervalo de 3.5 g. La porción normal de pizza tiene un contenido graso de 11 gramos.

¡Convénceme! © **PM.2 Razonar** ¿Qué factores podrían cambiar los resultados de la encuesta?

© Pearson Education, Inc. 6

☆ Práctica guiada *

¿Lo entiendes?

1. Vuelve a mirar los datos de la pizza. ¿Cómo cambiaría la forma de la distribución de los datos si se quitaran los valores extremos? ¿Qué efecto tendría esto en el REC?

2. ¿Cómo serían afectadas la media y la mediana si se quitaran los valores extremos?

¿Cómo hacerlo?

3. Cinco estudiantes distintos midieron la longitud de una sombra en pulgadas de esta manera: 38, $38\frac{1}{2}$, $37\frac{3}{4}$, 38, $38\frac{1}{4}$. Haz una generalización sobre la distribución de los datos de las medidas de la sombra.

4. ¿Cuál es la media, la mediana y el rango entre cuartiles del conjunto de datos del Ejercicio 3?

☆ Práctica independiente

Usa la tabla de datos en los Ejercicios **5** a **7.**

DATOS

Cantidad de jonrones bateados por jugadores de mi equipo								
Número de jugador	1	2	3	4	5	6	7	8	9
Jonrones	21	9	12	20	7	11	9	10	9

5. ¿Cuáles son la media y la mediana?

6. Dibuja un diagrama de caja de los datos.

7. Describe la forma general de los datos.

8. Haz una generalización sobre la distribución de los datos.

☆ Prácticas matemáticas y resolución de problemas

Usa los datos de la tabla en los Ejercicios **9** y **10.**

DATOS					
Adulto	1	2	3	4	5
Salario	$35,000	$46,000	$38,000	$34,000	$52,000
Adulto	6	7	8	9	10
Salario	$99,000	$64,000	$435,000	$22,000	$88,000

9. © **PM.4 Representar con modelos matemáticos** Haz un diagrama de caja de los datos. ¿Cuáles son la mediana, el primer cuartil, el tercer cuartil y el rango entre cuartiles?

10. **Razonamiento de orden superior** ¿Qué valores influyen más en tu elección de una medida de tendencia central para describir los datos? Explícalo.

11. © **PM.2 Razonar** ¿Cómo sabes que cualquier valor de x sería una solución para la desigualdad $x + 1.6 > x$?

© Evaluación de *Common Core*

12. ¿Qué enunciado sobre esta distribución de los datos **NO** es verdadero?

    Ⓐ El rango entre cuartiles es 4.

    Ⓑ La mediana es la medida de tendencia central preferible.

    Ⓒ Los datos se agrupan de 2 a 7.

    Ⓓ La distribución es simétrica.

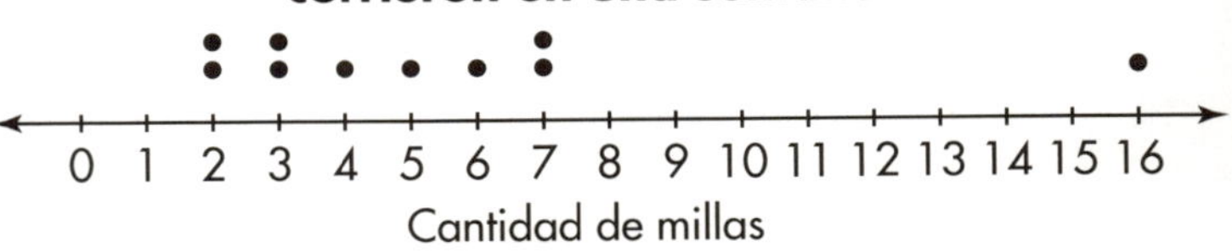

Cantidad de millas que los estudiantes corrieron en una semana

© Pearson Education, Inc. 6

¡Revisemos!

El diagrama de caja de la derecha muestra datos sobre la cantidad de días en que la temperatura estuvo por encima de 80 °F en el mes de julio. Los datos se reunieron en un período de diez años.

Puedes resumir estos datos escogiendo algunas maneras de describirlos.

- Los datos están dispersos hacia la derecha.

- La mediana es 10 y describe la parte central de los datos.

- El primer cuartil es 3 y el tercer cuartil es 22. El diagrama de caja muestra que la mitad de los datos están entre 3 y 22 días. El rango entre cuartiles es $22 - 3$, o 19 días.

- El 25% del tiempo, la cantidad de días con temperaturas superiores a 80 °F en julio fue solo 3 días.

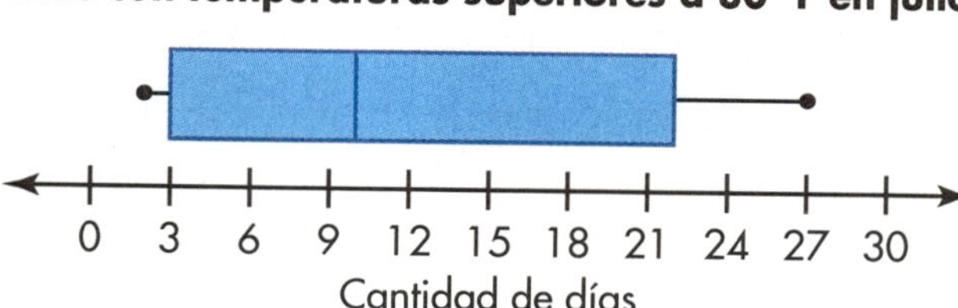
Días con temperaturas superiores a 80 °F en julio

Usa los datos del diagrama de caja en los Ejercicios **1** a **4**.

1. Halla la mediana de estos datos. ¿Qué indica sobre los datos del problema?

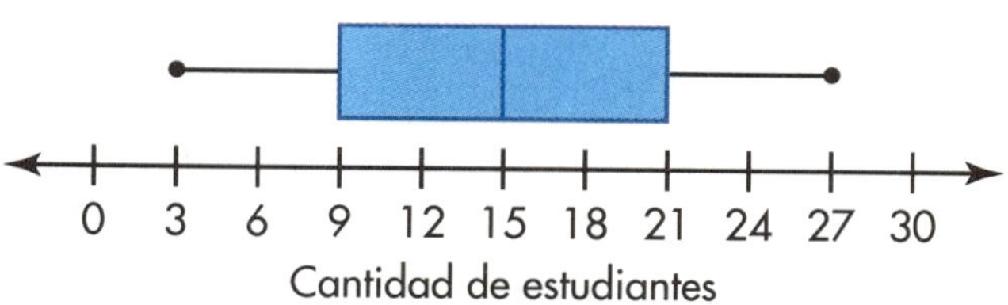
Estudiantes que tienen perro en las clases de la escuela primaria Brookdale

2. ¿Cuál es el rango entre cuartiles?

3. Describe la forma de la distribución de los datos.

4. Si se usara un diagrama de puntos para mostrar los mismos datos, ¿cómo sería?

Longitud de los saltos largos en la clase de Educación Física de la Sra. Hansen (en pulgadas)

91, 72, 76, 77, 79, 79, 76, 72, 80, 83, 85, 89, 76, 80, 79, 82, 84, 80

5. © **PM.6 Hacerlo con precisión** Halla la mediana y la media para el conjunto de datos. Luego, halla el rango entre cuartiles.

6. ¿Cuál sería la medida de tendencia central preferible: la mediana o la media? Explica tu razonamiento.

7. © **PM.4 Representar con modelos matemáticos** Haz un diagrama de caja y un diagrama de puntos para los datos.

8. **Razonamiento de orden superior** Describe la forma de la distribución de los datos. Explica en qué se parecen y en qué se diferencian el diagrama de puntos y el diagrama de caja.

9. © **PM.7 Usar la estructura** Matt dice que la media se vería más afectada que la mediana si se agregara un salto de 110 pulgadas a los datos. ¿Estás de acuerdo? Explica cómo lo sabes.

© **Evaluación de _Common Core_**

10. ¿Qué enunciado sobre los datos de los peces es verdadero?

(A) La mediana y la media son iguales.

(B) Una buena representación de la parte central de los datos es 2.

(C) Los datos son simétricos.

(D) Los datos muestran que la mayoría de las personas tiene 3 o más peces.

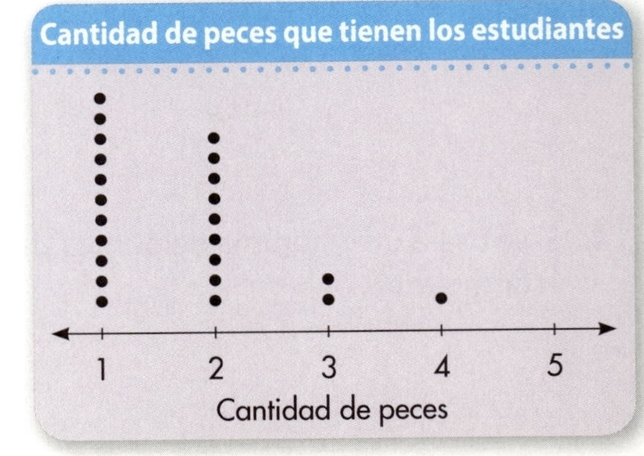

© Pearson Education, Inc. 6

La clase de Hal reunió datos para averiguar si los *hot dogs* de carne tienen más sodio que los de pollo. Hal dice: "Los *hot dogs* de pollo tienen más sodio dado que la mediana de los *hot dogs* de pollo es más alta que la de los de carne". ¿Tiene sentido el razonamiento de Hal?

Prácticas matemáticas y resolución de problemas

Lección 16-6
Evaluar el razonamiento

Puedo...
evaluar el razonamiento de otros usando lo que sé sobre las distribuciones de los datos.

© **Prácticas matemáticas** PM.3, PM.1, PM.4, PM.6
Estándares de contenido 6.EP.B.4, 6.EP.B.5c, 6.EP.B.5d

DATOS

Miligramos de sodio en un *hot dog*						
Carne	365	370	425	477	482	495	625
Pollo	358	426	513	522	545	581	588

Hábitos de razonamiento

¡Razona correctamente! Estas preguntas te pueden ayudar.

- ¿Qué preguntas puedo hacer para entender el razonamiento de otros?

- ¿Hay errores en el razonamiento de otros?

- ¿Puedo mejorar el razonamiento de otros?

¡Vuelve atrás! © **PM.3 Evaluar el razonamiento** ¿Qué argumento podrías dar para apoyar o mejorar el razonamiento de Hal?

Pregunta esencial ¿Cómo se puede evaluar el razonamiento de otros?

A

La madre de Josie cree que los cereales que están en el estante del medio de la tienda de abarrotes tienen más calorías que los que están en el estante de arriba. Josie reunió datos e hizo diagramas de puntos para representar los resultados.

Le dice a su madre: "Tienes razón. Los cereales del estante del medio tienen más calorías".

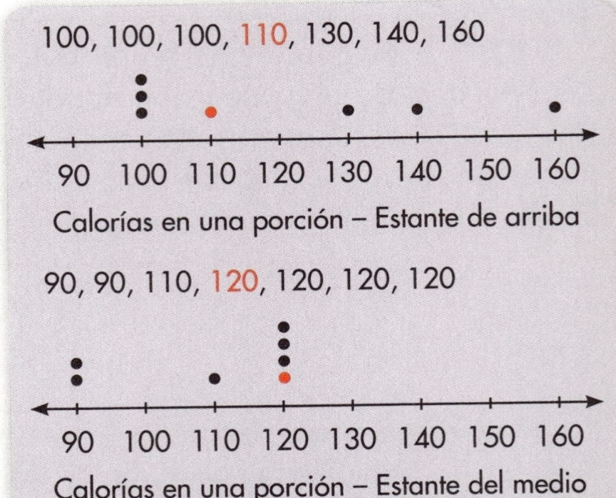

¿Cuál es el razonamiento de Josie para apoyar su conclusión?

Josie halló la mediana de la cantidad de calorías de los conjuntos de datos. La mediana del estante de arriba es 110 calorías y la mediana de los cereales del estante del medio es 120.

B **¿Cómo puedo evaluar el razonamiento de otros?**

Puedo

- pedir una aclaración.

- decidir si la estrategia usada tiene sentido.

- buscar defectos en las estimaciones o en los cálculos.

C El razonamiento de Josie está incompleto.

Los datos muestran que en los cereales del estante de arriba hay algunos cereales con calorías altas que no se consideran en la mediana.

La media sería una mejor manera de describir la cantidad de calorías de los cereales.

La media de la cantidad de calorías de los cereales del estante de arriba es 120 calorías. La media de los del estante del medio es 110.

Por tanto, puedo usar la media para decir que los cereales del estante de arriba tienen más calorías que los del estante del medio.

¡Convénceme! © **PM.3 Evaluar el razonamiento** Josie reúne más datos. Agrega dos valores más al estante del medio: 140 y 150 calorías. Dice que ahora la media y la mediana del estante del medio son mayores que las del estante de arriba. ¿Cómo puedes decidir si su razonamiento tiene sentido?

⭐ Práctica guiada *

© PM.3 Evaluar el razonamiento

Jack y Jennifer reunieron datos sobre la cantidad de horas que los estudiantes de su clase habían dormido la noche anterior. Hicieron diagramas de puntos para comparar los datos de los chicos con los de las chicas. Jennifer dijo: "Los chicos durmieron más porque la mayoría de ellos durmió 8 horas", y Jack dijo: "Estoy de acuerdo porque la mediana de los chicos es mayor que la mediana de las chicas".

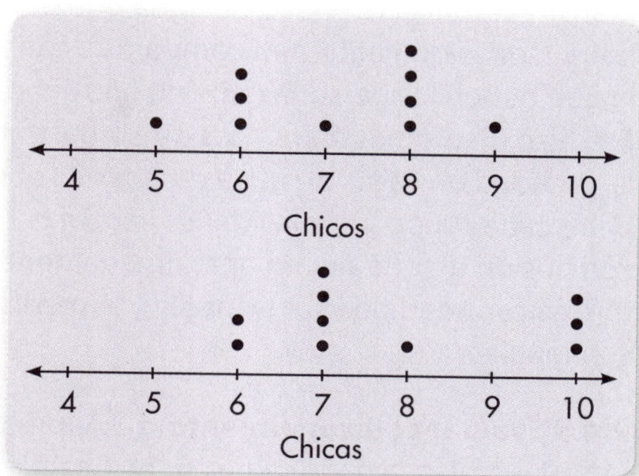

1. ¿Tiene sentido la estrategia de Jennifer para analizar los datos? Explícalo.

2. ¿El razonamiento de Jack apoya su conclusión? ¿Cómo podrías evaluar su razonamiento?

⭐ Práctica independiente

© PM.3 Evaluar el razonamiento

La tabla muestra los precios de algunas novelas populares para adolescentes en ediciones en *ebook* e impresas usadas. Lynn comparó los precios para averiguar cuál era más barata y llegó a la conclusión de que los precios de los *ebooks* y los libros usados son equivalentes porque las medianas de sus valores son iguales.

Precios de *ebooks* y libros impresos usados (dólares)									
Ebook	10	6	9	11	10	9	10	9	5	8
Usados	10	2	18	9	12	2	2	9	5	9

3. ¿Qué estrategia usó Lynn? ¿Qué defectos observas en su razonamiento?

4. ¿Cómo podrías mejorar el razonamiento de Lynn? ¿Cuál sería tu conclusión?

© Evaluación de rendimiento de *Common Core*

Beber agua

Marisa estudia la cantidad de agua que beben las personas que entrenan comparada con la que beben las personas que no entrenan. Ella hizo diagramas de puntos que muestran la cantidad de vasos de agua de 8 onzas que bebe cada grupo por día. Marisa llegó a la conclusión de que beben aproximadamente la misma cantidad porque la media y la mediana son iguales.

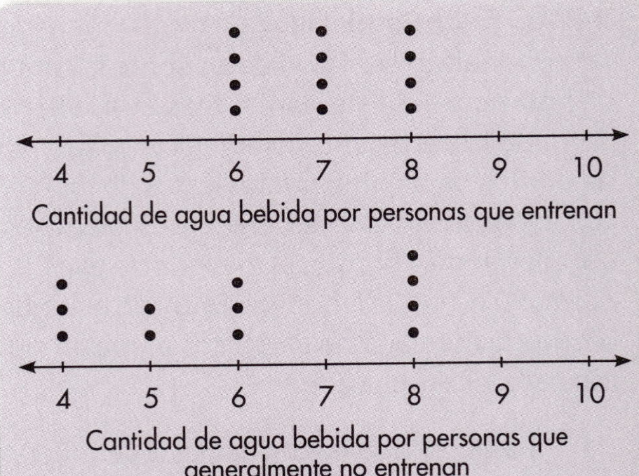

5. PM.3 Evaluar el razonamiento ¿Qué pregunta le harías a Marisa para aclarar su razonamiento? ¿Qué defecto ves en su razonamiento?

6. PM.6 Hacerlo con precisión ¿Cómo corregirías el enunciado de Marisa?

7. PM.1 Entender y perseverar ¿De qué otra manera puedes describir los datos? Explica qué otras medidas podrías usar.

8. PM.4 Representar con modelos matemáticos ¿De qué otra manera podría representar los datos Marisa para mostrar algo sobre la dispersión de los datos?

© Pearson Education, Inc. 6

Tarea y práctica 16-6

Evaluar el razonamiento

¡Revisemos!

La tienda de Bernie tiene bicicletas de llantas especiales ordenadas en dos filas. Víctor usó los datos de los precios para hallar la desviación absoluta media (DAM) de los precios de las bicicletas de cada fila. Llegó a la conclusión de que la fila de adelante tiene un rango de precios más amplio.

Indica cómo puedes evaluar el razonamiento de Víctor.

- Puedo decidir si la estrategia tiene sentido.

- Puedo buscar posibles errores en sus cálculos.

Evalúa el razonamiento de Víctor.

La media de los precios de las bicicletas de la fila de adelante es $230.
La media de los precios de las bicicletas de la fila de atrás es $172.

La DAM de la fila de adelante es $360 \div 5 = 72$. La DAM de la fila de atrás es $188 \div 5 = 37.6$.

$72 > 37.6$; por tanto, hay más variabilidad en los precios de las bicicletas de la fila de adelante. La conclusión de Víctor es correcta.

Precios de las bicicletas (dólares)					
Fila de adelante	200	290	160	350	150
Fila de atrás	240	190	100	150	180

© PM.3 Evaluar el razonamiento

Las longitudes, en millas, de los diez caminos pavimentados y los diez caminos de tierra que más se usan para montar en bicicleta se muestran en la siguiente tabla. Louise halló la media de las longitudes de cada tipo de camino y quiere publicar un folleto que diga que las longitudes normales de los caminos pavimentados y de tierra en ese estado son similares. Evalúa el razonamiento de Louise.

Longitud de los caminos para bicicletas (en millas)										
Caminos pavimentados	5	5	10	15	5	25	25	5	5	25
Caminos de tierra	10	10	20	10	15	5	5	20	15	15

1. ¿Es precisa la descripción de Louise de los caminos para bicicletas del estado?

2. ¿Cómo se podría mejorar el enunciado de Louise en el folleto sobre los caminos para bicicletas del estado?

Proteínas en la pizza

Dave estudia cuántos gramos de
proteínas hay en diferentes tipos de
pizza. Halló esta lista de la cantidad
de gramos de proteínas que hay en una
porción de pizza de masa gruesa y en una de
masa fina. Dave hizo diagramas de caja y llegó
a la conclusión de que, en promedio, las pizzas
de masa gruesa tienen más proteínas que las de
masa fina. También varían más en la cantidad de
proteínas por porción.

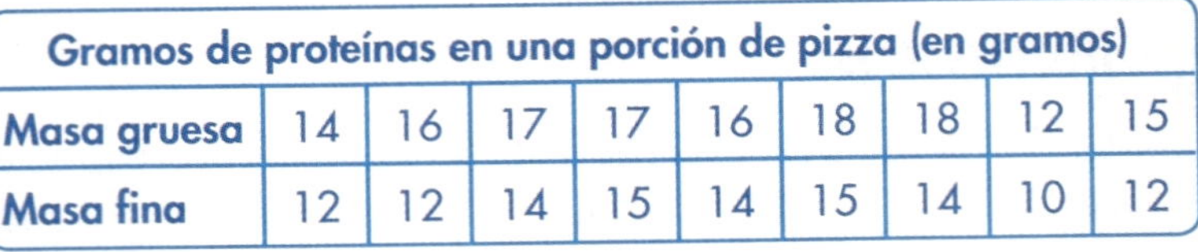

Gramos de proteínas en una porción de pizza (en gramos)								
Masa gruesa	14	16	17	17	16	18	18	12	15
Masa fina	12	12	14	15	14	15	14	10	12

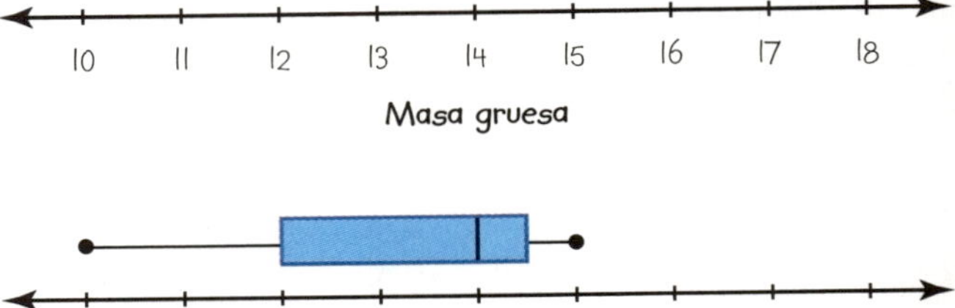

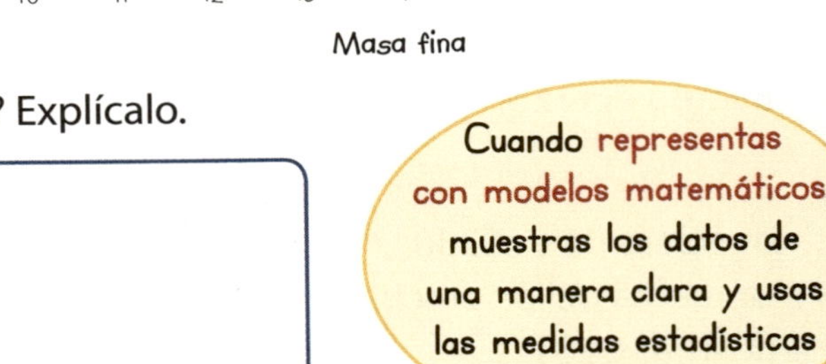

**3. PM.4 Representar con modelos
matemáticos** ¿Dave usó una representación
o una herramienta apropiada para analizar los datos? Explícalo.

4. PM.6 Hacerlo con precisión ¿Son precisos los cálculos y los diagramas
de caja de Dave? Explica cómo lo sabes.

5. PM.3 Evaluar el razonamiento ¿Los enunciados de Dave sobre las
proteínas en las pizzas de masa gruesa y masa fina muestran un buen
razonamiento? Explícalo.

6. PM.1 Entender y perseverar ¿Qué otro tipo de representación visual
apoyaría los enunciados de Dave?

© Pearson Education, Inc. 6

Nombre _______________________________

Actividad de práctica de fluidez

Puedo...
dividir números de varios dígitos.

 **Estándar de contenido**
6.SN.B.2

Salida				
41,964 ÷ 52	19,593 ÷ 21	8,322 ÷ 19	25,194 ÷ 38	9,216 ÷ 96
9,135 ÷ 87	6,952 ÷ 44	84,040 ÷ 88	19,712 ÷ 44	18,522 ÷ 63
41,310 ÷ 54	4,232 ÷ 23	25,425 ÷ 75	3,654 ÷ 42	43,068 ÷ 74
17,556 ÷ 84	42,032 ÷ 71	1,749 ÷ 11	21,941 ÷ 37	57,974 ÷ 82
7,372 ÷ 38	56,260 ÷ 58	1,170 ÷ 15	33,231 ÷ 53	6,693 ÷ 97

Meta

Lista de palabras

- cuartil
- desviación absoluta
- desviación absoluta media (DAM)
- diagrama de caja
- distribución de los datos
- histograma
- rango entre cuartiles (REC)
- tabla de frecuencias

Comprender el vocabulario

Escoge el mejor término de la Lista de palabras. Escríbelo en el espacio en blanco.

1. Una _________________ muestra la cantidad de veces que aparece un valor en un conjunto de datos.

2. Un diagrama que usa la mediana, los cuartiles, el valor máximo y el valor mínimo para mostrar una distribución de datos se llama _________________.

3. La manera en la que se ubican los valores se llama _________________.

4. Una gráfica que usa barras para mostrar la frecuencia de grupos de datos equivalentes es un _________________.

5. El _________________ es la diferencia entre el tercer y el primer cuartil.

Escribe *siempre, a veces* o *nunca* para los enunciados.

6. Los intervalos en una *tabla de frecuencias* van más allá de los valores de un conjunto de datos. _________________

7. Puedes calcular el *REC* con un *histograma*. _________________

8. El tercer *cuartil* en un *diagrama de caja* es un valor extremo. _________________

9. La *DAM* es un valor negativo. _________________

Usar el vocabulario al escribir

10. Describe las medidas de variabilidad e indica cuándo las usarías para resumir un conjunto de datos. Usa al menos 4 palabras de la Lista de palabras.

© Pearson Education, Inc. 6

Grupo A   páginas 785 a 790

Las edades de los excursionistas de un campamento de verano son las siguientes:

12, 14, 12, 14, 10, 11, 15, 13, 13, 11, 12, 12, 7, 14, 12

Los datos se pueden organizar en una tabla de frecuencias.

Divide el rango de los datos en intervalos iguales y anota la frecuencia de los datos con marcas de conteo.

Edades de los excursionistas	6–8	9–11	12–14	15–17
Conteo	I	III	‖‖‖ ‖‖‖	I
Frecuencia	1	3	10	1

Recuerda que un histograma es una gráfica que usa barras para mostrar la frecuencia de grupos de datos o rangos iguales. Muestra la forma de los datos.

Refuerzo

1. Representa los datos que están en la tabla de frecuencias de la izquierda en el histograma.

Grupo B   páginas 791 a 796

En un concurso de aviones de papel, siete aviones volaron estas distancias, en pies: 60, 75, 45, 55, 70, 40, 65.

Para hallar el primer cuartil, ordena los números de menor a mayor, halla el valor de la media y, luego, halla la mediana de los números a la izquierda de la mediana. Haz lo mismo para el tercer cuartil hallando la mediana de la segunda mitad de los números.

1.ᵉʳ cuartil   Mediana   3.ᵉʳ cuartil

Haz un diagrama de caja. Muestra los valores mínimos y máximos, la mediana, el primer y el segundo cuartil.

Distancias recorridas por los aviones de papel

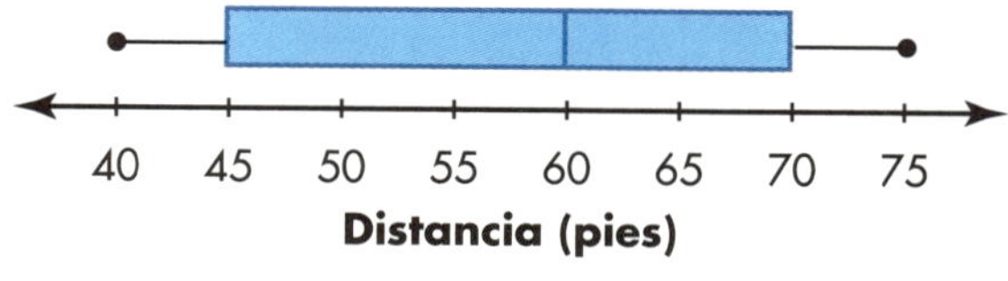

Distancia (pies)

Recuerda que necesitas 5 valores para hacer un diagrama de caja: la mediana, el primer y el tercer cuartil, y el mayor y el menor valor del conjunto de datos.

Usa los datos para hacer un diagrama de caja en los Ejercicios **1** y **2**.

1. 27, 31, 30, 33, 29, 25, 28

2. 3, 1, 3, 7, 5, 2, 3, 6, 3

Puedes resumir los datos hallando las medidas de tendencia central y las medidas de variabilidad.

DATOS

Juegos vendidos por semana						
81	90	85	86	82	53	90

Halla la media, la mediana y la moda de la cantidad de juegos vendidos por semana.

Media: 81, mediana: 85 y moda: 90

Dado que hay un valor extremo, la mediana es la mejor medida de tendencia central.

- El rango entre cuartiles (REC) del conjunto de datos es 9.

- La desviación absoluta media (DAM) del conjunto de datos es 8.

La cantidad normal de juegos vendidos por semana es 85. Esto puede variar en unos 9 juegos.

Recuerda que debes usar el REC cuando la medida apropiada es la mediana y la DAM cuando la media es más apropiada.

Usa los siguientes datos en los Ejercicios **1** a **3**.

DATOS

Jonrones			
40	29	36	27
40	42	58	60

1. Halla la media, la mediana y la moda de la cantidad de jonrones bateados por 8 jugadores.

2. ¿Qué medida de tendencia central y qué medida de variabilidad describe mejor el conjunto de datos?

3. Resume el conjunto de datos.

Piensa en tus respuestas a estas preguntas como ayuda para **evaluar el razonamiento de otros**.

Hábitos de razonamiento

- ¿Qué preguntas puedo hacer para entender el razonamiento de otros?

- ¿Hay errores en el razonamiento de otros?

- ¿Puedo mejorar el razonamiento de otros?

Recuerda que debes buscar errores e intentar clarificar o mejorar el razonamiento.

Henry analizó los datos de las lluvias de marzo en su pueblo durante los últimos 7 años: 3, 9, 14, 17, 19, 21, 24.

Llegó a la conclusión de que las lluvias de marzo normalmente son menores o iguales a 16 pulgs. porque la media de la lluvia es aproximadamente 15 pulgs. y el REC es 12 pulgs.

Evalúa el razonamiento de Henry.

1. ¿Cómo apoyó su conclusión Henry?

2. ¿Hay errores en el razonamiento de Henry? Explícalo.

© Pearson Education, Inc. 6

© **Evaluación**

1. A continuación se muestran los años de experiencia de un grupo de dentistas. ¿Qué medida de tendencia central describe mejor el conjunto de datos?

8, 6, 10, 7, 4, 4, 10, 35, 1, 5

Ⓐ Modo

Ⓑ Media

Ⓒ Mediana

Ⓓ Valor extremo

2. Los datos muestran en pulgadas las lluvias anuales durante un período de 9 años.
29, 24, 19, 21, 23, 27, 26, 29, 18

¿Cuál es la DAM en pulgadas para este grupo de datos?

3. El histograma muestra las calificaciones de los estudiantes en un examen de matemáticas.

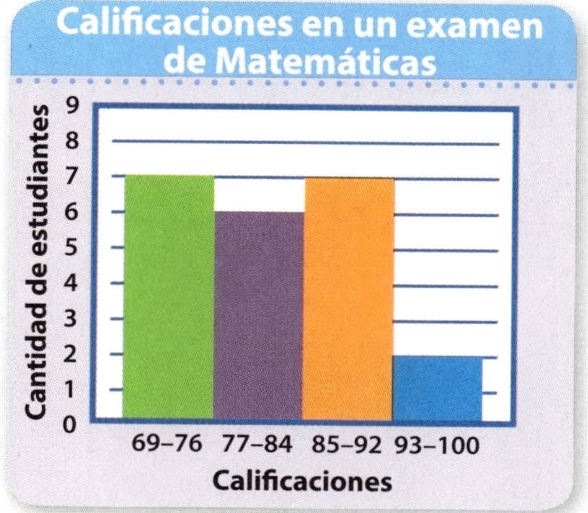

De acuerdo con el histograma, ¿cuántos estudiantes obtuvieron calificaciones entre 85 y 100?

4. Sebby dice que la media es la mejor medida de tendencia central para los siguientes datos porque están agrupados. ¿Estás de acuerdo con el razonamiento de Sebby? Explícalo.

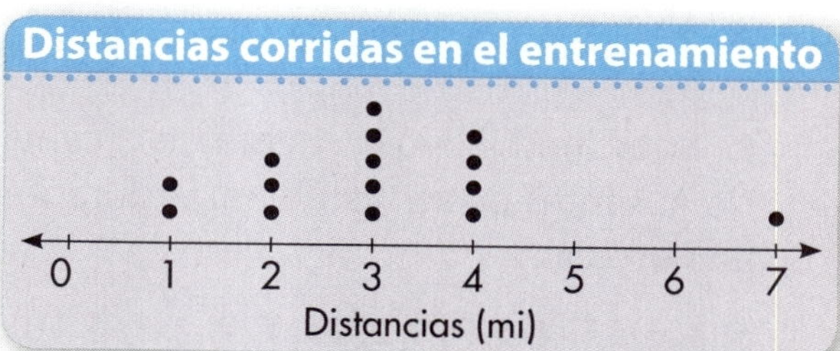

5. Escoge los números del recuadro que hacen verdaderos los enunciados.

El tercer cuartil es ________ y el primer cuartil es ________. El REC es ________.

6. Kelly trabajó 7 semanas cuidando niños y ganó las siguientes cantidades por semana: 16, 28, 28, 32, 21, 18 y 35. ¿Cuál es el primer cuartil de estos datos?

7. Ocho clases en una escuela intermedia tuvieron las siguientes distribuciones de estudiantes. ¿Cuál es la DAM de estudiantes?

29, 32, 33, 28, 30, 30, 29, 33

(A) 1.25

(B) 1.625

(C) 2.25

(D) 2.8

---

8. La Srta. Smith llevó la cuenta de la cantidad de Ausentes de sus estudiantes durante un año escolar.

5, 1, 6, 15, 2, 5, 3, 9, 2, 11, 7, 2, 1, 1, 7, 10, 1, 4

Haz un histograma con los datos.

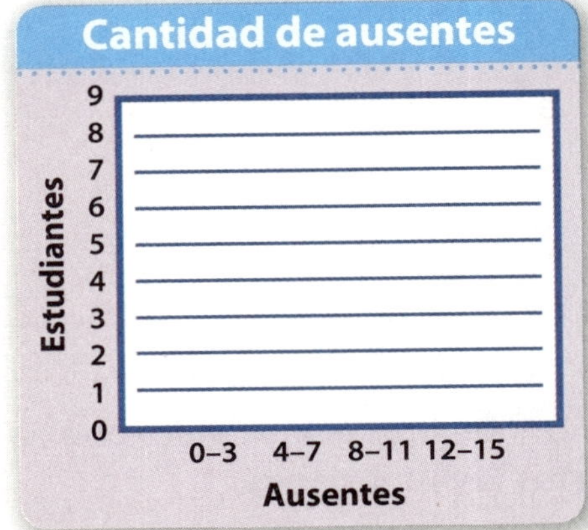

---

9. McKenna llevó la cuenta de la cantidad de millas por día que recorrió con su caballo durante 2 semanas.

3, 2.5, 5, 2.5, 8, 10, 4, 0, 6, 6, 2, 2, 6, 9

Parte A

Halla las medidas de tendencia central y de variabilidad que mejor resumen los datos de McKenna. Explica tu razonamiento.

Parte B

McKenna dice que normalmente ella monta su caballo unas 6 horas porque la moda es 6. ¿Es apropiada su conclusión? Explica tu razonamiento.

---

10. Doce de los estudiantes de música del Sr. Valerio anotaron la cantidad de minutos que practicaron por día. El Sr. Valerio resumió los datos usando un diagrama de caja.

Tiempo de práctica (en minutos)

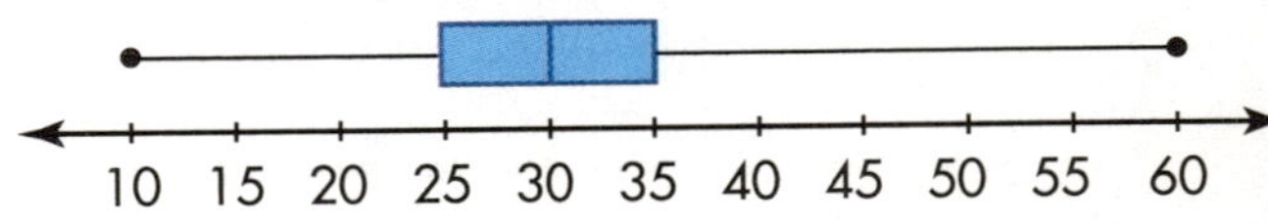

Resume los datos.

© Pearson Education, Inc. 6

¡Una carrera laberíntica!
Los miembros de tres equipos corrieron individualmente una carrera
en un laberinto. Sus tiempos se muestran en la tabla.

Tiempo en salir del laberinto (en segundos)								
Equipo Azul	75	80	65	95	82	77	80	75	82
Equipo Rojo	80	86	83	83	84	78	87	88	87
Equipo Verde	68	85	90	94	68	75	75	90	75

1. El equipo con la mejor media de tiempo gana la competencia.

Parte A

¿Qué equipo gana la carrera laberíntica?

Parte B

¿Por qué la media es mejor que la mediana como medida de tendencia central
para representar el puntaje general del equipo?

2. Imagina que el equipo cuyos tiempos tienen la menor variabilidad
gana la competencia.

Parte A

¿Qué medida de variabilidad debería ser usada? Explícalo.

Parte B

¿Qué equipo ganaría la competencia? Explica tu razonamiento.

3. Si fueras un juez, ¿qué medida estadística recomendarías para determinar cuál
es el equipo ganador? Explícalo.

© Pearson Education, Inc. 6

Un paso adelante hacia el Grado 7

Lecciones

Nombre ______________________

Resuélvelo y coméntalo

Jessie y Kayla están buceando. A 4 pies por debajo del nivel del mar, ven un pequeño cardumen de peces. Luego, descienden 3 pies para mirar una anémona marina. ¿A qué profundidad, *p*, ven la anémona? **Resuelve este problema de la manera que prefieras.**

Lección 1
Sumar enteros

Puedo...
sumar enteros.

© **Estándar de contenido** 7.SN.A.1b
Prácticas matemáticas PM.2, PM.3, PM.4, PM.6, PM.8

Animales marinos observados	
Animal	**Profundidad (pies)**
peces	-4
anémona	d

¡Vuelve atrás! © **PM.4 Representar con modelos matemáticos** ¿Cómo te ayudó la recta numérica a resolver el problema?

¿Cómo se pueden sumar enteros?

A

Hacía −2 °C cuando Jack salió para la escuela a las 7:30 a. m. Durante las siguientes tres horas, la temperatura bajó tres grados Celsius. ¿Cuál era la temperatura a las 10:30 a. m. esa mañana?

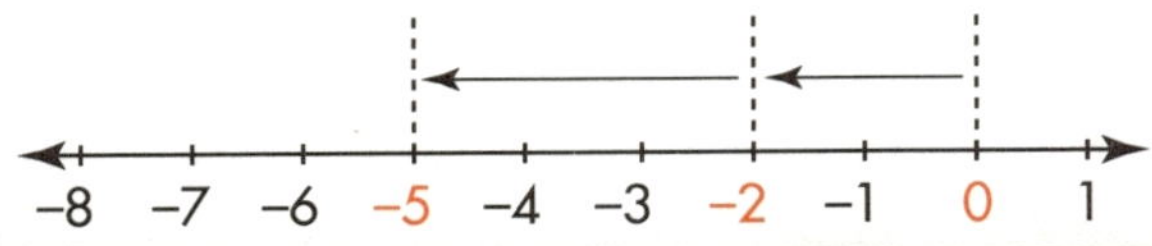

B Una manera

Piensa en moverte por una recta numérica.

- Comienza en 0 en la recta numérica, mirando hacia los enteros positivos.

- Muévete 2 pasos hacia atrás hasta −2 y detente.

- Muévete 3 pasos más hacia atrás para sumar −3.

Detente en −5. Por tanto, $-2 + (-3) = -5$.

$$-8 \quad -7 \quad -6 \quad -5 \quad -4 \quad -3 \quad -2 \quad -1 \quad 0 \quad 1$$

C Otra manera

Usa estas **reglas para sumar enteros con el mismo signo.**

- Halla los valores absolutos de los sumandos. $|-2| = 2$ y $|-3| = 3$

- Suma los valores absolutos. $2 + 3 = 5$.

- Dale a la suma el mismo signo que tienen los sumandos.

Por tanto, $-2 + (-3) = -5$.

¡Convénceme! © **PM.3 Evaluar el razonamiento** Ava dice que la suma de dos enteros negativos a veces es un entero positivo. ¿Estás de acuerdo? Explica tu razonamiento.

© Pearson Education, Inc. 6

Otro ejemplo

Halla $-2 + 3$.

Usa estas **reglas para sumar enteros con signos diferentes.**

- Halla el valor absoluto de cada sumando. $|-2| = 2$ y $|3| = 3$
- Resta el valor absoluto menor del mayor. $3 - 2 = 1$
- Colócale a la diferencia de los valores absolutos el mismo signo que tiene el sumando con el valor absoluto mayor.

Por tanto, $-2 + 3 = 1$.

Práctica guiada

¿Lo entiendes?

1. © **PM.8 Generalizar** ¿Cuándo es positiva la suma de un entero positivo y un entero negativo?

2. Muestra cómo puedes usar la recta numérica para hallar $-2 + 3$.

¿Cómo hacerlo?

Halla las sumas en los Ejercicios **3** a **6.** Usa una recta numérica o las reglas para sumar enteros.

3. $-7 + 4$

4. $8 + (-3)$

5. $43 + (-19)$

6. $-16 + (-12)$

Práctica independiente

Práctica al nivel Halla las sumas en los Ejercicios **7** a **17.**

7. $4 + (-3)$

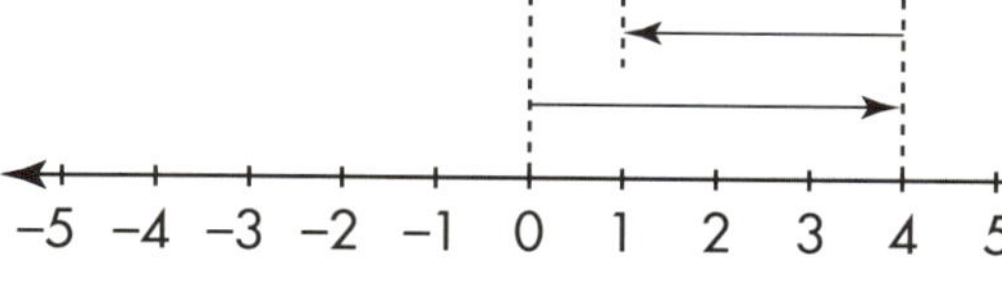

8. $-25 + (-1)$

9. $-23 + (-6)$

10. $3 + (-13)$

11. $-23 + 8$

12. $32 + (-4)$

13. $-7 + 15$

14. $6 + (-19)$

15. $-3 + (-7)$

16. $-4 + (-8)$

17. $-8 + 30$

Prácticas matemáticas y resolución de problemas

18. © **PM.8 Generalizar** Usa la regla para completar la tabla. Regla: Sumar −7.

Entrada	3	−19	22	−43	−7
Salida					

19. **Matemáticas y Ciencias** En la Antártida, la temperatura suele caer por debajo de los −40 °F, y la velocidad del viento puede superar las 40 millas por hora (mi/h). Un viento de 40 mi/h hace que −40 °F se sientan 44 °F más fríos. ¿Cuán fríos se sienten −40 °F cuando el viento sopla a 40 mi/h?

20. **Razonamiento de orden superior** ¿Cuál es la suma de un entero y su opuesto? Explica tu razonamiento.

21. © **PM.6 Hacerlo con precisión** Escribe un número con las siguientes características.

- El dígito en el lugar de las centenas es 10 veces el valor del dígito en el lugar de las decenas.
- El dígito en el lugar de las centésimas es $\frac{1}{10}$ del valor del dígito en el lugar de las décimas.

Usa la tabla de puntajes en los Ejercicios **22** y **23**.

22. **Sentido numérico** ¿Quién tuvo el menor puntaje y el mayor puntaje en cada ronda?

Ronda	1	2	3
Hailee	−3	3	−6
Diego	4	−1	−5
Jon	−4	0	1

23. La persona con el mayor puntaje total gana. ¿Quién ganó el juego?

© Evaluación de *Common Core*

24. Traza una línea desde las expresiones de suma de la Columna A hasta las sumas de la Columna B.

Columna A

- −2 + 11
- 2 + (−7)
- −4 + 9
- 4 + (−13)

Columna B

- −9
- 9
- −5
- 5

© Pearson Education, Inc. 6

Nombre _______________________

Resuélvelo y coméntalo

Sandi pone un recipiente con jugo en el congelador y anota la temperatura cada hora. La temperatura cambia de $-6°$ en $-6°$ cada hora. ¿Cuál es el cambio total después de 3 horas? *Resuelve este problema de la manera que prefieras.*

Lección 2
Multiplicar enteros

Puedo...
multiplicar enteros.

Estándar de contenido 7.SN.A.2a
Prácticas matemáticas PM.2, PM.3, PM.5, PM.7, PM.8

¡Vuelve atrás! **PM.7 Usar la estructura** ¿Cómo se relacionan la suma y la multiplicación? ¿Cómo puedes usar esta relación para hallar el cambio total?

Pregunta esencial ¿Cómo se puede hallar el producto de dos enteros?

A

Cuando se multiplican enteros, los signos de los factores determinan el signo del producto.

Por ejemplo, $5 \times 3 = 5 + 5 + 5 = 15$.

El producto de dos enteros positivos es positivo.

Halla -3×5 y $5 \times (-3)$.

Luego, halla $-5 \times (-3)$.

B   Halla -3×5.

$$-3 \times 5 = (-3) + (-3) + (-3) + (-3) + (-3)$$
$$= -15$$

Halla $5 \times (-3)$.

Usa la propiedad conmutativa de la multiplicación.

$$5 \times (-3) = -3 \times 5$$

Por tanto, $5 \times (-3) = -15$.

El producto de un entero positivo y un entero negativo es negativo.

C   Halla $-5 \times (-3)$.

Continúa el patrón en la tabla. Los productos aumentan de 5 en 5.

Por tanto, $-5 \times (-3) = 15$.

El producto de dos enteros negativos es positivo.

$$-5 \times 3 = -15$$
$$-5 \times 2 = -10$$
$$-5 \times 1 = -5$$
$$-5 \times 0 = 0$$
$$-5 \times -1 = \square$$
$$-5 \times -2 = \square$$
$$-5 \times -3 = \square$$

¡Convénceme! © **PM.3 Construir argumentos** Melanie dice que cuando se hace una multiplicación, si más de dos factores son negativos, el producto es negativo. ¿Estás de acuerdo? Construye un argumento con un ejemplo o contraejemplo.

© Pearson Education, Inc. 6

☆ Práctica guiada 

¿Lo entiendes?

1. Usando las reglas para multiplicar enteros, el producto de dos enteros positivos y un entero negativo, ¿es positivo o negativo?

2. ⊚ **PM.8 Generalizar** Explica por qué $(-4) \times (-3) = 4 \times 3$ sin resolver la ecuación.

¿Cómo hacerlo? 

Halla los productos en los Ejercicios **3** a **5**.

3. $(3) \times (-8)$ **4.** $(-9) \times (-6)$

5. $(4) \times (-2)$

Evalúa las expresiones si $n = -3$ en los Ejercicios **6** a **8**.

6. $5n$ **7.** $n \times 0$

8. $n \times |-31|$

☆ Práctica independiente

Halla los productos en los Ejercicios **9** a **18**.

9. $3 \times (-7)$ **10.** $(-8)(6)$ **11.** -9×4 **12.** $15 \times (-8)$ **13.** $(-14)^2$

14. $-1 \times (-27)$ **15.** 4×24 **16.** $(7)(-18)$ **17.** $-5 \times (11)$ **18.** $17 \times (-3)$

Usa el orden de las operaciones para evaluar las expresiones si $a = -2$ en los Ejercicios **19** a **28**.

19. $3a$ **20.** $-8a$ **21.** $-2a + 4$ **22.** $6a + 2$ **23.** $-3a$

24. $-5a + (3)(-7)$ **25.** $6 + 2a$ **26.** $17a + 4$ **27.** $4a + 6$ **28.** $6a$

29. El producto de 3 enteros es -30. ¿Cuáles podrían ser los 3 enteros? Escribe dos conjuntos posibles de enteros. Explica cómo decidiste cuántos enteros negativos incluir.

Prácticas matemáticas y resolución de problemas

Nombre del paquete de acciones	Cambio en el valor ($ por paquete de acciones)
Compañía Roja	−2
Compañía Blanca	1
Compañía Azul	−3

Usa los datos de la tabla en los Ejercicios **30** a **32**.

30. Haru tiene 30 paquetes de acciones de la Compañía Roja. ¿En cuánto cambió el valor de sus acciones? Halla $30 \times (-2)$.

31. © **PM.2 Razonar** Kerry tiene 15 paquetes de acciones de la Compañía Roja y 10 paquetes de acciones de la Compañía Azul. Explica qué valor de sus acciones cambió más.

32. © **PM.7 Usar la estructura** Sahil tiene 6 paquetes de acciones de la Compañía Azul. ¿Cuántos paquetes de acciones de la Compañía Blanca tendría que tener Sahil para hacer que el cambio total en ambos conjuntos de paquetes sea $0?

33. **Sentido numérico** Sin calcular, determina qué dos factores enteros tendrían el mayor producto. Explica cómo tomaste tu decisión.

$$-32 \quad 17 \quad -16 \quad 18 \quad 20 \quad -21 \quad 30$$

34. **Razonamiento de orden superior** Kari dice que, sin hacer cálculos, sabe que -83×109 tiene el mismo producto que -109×83. Explica cómo sabe Kari que esto es verdadero.

© **Evaluación de Common Core**

35. Marca las expresiones que tengan productos positivos.

- [ ] $(-3)(-8)$
- [ ] $(-2) \times (-2) \times (-10)$
- [ ] $(-30) \times 7 \times (-5)$
- [ ] 7×22
- [ ] $12 \times (-15)$
- [ ] $(-9)(6)$

© Pearson Education, Inc. 6

Nombre _______________________

Resuelve

Aimee caminó hasta la casa de su amiga ida y vuelta. Luego, corrió 3 millas en una cinta de correr. Su podómetro muestra que hizo 5 millas en total. Aimee escribió la ecuación $2a + 3 = 5$, donde a es igual a la distancia hasta la casa de su amiga, para representar la cantidad total de millas que hizo. ¿Qué distancia caminó Aimee hasta la casa de su amiga? *Resuelve este problema de la manera que prefieras.*

Lección 3
Ecuaciones con más de una operación

Puedo...
resolver una ecuación que tiene más de una operación.

© **Estándar de contenido** 7.EE.B.4a
Prácticas matemáticas PM.3, PM.4, PM.7

¡Vuelve atrás! © **PM.3 Construir argumentos** Jon dice que $a = 1$ porque $2(1) + 3 = 5$; por tanto, Aimee caminó $2a = 2(1) = 2$ millas hasta la casa de su amiga. Construye un argumento para explicar el defecto en el razonamiento de Jon.

¿Qué pasos se pueden usar para resolver algunas ecuaciones?

A

El grupo de caminata hizo 5 millas del camino que se muestra. ¿Cuántas millas deben caminar por hora si quieren terminar el camino en 4 horas? Sea x igual a la cantidad de millas que caminan por hora.

$$\text{millas que falta caminar} + \text{millas caminadas} = \text{cantidad total de millas}$$
$$4x + 5 = 17$$

B ## Paso 1

Cuando una ecuación tiene más de una operación, primero cancela la suma o la resta.

$$4x + 5 = 17$$

$$4x + 5 - 5 = 17 - 5 \qquad \text{Resta 5 de ambos lados.}$$

$$4x = 12$$

C ## Paso 2

Luego, cancela la multiplicación o la división.

$$4x = 12$$

$$\frac{4x}{4} = \frac{12}{4} \qquad \text{Divide ambos lados por 4.}$$

$$x = 3$$

Deben caminar 3 millas por hora.

¡Convénceme! © **PM.7 Usar la estructura** ¿Cómo puedes comprobar si tu respuesta es correcta?

© Pearson Education, Inc. 6

☆ Práctica guiada

¿Lo entiendes?

1. © **PM.7 Usar la estructura** En el ejemplo de la página anterior, ¿por qué restas 5 de ambos lados de la ecuación?

2. Supón que los miembros del grupo de caminata del ejemplo de la página anterior tienen que completar el camino en 3 horas. ¿Cuántas millas tendrían que caminar por hora?

¿Cómo hacerlo?

3. Completa los pasos para hallar la solución de la ecuación.

$$\frac{x}{4} - 5 = 19$$

$$\frac{x}{4} - 5 + \square = 19 + \square$$

$$\frac{x}{4} = \square$$

$$\frac{x}{4} \times \square = 24 \times \square$$

$$x = \square$$

☆ Práctica independiente

Resuelve las ecuaciones y comprueba tu respuesta en los Ejercicios **4** a **11**.

4. $\frac{x}{7} - 3 = 4$

5. $5b - 7 = 13$

6. $\frac{s}{4} + 3 = 9$

7. $24 + 12n = 60$

8. $25 = 11g + 3$

9. $18 = \frac{z}{3} + 3$

10. $2m + 5 = 6$

11. $n + 2.5 = 6.5$

12. © **PM.3 Evaluar el razonamiento** Marty anotó su trabajo para resolver la siguiente ecuación. ¿Cómo sabes que la respuesta de Marty es incorrecta? Explica el error de Marty.

El trabajo de Marty: $\frac{x}{3} - 5 = 6$

$$3\left(\frac{x}{3}\right) - 5 = 3(6)$$
$$x - 5 = 18$$
$$x - 5 + 5 = 18 + 5$$
$$x = 23$$

13. © **PM.4 Representar con modelos matemáticos** El mes de abril tiene 30 días. La iguana de Corey come $2\frac{1}{2}$ onzas de arvejas por día. ¿Cuántas onzas de arvejas va a comer la iguana de Corey durante el mes de abril?

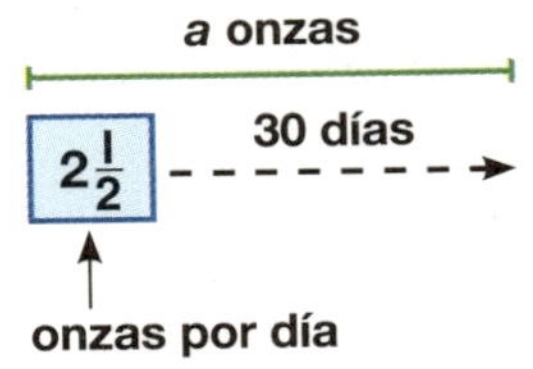

14. **Razonamiento de orden superior** Para resolver la ecuación $x\left(\frac{12}{6}\right) - 100 = 0$, ¿qué operación harías primero? Explícalo.

15. **Sentido numérico** Sin resolverla, ¿cómo puedes decir que $5(4 + 7) = 12 \times 6$ no es una ecuación válida?

© Evaluación de *Common Core*

16. Alejandro compró 4 camisetas para dárselas a sus amigos. Después de usar un cupón de descuento de $10, pagó $18 por las camisetas. ¿Cuánto costó cada camiseta? Usa la ecuación $4c - 10 = 18$ para resolver.

Ⓐ $10

Ⓑ $8

Ⓒ $7

Ⓓ $2

© Pearson Education, Inc. 6

Nombre _______________________________

Resuélvelo y coméntalo

Se va a construir un camino alrededor del lago que se muestra. Halla la longitud del camino en kilómetros. **Resuelve este problema de la manera que prefieras.**

Lección 4
Circunferencia

Puedo...
hallar la circunferencia de un círculo.

¿Cómo puedes usar **herramientas apropiadas**, como cinta de medir o una cuerda o una regla, para hallar la longitud del camino?

© **Estándar de contenido** 7.G.B.4
Prácticas matemáticas PM.2, PM.5, PM.6

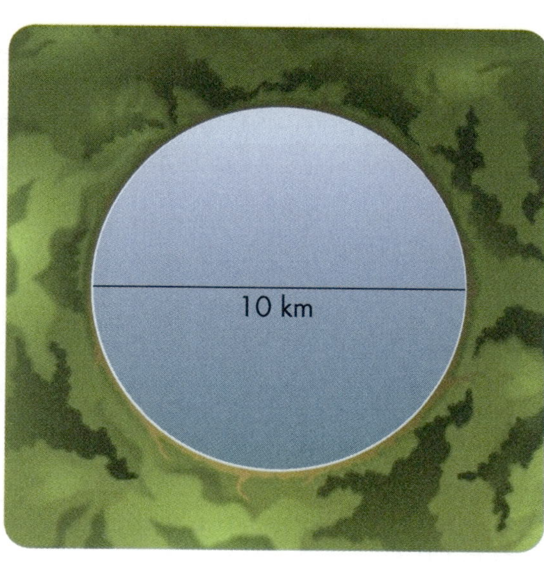

¡Vuelve atrás! © **PM.5 Usar herramientas apropiadas** ¿Qué herramientas consideraste usar para medir la distancia alrededor del lago? ¿Por qué escogiste usar esa herramienta?

Pregunta esencial ¿Cómo se puede hallar la circunferencia de un círculo?

A

Anna va a pegar un poco de encaje alrededor del borde superior de una pantalla que tiene una abertura circular. ¿Cuánto encaje necesita?

La **circunferencia** *(C) es la distancia alrededor de un círculo.*

B Una manera

Usa la fórmula $C = \pi d$ para hallar la circunferencia, C, de la pantalla con diámetro d.

$$C = \pi d$$
$$C = (3.14)(5)$$
$$C = 15.70$$

En este libro, los signos de igual se usan para cálculos con π.

Anna necesita aproximadamente 16 pulgadas de encaje.

C Otra manera

Usa la fórmula $C = 2\pi r$ para hallar la circunferencia, C, de la pantalla con radio r.

El diámetro de un círculo es dos veces su radio.

$$C = 2\pi r$$
$$C = 2(3.14)(2.5)$$
$$C = 15.70$$

Anna necesita aproximadamente 16 pulgadas de encaje.

¡Convénceme! © **PM.6 Hacerlo con precisión** Vuelve al problema de la página anterior. Usa la fórmula de circunferencia para hallar la longitud del camino alrededor del lago. ¿Qué tan cerca estuvieron tus mediciones de la circunferencia real? ¿Cuáles podrían ser algunas razones para la diferencia en las mediciones?

© Pearson Education, Inc. 6

☆ Práctica guiada  

¿Lo entiendes?

1. **Álgebra** ¿Qué variables se usan en la fórmula $C = 2\pi r$? ¿Qué representa cada variable?

2. © **PM.2 Razonar** ¿Cómo podrías estimar la circunferencia de la pantalla?

¿Cómo hacerlo?

Usa el diámetro o radio que se muestran para cada círculo para hallar la circunferencia en los Ejercicios **3** y **4.** Usa 3.14 o $\frac{22}{7}$ para π.

3. 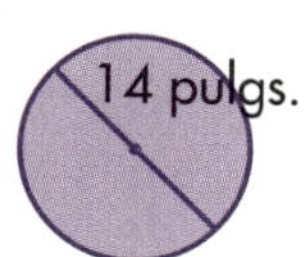

4. 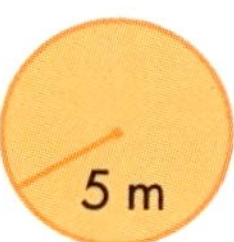

☆ Práctica independiente ☆

Halla la circunferencia usando 3.14 para π en los Ejercicios **5** a **8.**

5. 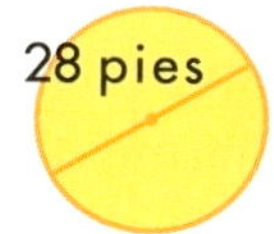

6. 

7. 

8. 

Halla la circunferencia usando $\frac{22}{7}$ para π en los Ejercicios **9** a **12.**

9. 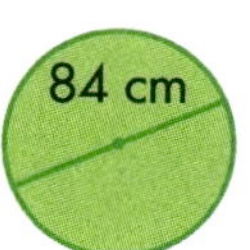

10. 

11. 

12. 

En los Ejercicios **13** a **15,** usa la tabla que muestra el diámetro y la circunferencia de algunos de los anillos de Saturno.

13. Sentido numérico Explica cómo puedes estimar el diámetro del Anillo G.

DATOS	Anillo	Diámetro (km)	Circunferencia (km)
	C	184,000	
	B	235,000	737,900
	A	273,600	859,104
	G		1,091,464

14. Completa la tabla. Redondea las respuestas al número entero más cercano.

15. Matemáticas y Ciencias El Anillo D de Saturno tiene un radio de 74,500 kilómetros. ¿Cuál es la circunferencia de este anillo? Usa 3.14 para π.

16. La esfera de un reloj tiene un radio de 5.5 centímetros. ¿Cuál es la circunferencia de la esfera del reloj? Redondea a la décima más cercana.

17. Razonamiento de orden superior El minutero de un reloj mide 4.2 pulgadas de longitud. En una hora, ¿el punto en el extremo del minutero se mueve más o menos de 24 pulgadas? Explica tu razonamiento.

Ⓒ Evaluación de *Common Core*

18. Un espejo circular tiene un radio de 9 pulgadas. ¿Cuál es la circunferencia del círculo? Usa 3.14 para π.

© Pearson Education, Inc. 6

Resuélvelo y coméntalo

Nadia está remodelando su patio trasero. El plan de jardinería ornamental incluye una piscina con un radio de 7 pies. Cada cuadrado de la gráfica representa 64 pies^2. Halla el área aproximada del patio cubierta por la piscina. *Resuelve este problema de la manera que prefieras.*

Un paso adelante hacia el Grado 7

Lección 5
Área de un círculo

Puedo...
hallar el área de un círculo.

© **Estándar de contenido** 7.G.B.4
Prácticas matemáticas PM.2, PM.7, PM.8

¡Vuelve atrás! © **PM.7 Buscar relaciones** Divide el área de la piscina por 3.14. ¿Cómo se relaciona el cociente con el radio de la piscina?

Pregunta esencial **¿Cómo se puede hallar el área de un círculo?**

A

Un jardín circular tiene un radio de 21 pies. ¿Cuál es el área del jardín?

Reordena las secciones del círculo para asemejarlo a un paralelogramo. El área del paralelogramo, $A = bh$, se puede usar para hallar la fórmula para el área de un círculo.

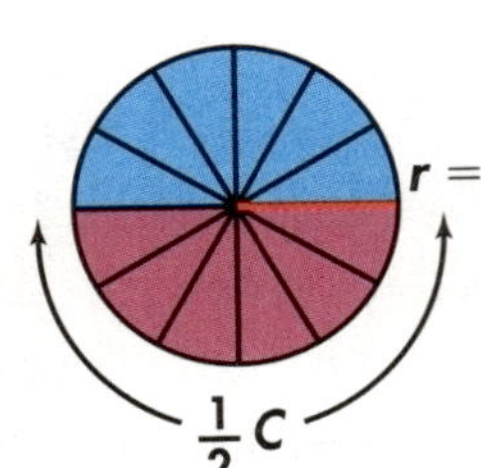

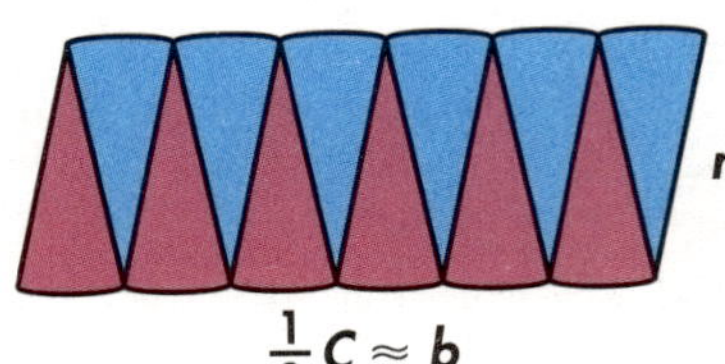

B Halla la fórmula para el área de un círculo.

$A = b \times h$ — Área de un paralelogramo

$A = \frac{1}{2}C \times r$ — Medidas equivalentes

$A = \frac{1}{2}(2\pi r) \times r$ — $C = 2\pi r$

$A = \pi r \times r$ — Simplifica.

$A = \pi r^2$ — Área de un círculo

C Usa la fórmula para hallar el área del jardín.

$A = \pi r^2$

$A = \frac{22}{7}(21)(21)$ Usa $\frac{22}{7}$ para π.

$A = 1{,}386$ pies^2

Puedes usar una calculadora para hallar el área.

Presiona: π $\times$ 21 $\wedge$ 2 ENTER = F↔D

Pantalla: 1385.442

$A = 1{,}385.4$ pies^2

¡Convénceme! © **PM.7 Usar la estructura** ¿Cuál es el área de un jardín circular con un radio de 42 pies? Usa $\frac{22}{7}$ para π.

© Pearson Education, Inc. 6

Herramientas Evaluación

☆ Práctica guiada

¿Lo entiendes?

1. © **PM.2 Razonar** En la comparación de la página anterior, ¿cómo se relacionan las figuras triangulares del paralelogramo con el círculo?

2. Álgebra ¿Cómo puedes escribir la fórmula para el área de un círculo si quieres usar el diámetro en lugar del radio?

¿Cómo hacerlo?

Halla el área de los círculos redondeada al número entero más cercano en los Ejercicios **3** a **6.** Usa 3.14 o $\frac{22}{7}$ para π.

3.
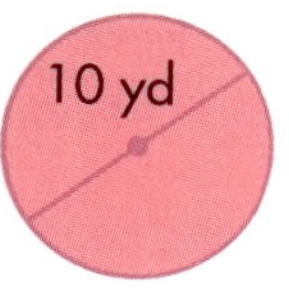

4.
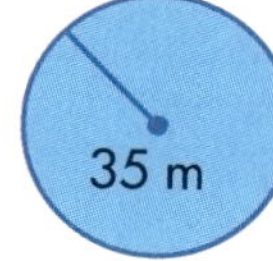

5. $d = 54$ pulgs.

6. $r = 10$ mi

☆ Práctica independiente

Halla el área de los círculos redondeada al número entero más cercano en los Ejercicios **7** a **10.** Usa 3.14 o $\frac{22}{7}$ para π.

7.
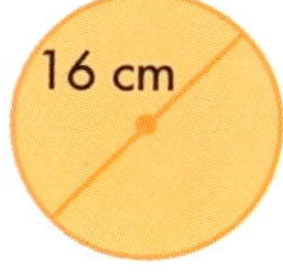

8.
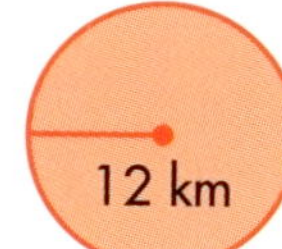

9.

10.

Halla la medición que falta en las figuras de los Ejercicios **11** a **13.** Redondea al número entero más cercano. Usa 3.14 o $\frac{22}{7}$ para π.

11. $d = 8$ pulgs.

$r = \square$

$C = \square$

$A = \square$

12. $d = \square$

$r = \square$

$C = 371$ mm

$A = \square$

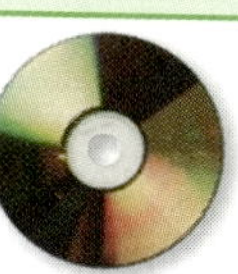

13. $d = \square$

$r = \square$

$C = \square$

$A = 113$ pulgs.^{2}

Prácticas matemáticas y resolución de problemas

Halla el área y la circunferencia de las monedas redondeadas al número entero más cercano en los Ejercicios **14** a **16**. Usa 3.14 o $\frac{22}{7}$ para π.

14.

15.

16.

17. © **PM.4 Representar con modelos matemáticos** Una pequeña estación de radio transmite a una distancia de 40 millas en todas las direcciones. Aproximadamente ¿cuántas millas cuadradas hay en el área de transmisión de la estación de radio?

18. Razonamiento de orden superior ¿Cómo puedes hallar el área de un semicírculo con un radio de 5 pies? Explica tu razonamiento.

19. Matemáticas y Ciencias Unos nenúfares gigantes hallados en Brasil son círculos casi perfectos. ¿Cuál es el área de la parte superior del nenúfar que se muestra a la derecha?

© **Evaluación de Common Core**

20. ¿Cuál es el área del blanco de tiro con arco? Usa 3.14 para π.

© Pearson Education, Inc. 6

Glosario

A

altura Segmento desde un vértice perpendicular a la recta en el lado opuesto; la distancia perpendicular entre las bases de un sólido.

análisis dimensional Método que usa factores de conversión para convertir una unidad de medida a otra unidad de medida. *Ejemplo:* 64 ~~onzas~~ $\times \frac{1 \text{ taza}}{8 \text{ ~~onzas~~}} = \frac{64}{8}$ tazas $= 8$ tazas

ángulo Dos semirrectas con el mismo extremo.

ángulo agudo Ángulo con una medida mayor que 0° pero menor que 90°.

ángulo central Ángulo cuyo vértice está en el centro de un círculo.

ángulo llano Ángulo que mide 180°.

ángulo obtuso Ángulo con una medida mayor que 90° pero menor que 180°.

ángulo recto Ángulo que mide 90°.

ángulos adyacentes Par de ángulos con un vértice común y un lado común pero ningún punto interior común. *Ejemplo:* $\angle RSP$ y $\angle PST$.

árbol de factores Diagrama que muestra la descomposición en factores primos de un número.

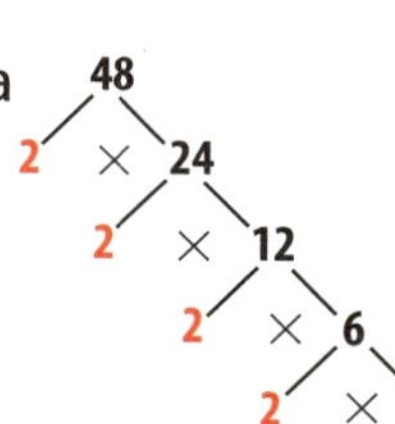

arco Parte de un círculo que conecta dos puntos en un círculo.

área Cantidad de unidades cuadradas necesarias para cubrir una superficie o figura.

área total (AT) Suma del área de cada cara de un poliedro.

arista Segmento de recta en que se encuentran dos caras de un poliedro.

B

base (en geometría) Lado designado de un polígono que es perpendicular a la altura del polígono; una de las dos caras paralelas de un prisma; superficie plana particular de un sólido, como un cilindro o un cono.

base (en numeración) Número que se multiplica por sí mismo la cantidad de veces que indica un exponente. *Ejemplo:* $4 \times 4 \times 4 = 4^3$, donde 4 es la base.

C

capacidad Volumen de un recipiente medido en unidades de medida para líquidos.

cara Superficie plana de un poliedro.

Celsius (°C) Escala para medir la temperatura en el sistema métrico.

centi- Prefijo que significa $\frac{1}{100}$.

centro (en estadística) Parte de un conjunto de datos en el que los valores medios están concentrados.

centro (en geometría) Punto interior respecto del cual todos los puntos de un círculo están a la misma distancia.

cilindro Figura tridimensional que tiene dos bases circulares paralelas e idénticas. 

círculo Figura plana cerrada cuyos puntos están todos a la misma distancia de un punto dado llamado centro.

circunferencia Distancia alrededor de un círculo.

cociente Respuesta a un problema de división. *Ejemplo:* En $45 \div 9 = 5$, 5 es el cociente.

coeficiente Número multiplicado por una variable en una expresión algebraica. *Ejemplo:* En $6x + 5$, el coeficiente es 6.

cometa Cuadrilátero con dos pares de lados adyacentes de igual longitud.

común denominador Denominador que es el mismo en dos o más fracciones.

conjetura Generalización que se considera verdadera.

cono Figura tridimensional que tiene una base circular. Los puntos de ese círculo están unidos a un punto fuera de la base llamado vértice. 

contraejemplo Ejemplo que muestra que un enunciado es falso. *Ejemplo:* Afirmación: Todos los números impares son números primos.
Contraejemplo: 9 es un número impar pero <u>no</u> es un número primo.

coordenada x Primer número en un par ordenado que indica la posición a la izquierda o la derecha respecto del eje de las *y*.

coordenada y Segundo número en un par ordenado que indica la posición sobre o debajo del eje de las *x*.

cuadrado Rectángulo con cuatro lados iguales.

cuadrante Una de las cuatro regiones en las que los ejes de las *x* y de las *y* dividen el plano de coordenadas. Los ejes no son parte de los cuadrantes.

cuadrilátero Polígono con cuatro lados.

cuartiles Valores que dividen un conjunto de datos en cuatro partes iguales.

cuerda Segmento de recta cuyos extremos están en un círculo.

D

datos Información reunida.

datos numéricos Datos en los que todos los valores son números.

datos simétricos Datos distribuidos por igual en ambos lados del centro.

decágono Polígono con diez lados.

© Pearson Education, Inc. 6

decimal finito Número decimal con una cantidad finita de dígitos. *Ejemplo:* 0.375

decimal periódico Número decimal en el que uno o más dígitos se repiten infinitamente.

denominador Número debajo de la barra de fracción de una fracción; cantidad total de partes iguales.

descomposición en factores primos Conjunto de factores primos cuyo producto es un número compuesto dado. *Ejemplo:* $60 = 2^2 \times 3 \times 5$

desigualdad Enunciado que contiene $>$ (mayor que), $<$ (menor que), $\geq$ (mayor que o igual a), $\leq$ (menor que o igual a) o $\neq$ (no es igual a) para comparar dos expresiones.

desviación absoluta Distancia total entre cada valor y la media.

desviación absoluta media (DAM) Media de las desviaciones absolutas de un conjunto de datos.

diagonal Segmento de recta que conecta dos vértices de un polígono y no es un lado. 

diagrama de caja Diagrama que muestra la distribución de valores usando la mediana, los cuartiles, el valor mínimo y el valor máximo en una recta numérica.

diagrama de puntos Representación de valores que muestra cada valor como un punto o una marca sobre una recta numérica.

diámetro Segmento de recta que atraviesa el centro de un círculo y tiene los dos extremos en el círculo. 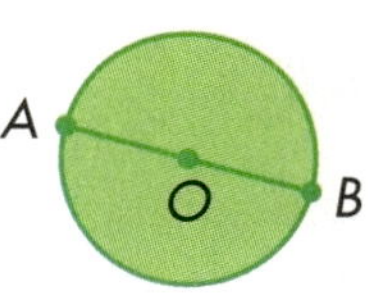

dibujo a escala Dibujo hecho de modo que las distancias en el dibujo sean proporcionales a las distancias reales.

distintos denominadores Denominadores de dos o más fracciones que son diferentes.

distribución de datos Cómo se distribuyen los valores.

dividendo Número dividido por otro número. *Ejemplo:* En $12 \div 3 = 4$, 12 es el dividendo.

divisible Un número es divisible por otro número si el cociente es un número entero y el residuo es cero.

divisor Número usado para dividir otro número. *Ejemplo:* En $12 \div 3 = 4$, 3 es el divisor.

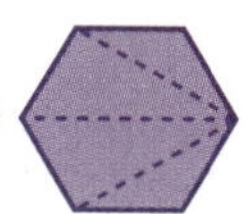

ecuación Oración matemática que afirma que dos expresiones son equivalentes.

ecuación lineal Ecuación cuya gráfica es una línea recta.

eje Cualquiera de las dos rectas perpendiculares de un plano de coordenadas que se intersecan en el origen.

eje de las *x* Recta horizontal en un plano de coordenadas.

eje de las *y* Recta vertical en un plano de coordenadas.

elevado al cuadrado Cuando un número ha sido multiplicado por sí mismo. *Ejemplo:* 5 elevado al cuadrado $= 5^2 = 5 \times 5 = 25$

enteros Los números que se usan para contar, sus opuestos y el cero.

escala Razón de las medidas de un dibujo a las medidas reales del objeto.

esfera Figura tridimensional en que todos los puntos están a la misma distancia del centro. 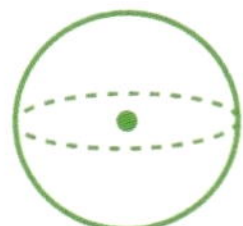

espacio vacío Intervalo con una menor frecuencia en comparación con el resto del conjunto de datos.

estimar Hallar un número que está cerca de una respuesta exacta.

evaluar Hallar el valor de una expresión algebraica reemplazando cada variable con un valor dado. *Ejemplo:* Evalúa $2n + 5$ cuando $n = 3$; $2(3) + 5 = 11$.

exponente Número que indica la cantidad de veces que la base se multiplica por sí misma. *Ejemplo:* $8^3 = 8 \times 8 \times 8$, donde 3 es el exponente y 8 es la base.

expresión Frase matemática que puede contener números, variables y operaciones. *Ejemplo:* $12 - x$

expresión algebraica Frase matemática que tiene al menos una variable y al menos una operación. *Ejemplo:* $10 \times n$ o $10n$

expresión numérica Expresión que contiene solo valores numéricos y operaciones.

expresiones equivalentes Expresiones que tienen el mismo valor sin importar qué número sustituye la misma variable.

factor Número que se multiplica por otro para obtener un producto.

factor común Factor que es el mismo para dos o más números.

factor de conversión Tasa que compara medidas equivalentes. *Ejemplos:*

$$\frac{4 \text{ tazas}}{1 \text{ cuarto de galón}} \qquad \frac{12 \text{ pulgadas}}{1 \text{ pie}} \qquad \frac{1,000 \text{ metros}}{1 \text{ kilómetro}}$$

Fahrenheit (°F) Escala para medir la temperatura en el sistema usual de medición.

forma desarrollada con exponentes Número escrito en forma desarrollada con los valores de posición escritos en forma exponencial. *Ejemplo:* $3,246 = (3 \times 10^3) + (2 \times 10^2) + (4 \times 10^1) + (6 \times 10^0)$

forma exponencial Forma de escribir la multiplicación repetida de un número usando exponentes. *Ejemplo:* 2^5

fórmula Regla que usa símbolos para relacionar dos o más cantidades.

fracción Número que puede usarse para describir una parte de un entero, una parte de un conjunto, una ubicación en una recta numérica o una división de números enteros.

fracciones equivalentes Fracciones que representan la misma cantidad.

grado (°) Unidad para medir ángulos o temperaturas.

© Pearson Education, Inc. 6

gráfica circular Gráfica que representa un total dividido en partes.

gráfica de barras Gráfica que usa barras para mostrar y comparar datos.

gramo (g) Unidad métrica de masa.

grupo Intervalo con una mayor frecuencia en comparación con el resto del conjunto de datos.

heptágono Polígono con siete lados.

hexágono Polígono con seis lados.

histograma Gráfica que usa barras para mostrar la frecuencia de intervalos iguales.

intervalo Rango de números usados para representar datos.

kilo- Prefijo que significa 1,000.

lado Segmento usado para formar un polígono; semirrecta usada para formar un ángulo.

litro (L) Unidad métrica de capacidad.

masa Medida de la cantidad de materia de un objeto.

máximo El mayor valor en un conjunto de datos.

máximo común divisor (M.C.D.) El número mayor que es un factor de dos o más números.

media Suma de los valores de un conjunto de datos dividida por la cantidad de datos. También llamada *promedio*.

mediana Valor del medio de un conjunto de datos.

mediatriz Recta, semirrecta o segmento que interseca un segmento en su punto medio y es perpendicular a él. 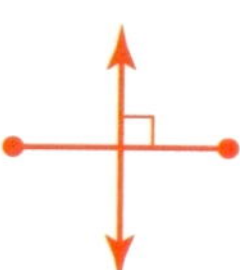

medida de tendencia central Número único que resume el centro de un conjunto de datos. *Ejemplo:* media o mediana

medida de variabilidad Número único que resume la variabilidad de un conjunto de datos. *Ejemplo:* rango entre cuartiles

metro (m) Unidad métrica de longitud.

mili- Prefijo que significa $\frac{1}{1000}$.

mínimo El menor valor en un conjunto de datos.

mínimo común denominador (m.c.d.) Mínimo común múltiplo de los denominadores de dos o más fracciones. *Ejemplo:* 12 es el m.c.d. de $\frac{1}{4}$ y $\frac{1}{6}$.

mínimo común múltiplo (m.c.m.) El menor número, sin incluir el cero, que es múltiplo de dos o más números.

mismo denominador Denominadores de dos o más fracciones que son iguales.

moda El valor que ocurre con mayor frecuencia en un conjunto de datos.

modelo plano Patrón de figuras planas que forma un sólido cuando se pliega.

múltiplo Producto de un número entero dado y cualquier número entero distinto de cero.

múltiplo común Múltiplo que es el mismo para dos o más números.

nonágono Polígono con nueve lados.

numerador Número sobre la barra de fracción en una fracción; cantidad de objetos o partes iguales que se consideran.

número compuesto Número natural mayor que uno y que tiene más de dos factores.

número decimal Número con un dígito o más a la derecha del punto decimal.

número mixto Número que combina un número entero y una fracción.

número primo Número entero mayor que 1 con exactamente dos factores, 1 y él mismo.

número racional Cualquier número que se puede escribir como un cociente $\frac{a}{b}$, donde a y b son enteros y $b \neq 0$.

números compatibles Números que son fáciles de calcular mentalmente.

octágono Polígono con ocho lados.

opuestos Enteros ubicados en lados opuestos respecto de cero y a la misma distancia de cero en una recta numérica. *Ejemplo:* 7 y –7 son opuestos.

orden de las operaciones Conjunto de reglas que usan los matemáticos para determinar el orden en que se deben hacer las operaciones.

origen El punto (0, 0) donde se intersecan el eje de las *x* y el eje de las *y* de un plano de coordenadas.

P

par ordenado Par de números (*x*, *y*) que se usa para localizar un punto en un plano de coordenadas.

paralelogramo Cuadrilátero con ambos pares de lados opuestos paralelos.

pentágono Polígono con cinco lados.

perímetro Distancia alrededor de una figura.

peso Medida de cuán pesado es un objeto.

pirámide Poliedro cuya base puede ser cualquier polígono y cuyas caras son triángulos.

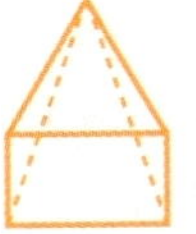

© Pearson Education, Inc. 6

plano Superficie plana que se extiende al infinito en todas las direcciones.

plano de coordenadas Sistema bidimensional en que se describe una posición por su distancia respecto de dos rectas numéricas perpendiculares llamadas eje de las *x* y eje de las *y*.

poliedro Figura tridimensional compuesta de superficies planas que son polígonos.

polígono Figura plana cerrada compuesta de tres segmentos de recta o más.

polígono regular Polígono que tiene lados de igual longitud y ángulos de igual medida.

porcentaje Tasa que compara el primer término con 100.

potencia Valor de la base y el exponente escrito como una expresión numérica.

precio por unidad Tasa por unidad que da el precio de un objeto.

pregunta estadística Pregunta que anticipa que habrá diferentes respuestas en los datos.

prisma Poliedro con dos caras idénticas y paralelas con forma de polígono. 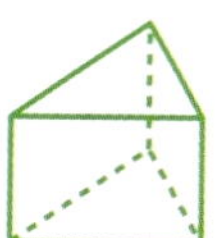 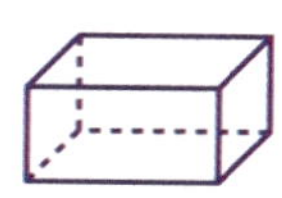

promedio Suma de los valores de un conjunto de datos dividida por la cantidad de valores que hay en el conjunto. También llamado *media*.

propiedad distributiva Propiedad que indica que multiplicar una suma por un número produce el mismo resultado que multiplicar cada sumando por el número y sumar los productos. *Ejemplo:* $2 \times (3 + 4) = (2 \times 3) + (2 \times 4)$

propiedades asociativas Propiedades que indican que la manera en que los sumandos o factores están agrupados no afecta la suma o producto.

propiedades conmutativas Propiedades que indican que el orden de los sumandos o el orden de los factores no afecta la suma o producto.

propiedades de identidad Propiedades que indican que la suma de cualquier número y cero es ese número y que el producto de cualquier número y uno es ese número.

propiedades de la igualdad Propiedades que indican que hacer la misma operación en ambos lados de una ecuación mantiene la ecuación equilibrada.

proporción Enunciado que indica que dos razones son iguales.

punto Ubicación exacta en el espacio.

punto decimal Punto usado para separar el dinero en dólares y centavos o las unidades de las décimas en un número.

punto medio Punto que divide un segmento en dos segmentos de igual longitud.

radio Cualquier segmento de recta que conecta el centro de un círculo con un punto del círculo.

rango Diferencia entre el mayor valor y el mínimo en un conjunto de datos.

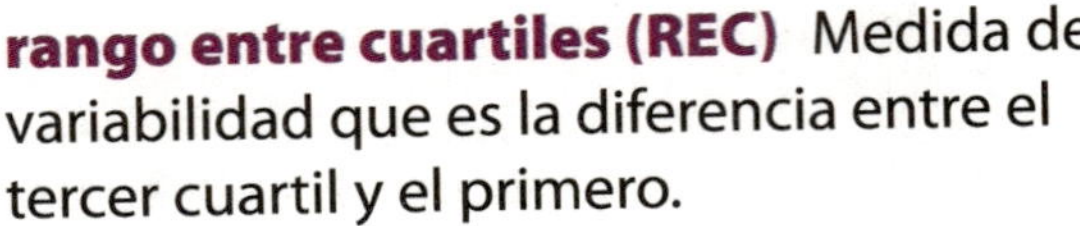

rango entre cuartiles (REC) Medida de variabilidad que es la diferencia entre el tercer cuartil y el primero.

razón Relación en la que cada *x* unidades de una cantidad hay *y* unidades de otra cantidad.

recíprocos Dos números cuyo producto es uno. *Ejemplo:* El recíproco de $\frac{3}{4}$ es $\frac{4}{3}$ porque $\frac{3}{4} \times \frac{4}{3} = 1$.

recta Camino recto de puntos que es infinito en dos direcciones.

rectángulo Paralelogramo con cuatro ángulos rectos.

rectas paralelas Rectas en el mismo plano que no se intersecan.

rectas perpendiculares Rectas que se intersecan y forman ángulos rectos.

reflexión Cambio en la posición de una figura o punto que genera una imagen reflejada sobre una recta.

relaciones inversas Relaciones entre operaciones que se "cancelan" entre sí, como la suma y la resta o la multiplicación y la división (excepto la multiplicación o división por 0).

rombo Paralelogramo con cuatro lados iguales.

S

sector Región limitada por dos radios y un arco.

segmento de recta Parte de una recta que tiene dos extremos.

semirrecta Parte de una recta con un extremo, que se extiende al infinito en una sola dirección.

simplificar Usar operaciones para combinar términos semejantes en una expresión.

sistema métrico (de medición) Sistema que usa decimales y potencias de 10 para medir longitud, masa y capacidad.

solución (de una ecuación) Valor que hace que una ecuación sea verdadera.

sustitución Reemplazo de la variable de una expresión por un número.

T

tabla de entradas y salidas Tabla de valores relacionados.

tabla de frecuencias Tabla que muestra la cantidad de veces que un valor o un rango de valores aparece en un conjunto de datos.

tasa Razón que compara dos cantidades con diferentes unidades de medida.

tasa por unidad Tasa en la que la comparación es con una unidad. *Ejemplo:* 25 pies por segundo

términos Las cantidades *x* y *y* en una razón. También, cada parte de una expresión que está separada por un signo más o menos.

términos semejantes Términos que tienen la misma variable, como *y* y 2*y*.

transformación Movimiento, como la traslación, la reflexión o la rotación, que mueve una figura a una nueva posición sin cambiar su tamaño o forma.

© Pearson Education, Inc. 6

trapecio Cuadrilátero con exactamente un par de lados opuestos paralelos.

triángulo Polígono con tres lados.

triángulo acutángulo Triángulo con tres ángulos agudos.

triángulo equilátero Triángulo con los tres lados de la misma longitud.

triángulo escaleno Triángulo con todos los lados de distintas medidas.

triángulo isósceles Triángulo con al menos dos lados idénticos.

triángulo obtusángulo Triángulo con un ángulo obtuso.

triángulo rectángulo Triángulo con un ángulo recto.

unidad cúbica Unidad que mide volumen y que consiste en un cubo con lados que miden una unidad.

valor absoluto Distancia a la que un entero está de cero en la recta numérica.

valor extremo Valor extremo con pocos valores ubicados cerca.

variabilidad Medida de la dispersión de datos en un conjunto de datos.

variable Cantidad que cambia o varía, muchas veces representada con una letra.

variable dependiente Variable que cambia en respuesta a otra variable.

variable independiente Variable que hace que cambie la variable dependiente.

velocidad constante Tasa de velocidad que se mantiene igual a través del tiempo.

vértice (en un ángulo) Extremo común de dos semirrectas que forman un ángulo.

vértice (en un poliedro) Punto de intersección de las aristas de un poliedro.

vértice (en un polígono) Punto de intersección de dos lados de un polígono.

volumen Cantidad de unidades cúbicas necesarias para llenar un sólido.

Fotografías

Photo locators denoted as follows: Top (T), Center (C), Bottom (B), Left (L), Right (R), Background (Bkgd)

001 Irin-k/Shutterstock; **013** Pearson Education; **079** Tlorna/Shutterstock; **139** Brykaylo Yuriy/Shutterstock; **146B** Sebastian French/Fotolia; **146CL** Corbis; **146CR** Corbis; **146T** Nicola_G/Fotolia; **223** Solarseven/Shutterstock; **228** Pearson Education; **256** Stockbyte/Getty Images; **271** Ginger Livingston Sanders/Shutterstock; **280** Pearson Education; **282** Steve Lovegrove/Fotolia; **317** Volodymyr Goinyk/Shutterstock; **332** Pearson Education; **344** Mikiekwoods/Shutterstock; **387** Chris Alcock/Shutterstock; **404** Pearson Education; **423** NatalieJean/Shutterstock; **428BC** Massimo Cattaneo/Shutterstock; **428BL** Pearson Education; **428BR** Ysbrand Cosijn/Shutterstock; **428TC** Capture Light/Shutterstock; **428TL** Rebeccaashworth/Shutterstock; **428TR** Marcel Jancovic/Shutterstock; **500** Sascha Hahn/Shutterstock; **504** Dmitry Nikolaev/Fotolia; **537** Wasu Watcharadachaphong/Shutterstock; **591** Sly/Fotolia; **602C** Jupiter Images; **602L** Jupiter Images; **602R** hotshotsworldwide/Fotolia; **604** Dmitri Gomon/Shutterstock; **655** TFoxFoto/Shutterstock; **664B** Carmen Steiner/Fotolia; **664T** johnnyraff/Shutterstock; **703** Ermess/Fotolia; **745** Razlomov/Shutterstock; **770** Nerthuz/Shutterstock; **781** Real Deal Photo/Shutterstock; **804T** Pearson Education; **804B** Pearson Education; **840** Inga Nielsen/Shutterstock; **849L** Image Source/Getty Images; **849R** Getty Images.